JN419054

이지 러스트

이지 러스트

실습하며 배우는 빠르고 안전한 코드 작성의 비결

초판 1쇄 발행 2025년 2월 26일

지은이 데이브 매클라우드 / **옮긴이** 이지호 / **펴낸이** 전태호
펴낸곳 한빛미디어(주) / **주소** 서울시 서대문구 연희로2길 62 한빛미디어(주) IT출판2부
전화 02-325-5544 / **팩스** 02-336-7124
등록 1999년 6월 24일 제25100-2017-000058호 / **ISBN** 979-11-6921-346-2   93000

책임편집 박지영 / **기획 · 편집** 정자수 / **교정** 김가영
베타리더 김휘은, 남주현, 박만규, 이수진, 임승민, 임혁, 장우제, 최명선, 최해성
디자인 표지 윤혜원 내지 최연희 / **전산편집** 이경숙
영업마케팅 송경석, 김형진, 장경환, 조유미, 한종진, 이행은, 김선아, 고광일, 성화정, 김한솔 / **제작** 박성우, 김정우

이 책에 대한 의견이나 오탈자 및 잘못된 내용은 출판사 홈페이지나 아래 이메일로 알려주십시오.
파본은 구매처에서 교환하실 수 있습니다. 책값은 뒤표지에 표시되어 있습니다.
한빛미디어 홈페이지 www.hanbit.co.kr / 이메일 ask@hanbit.co.kr

지금 하지 않으면 할 수 없는 일이 있습니다.
책으로 펴내고 싶은 아이디어나 원고를 메일(writer@hanbit.co.kr)로 보내주세요.
한빛미디어(주)는 여러분의 소중한 경험과 지식을 기다리고 있습니다.

실습하며 배우는
빠르고 안전한 코드 작성의 비결

이지 러스트

데이브 매클라우드 지음　이지호 옮김

한빛미디어
Hanbit Media, Inc.

● 지은이 · 옮긴이 소개

지은이 **데이브 매클라우드** Dave MacLeod

한국에 거주하는 캐나다인으로 번역, 카피라이팅, 출판, 교육, 전력, 미디어, 프로젝트 관리, IT 분야에서 25년 이상 경력을 쌓았습니다. 1997년에 일본어를 배우기 시작했고, 동양 언어에 관심이 커져서 1999년에 일본으로, 2002년에 한국으로 이주했습니다. 풀타임 러스트 개발자이며 많은 사람이 러스트를 쉽게 활용할 수 있도록 가치 있는 정보를 제공하는 데 관심이 많습니다. 현재는 러스트로 구축된 데이터베이스를 개발하는 SurrealDB에서 재직 중입니다.

옮긴이 **이지호** search5@gmail.com

초등학교에서 GW-BASIC을 처음 배우고, 중등 시절부터 프로그래밍에 본격적인 흥미를 느껴 독학으로 프로그램 언어를 배우기 시작했습니다. 현재는 한국방송통신대학교 대학원의 정보과학과에서 데이터베이스를 연구하고 있습니다. 파이썬을 접한 이후로는 프로그램을 만들 일이 생기면 파이썬으로만 개발하는 파이썬 애호가입니다. 파이썬과 데이터베이스로 우주 정복을 꿈꾸는, 아직 철없는 개발자이기도 합니다. 요즘은 러스트에 빠져 어떻게 하면 러스트와 파이썬의 장점을 한 번에 이끌어 낼 수 있을까 생각하고 있습니다.

프로그래밍 지식이 있는 분들이 러스트를 처음 접하기에 정말 '이지'한 책입니다. 러스트의 특징을 잘 보여 주고, 핵심 내용을 간결하게 요약해 빠르게 학습할 수 있습니다.

김동우, 백엔드 프로그래머

평소 러스트에 관심이 있었는데 이번 베타리더 참여를 통해 러스트에 한층 가까워질 수 있었습니다. 기초 개념과 용어를 파악하고, 코드 실습과 관련 문서 링크를 통해 내용을 깊이 이해할 수 있었습니다.

김휘은, 소프트웨어 엔지니어

쉬운 문장과 친절한 설명으로 러스트의 문턱을 낮춘 책입니다. 소유권, 빌림, 수명, 제네릭, 매크로까지 러스트의 핵심 개념을 알차게 배울 수 있는 훌륭한 러스트 입문서로 이 책을 추천합니다.

남주현, 카카오 소프트웨어 엔지니어

개발자라면 프로그래밍한 코드를 실행할 때 왜 동작하는지, 또는 왜 동작하지 않는지 궁금했던 경험이 많을 것입니다. 깊이 분석해 보면 분명한 이유가 있지만, 오류를 찾기란 생각보다 어렵고 이해하기란 더 어렵습니다. 러스트는 실행 전에 엄격한 검사를 통해 대부분의 문제를 사전에 방지합니다. 그만큼 러스트로 코드를 작성하기는 어렵지만 이를 극복하는 순간 안정적이고 효율적인 프로그램을 만들 수 있습니다.

이 책은 러스트의 어려운 개념을 익히기 쉽게 잘 풀어냈습니다. 러스트에 입문하거나 개념을 정리하고 싶은 분들에게 큰 도움이 될 것입니다. 부디 편안한 마음으로 순서대로 이 책을 읽으면서 러스트의 매력을 더 잘 느끼길 바랍니다.

박만규, 42dot 임베디드 리눅스 시스템 엔지니어

『이지 러스트』는 러스트 초심자를 위한 책입니다. 친근한 언어와 간결한 문장으로 러스트의 개념을 설명하며, 코드에는 이해를 돕는 주석이 풍부하게 담겨 있습니다. 러스트를 설치하지 않아도 책 내용을 실습할 수 있는 러스트 플레이그라운드 사이트 소개와 함께 각 개념에 대한 예제도 풍부히 수록되어 있습니다. 친절한 개념 설명은 물론, 예제 코드 실행 후 발생하는 오류의 의미까지 하나하나 설명해 주는 이 책을 러스트 기초를 단단히 다지고 싶은 분들에게 추천합니다.

이수진, 메가존소프트 클라우드 아키텍트

러스트 플레이그라운드의 웹 환경에서 실습 위주로 설명하는 이 책은 다양한 코드와 오류 상황에서 컴파일러가 반환하는 문구를 살펴보며 러스트 사용법을 안내합니다. 안정성이 특징인 러스트의 메모리와 타입을 중심으로 외부 크레이트와 비동기 러스트까지 기초를 쉽게 설명합니다. '이지'하게 러스트를 시작할 수 있도록 학습의 방향성을 안내하는 이 책을 러스트의 높은 러닝 커브로 입문을 고민하는 분들께 적극 추천합니다.

임승민, CSLEE DS 팀

러스트는 최근 가장 빠르게 성장하고 있는 언어입니다. 안전성, 성능, 생산성을 모두 갖춘 언어이며 특히 시스템 프로그래밍에서 압도적인 인기를 얻고 있습니다.

그러나 소유권, 빌림 등 다른 언어에서는 찾아보기 힘든 개념과 메모리 관리의 복잡성은 입문자에게 큰 장벽이었습니다. 이런 상황에서 누구나 한번 도전해 볼 수 있는 러스트 입문서가 나왔습니다. 저자는 러스트의 복잡한 개념을 입문자의 눈높이에서 쉽게 설명했고, 역자도 신경써서 번역을 했음이 느껴지는 책입니다. 특히 소유권과 포인터 등의 어려운 개념을 예시나 말로 쉽게 풀어냈고 어려운 코드는 라인별로 세심하게 설명합니다. 이보다 쉬운 러스트 입문서는 더 이상 없을 것입니다!

임혁, (주)H 회사, 백엔드 개발자

러스트 언어의 중요한 개념을 이해하기 쉽게 설명하고 다양한 예시도 제공합니다. 러스트 언어를 처음 배우거나 다시 복습하려는 분들에게 유용한 책입니다!

장우제, 알고리즘 트레이더

러스트 언어가 처음 나왔을 무렵 공식 가이드로 학습을 시작했지만 진부하고 딱딱한 가이드로는 진도가 잘 나가지 않았습니다. 그에 반해 이 책은 러스트의 주요 특징을 예제로 살펴보며 빠르고 재미있게 실습할 수 있었습니다. 처음에 별도의 도구 없이 플레이그라운드로 실습할 수 있다는 점도 좋았습니다. 깔끔한 번역과 적절한 설명 주석 덕분에 원문보다 편하게 읽을 수 있었습니다.

정호영, 코드스쿼드 백엔드 교육 담당

배우기 어렵기로 유명한 러스트지만 친절한 컴파일러와 어떻게 하면 친해질 수 있는지 찬찬히 알려 주는 책입니다.

최명선, C에서 도망쳐 행복을 찾은 전직 물리학과 대학원생

러스트 언어의 기초부터 고급 개념까지 폭넓게 다루고, 실습 프로젝트를 통해 실전 적용 능력까지 키울 수 있는 책입니다. 특히 웹 브라우저 기반의 러스트 실습 환경을 제공해 러스트를 설치하지 않고도 코드를 바로 실행해 볼 수 있어 학습 진입 장벽을 크게 낮췄습니다. 후반부에는 실제 애플리케이션 개발 프로젝트를 통해 러스트의 실전 활용법을 익힐 수 있도록 구성되어, 이론과 실습을 자연스럽게 연결했습니다.

이 책은 러스트의 메모리 안전성과 높은 성능을 중점적으로 설명하며, 다양한 예제와 실습을 통해 실무 감각을 익힐 수 있습니다. 다만 프로그래밍에 대한 기초 지식이 부족한 독자라면

책의 내용이 다소 복잡하게 느껴질 수 있습니다. 러스트의 핵심 개념인 소유권, 참조, 수명 등을 먼저 가볍게 익히고, 간단한 프로젝트나 실습을 병행하며 학습한다면 더욱 효과적으로 내용을 이해할 수 있을 것입니다. 반면, C/C++이나 시스템 프로그래밍 경험이 있는 개발자라면 러스트의 핵심 개념을 빠르게 익히고 실무에 적용하는 데 큰 도움이 될 것입니다. 러스트의 실무 활용을 고려하는 개발자에게 이 책을 추천합니다.

최해성, SK플래닛 개발자

컴퓨터 프로그래밍 언어는 컴퓨터의 탄생과 함께해 왔다고 해도 과언이 아닙니다. 수많은 프로그래밍 언어가 있었지만, C/C++, 자바와 같은 언어가 주류였습니다. 프로그래밍 언어는 각 언어가 추구하는 목표 위에서 사용자들의 끊임없는 노력 덕분에 나날이 성장해 왔습니다. 그러나 어떤 하나의 프로그래밍 언어가 그동안 프로그램 개발자들이 안고 있는 여러 문제를 해결해 주지는 못했습니다.

그런 와중에 러스트를 만나게 되었습니다. 러스트 역시 프로그래밍이 필요한 모든 분야에서 사용할 수는 없겠지만, 적어도 C/C++ 등이 안고 있는 메모리 관리 문제를 남다른 관점에서 풀어냈습니다. 덕분에 최근에는 구글이 안드로이드 커널에, 마이크로소프트가 윈도우 커널에, 그리고 리눅스 커널에도 러스트를 사용하기 시작했습니다. 이는 러스트가 커널에 도입될 정도로 안정적인 언어라는 것을 보여 줍니다.

이 책은 쉬운 영어로 쓰였지만, 쉬운 영어라 할지라도 어떻게 한 줄 한 줄을 번역해야 할지 많이 고민했습니다. 제가 이 책을 번역하게 된 계기는 한빛미디어 편집자였던 서현 님이 재미있는 주제를 가지고 있다기에 시작하게 되었습니다. 그 이후 박지영 팀장님과 정지수 편집자님을 거쳐 비로소 이 책이 세상에 빛을 보게 되었습니다. 제가 게으름을 피울 때마다 정지수 편집자님께서 "지호 님, 더 이상은 기다려 드리기 어렵습니다!"라고 하실 때마다 편집자님이 저를 버릴지도 모른다는 불안감이 들지 않았다면 이 책을 마무리하기 정말 어려웠을 것입니다(다른 책으로 부탁드린다고 하면 그땐 버림받을 것 같지만요).

이 책의 저자가 한국어 번역서가 나올 것을 기대하고 있었던 걸 알기에, 데이브에게 미안한 마음이 가득합니다. 여러분이 이 책을 통해 러스트를 쉽게 배울 수 있기를 바랍니다. 다만, 제 부족함으로 인해 생기는 아쉬움이 있다면, 질책은 온전히 저에게 해 주시기를 부탁드립니다.

2025년 1월 중순의 추운 겨울날
이지호 드림

러스트는 꽤 새롭지만 이미 매우 인기 있는 언어입니다. C나 C++의 속도와 제어 기능을 제공하면서 파이썬과 같은 다른 최신 언어의 메모리 안정성도 제공한다는 장점 덕분에 널리 사용되고 있습니다. 러스트는 다른 언어의 아이디어를 차용해 기능을 수행하기도 합니다. 따라서 러스트를 사용하기 전에 배워두어야 할 몇 가지 기본 사항이 있습니다.

단순히 따라 하며 이해하기에는 어려운 언어라 배우기 까다롭기로 유명하지만, 저는 동의하지 않습니다. 프로그래밍 자체는 어렵지만, 러스트는 실행 후가 아니라 코드를 작성할 때 어려움이 많습니다. '러스트에서는 숙취가 먼저 발생한다'는 말이 여기에서 유래되었습니다. 러스트로 프로그래밍할 때는 단순히 코드가 작동하는 것을 넘어서, 컴파일러가 안전하고 정확하다고 인정할 수 있는 코드를 작성해야 합니다. 타입을 혼합할 수 없으며, 발생할 수 있는 오류는 미리 처리해야 하며, 값이 누락되었을 때 수행할 작업을 결정해야 합니다. 컴파일러는 코드가 실행되도록 수정하는 데 유용한 힌트와 조언을 제공합니다. 사실 러스트는 제가 배운 첫 번째 프로그래밍 언어였는데도 이런 특징 덕분에 수월하게 배울 수 있었습니다.

러스트는 새로운 언어이지만, 이미 훌륭한 러스트 참고서가 많습니다. 하지만 대부분은 영어로 작성되었으며 전문 용어가 많아서 영어가 모국어가 아닌 분이라면 어렵게 느껴질 수 있습니다. 저는 '쉬운 영어'로 러스트 참고서를 만들어 보면 좋겠다고 생각해서 이 책을 집필했습니다.[1]

그 후 두 가지 흥미로운 일이 일어났습니다.

영어를 모국어로 사용하는 사람들도 이 책을 즐겁게 읽을 수 있었습니다. 책에 사용된 '쉬운 영어'는 단순히 정보를 전달하는 데 그치지 않고, 독자가 흥미를 느낄 만한 요소를 담고 있다는 점에서 좋은 평가를 받았습니다. 이 책은 독자가 바쁘거나 집중하기 어려운 상황에서도 가볍게 읽을 수 있습니다.

---

1   원서 링크: https://github.com/Dhghomon/easy_rust

제가 사는 한국에서도 한국어 번역을 요청하기 시작했습니다. 아무리 '쉬운 영어'라 해도 영어는 영어이기 때문에, 번역된 책이 더 이해하기 쉬울 거라고 생각했습니다. 그래서 저는 러스트 교육용 유튜브 영상을 한국어로 제작했고,[2] 마침내 한빛미디어에서 이 책의 번역서를 출간하게 되었습니다. 이 책이 러스트를 배우고 시작하는 데 있어 여러분에게 큰 도움이 되기를 바랍니다.

데이브 매클라우드

---

2 유튜브 영상 링크: https://www.youtube.com/playlist?list=PLfllocyHVgsSJf1zO6k6o3SX2mbZjAqYE

● CONTENTS

지은이 · 옮긴이 소개 ··· **4**

베타리더의 한마디 ··· **5**

옮긴이의 말 ··· **9**

한국어판 서문 ··· **10**

PART 1 웹 브라우저에서 러스트 사용하기

CHAPTER 1 러스트 기초

1.1 러스트 플레이그라운드 ································ **23**

1.2 🚧와 ⚠ ·· **24**

1.3 주석 ·· **25**

1.4 타입 ·· **26**

1.4.1 원시 타입 ·· **26**

1.5 타입 추론 ·· **31**

1.5.1 실수 ·· **33**

1.6 'hello, world!' 출력하기 ······························ **35**

1.7 변수 및 코드 블록 선언하기 ··························· **38**

1.8 Display 및 Debug ···································· **40**

1.9 가장 작은 숫자와 큰 숫자 ····························· **42**

1.10 가변성 ·· **43**

1.11 섀도잉 ·· **44**

CHAPTER **2**   메모리, 변수, 소유권

2.1 스택, 힙, 포인터 ·· **47**

2.2 출력 알아보기 ··· **49**

2.3 문자열 ··· **57**

2.4 const와 static ·· **61**

2.5 참조 알아보기 ··· **61**

2.6 변경 가능한 참조 ·· **63**

2.7 섀도잉 다시 알아보기 ·· **66**

2.8 함수에 대한 참조 제공 ·· **67**

2.9 복사 타입 ·· **70**

2.10 값이 없는 변수 ·· **73**

CHAPTER **3**   복잡한 타입

3.1 컬렉션 타입 ··· **77**

3.1.1 배열 ··· **77**

3.1.2 벡터 ··· **80**

3.1.3 튜플 ··· **84**

3.2 제어 흐름 ·· **87**

3.3 구조체 ··· **93**

3.4 열거형 ··· **97**

3.4.1 여러 타입을 사용하기 위한 열거형 ······························· **103**

3.5 루프 ·· **104**

3.6 구조체 및 열거형 구현하기 ··· **110**

3.7 해체 ·· **113**

3.8 참조 및 도트 연산자 ··· **116**

●CONTENTS

CHAPTER **4** **제네릭**

4.1 제네릭 ··· **119**

4.2 Option과 Result ·· **125**

4.2.1 Option ··· **125**

4.2.2 Result ··· **130**

CHAPTER **5** **컬렉션 및 오류 핸들링 더 알아보기**

5.1 다른 컬렉션 ·· **137**

5.1.1 HashMap과 BTreeMap ··· **137**

5.1.2 HashSet과 BTreeSet ·· **145**

5.1.3 BinaryHeap ··· **148**

5.1.4 VecDeque ··· **150**

5.2 ? 연산자 ··· **153**

5.3 패닉과 unwrap이 유용한 경우 ·· **156**

CHAPTER **6** **트레이트**

6.1 트레이트 기초 ·· **163**

6.2 From 트레이트 ··· **177**

6.3 함수에서 문자열과 &str 가져오기 ·· **182**

CHAPTER **7**   **이터레이터와 클로저 기초**

7.1   체이닝 메서드 ·· **185**
7.2   이터레이터 ··· **187**
　　7.2.1 이터레이터의 동작 방식 ································· **189**
7.3   클로저 ·· **195**
　　7.3.1 클로저의 ¦_¦ ··· **202**

CHAPTER **8**   **이터레이터와 클로저 심화**

8.1   클로저와 이터레이터에 유용한 메서드 ················· **205**
8.2   dbg! 매크로 및 .inspect ···································· **224**

CHAPTER **9**   **수명과 내부 가변성**

9.1   &str의 타입 ··· **229**
9.2   수명 ·· **230**
9.3   내부 가변성 ·· **241**
　　9.3.1 Cell ··· **242**
　　9.3.2 RefCell ··· **243**
　　9.3.3 mutex ··· **246**
　　9.3.4 RwLock ·· **249**
9.4   Cow ··· **251**

CONTENTS

CHAPTER 10 다중 스레드와 고급 주제

10.1 타입 별칭 및 새 타입 ·· 255

10.2 함수 내에서 가져오고, 이름 변경하기 ···················· 258

10.3 todo! 매크로 ·· 261

10.4 Rc ··· 264

10.5 다중 스레드 ·· 268

CHAPTER 11 클로저, 제네릭, 스레드 더 알아보기

11.1 함수 안의 클로저 ·· 277

11.2 impl Trait ··· 281

11.3 Arc ·· 286

11.4 범위가 지정된 스레드 ·· 292

11.5 채널 ·· 295

CHAPTER 12 Box와 러스트 문서

12.1 러스트 문서 읽기 ·· 301

12.1.1 assert_eq! ··· 301

12.1.2 검색 ··· 303

12.1.3 [source] 버튼 ·· 303

12.1.4 트레이트에 관한 정보 ······································· 304

12.2 속성 ·· 304

12.3 Box ·· 308

12.3.1 트레이트 주위의 Box ·· 311

CHAPTER **13 기본값, 빌더 패턴, Deref**

13.1 기본값 및 빌더 패턴 ··· 321
13.2 Deref와 DerefMut ··· 335

CHAPTER **14 코드 테스트와 빌드**

14.1 크레이트와 모듈 ··· 345
14.2 테스트 ··· 351
14.3 테스트 주도 개발 ··· 356

CHAPTER **15 상수, 안전하지 않은 러스트, 외부 크레이트**

15.1 제네릭 상수 ··· 371
15.2 상수형 함수 ··· 374
15.3 가변 정적 변수 ··· 376
15.4 안전하지 않은 러스트 ··· 378
15.5 외부 크레이트 ··· 382
　　　15.5.1 rand ··· 383
　　　15.5.2 rayon ··· 388
　　　15.5.3 serde ··· 389
　　　15.5.4 regex ··· 391
　　　15.5.5 chrono ··· 391
　　　15.5.6 anyhow와 thiserror ··· 392
　　　15.5.7 Blanket 트레이트 구현하기 ··· 399
15.6 lazy_static과 OnceCell ··· 402

●● CONTENTS

PART 2 컴퓨터에서 러스트 사용하기

CHAPTER 16 러스트 사용하기

16.1	카고	**411**
16.2	사용자 입력 받기	**414**
16.3	파일 사용하기	**422**
16.4	cargo doc	**427**

CHAPTER 17 더 많은 크레이트와 비동기 러스트

17.1	reqwest	**431**
17.2	기능 플래그	**434**
17.3	비동기 러스트	**437**

CHAPTER 18 표준 라이브러리 둘러보기

18.1	배열	**447**
18.2	char	**449**
18.3	정수 타입	**450**
18.4	부동 소수점 타입	**454**
18.5	bool	**456**
18.6	Vec	**458**
18.7	String	**459**
18.8	OsString 및 CString	**462**
18.9	mem	**464**

18.10 prelude ··· **470**

18.11 time ·· **473**

18.12 기타 매크로 ·· **477**

    18.12.1 unreachable! ····································· **477**

    18.12.2 column!, line!, file!, module_path! ·············· **479**

    18.12.3 cfg! ··· **481**

CHAPTER **19 매크로 작성하기**   **483**

CHAPTER **20 도서 관리 프로그램 만들기**

20.1 준비하기 ··· **496**

    20.1.1 Vue 프로젝트 생성하기 ····························· **497**

    20.1.2 프런트엔드 프로젝트 설정하기 ······················· **501**

    20.1.3 타우리 프로젝트 생성하기 ·························· **502**

    20.1.4 러스트 앱 의존성과 타우리 앱 개발 환경 설정하기 ······ **505**

    20.1.5 테이블 생성하기 ·································· **506**

20.2 개발하기 ··· **508**

    20.2.1 프런트엔드 만들기 ································· **508**

    20.2.2 백엔드 만들기 ···································· **523**

    20.2.3 프로그램 테스트하기 ······························ **544**

20.3 배포하기 ··· **545**

    20.3.1 데이터베이스 접속 정보 설정하기 ··················· **547**

    20.3.2 배포 패키지 만들기 ································ **548**

20.4 마치며 ··· **550**

PART 3 부록

APPENDIX **A** 러스트 설치하기 · 553

APPENDIX **B** Node.js 설치하기 · 559

APPENDIX **C** PostgreSQL 설치하기 · 565

APPENDIX **D** 비주얼 스튜디오 코드 설치하기 · 571

APPENDIX **E** 포드맨 설치하기

E.1 포드맨 설치하기 · 577
E.2 포드맨 사용 준비 · 579

APPENDIX **F** 포드맨으로 PostgreSQL 서버 설치 및 구동하기

F.1 PostgreSQL 이미지 다운로드 및 서버 실행 · 581
F.2 PostgreSQL 데이터베이스 생성 · 582
F.3 PostgreSQL 서버 접속 URL 만들기 · 583

찾아보기 · 584

웹 브라우저에서 러스트
사용하기

PART **1**

1장 러스트 기초

2장 메모리, 변수, 소유권

3장 복잡한 타입

4장 제네릭

5장 컬렉션 및 오류 핸들링 더 알아보기

6장 트레이트

7장 이터레이터와 클로저 기초

8장 이터레이터와 클로저 심화

9장 수명과 내부 가변성

10장 다중 스레드와 고급 주제

11장 클로저, 제네릭, 스레드 더 알아보기

12장 Box와 러스트 문서

13장 기본값, 빌더 패턴, Deref

14장 코드 테스트와 빌드

15장 상수, 안전하지 않은 러스트, 외부 크레이트

CHAPTER 1

러스트 기초

이 책은 아무것도 설치하지 않아도 러스트를 최대한 많이 배울 수 있도록 만들었습니다. 이 책은 2부로 구성됩니다. 1부에서는 웹 브라우저를 사용해서 러스트의 최대한 많은 부분을 배울 것입니다. 실제로 러스트를 설치하지 않아도 알아야 할 대부분의 내용을 배울 수 있으므로 1부가 매우 깁니다. 그리고 2부는 1부보다 훨씬 짧으며, 컴퓨터에 러스트를 설치한 후 사용할 수 있는 기능에 관한 내용을 다룹니다.

1부에서는 웹 브라우저 외부에서만 실행할 수 있는 기능을 포함한 모든 정보를 배울 수 있습니다. 예를 들어 파일 작업, 사용자 입력 받기, 서버 요청 만들기, 개인 설정 같은 내용입니다. 아마도 1부가 끝날 때쯤에는 러스트를 설치해 보고 싶을 만큼 정말로 좋아하게 될 것입니다. 그만큼 러스트에 빠져들지 않더라도 문제없습니다. 1부에서는 러스트를 설치하지 않아도 많은 것을 배울 수 있습니다.

1.1 러스트 플레이그라운드

러스트를 아직 설치하고 싶지 않을 수도 있지만 괜찮습니다. 웹 브라우저에서 `https://play.rust-lang.org`로 이동해 러스트 코드를 작성하고 실행해서 결과를 볼 수 있습니다. 이 책의 예제는 대부분 웹 브라우저에서 플레이그라운드playground에 접속해서 실행할 수 있습니다. 2부에서만 플레이그라운드에서 실행할 수 없는 예제(예: 파일 열기)를 다룹니다.

다음은 러스트 플레이그라운드를 사용할 때 유용한 몇 가지 팁입니다.

- [Run] 버튼으로 코드를 실행합니다.
- 코드 실행 속도를 더 빠르게 하려면 [Debug]를 [Release]로 변경하세요.
  - [Debug]는 컴파일하고 더 느리게 실행하며 디버깅 정보를 포함합니다.
  - [Release]는 더 느리게 컴파일하고 더 빠르게 실행할 수 있도록 디버깅 정보를 제거합니다.
- URL 링크를 얻으려면 [Share] 버튼을 클릭하세요. 도움이 필요할 때 이 기능을 사용해 코드를 공유할 수 있습니다. [Share]를 클릭한 후 'Open a new thread in the Rust user forum(러스트 사용자 포럼에서 새 스레드 열기)'를 클릭하면 사람들에게 즉시 도움을 요청할 수 있습니다.[1]
- [Tools]의 [Rustfmt]은 코드를 깔끔하게 포맷합니다.
- [Tools]의 [Clippy]는 코드를 개선하는 방법에 관한 추가 정보를 제공합니다.
- [Config]에서는 테마를 다크 모드로 변경하는 등 여러 환경 구성을 할 수 있습니다.

러스트를 설치하려면 https://www.rust-lang.org/tools/install로 이동해 지침을 따르세요. 일반적으로 러스트를 설치하고 업데이트 하려면 rustup을 사용합니다(부록 A '러스트 설치하기' 참조).

1.2 🚧와 ⚠

일부 예제 코드는 동작하지 않습니다. 그런 코드에는 🚧나 ⚠를 표시해 두었습니다. 🚧는 '공사 중'과 같습니다. 코드가 완전하지 않다는 의미입니다. 러스트를 실행하려면 `fn main()`(메인 함수)이 필요하지만, 종종 `fn main()`이 없는 작은 코드 조각을 살펴보는 예제도 있습니다. 이런 예제의 코드는 정확하지만, 실행하려면 `fn main()`이 필요합니다. 그리고 일부 예제는 우리가 해결할 문제를 보여 줍니다. 이런 예제에는 `fn main()`이 있을 수 있지만, 오류가 발생하므로 ⚠로 표시했습니다.

이제 시작해 봅시다![2]

---

1 옮긴이_ 러스트 공식 사용자 포럼은 영어로 질의해야 합니다. 한국 러스트 사용자 모임은 https://rust-kr.org입니다.
2 옮긴이_ 이 책에서 소개하는 코드는 깃허브(https://github.com/search5/easyrust)에서 확인할 수 있습니다.

1.3 주석

주석은 컴퓨터가 아니라 프로그래머가 읽을 수 있도록 만들어집니다. 다른 사람들이 코드를 이해할 수 있도록 주석을 넣는 편이 좋습니다. 주석은 여러분이 나중에 코드를 이해하는 데도 도움이 됩니다(많은 사람이 좋은 코드를 만들지만, 왜 작성했는지 잊어버립니다). 러스트에서는 보통 이중 슬래시(//)를 사용해서 주석을 작성합니다.

```
fn main() {
    // 러스트 프로그램은 fn main()으로 시작합니다.
    // 중괄호 블록 안에 코드를 입력합니다. 중괄호는 {로 시작해서 }로 끝납니다.
    let some_number = 100; // 여기에 원하는 만큼 주석을 쓸 수 있으며
                           // 컴파일러는 주석을 보지 않습니다.
}
```

컴파일러는 이중 슬래시 오른쪽에 있는 내용을 보지 않습니다.

/*로 시작하고 */로 끝나는 주석도 있습니다. 이는 코드 중간에 주석을 넣는 데 유용합니다.

```
fn main() {
    let some_number/*: i16*/ = 100;
}
```

컴파일러는 let some_number/*: i16*/ = 100;을 let some_number = 100;처럼 봅니다.

/* */ 형식은 한 줄 이상의 긴 주석에도 유용합니다. 다음은 모든 행에 //를 쓰는 예제 코드입니다. /*를 입력하면 */로 끝날 때까지 여러 줄에 걸쳐 주석을 입력할 수 있습니다.

```
fn main() {
    let some_number = 100; /* 이 번호에 대해
    조금 알려드리겠습니다.
    제가 가장 좋아하는 숫자인 100입니다.
    some_number라고 하지만 실제로는... */

    let some_number = 100; // 이 번호에 대해
    // 조금 알려드리겠습니다.
    // 제가 가장 좋아하는 숫자인 100입니다.
    // some_number라고 하지만 실제로는...
}
```

삼중 슬래시(///)는 문서화 주석^{doc comment}을 달 때 사용합니다. 이러한 주석은 코드에 관한 문서를 자동으로 만들 때 사용합니다. `https://doc.rust-lang.org/std/index.html`과 같은 문서 페이지의 모든 정보는 ///로 씁니다.[3]

1.4 타입

러스트에는 숫자와 문자 외에도 사용할 수 있는 많은 타입이 있습니다. 일부는 단순하고, 일부는 복잡하며, 직접 만들 수도 있습니다.

1.4.1 원시 타입

러스트에는 **원시 타입**^{primitive type}(가장 기본적인)이라는 간단한 타입이 있습니다. 정수와 char(문자)부터 살펴보겠습니다. 정수는 소수점이 없는 수입니다. 정수는 두 가지 타입이 있습니다.

- 부호 있는 정수
- 부호 없는 정수

부호는 정확히 무엇을 의미할까요? 바로 +(덧셈 기호)와 -(뺄셈 기호)를 의미합니다. 따라서 부호 있는 정수는 양수나 음수가 될 수 있습니다(예: +8, −8). 그러나 부호 없는 정수는 양수만 가능합니다(예: 8).

- **부호 있는 정수**: i8, i16, i32, i64, i128, isize
- **부호 없는 정수**: u8, u16, u32, u64, u128, usize

i나 u 뒤의 숫자는 숫자의 비트 수를 의미하므로 비트가 많은 숫자가 큰 숫자일 수 있습니다.

---

3 옮긴이_ 나중에 문서화 주석을 살펴보겠지만 문서화 주석은 일반적인 주석과 달리 지정된 규칙을 따라 작성되며, 이를 통해 API 문서나 코드 설명서를 자동으로 생성하는 데 사용됩니다. 러스트가 설치되어 있고 궁금하다면 `cargo doc --open`을 입력해 어떤 일을 하는지 확인하세요.

8비트는 1바이트이므로 i8은 1바이트, i64는 8바이트 등입니다. 더 큰 크기의 숫자 타입은 더 큰 숫자를 담을 수 있습니다. 예를 들어 u8은 최대 255를 저장할 수 있지만, u16은 최대 65,535를 저장할 수 있습니다. u128은 최대 340,282,366,920,938,463,463,374,607,431, 768,211,455를 저장할 수 있습니다.

그렇다면 isize와 usize는 무엇인가요? 이들은 컴퓨터의 비트 수를 의미합니다(컴퓨터의 비트 수를 **아키텍처**라고 합니다). 따라서 32비트 컴퓨터의 isize 및 usize는 i32, u32와 같고 64비트 컴퓨터의 isize 및 usize는 i64, u64와 같습니다.

정수 타입이 다양한 데는 여러 이유가 있습니다. 한 가지 이유는 컴퓨터 성능입니다. 바이트 수가 적을수록 처리 속도가 빨라집니다. 예를 들어 숫자 -10은 i8에서는 11110110과 같지만 i128에서는 1111111111111111111111111111111111111111111111111111111111111111 1111111111111111111111111111111111111111111111111111111110110입니다. 그러나 정수에는 다른 용도가 있습니다. char 타입을 생각해 봅시다.

러스트에서는 문자를 char라고 합니다. 모든 char는 숫자로 표현할 수 있습니다. 문자 A는 숫자 65이고, 문자 友는 숫자 21451입니다. 이런 숫자 목록을 **유니코드**라고 합니다. 유니코드는 더 많이 사용하는 문자(예: 알파벳 A~Z, 숫자 0~9, 공백)에 더 작은 숫자를 사용합니다.

```
fn main() {
    let first_letter = 'A';
    let space = ' '; // ' ' 안의 공백도 문자입니다.
    let other_language_char = '칯';
    // 유니코드 덕분에 체로키어와 같은 다른 언어도 잘 표시됩니다.
    let cat_face = '😺'; // 이모지도 문자입니다.
}
```

u8과 같은 작은 항목에 모든 문자를 넣을 수는 없습니다.

그러나 매우 빈번하게 사용하는 문자는 유니코드에서 256 이하의 숫자를 사용하므로 u8에 들어갈 수 있습니다. u8은 0에서 255까지의 모든 숫자를 더해 총 256개라는 사실을 기억하세요. 이는 러스트가 as를 사용해 u8을 char로 안전하게 **타입 변환**type casting을 할 수 있음을 의미합니다(u8을 char로 타입 변환한다는 말은 u8을 char인 것처럼 취급한다는 의미입니다).

러스트는 매우 엄격하므로 as로 타입 변환하는 방법이 유용합니다. 항상 타입을 알아야 하며 둘 다 정수일 때도 서로 다른 두 타입을 함께 사용할 수 없습니다. 예를 들어 다음은 동작하지 않습니다.

```rust
// main()은 러스트 프로그램이 실행되기 시작하는 곳입니다.
// 코드는 {}(중괄호) 안에 들어갑니다.
fn main() {

    let my_number = 100; // 정수 타입을 적지 않았으므로 러스트는 i32를 선택합니다.
                         // 러스트는 다른 타입을 사용하도록 지시하지 않으면
                         // 정수에 대해 항상 i32를 선택합니다.

    println!("{}", my_number as char); // ⚠
}
```

이유는 다음과 같습니다.

```
error[E0604]: only `u8` can be cast as `char`, not `i32`
 --> src\main.rs:3:20
  |
3 |     println!("{}", my_number as char);
  |                    ^^^^^^^^^^^^^^^^^^
```

다행히 as로 쉽게 고칠 수 있습니다. i32를 char로 타입 변환할 수 없지만, i32를 u8로 타입 변환할 수 있습니다. 그런 다음 u8에서 char로 타입 변환하면 됩니다. 따라서 한 줄에서 as를 사용해 my_number를 u8로 만들고 다시 char로 만듭니다. 그러면 컴파일됩니다.

```rust
fn main() {
    let my_number = 100;
    println!("{}", my_number as u8 as char);
}
```

100번째 자리에 있는 '문자'이기 때문에 d를 출력합니다.

그러나 더 쉬운 방법은 러스트에 my_number가 u8이라고 알려 주는 것입니다. 방법은 다음과 같습니다.

```
fn main() {
    let my_number: u8 = 100; //  my_number를 my_number: u8로 변경합니다.
    println!("{}", my_number as char);
}
```

이것이 러스트에 다양한 숫자 타입이 존재하는 두 가지 이유입니다. 여기 또 다른 이유가 있습니다. usize는 러스트가 인덱싱에 사용하는 크기입니다(인덱싱은 '어떤 항목이 첫 번째인지', '어떤 항목이 두 번째인지' 등을 의미합니다). usize는 다음과 같은 이유로 인덱싱에 가장 적합한 크기입니다.

- 인덱스는 음수가 될 수 없으므로 u가 있는 숫자여야 합니다.

- 때로는 많은 항목을 인덱싱해야 하므로 크기가 커야 합니다.

- 32비트 컴퓨터에서는 u64를 사용할 수 없기 때문에 u64가 될 수 없습니다.

그래서 러스트는 컴퓨터가 읽을 수 있는 가장 큰 인덱싱 숫자를 얻도록 usize를 사용합니다.

char에 관해 좀 더 알아봅시다. char는 항상 하나의 문자이고 "" 대신 ' '를 사용합니다. 모든 문자는 4바이트의 메모리를 사용합니다. 4바이트는 모든 종류의 문자를 저장하기에 충분하기 때문이죠.

- 기본 문자 및 기호는 보통 1바이트가 필요합니다(예: a b 1 2 + - = $ @).

- 독일어 움라우트나 악센트와 같은 문자는 2바이트가 필요합니다(예: ä ö ü ß è é à ñ).

- 한글, 일본어, 중국어는 문자 하나당 3~4바이트가 필요합니다(예: 国 안 녕).

따라서 char가 이런 문자를 모두 표현하려면 4바이트여야 합니다.

하지만 이는 char 타입에만 적용됩니다. 모든 문자열이 문자열마다 항상 4바이트를 사용하는 것은 아닙니다. 문자가 문자열의 일부라면(char 타입이 아님) 문자열은 각 문자에 필요한 최소 메모리양을 사용하도록 인코딩됩니다.

.len()을 사용해 직접 확인할 수 있습니다.

```
fn main() {
    println!("Size of a char: {}", std::mem::size_of::<char>()); // 4 바이트
    // .len()은 문자열의 크기를 바이트 단위로 제공합니다.
    println!("Size of string containing 'a': {}", "a".len());
```

```
    println!("Size of string containing 'ß': {}", "ß".len());
    println!("Size of string containing '国': {}", "国".len());
    println!("Size of string containing '𓀀': {}", "𓀀".len());
}
```

참고로 std::mem은 러스트 표준 라이브러리에서 함수가 있는 부분을 의미합니다. 이에 관해서는 나중에 알아보겠습니다.

위 코드의 결과로 다음이 출력됩니다.

```
Size of a char: 4
Size of string containing 'a': 1
Size of string containing 'ß': 2
Size of string containing '国': 3
Size of string containing '𓀀': 4
```

a는 1바이트, 독일어 ß는 2바이트, 일본어 国[4]는 3바이트, 고대 이집트어 𓀀는 4바이트임을 알수 있습니다.[5]

```
fn main() {
    let slice1 = "Hello!";
    println!("Slice1 is {} bytes.", slice1.len());
    let slice2 = "안녕!";
    println!("Slice2 is {} bytes.", slice2.len());
}
```

다음이 출력됩니다.

```
Slice1 is 6 bytes.
Slice2 is 7 bytes.
```

slice1은 여섯 글자이고 6바이트이지만, slice2는 세 글자이며 7바이트입니다. 그러니 조심하세요. .len()은 문자 수가 아니라 바이트 수를 제공합니다.

4　옮긴이_ 国는 한자이며 일본어 고유 문자가 아닙니다.

5　옮긴이_ 러스트의 들여쓰기는 공백으로 구분된 4칸입니다.

.len()이 바이트 단위의 크기를 제공한다면 문자열에서 문자의 개수를 알아내야 할 경우에는 어떻게 해야 할까요? 나중에 이러한 메서드를 배울 테니 지금은 chars().count()가 이 일을 수행한다는 점만 기억하면 됩니다. chars().count()는 입력한 내용을 문자로 변환한 다음 문자 수를 계산합니다.

```rust
fn main() {
    let slice1 = "Hello!";
    println!("Slice1 is {} bytes and also {} characters.",
            slice1.len(), slice1.chars().count());
    let slice2 = "안녕!";
    println!("Slice2 is {} bytes but only {} characters.",
            slice2.len(), slice2.chars().count());
}
```

다음이 출력됩니다.

```
Slice1 is 6 bytes and also 6 characters.
Slice2 is 7 bytes but only 3 characters.
```

1.5 타입 추론

타입 추론(유추)inference은 컴파일러에 타입을 알려 주지 않지만, 컴파일러가 자체적으로 결정할 수 있으면 결정한다는 것을 의미합니다.

컴파일러는 일반적으로 사용 중인 타입을 **추론**할 수 있습니다. 따라서 항상 변수의 타입을 알아야 하지만, 항상 알려 줄 필요는 없습니다. 사실, 대부분 알려 주지 않아도 됩니다. 그러나 예외도 있습니다. 예를 들어 let my_number = 8에서 my_number는 i32가 됩니다. 타입을 알려 주지 않으면 컴파일러가 정수에 대해 i32를 선택하기 때문입니다. 반대로 let my_number: u8 = 8과 같이 u8이라고 알려 주면 my_number가 u8이 됩니다.

일반적으로 컴파일러는 추론할 수 있지만, 다음과 같은 두 가지 상황에는 타입을 알려 줘야 합니다.

1 여러분이 매우 복잡한 일을 하고 있는데, 컴파일러는 여러분이 원하는 타입을 모릅니다.

2 여러분이 다른 타입을 원합니다(예: i32가 아닌 i128을 원합니다).

타입을 지정하려면 변수 이름 뒤에 콜론(:)을 추가하세요.

```
fn main() {
    let small_number: u8 = 10;
}
```

숫자는 바로 뒤에 타입을 넣어 알려 줄 수 있습니다. 공백을 넣지 않고 숫자 뒤에 타입을 입력하면 됩니다.

```
fn main() {
    let small_number = 10u8; // 10u8은 u8 타입의 10을 의미합니다.
}
```

밑줄(_)을 추가해서 숫자를 읽기 쉽게 할 수도 있습니다.

```
fn main() {
    let small_number = 10_u8; // 읽기가 더 쉽습니다.
    let big_number = 100_000_000_i32; // _를 추가하면 1억임을 쉽게 알 수 있습니다.
}
```

밑줄은 숫자의 크기를 변경하지 않습니다. 단지 읽기 쉽게 할 뿐입니다. 그래서 밑줄을 몇 개 사용하는지는 중요하지 않습니다.

```
fn main() {
    let number = 0_____u8;
    let number2 = 1___6_____2____4_____i32;
    println!("{}, {}", number, number2);
}
```

출력 결과는 다음과 같습니다.

```
0, 1624
```

1.5.1 실수

실수는 소수점이 있는 숫자입니다. 5.5는 실수이고, 6은 정수입니다. 5.0도 실수이고 5.도 실수입니다.

```
fn main() {
    let my_float = 5.; // 러스트는 .를 보고 실수임을 인식합니다.
}
```

그러나 타입은 float이 아니라 f32나 f64로 표현합니다. 정수 타입에서와 마찬가지로 f 뒤의 숫자는 비트 수를 나타냅니다. 타입을 알려 주지 않으면 러스트는 f64를 선택합니다.

물론 러스트는 엄격하기에 같은 타입의 실수만 함께 사용할 수 있습니다. 따라서 f64에 f32를 더할 수 없습니다.

```
fn main() {
    let my_float: f64 = 5.0; // 이것은 f64 타입입니다.
    let my_other_float: f32 = 8.5; // 이것은 f32 타입입니다.

    let third_float = my_float + my_other_float; // ⚠
}
```

이 코드를 실행하려고 하면 러스트는 다음과 같이 알려 줍니다.

```
error[E0308]: mismatched types
  --> src\main.rs:5:34
   |
5  |     let third_float = my_float + my_other_float;
   |                                  ^^^^^^^^^^^^^^ expected `f64`, found `f32`
```

잘못된 타입을 사용하면 컴파일러[6]는 컴파일 시간에 expected (타입), found (타입)이라고 알려 줍니다. 다음과 같이 코드를 읽습니다.

```
fn main() {
    let my_float: f64 = 5.0; // 컴파일러는 f64를 봅니다.
```

---

6   옮긴이_ 컴파일러는 사람이 작성한 프로그램 코드를 컴퓨터에서 실행할 수 있도록 바꿔주는 프로그램입니다.

```
    let my_other_float: f32 = 8.5; // 컴파일러는 f32를 봅니다. f64와는 다른 타입입니다.
    let third_float = my_float + // my_float를 뭔가에 추가하려고 하므로
    // f64에 다른 f64를 더한 것이어야 합니다. 이제 f64를 기대합니다.
    let third_float = my_float + my_other_float;  // ⚠ 하지만 f32를 찾았습니다.
                                                  // 더할 수 없습니다.
}
```

따라서 expected (타입), found (타입)이 표시되면 컴파일러가 다른 타입을 예상한 이유를 찾아야 합니다.

물론 간단한 숫자로 쉽게 고칠 수 있습니다. as를 사용해 f32를 f64로 타입 변환할 수 있습니다.

```
fn main() {
    let my_float: f64 = 5.0;
    let my_other_float: f32 = 8.5;

    // my_other_float as f64는 my_other_float를 f64처럼 사용합니다.
    let third_float = my_float + my_other_float as f64;
}
```

또는 더 간단한 방법으로 타입 선언을 제거할 수도 있습니다('타입 선언'은 '러스트에 그 타입을 사용하라고 지시하는 것'과 같습니다). 러스트는 함께 더할 수 있는 타입을 선택할 것입니다.

```
fn main() {
    let my_float = 5.0; // 러스트는 f64를 선택합니다.
    let my_other_float = 8.5; // 여기에서 다시 f64를 선택합니다.

    let third_float = my_float + my_other_float;
}
```

러스트 컴파일러는 똑똑해서 f32가 필요하면 f64를 선택하지 않습니다.

```
fn main() {
    let my_float: f32 = 5.0;
    let my_other_float = 8.5; // 보통 러스트는 f64를 선택합니다.

    // 그러나 이제 f32에 더해야 함을 압니다.
    // 따라서 my_other_float도 f32를 선택합니다.
    let third_float = my_float + my_other_float;
}
```

1.6 'hello, world!' 출력하기

새 러스트 프로그램을 시작하면 항상 다음 코드가 있습니다.

```
fn main() {
    println!("Hello, world!");
}
```

- **fn**: 함수를 의미합니다.
- **main**: 프로그램을 시작하는 함수입니다.
- **()**: 함수를 시작할 변수를 제공하지 않았음을 의미합니다.

{}은 **코드 블록**이라고 합니다. 이것은 코드가 살아 있는 공간입니다.

println!은 콘솔에 출력하는 **매크로**입니다. 매크로는 코드를 쓰는 함수와 같습니다. 매크로 뒤에는 !가 있습니다. 매크로를 만드는 방법은 나중에 배우겠습니다. 지금은 !가 매크로라는 점만 기억하세요.

; (세미콜론)을 알아보기 전에 다른 함수를 만들어 보겠습니다. 먼저 **main**에서 숫자 8을 출력합니다.

```
fn main() {
    println!("Hello, world number {}!", 8);
}
```

println! 안에 있는 {}는 '여기에 변수를 넣으세요'라는 의미입니다({}는 변수를 캡처하는 데 사용합니다). 이 코드는 Hello, world number 8!을 출력합니다. 이전과 마찬가지로 더 많이 입력할 수 있습니다.

```
fn main() {
    println!("Hello, worlds number {} and {}!", 8, 9);
}
```

이 코드는 다음을 출력합니다.

```
Hello, worlds number 8 and 9!
```

이제 함수를 만들어 봅시다. 함수 이름을 number라고 부르고 main() 위에 놓습니다(보통 main 을 맨 아래에 넣지만, 다른 위치에 넣어도 실제로는 별 차이가 없습니다). 그런 다음 number() 를 입력해 main 함수 내부에서 호출합니다.

```rust
fn number() -> i32 {
    8
}

fn main() {
    println!("Hello, world number {}!", number());
}
```

이 코드도 앞의 코드처럼 Hello, world number 8!을 출력합니다. 러스트는 number()를 보면 함수를 호출한다고 이해합니다.

이 함수에는 다음과 같은 특징이 있습니다.

- 아무것도 받지 않습니다(() 안에 아무것도 없음).
- i32를 반환합니다. ->(얇은 화살표)는 함수가 반환하는 값을 나타냅니다.

함수 내부에는 숫자 8만 있습니다. 세미콜론이 없으므로 8(i32 타입)이 반환되는 값입니다. 세미콜론이 있다면 아무것도 반환하지 않습니다(**유닛**unit **타입**이라고 하며, '아무것도 없음'을 의미하는 ()를 반환합니다).

여기 중요한 부분이 있습니다. 러스트는 세미콜론이 있을 때는 이 부분을 컴파일하지 않습니다. 반환값이 i32이고 세미콜론을 사용하면 i32가 아니라 ()을 반환하기 때문입니다. 세미콜론을 추가해 오류를 살펴보겠습니다.

```rust
fn main() {
    println!("Hello, world number {}", number());
}

fn number() -> i32 {
    8;  // ⚠
}
```

```
5 | fn number() -> i32 {
  |    ------        ^^^ expected `i32`, found `()`
  |    |
  |    implicitly returns `()` as its body has no tail or `return` expression
6 |    8;
  |     - help: consider removing this semicolon
```

이 메시지는 '당신이 number()가 i32를 반환한다고 했지만 세미콜론을 추가해 아무것도 반환하지 않는다'는 의미입니다. 따라서 컴파일러는 세미콜론을 제거할 것을 제안합니다.

return 8;이라고 쓸 수도 있지만 러스트에서는 세미콜론을 return에서 제거하는 것이 일반적입니다. 함수의 마지막 부분은 반환값을 나타내므로, 별도로 return을 입력할 필요가 없습니다.

함수에 변수를 전달하려면 () 안에 변수를 넣으세요. 변수의 이름을 지정하고 타입도 적어야 합니다.

```rust
// 두 개의 i32 타입 number_one과 number_two가 함수에 들어갑니다.
fn multiply(number_one: i32, number_two: i32) {
    let result = number_one * number_two;
    println!("{} times {} is {}", number_one, number_two, result);
}

fn main() {
    multiply(8, 9); // 숫자를 직접 전달할 수 있습니다.
    let some_number = 10; // 또는 두 개의 변수를 선언한 다음,
    let some_other_number = 2;
    multiply(some_number, some_other_number); // 함수에 변수를 넣을 수 있습니다.
}
```

i32를 반환하려면 세미콜론 없이 마지막에 넣으면 됩니다.

```rust
fn multiply(number_one: i32, number_two: i32) -> i32 {
    let result = number_one * number_two;
    println!("{} times {} is {}", number_one, number_two, result);
    result // 함수에서 반환하는 i32입니다.
}

fn main() {
```

```
    // multiply()를 사용해 화면에 출력하고 결과를 multiply_result에 전달합니다.
    let multiply_result = multiply(8, 9);
}
```

1.7 변수 및 코드 블록 선언하기

let을 사용해 변수를 선언(러스트에 변수를 만들라고 지시)합니다.

```
fn main() {
    let my_number = 8;
    println!("Hello, number {}", my_number);
}
```

2022년부터 println!의 {} 내부에서 변수를 캡처할 수 있으므로 다음과 같이 사용할 수도 있습니다.[7]

```
fn main() {
    let my_number = 8;
    println!("Hello, number {my_number}");
}
```

이 책에서는 출력에 두 가지 방법을 모두 사용합니다. 때때로 {} 안에 변수 이름을 쓰는 방법이 더 좋을 수 있습니다.

```
fn main() {
    let color1 = "red";
    let color2 = "blue";
    let color3 = "green";

    println!("I like {color1} and {color2} and {color3}");
}
```

7　옮긴이_ println!의 {} 내부에서 변수를 캡처하는 기능은 2022년 1월에 릴리스된 러스트 1.58.0부터 사용 가능합니다.

그러나 {} 다음에 쉼표를 사용하는 방법이 더 좋을 때도 있습니다.

```
fn main() {
    let naver_base_url = "naver";
    let google_base_url = "google";
    let microsoft_base_url = "microsoft";

    // 이 방법은 보기 싫고 읽기 어렵습니다.
    println!("The url is www.{naver_base_url}.com");
    println!("The url is www.{google_base_url}.com");
    println!("The url is www.{microsoft_base_url}.com");

    // 이렇게 하면 훨씬 더 깔끔하게 정렬됩니다.
    println!("The url is www.{}.com", naver_base_url);
    println!("The url is www.{}.com", google_base_url);
    println!("The url is www.{}.com", microsoft_base_url);
}
```

변수는 코드 블록인 {} 안에서 시작하고 끝납니다. 다음 예에서 my_number는 println!을 호출하기 전에 끝납니다. 자체 코드 블록 안에 있기 때문입니다.

```
fn main() {
    {
        let my_number = 8; // my_number는 여기에서 시작합니다.
    } // my_number는 여기서 끝납니다!

    // ⚠ my_number가 없으므로 println!()이 찾을 수 없습니다.
    println!("Hello, number {}", my_number);
}
```

코드 블록을 사용해 값을 반환할 수 있습니다.

```
fn main() {
    let my_number = {
        let second_number = 8;
        second_number + 9 // 세미콜론이 없으므로 코드 블록은 8 + 9를
                          // 반환합니다. 함수처럼 동작합니다.
    };
```

```
        println!("My number is: {}", my_number);
    }
```

블록 안에 세미콜론을 추가하면 ()(아무것도 없음)을 반환합니다.

```
fn main() {
    let my_number = {
        let second_number = 8; // second_number 선언하고
        second_number + 9; // second_number를 더했지만 반환하지 않았습니다!
                           // second_number는 더 이상 사용하지 않습니다.
    };

    println!("My number is: {:?}", my_number); // my_number는 ()와 같습니다.
}
```

그렇다면 왜 {}가 아닌 {:?}를 썼을까요? 지금부터 살펴보겠습니다.

1.8 Display 및 Debug

러스트의 간단한 변수는 println! 안에 {}로 출력할 수 있습니다. 이를 Display라고 합니다. 그러나 일부 변수는 Display로 출력할 수 없으며 Debug를 사용해야 합니다. Debug는 일반적으로 더 많은 정보를 보여 주므로 프로그래머에게 유용하지만, 이런 추가 정보 때문에 결과가 깔끔하게 보이지 않을 수 있습니다.

{}가 아닌 {:?}가 필요한지 어떻게 알 수 있을까요? 컴파일러가 알려 줄 것입니다. 예를 들어 다음 코드를 실행해 봅시다.

```
fn main() {
    let doesnt_print = ();
    println!("This will not print: {}", doesnt_print); // ⚠
}
```

컴파일러는 다음과 같이 알려 줍니다.

```
error[E0277]: `()` doesn't implement `std::fmt::Display`
 --> src\main.rs:3:41
  |
3 |     println!("This will not print: {}", doesnt_print);
  |                                         ^^^^^^^^^^^^ `()` cannot be formatted
with the default formatter
  |
  = help: the trait `std::fmt::Display` is not implemented for `()`
  = note: in format strings you may be able to use `{:?}` (or {:#?} for pretty-
print) instead
  = note: required by `std::fmt::Display::fmt`
  = note: this error originates in a macro (in Nightly builds, run with -Z macro-
backtrace for more info)
```

출력된 정보가 많지만, 특히 다음 부분이 중요합니다.

```
you may be able to use {:?} (or {:#?} for pretty-print) instead
```

이 메시지는 {:?}와 {:#?}도 사용해 볼 수 있다는 의미입니다. {:#?}는 '예쁜 출력pretty-print'이라고 합니다. {:?}와 비슷하지만, 여러 줄에 걸쳐 다른 포맷으로 출력됩니다.

따라서 Display에 출력하는 것은 {}를 의미하고 Debug에 출력하는 것은 {:?}를 의미합니다.

그리고 새 줄을 원하지 않으면 println!에서 ln을 뺀 print!를 사용할 수도 있습니다.

```rust
fn main() {
    print!("This will not print a new line");
    println!(" so this will be on the same line");
}
```

이 코드는 다음을 출력합니다.

```
This will not print a new line so this will be on the same line
```

1.9 가장 작은 숫자와 큰 숫자

가장 작은 숫자와 가장 큰 숫자를 보려면 타입 이름 뒤에 MIN과 MAX를 사용하면 됩니다.

```
fn main() {
    // 힌트: std::i8::MIN 출력은 표준 라이브러리의 i8 섹션 내부에 있는
    // MIN 출력을 의미합니다.
    println!("The smallest i8 is {} and the biggest i8 is {}.", i8::MIN, i8::MAX);
    println!("The smallest u8 is {} and the biggest u8 is {}.", u8::MIN, u8::MAX);
    println!("The smallest i16 is {} and the biggest i16 is {}.", i16::MIN, i16::MAX);
    println!("The smallest u16 is {} and the biggest u16 is {}.", u16::MIN, u16::MAX);
    println!("The smallest i32 is {} and the biggest i32 is {}.", i32::MIN, i32::MAX);
    println!("The smallest u32 is {} and the biggest u32 is {}.", u32::MIN, u32::MAX);
    println!("The smallest i64 is {} and the biggest i64 is {}.", i64::MIN, i64::MAX);
    println!("The smallest u64 is {} and the biggest u64 is {}.", u64::MIN, u64::MAX);
    println!("The smallest i128 is {} and the biggest i128 is {}.", i128::MIN,
    i128::MAX);
    println!("The smallest u128 is {} and the biggest u128 is {}.", u128::MIN,
    u128::MAX);
}
```

다음과 같이 출력됩니다.

```
The smallest i8 is -128 and the biggest i8 is 127.
The smallest u8 is 0 and the biggest u8 is 255.
The smallest i16 is -32768 and the biggest i16 is 32767.
The smallest u16 is 0 and the biggest u16 is 65535.
The smallest i32 is -2147483648 and the biggest i32 is 2147483647.
The smallest u32 is 0 and the biggest u32 is 4294967295.
The smallest i64 is -9223372036854775808 and the biggest i64 is
9223372036854775807.
The smallest u64 is 0 and the biggest u64 is 18446744073709551615.
The smallest i128 is -170141183460469231731687303715884105728 and the biggest i128
is 170141183460469231731687303715884105727.
The smallest u128 is 0 and the biggest u128 is 340282366920938463463374607431768211
455.
```

MIN과 MAX는 상수(불변값)이므로 모두 대문자로 씁니다. 상수(const)는 뒤에서 배울 예정입
니다.

1.10 가변성

변수를 let으로 선언하면 변수는 변경할 수 없는 불변성 변수가 됩니다.

다음 코드는 동작하지 않습니다.

```
fn main() {
    let my_number = 8;
    my_number = 10; // ⚠
}
```

컴파일러는 다음과 같이 알려 줍니다.

```
error[E0384]: cannot assign twice to immutable variable my_number
```

let만 쓰면 변수가 불변이 되기 때문입니다.

그러나 종종 변수를 변경하고 싶을 때가 있습니다. 변경할 수 있는 변수를 만들려면 let 뒤에 mut를 추가합니다.

```
fn main() {
    let mut my_number = 8;
    my_number = 10;
}
```

이제 문제가 없습니다.

그러나 mut를 추가해도 타입은 변경할 수 없습니다. 따라서 다음은 동작하지 않습니다.

```
fn main() {
    let mut my_variable = 8; // 이제 i32입니다. 이후 타입은 변경할 수 없습니다.
    my_variable = "Hello, world!"; // ⚠
}
```

컴파일러에서 expected integer, found &str과 메시지를 출력하는데, 여기 'expected'라는 단어는 '예상했다'는 의미입니다. &str은 곧 배울 문자열 타입입니다.

1.11 섀도잉

섀도잉shadowing은 let을 사용해 이전에 선언한 변수와 동일한 이름으로 새 변수를 선언하는 것을 의미합니다. 가변성처럼 보이지만 완전히 다릅니다. 섀도잉은 다음과 같습니다.

```rust
fn main() {
    // 다음은 i32 타입입니다.
    let my_number = 8;
    println!("{}", my_number); // 8을 출력합니다.

    // 다음은 같은 이름이지만 f64입니다.
    // 이전의 my_number가 아닌 완전히 다른 변수입니다.
    let my_number = 9.2;

    println!("{}", my_number) // 9.2를 출력합니다.
}
```

여기서 새로운 let binding으로 my_number를 '가렸다shadowed'라고 말합니다.

첫 번째 my_number가 소멸되었나요? 아니요. 하지만 my_number를 출력하면 이제 f64 타입의 값이 출력됩니다. 그리고 이들 변수는 동일한 범위 블록(동일한 {})에 있어서 더 이상은 첫 번째 my_number를 볼 수 없습니다.

하지만 서로 다른 블록에 있으면 둘 다 볼 수 있습니다. 섀도잉은 다음과 같이 작성합니다.

```rust
fn main() {
    // 다음은 i32 타입입니다.
    let my_number = 8;
    println!("{}", my_number); // 8을 출력합니다.
    {
        // 다음은 f64 타입입니다. 앞의 my_number가 아니며 완전히 다른 변수입니다.
        let my_number = 9.2;
        println!("{}", my_number) // 9.2를 출력합니다.
        // 그러나 이곳의 my_number는 이 블록이 끝날 때까지만 존재합니다.
        // 앞선 my_number는 아직 살아 있습니다!
    }
    println!("{}", my_number); // 9.2가 아니라 8을 출력합니다.
}
```

따라서 변수를 숨겨도 숨겨진 변수가 소멸되지 않습니다. 변수를 **차단**할 뿐입니다.

그렇다면 섀도잉의 장점은 무엇일까요? 섀도잉은 변수에 많은 작업을 하면서 그사이에 변수에 신경 쓰고 싶지 않을 때 유용합니다. 변수를 사용해야 하는 간단한 수학식을 많이 계산하고 싶다고 상상해 보세요.

```rust
fn times_two(number: i32) -> i32 {
    number * 2
}

fn main() {
    let final_number = {
        let y = 10;
        let x = 9; // x는 9에서 시작합니다.
        let x = times_two(x); // x의 새로운 섀도우 값: 18
        let x = x + y; // x의 새로운 섀도우 값: 28
        x // return x: final_number는 이제 x의 값입니다.
    };
    println!("The number is now: {}", final_number)
}
```

섀도잉이 없으면 x를 대신할 다른 변수 이름을 생각해야 합니다.

```rust
fn times_two(number: i32) -> i32 {
    number * 2
}

fn main() {
    // 섀도잉 없이 러스트를 사용하는 척합니다.
    let final_number = {
        let y = 10;
        let x = 9; // x는 9에서 시작합니다.
        let x_twice = times_two(x); // x의 두 번째 이름
        let x_twice_and_y = x_twice + y; // x의 세 번째 이름
        x_twice_and_y // 섀도잉을 했다면 그냥 x를 사용할 수
                      // 있었을텐데 안타깝습니다.
    };
    println!("The number is now: {}", final_number)
}
```

일반적으로 같은 이름의 변수에 값을 여러 번 할당하면 러스트에서 섀도잉이 발생합니다. 예를 들어 변수를 재선언하여 작업을 수행한 뒤 다시 다른 작업을 위해 동일한 이름의 변수를 사용할 때 섀도잉이 유용합니다. 또한, 임시적으로 사용할 변수를 처리할 때도 섀도잉을 활용할 수 있습니다.

CHAPTER 2

메모리, 변수, 소유권

2.1 스택, 힙, 포인터

스택, 힙, 포인터는 러스트에서 매우 중요합니다.

스택과 힙은 컴퓨터에서 메모리를 보관하는 두 곳입니다. 중요한 차이점은 다음과 같습니다.

- 스택은 매우 빠르지만 힙은 그리 빠르지 않습니다. 힙이 엄청나게 느리지는 않지만, 스택이 항상 더 빠릅니다. 그러나 다음과 같은 이유로 스택을 항상 사용할 수는 없습니다.
- 러스트는 컴파일 타임에 변수의 크기를 알아야 합니다. i32와 같은 간단한 변수는 정확한 크기를 알기 때문에 스택에 저장됩니다. 32비트는 항상 4바이트가 되므로 i32는 항상 스택에 들어갈 수 있습니다.
- 그러나 일부 타입은 컴파일 시 크기를 알 수 없습니다. 스택은 정확한 크기를 알아야 사용할 수 있는데, 무엇을 해야 할까요? 힙에는 모든 크기의 데이터가 있을 수 있으므로 데이터를 먼저 힙에 넣습니다. 그런 다음 힙을 찾기 위한 포인터를 스택에 둡니다. 러스트는 포인트의 크기를 알기 때문에 이렇게 해도 괜찮습니다. 따라서 컴퓨터는 먼저 스택으로 이동해 포인터를 읽고 데이터가 있는 힙을 따라갑니다.

포인터라는 용어는 어려워 보이지만, 이해하기 쉽습니다. 포인터는 책의 목차와 같습니다. 다음과 같은 책을 상상해 보세요.

```
MY BOOK

TABLE OF CONTENTS
```

```
Chapter                       Page
Chapter 1: My life            1
Chapter 2: My cat             15
Chapter 3: My job             23
Chapter 4: My family          30
Chapter 5: Future plans       43
```

이것은 5개의 포인터와 같습니다. 여러분은 이를 읽고 포인터가 말하려는 정보를 찾을 수 있습니다. 'My life' 장은 어디에 있나요? 1페이지에 있습니다(포인터는 1페이지를 가리킴). 'My job' 장은 어디에 있나요? 23페이지에 있습니다.

러스트에서 일반적으로 볼 수 있는 포인터를 **참조**라고 하며, 알아야 할 중요한 부분입니다. 참조는 다른 값의 메모리를 가리킵니다. 참조란 값을 **빌려**주지만 소유하지는 않는다는 의미입니다. 이런 의미에서 책의 목차와 같습니다. 목차는 정보를 소유하지 않습니다. 정보를 소유하는 것은 장입니다. 러스트에서 참조자는 이름 앞에 &가 있습니다.

- `let my_variable = 8`: 일반 변수를 만듭니다.
- `let my_reference = &my_variable`: my_variable이 소유한 데이터를 참조합니다.

`my_reference = &my_variable`은 다음과 같이 읽습니다. 'my_reference는 my_variable에 대한 참조입니다' 또는 'my_reference는 my_variable을 참조합니다'라고 읽어도 됩니다.

이는 `my_reference`가 `my_variable`의 데이터만 본다는 의미입니다. `my_variable`은 여전히 데이터를 소유합니다.

포인터는 다음처럼 하나 이상의 참조를 중첩해서 만들 수도 있습니다.

```
fn main() {
    let my_number = 15; // 이는 i32입니다.
    let single_reference = &my_number; // 이는 &i32입니다.
    let double_reference = &single_reference; // 이는 &&i32입니다.
    let five_references = &&&&&my_number; // 이는 &&&&&i32입니다.
}
```

'친구의 친구'가 '친구'와 다르듯이, 이들은 모두 다른 타입입니다.

2.2 출력 알아보기

러스트에서는 원하는 거의 모든 방식으로 출력할 수 있습니다. 이 절에서는 출력에 관해 알아야 할 몇 가지 추가 사항을 살펴보겠습니다.

\n을 추가하면 새 줄이 만들어지고 \t는 탭을 만듭니다.

```
fn main() {
    // 참고: println!이 아니라 print!입니다.
    print!("\t Start with a tab\nand move to a new line");
}
```

다음이 출력됩니다.

```
        Start with a tab
and move to a new line
```

"" 안에 문제없이 여러 줄을 쓸 수 있지만, 간격에 주의하세요.

```
fn main() {
    // 참고: 두 번째 줄부터는 맨 왼쪽부터 시작해야 합니다.
    // println!이 시작되는 위치에 맞춰 들여쓰기를 하면 공백이 추가됩니다.
    println!("Inside quotes
you can write over
many lines
and it will print just fine.");

    println!("If you forget to write
    on the left side, the spaces
    will be added when you print.");
}
```

다음이 출력됩니다.

```
Inside quotes
you can write over
many lines
and it will print just fine.
```

```
If you forget to write
    on the left side, the spaces
    will be added when you print.
```

\n ('이스케이프 문자'라고 함)과 같은 문자를 출력하려면 \를 추가해야 합니다.

```
fn main() {
    println!("Here are two escape characters: \\n and \\t");
}
```

다음이 출력됩니다.

```
Here are two escape characters: \n and \t
```

"와 이스케이프 문자가 많은 문장을 출력할 때는 러스트가 모든 것을 무시하고 입력한 그대로
표현하기를 원할 수 있습니다. 이렇게 하려면 시작 부분에 r#을 추가하고 끝에 #을 추가하면
됩니다. 여기서 'r'은 'raw'를 나타냅니다.

```
fn main() {
    println!("He said, \"You can find the file at c:\\files\\my_documents\\file.
    txt.\" Then I found the file."); // 여기서 \를 다섯 번 사용했습니다.
    println!(r#"He said, "You can find the file at c:\files\my_documents\file.txt."
    Then I found the file."#) // 훨씬 낫습니다!
}
```

이 코드는 같은 결과를 출력하지만, r#을 사용하면 사람이 읽기가 더 쉬워집니다.

```
He said, "You can find the file at c:\files\my_documents\file.txt." Then I found
the file.
He said, "You can find the file at c:\files\my_documents\file.txt." Then I found
the file.
```

문장 내부에 #을 출력해야 할 때는 r##으로 시작해 ##으로 끝내면 됩니다. # 문자가 연이어 여러
개 나올 때는 연이은 # 문자의 최대 개수에 #을 하나 더 추가해서 여닫는 부분에 써주면 됩니다.

다음은 네 가지 예입니다.

```
fn main() {

    let my_string = "'Ice to see you,' he said."; // 작은따옴표
    let quote_string = r#""Ice to see you," he said."#; // 큰따옴표

    // 문장 내부에 #이 있으므로 여닫는 부분에 ##을 사용했습니다.
    let many_hashtags = r####""You don't have to type ### to use a hashtag. You can
just use #.""####;

    // 문장 내부에 ###(# 3개)이 있으므로 여닫는 부분에 ####(# 4개)을 사용했습니다.
    let many_hashtags = r####""You don't have to type ### to use a hashtag. You can
just use #.""####;

    println!("{}\n{}\n{}\n{}\n", my_string, quote_string, hashtag_string,
            many_hashtags);

}
```

다음 내용이 출력됩니다.

```
'Ice to see you,' he said.
"Ice to see you," he said.
The hashtag #IceToSeeYou had become very popular.
"You don't have to type ### to use a hashtag. You can just use #."
```

r#에는 또 다른 용도가 있습니다. 키워드(예: let, fn, mut 등의 단어)를 변수 이름으로 사용
할 수 있게 해 줍니다.

```
fn main() {
    let r#let = 6; // 변수 이름은 let
    let mut r#mut = 10; // 이 변수의 이름은 mut
}
```

r#은 러스트에서 키워드[1]를 변수명으로 사용할 수 있게 하는 기능입니다. 이 기능을 사용하면
기존에 변수명으로 사용하던 이름이 새로운 러스트 버전에서 키워드로 지정되었을 때 발생할
수 있는 충돌을 피할 수 있습니다.

---

1 옮긴이_ 키워드는 러스트에서 사용하기 위해 미리 예약해 둔 단어를 말합니다. 이 책에서 키워드와 예약어는 같은 의미로 이해하면 됩니다.

아니면 어떤 이유로 **return**과 같은 이름의 함수가 정말로 필요할 수도 있습니다. 이럴 때는 다음과 같이 쓸 수 있습니다.

```
fn r#return() -> u8 {
    println!("Here is your number.");
    8
}

fn main() {
    let my_number = r#return();
    println!("{}", my_number);
}
```

다음이 출력됩니다.

```
Here is your number.
8
```

누군가에게는 필요하지 않을 수도 있지만, 실제로 키워드를 변수로 사용해야 할 때는 r#을 사용할 수 있습니다.

&str이나 **char** 타입의 바이트를 출력하려면 문자열 앞에 **b**를 쓰면 됩니다. 이 방법은 모든 ASCII 문자에서 동작합니다. 다음은 모두 ASCII 문자입니다.

```
☺☻♥♦♣♠♪♫☼►◄↕‼¶§▬↨↑↓→∟↔▲▼123456789:;<=>?@ABCDEFGHIJKLMNOPQRSTUVWXYZ[\]^_`abcdefghijk
lmnopqrstuvwxyz{¦}~
```

다음 코드를 실행해 보겠습니다.

```
fn main() {
    println!("{:?}", b"This will look like numbers");
}
```

다음과 같이 출력됩니다.

```
[84, 104, 105, 115, 32, 119, 105, 108, 108, 32, 108, 111, 111, 107, 32, 108, 105,
107, 101, 32, 110, 117, 109, 98, 101, 114, 115]
```

char 타입에서는 이것을 **바이트**라고 하며 &str은 **바이트 문자열**이라고 합니다.

필요하다면 b와 r을 함께 넣을 수도 있습니다.

```rust
fn main() {
    println!("{:?}", br##"I like to write "#"."##);
}
```

출력 결과는 다음과 같습니다.

```
`[73, 32, 108, 105, 107, 101, 32, 116, 111, 32, 119, 114, 105, 116, 101, 32, 34,
35, 34, 46]`
```

문자열 안에 유니코드 문자를 출력할 수 있는 유니코드 이스케이프(\u{})도 있습니다. 16진
숫값을 {} 안에 넣으면 출력됩니다. 다음 코드는 유니코드 번호를 가져오는 방법과 유니코드를
출력하는 간단한 예제입니다.

```rust
fn main() {
    println!("{:X}", '행' as u32); // 16진숫값을 얻으려면 u32로 타입 변환하세요.
    println!("{:X}", 'H' as u32);
    println!("{:X}", '居' as u32);
    println!("{:X}", 'い' as u32);

    println!("\u{D589}, \u{48}, \u{5C45}, \u{3044}");
    // 유니코드 이스케이프 문자인 \u로 출력해 보세요.
}
```

println!이 {}(Display의 경우) 및 {:?}(Debug의 경우)로 출력할 수 있고, 예쁜 출력을 하
려면 {:#?}를 추가할 수 있음을 앞에서 배웠습니다. 그러나 더 많은 출력 방법이 있습니다.

예를 들어 참조가 있다면 {:p}를 사용해 **포인터 주소**를 출력할 수 있습니다. 포인터 주소는 컴
퓨터 메모리의 위치를 의미합니다.

```rust
fn main() {
    let number = 9;
    let number_ref = &number;
    println!("{:p}", number_ref);
}
```

이 코드는 **0xe2bc0ffcfc**와 같은 메모리 주소를 출력합니다. 컴퓨터가 저장하는 메모리 위치에 따라 매번 다를 수 있습니다.

2진수, 16진수, 8진수를 출력할 수도 있습니다.

```rust
fn main() {
    let number = 555;
    println!("Binary: {:b}, hexadecimal: {:x}, octal: {:o}", number, number,
            number);
}
```

이 코드는 `Binary: 1000101011, hexadecimal: 22b, octal: 1053`를 출력합니다.

숫자를 추가해 순서를 변경할 수 있습니다. 첫 번째 변수는 인덱스 0에, 다음 변수는 인덱스 1에 있는 식으로 순서를 변경할 수 있습니다.

```rust
fn main() {
    let father_name = "Vlad";
    let son_name = "Adrian Fahrenheit";
    let family_name = "Țepeș";
    println!("This is {1} {2}, son of {0} {2}.", father_name, son_name,
            family_name);
}
```

`father_name`은 0 위치에, `son_name`은 1 위치에, `family_name`은 2 위치에 있습니다. 따라서 `This is Adrian Fahrenheit Țepeș, son of Vlad Țepeș`가 출력됩니다.

`{}`(중괄호) 안에 너무 많은 변수가 포함된 매우 복잡한 문자열을 출력해야 할 수 있습니다. 또는 변수를 두 번 이상 출력해야 할 수도 있습니다. 이럴 때는 `{}`에 이름을 추가하면 도움이 됩니다.

```
fn main() {
    println!(
        "{city1} is in {country} and {city2} is also in {country},
        but {city3} is not in {country}.",
        city1 = "Seoul",
        city2 = "Busan",
        city3 = "Tokyo",
        country = "Korea"
    );
}
```

다음과 같이 출력됩니다.

```
Seoul is in Korea and Busan is also in Korea,
but Tokyo is not in Korea.
```

러스트에서 {}를 사용하면 매우 복잡한 출력도 할 수 있습니다. 방법은 다음과 같습니다.

```
{variable:padding alignment minimum.maximum}
```

복잡한 출력을 하는 방법을 이해하려면 다음을 살펴보세요.

> 1 변수 이름을 사용할까요? 앞에서 {country}라고 썼을 때처럼 변수 이름을 먼저 입력하세요. 그리고 더 많은 작업을 하려면 뒤에 :(콜론)을 추가하세요.
>
> 2 패딩 문자를 사용할까요? 예를 들어 패딩 문자 0이 3개 있는 55는 00055와 같이 보입니다.
>
> 3 패딩의 정렬(왼쪽/가운데/오른쪽)은 어디인가요?
>
> 4 최소 길이를 사용할까요? 숫자만 적습니다.
>
> 5 최대 길이를 사용할까요? 숫자 앞에 .(온점)을 붙여 적습니다.

예를 들어 왼쪽과 오른쪽에 'ㅎ'을 5개씩 출력하고 그 사이에 'a'를 쓰고 싶다면 다음과 같이 씁니다.

```
fn main() {
    let letter = "a";
    println!("{:ㅎ^11}", letter);
}
```

ㅎㅎㅎㅎㅎaㅎㅎㅎㅎ가 출력됩니다. {:ㅎ^11}을 앞에서 본 질문에 따라 살펴보며 컴파일러가 어떻게 읽는지 이해해 봅시다.

- 변수 이름을 원하나요? 아니오. 변수명이 없습니다. : 앞에는 아무것도 없습니다.
- 패딩 문자를 원하나요? 네. ㅎ은 : 뒤에 오고 ^가 있습니다. <는 문자가 왼쪽, >는 문자가 오른쪽, ^은 문자가 가운데 있음을 의미합니다.
- 최소 길이를 원하나요? 네. ^ 뒤에 11이 있습니다.
- 최대 길이를 원하나요? 아니오. 숫자 앞에 .(온점)이 없습니다.

다음은 다양한 타입 포맷의 예입니다.

```rust
fn main() {
    let title = "TODAY'S NEWS";

    // 변수 이름 없음, -로 채움, 30자 길이로 중앙에 배치
    println!("{:-^30}", title);
    let bar = "¦";

    // 변수 이름 없음, 15자씩 왼쪽과 오른쪽에 공백으로 채움
    println!("{: <15}{: >15}", bar, bar);
    let a = "SEOUL";
    let b = "TOKYO";

    // 변수 이름 city1 및 city2, 각각 왼쪽과 오른쪽에 -로 채움
    println!("{city1:-<15}{city2:->15}", city1 = a, city2 = b);
}
```

이 코드는 다음을 출력합니다.

```
---------TODAY'S NEWS---------
¦                            ¦
SEOUL--------------------TOKYO
```

2.3 문자열

러스트에는 String과 &str이라는 두 가지 주요 타입의 문자열이 있습니다. 두 타입의 차이점은 무엇일까요?

- &str은 간단한 문자열입니다. let my_variable = "Hello, world!"라고 쓰면 &str이 생성됩니다. &str은 매우 빠릅니다.
- String은 더 복잡한 문자열입니다. 조금 느리지만 더 많은 기능이 있습니다. String은 힙에 데이터가 있는 포인터입니다.

또한 str을 사용하려면 참조가 필요하므로 &str 앞에 &가 있습니다. &를 붙이는 이유는 앞에서 살펴봤는데, 요약하면 다음과 같습니다. 스택은 크기를 알아야 하고 str은 어떤 크기도 될 수 있습니다. 그래서 크기를 아는 &를 지정하면 컴파일러가 만족합니다. 또한 &를 사용해 str과 상호작용을 하기에 변수를 소유하지 않습니다. 그러나 String은 **소유** 타입입니다. 이것이 왜 중요한지 곧 알게 될 것입니다.

&str과 String은 모두 UTF-8입니다. 예를 들어 다음과 같이 쓸 수 있습니다.

```
fn main() {
    // 한국 이름은 문제없이 사용할 수 있습니다. &str은 UTF-8이기 때문입니다.
    let name = "자우림";
    // Ț와 ş는 UTF-8에서 문제가 되지 않습니다.
    let other_name = String::from("Adrian Fahrenheit Țepeș");
}
```

String::from("Adrian Fahrenheit Țepeș")을 보면 &str에서 String을 만들기가 쉽다는 것을 알 수 있습니다. 두 타입은 서로 다르지만 매우 밀접하게 연결되어 있습니다.

UTF-8 덕분에 이모지를 쓸 수도 있습니다.

```
fn main() {
    let name = "😂";
    println!("My name is actually {}", name);
}
```

명령줄에서 출력할 수 없는 경우를 제외하고 이모지를 포함해 컴퓨터에서 'My name is

actually 😂'가 출력됩니다. 출력할 수 없는 경우에는 'My name is actually ◆'만 표시됩니다. 그러나 러스트는 이모지나 다른 유니코드를 처리하는 데는 문제가 없습니다.

이해를 돕기 위해 str에 &를 사용하는 이유를 다시 살펴보겠습니다.

- str은 동적 크기 타입입니다(동적 크기 = 크기가 다를 수 있음).

예를 들어 '자우림'과 'Adrian Fahrenheit Țepeș'라는 이름은 같은 크기가 아닙니다. 타입의 크기를 표시하는 size_of와 값의 크기를 표시하는 size_of_val이라는 두 가지 함수로 다음과 같이 크기를 확인할 수 있습니다.

```
fn main() {

    // std::mem::size_of::<Type>()은 타입의 크기를 바이트 단위로 제공합니다.
    println!("A String is always {:?} bytes. It is Sized.", std::mem::size_
    of::<String>());
    println!("And an i8 is always {:?} bytes. It is Sized.", std::mem::size_
    of::<i8>());
    println!("And an f64 is always {:?} bytes. It is Sized.", std::mem::size_
    of::<f64>());

    // std::mem::size_of_val()은 변수의 바이트 크기를 제공합니다.
    println!("But a &str? It can be anything. '자우림' is {:?} bytes. It is not
    Sized.", std::mem::size_of_val("자우림"));
    println!("And 'Adrian Fahrenheit Țepeș' is {:?} bytes. It is not Sized.",
    std::mem::size_of_val("Adrian Fahrenheit Țepeș"));
}
```

다음이 출력됩니다.

```
A String is always 24 bytes. It is Sized.
And an i8 is always 1 bytes. It is Sized.
And an f64 is always 8 bytes. It is Sized.
But a &str? It can be anything. '자우림' is 9 bytes. It is not Sized.
And 'Adrian Fahrenheit Țepeș' is 25 bytes. It is not Sized.
```

이것이 &가 필요한 이유입니다. &는 포인터를 만들고, 러스트는 포인터의 크기를 알고 있기 때문입니다. 따라서 포인터만 스택에 저장됩니다. str을 사용한다면 러스트는 크기를 모르기 때문에 무엇을 해야 할지 모를 것입니다. 실제로 &str 대신 str을 만들어 시도해 볼 수 있습니다.

```
fn main() {
    let my_name: str = "My name"; // ⚠
}
```

다음과 같은 오류가 발생합니다.

```
error[E0277]: the size for values of type `str` cannot be known at compilation time
 --> src/main.rs:2:9
  |
2 |     let my_name: str = "My name";
  |         ^^^^^^^ doesn't have a size known at compile-time
  |
  = help: the trait `Sized` is not implemented for `str`
  = note: all local variables must have a statically known size
  = help: unsized locals are gated as an unstable feature
```

String을 만드는 방법은 여러 가지가 있습니다. 다음은 그중 일부입니다.

- String::from("This is the string text");

  이것은 텍스트를 받아서 String을 생성하는 메서드입니다.

- "This is the string text".to_string()

  이것은 &str을 String으로 만드는 메서드입니다.

- format! 매크로

  출력하는 대신에 String을 생성한다는 점을 제외하고 println!과 같습니다. 따라서 다음과 같이 할 수 있습니다.

```
fn main() {
    let my_name = "Billybrobby";
    let my_country = "USA";
    let my_home = "Korea";

    let together = format!(
        "I am {my_name} and I come from {my_country} but I live in {my_home}."
    );
}
```

이제 together라는 String이 있지만, 아직 출력하지 않았습니다.

String을 만드는 또 다른 방법으로 .into()가 있지만, .into()는 String을 만드는 것에만 국한되지 않기 때문에 조금 다릅니다. 일부 타입은 From과 .into()를 사용해 다른 타입으로 쉽게 변환할 수 있습니다. 그리고 From이 구현되어 있다면 .into()도 자동으로 사용할 수 있습니다. From은 타입이 명확하기 때문에 더 직관적입니다. 예를 들어 String::from("Some str")은 &str에서 String으로 변환한다는 것을 알 수 있습니다. 하지만 .into()의 경우에는 컴파일러가 타입을 알지 못할 때도 있습니다.

```rust
fn main() {
    let my_string = "Try to make this a String".into(); // ⚠
}
```

러스트는 &str에서 많은 타입을 만들 수 있기 때문에 만들려고 하는 타입을 알지 못합니다. 따라서 러스트가 '&str을 여러 타입으로 만들 수 있습니다. 어떤 타입을 원하세요?'라고 묻게 되겠죠.

```
error[E0282]: type annotations needed
 --> src\main.rs:2:9
  |
2 |     let my_string = "Try to make this a String".into();
  |         ^^^^^^^^^ consider giving `my_string` a type
```

따라서 다음과 같이 할 수 있습니다.

```rust
fn main() {
    let my_string: String = "Try to make this a String".into();
}
```

이제 String을 정상적으로 얻었습니다.

2.4 const와 static

let뿐만 아니라 값을 선언하는 두 가지 다른 방법이 있습니다. 바로 const와 static입니다. 러스트는 const와 static에 타입 추론을 사용하지 않습니다. 따라서 해당 타입을 써야 합니다. 이들은 변경되지 않는 값을 위한 것입니다(const는 상수를 의미합니다). 차이점은 다음과 같습니다.

- const는 변경되지 않는 값을 위한 것입니다. 상수 이름이 사용될 때 값으로 대체됩니다.
- static은 const와 유사하지만, 메모리 위치가 고정되어 있고 전역 변수로 동작할 수 있습니다.

그래서 이들의 기능은 거의 동일합니다. 러스트 프로그래머는 거의 항상 const를 사용합니다. 프로그램의 모든 곳에서 사용할 수 있도록 모두 대문자로 쓰고 일반적으로 main 외부에 씁니다.

예를 들어 다음과 같이 쓸 수 있습니다.

- const NUMBER_OF_MONTHS: u32 = 12;
- static SEASONS: [&str; 4] = ["Spring", "Summer", "Fall", "Winter"]

2.5 참조 알아보기

러스트에서 참조는 매우 중요합니다. 러스트는 참조를 사용해 모든 메모리 접근이 안전한지 확인합니다. 앞에서 &를 사용해 참조를 생성한다는 것을 배웠습니다.

```
fn main() {
    let country = String::from("Austria");
    let ref_one = &country;
    let ref_two = &country;

    println!("{}", ref_one);
}
```

그러면 Austria가 출력됩니다.

코드에서 country는 String입니다. 그런 다음 country에 대한 두 개의 참조를 만들었습니다. 이들은 'String에 대한 참조'라고 하는 &String 타입을 가집니다. country에 대한 참조를 3개 또는 100개를 만들어도 문제가 되지 않습니다.

그러나 다음 코드는 문제가 됩니다.

```rust
fn return_str() -> &str {
    let country = String::from("Austria");
    let country_ref = &country;
    country_ref // ⚠
}

fn main() {
    let country = return_str();
}
```

컴파일러는 다음과 같이 알려 줍니다.

```
error[E0515]: cannot return value referencing local variable `country`
 --> src/main.rs:4:5
  ¦
3 ¦     let country_ref = &country;
  ¦                       -------- `country` is borrowed here
4 ¦     country_ref // ⚠
  ¦     ^^^^^^^^^^^ returns a value referencing data owned by the current function
```

함수 return_str()은 String을 생성한 후 String에 대한 참조를 생성합니다. 그런 다음 참조를 반환하려고 시도합니다. 그러나 String country는 함수 내부에만 존재하다가 소멸합니다. 변수가 사라지면 컴퓨터는 메모리를 정리하고 다른 용도로 사용합니다. 따라서 함수가 끝난 후 country_ref는 이미 사라진 메모리를 참조하게 되므로 이렇게 사용하면 안 됩니다. 러스트는 여기서 우리가 메모리 조작 실수를 하는 것을 방지합니다.

이는 앞에서 언급한 '소유' 타입에 관한 중요한 부분입니다. String을 소유하고 있기 때문에 전달할 수 있습니다. 그러나 &String은 String이 죽으면 죽기 때문에 '소유권'을 전달하지 않습니다.

2.6 변경 가능한 참조

참조를 사용해 데이터를 변경할 때는 변경 가능한 참조(가변 참조)를 사용할 수 있습니다. 변경 가능한 참조에는 & 대신 &mut를 사용합니다.

```
fn main() {
    let mut my_number = 8; // 여기에 mut를 쓰는 것을 잊지 마세요!
    let num_ref = &mut my_number;
}
```

그렇다면 이 두 가지 타입은 무엇이라고 할까요? my_number는 i32이고 num_ref는 &mut i32입니다('i32에 대한 변경 가능한 참조'나 'ref mut i32'라고 합니다).

이를 사용해 my_number에 10을 더해 봅시다. 하지만 num_ref += 10이라고 쓸 수는 없습니다. num_ref는 i32 값이 아니라 &i32이기 때문입니다. 값은 실제로 i32 안에 있습니다. 값이 있는 위치에 도달하려면 *를 사용합니다. *는 '참조를 원하지 않고 참조 뒤에 있는 값을 원합니다'를 의미합니다. 즉, 하나의 *는 &의 반대입니다. 또한 하나의 *는 하나의 &를 지웁니다.

```
fn main() {
    let mut my_number = 8;
    let num_ref = &mut my_number;
    *num_ref += 10; // *를 사용해서 i32 값을 변경하세요.
    println!("{}", my_number);

    let second_number = 800;
    let triple_reference = &&&second_number;
    println!("Second_number = triple_reference? {}",
            second_number == ***triple_reference);
}
```

다음이 출력됩니다.

```
18
Second_number = triple_reference? true
```

&를 사용하는 것을 '참조'라고 하므로 *를 사용하는 것을 **역참조**라고 합니다.

러스트에는 가변 및 불변 참조에 관한 두 가지 규칙이 있습니다. 이 규칙들은 매우 중요하지만 의미가 있기 때문에 기억하기 쉽습니다.

- **규칙 1**: 불변 참조만 있을 때는 원하는 만큼 가질 수 있습니다. 1개도 괜찮고, 3개도, 1000개도 괜찮습니다.
- **규칙 2**: 변경 가능한 참조는 하나만 가질 수 있습니다. 또한 불변 참조와 변경 가능한 참조를 **함께** 가질 수 없습니다.

이는 변경 가능한 참조가 데이터를 변경할 수 있기 때문입니다. 다른 참조가 데이터를 읽을 때 데이터를 변경하면 문제가 발생할 수 있습니다.

참조 규칙을 이해하는 좋은 방법은 파워포인트 프레젠테이션을 생각해 보는 것입니다.

첫 번째 상황은 **단 하나의 변경 가능한 참조에 관한 것**입니다.

직원 A가 파워포인트 프레젠테이션을 만들고 있습니다. 그는 데이터를 소유합니다. 이제 그는 관리자가 그를 도와주기를 원합니다. 그는 관리자에게 자신의 로그인 정보를 제공하고 편집을 도와달라고 요청합니다. 이제 관리자는 A의 프레젠테이션에 대한 '변경 가능한 참조'를 갖게 됩니다. 관리자는 원격으로 로그인해서 원하는 대로 변경하고 나중에 로그인 세션을 돌려줄 수 있습니다. 아무도 프레젠테이션을 보고 있지 않으므로 괜찮습니다.

두 번째 상황은 **불변 참조만 있는 것**입니다.

직원이 100명에게 프레젠테이션하고 있습니다. 이제 100명 모두 발표자의 데이터를 볼 수 있습니다. 그들은 모두 발표자의 프레젠테이션에 대한 '불변 참조'를 가집니다. 그들이 볼 수는 있지만, 아무도 데이터를 변경할 수 없기 때문에 이것은 괜찮습니다. 1,000명 이상의 사람이 프레젠테이션에 오더라도 별 차이가 없을 것입니다.

세 번째 상황은 **문제 상황**입니다.

직원이 관리자에게 로그인 정보를 제공합니다. 그의 관리자는 이제 '변경 가능한 참조'를 가집니다. 그런 다음 직원이 100명에게 프레젠테이션을 하러 갔지만, 관리자는 여전히 원격으로 로그인할 수 있습니다. 관리자가 로그인해서 무엇이든 할 수 있으므로 이 상황은 좋지 않습니다. 어쩌면 관리자가 실수로 직원의 컴퓨터에 로그인한 상태에서 어머니께 보낼 이메일을 작성하기 시작할 수도 있습니다. 그러면 100명의 참석자는 프레젠테이션 대신 관리자가 어머니께 이메일을 쓰는 모습을 지켜봐야 합니다. 이는 기대했던 상황이 아닙니다. 러스트는 이런 상황을 방지합니다.

다음은 변경 불가능한 빌림borrow(불변 빌림)이 있는 변경 가능한 빌림의 예입니다.

```
fn main() {
    let mut number = 10;
    let number_ref = &number;
    let number_change = &mut number;
    *number_change += 10;
    println!("{}", number_ref); // ⚠
}
```

컴파일러는 문제를 보여 주는 유용한 메시지를 출력합니다.

```
error[E0502]: cannot borrow `number` as mutable because it is also borrowed as
immutable
 --> src\main.rs:4:25
  |
3 |     let number_ref = &number;
  |                      ------- immutable borrow occurs here
4 |     let number_change = &mut number;
  |                         ^^^^^^^^^^^ mutable borrow occurs here
5 |     *number_change += 10;
6 |     println!("{}", number_ref);
  |                    ---------- immutable borrow later used here
```

그러나 다음 코드는 동작합니다. 왜죠?

```
fn main() {
    let mut number = 10;
    let number_change = &mut number; // 변경 가능한 참조 생성
    *number_change += 10; // 불변 참조를 사용해 10을 더함
    let number_ref = &number; // 변경 불가능한 참조 생성
    println!("{}", number_ref); // 불변 참조 출력
}
```

문제없이 20을 출력합니다. 컴파일러가 우리가 쓴 코드를 이해할 만큼 충분히 똑똑하기 때문에 동작합니다. 컴파일러는 우리가 number를 변경하려고 number_change를 사용했음을 알고 있지만, 다시 사용하지 않았습니다. 따라서 여기에는 문제가 없습니다. 불변 참조와 변경 가능한

참조를 함께 사용하지 않습니다.

러스트 개발 초기에는 이러한 종류의 코드가 실제로 오류를 생성했지만, 이후 컴파일러가 더 똑똑해졌습니다. 우리가 무엇을 입력하는지 뿐만 아니라 모든 것을 언제 어떻게 사용하는지 이해할 수 있습니다.

2.7 섀도잉 다시 알아보기

섀도잉이 값을 **소멸**하는 것이 아니라 **차단**한다고 말한 것을 기억하시나요? 이제 참조를 사용해 이를 확인할 수 있습니다.

```rust
fn main() {
    let country = String::from("Austria");
    let country_ref = &country;
    let country = 8;
    println!("{}, {}", country_ref, country);
}
```

Austria, 8과 8, 8 중 어느 쪽이 출력될까요? 정답은 Austria, 8입니다. 먼저 country라는 String을 선언합니다. 그런 다음 이 String에 대한 참조 country_ref를 만듭니다. 그리고 i32인 8로 country를 섀도잉 처리합니다. 그러나 첫 번째 country는 파괴되지 않았으므로 country_ref는 여전히 8이 아니라 Austria로 표시됩니다. 다음은 동작 방식을 보여 주는 몇 가지 주석이 있는 동일한 코드입니다.

```rust
fn main() {
    // country라는 문자열이 있습니다.
    let country = String::from("Austria");
    // country_ref는 country 데이터에 대한 참조이며 변하지 않을 겁니다
    let country_ref = &country;
    // i8인 country라는 변수가 있습니다. 그러나 이는 country_ref와 관련이 없습니다.
    let country = 8;
    // country_ref는 여전히 String::from("Austria")의 데이터를 참조합니다.
    println!("{}, {}", country_ref, country);
}
```

2.8 함수에 대한 참조 제공

참조는 함수에 매우 유용합니다. 값에 대한 러스트의 규칙은 다음과 같습니다. 값은 소유자를 한 번에 하나만 가질 수 있습니다.

다음 코드는 동작하지 않습니다.

```rust
fn print_country(country_name: String) {
    println!("{}", country_name);
}

fn main() {
    let country = String::from("Austria");
    print_country(country); // "Austria"를 출력합니다.
    print_country(country); // ⚠ 즐거웠어요. 다시 한번 해 봅시다.
}
```

country가 소멸되어 동작하지 않습니다. 프로그램은 다음 단계에 따라 실행됩니다.

- **1단계**: country라는 String을 만듭니다. country가 소유자입니다.

- **2단계**: country를 print_country에 제공합니다. print_country에는 ->가 없으므로 아무것도 반환하지 않습니다. print_country가 끝나면 이제 String이 종료됩니다.

- **3단계**: print_country에 country를 부여하려고 하지만, 이미 그렇게 했습니다. 우리에게는 더 이상 줄 country가 없습니다.

print_country가 String을 돌려주도록 할 수 있지만 약간 어색합니다.

```rust
fn print_country(country_name: String) -> String {
    println!("{}", country_name);
    country_name // 여기에서 반환합니다.
}

fn main() {
    let country = String::from("Austria");
    let country = print_country(country); // 문자열을 다시 가져오려면
                                          // 지금 여기에서 let을 사용해야 합니다.
    print_country(country);
}
```

이제 다음과 같이 출력됩니다.

```
Austria
Austria
```

이 문제를 해결하는 훨씬 더 좋은 방법은 &를 추가하는 것입니다.

```rust
fn print_country(country_name: &String) {
    println!("{}", country_name);
}

fn main() {
    let country = String::from("Austria");
    print_country(&country); // "Austria"를 출력합니다.
    print_country(&country); // 다시 한번 해 봅시다!
}
```

이제 print_country()는 String: &String에 대한 참조를 취하는 함수입니다. 또한 &country 를 써서 country에 대한 참조를 제공합니다. 호출된 함수에서는 값을 볼 수 있지만 소유권은 호출한 곳에서 보관하고 있을 것입니다.

이제 변경 가능한 참조로 비슷한 작업을 수행해 보겠습니다. 다음은 가변 변수를 사용하는 함수의 예입니다.

```rust
// 함수가 변경 가능한 참조를 취한다고 알립니다.
fn add_hungary(country_name: &mut String) {
    country_name.push_str("-Hungary"); // push_str()은 문자열에 &str을 추가합니다.
    println!("Now it say: {}", country_name);
}

fn main() {
    let mut country = String::from("Austria");
    add_hungary(&mut country); // 변경 가능한 참조를 제공해야 합니다.
}
```

이렇게 하면 Now it say: Austria-Hungary를 출력합니다.

결론적으로 정리하면 다음과 같습니다.

- **fn function_name(variable: String)**

  String을 받아서 소유합니다. 아무것도 반환하지 않으면 변수는 함수 내에서 소멸합니다.

- **fn function_name(variable: &String)**

  String을 빌려서 볼 수 있습니다. 변수는 함수 내에서 소멸하지 않습니다.

- **fn function_name(variable: &mut String)**

  String을 빌려서 변경할 수 있습니다. 변수는 함수 내에서 소멸하지 않습니다.

다음은 변경 가능한 참조처럼 보이지만, 다른 예제입니다.

```
fn main() {
    // country는 변경할 수 없지만 Austria-Hungary를 출력할 것입니다.
    // 어떻게 했을까요?
    let country = String::from("Austria");
    adds_hungary(country);
}

// added_hungary 함수는 문자열을 가져와 변경 가능하다고 선언하면 됩니다.
fn adds_hungary(mut country: String) {
    country.push_str("-Hungary");
    println!("{}", country);
}
```

이것이 어떻게 가능할까요? mut country는 참조가 아니기 때문입니다. adds_hungary는 이제 country를 소유합니다(&String이 아니라 String을 사용한다는 점을 기억하세요). adds_hungary를 호출하는 순간 country의 소유자는 adds_hungary 함수가 됩니다. country는 이제 String::from("Austria")와 관련이 없습니다. 따라서 adds_hungary는 country를 변경 가능하다고 간주할 수 있으며, 이는 완전히 안전합니다. 다른 것이 country를 소유하지 않기 때문입니다.

앞에서 살펴본 직원의 파워포인트와 관리자 상황을 기억하나요? 이 상황에서는 직원이 자신의 전체 컴퓨터를 관리자에게 넘기는 것과 같습니다. 직원이 다시는 그 컴퓨터를 만지지 않을 테니 관리자는 무엇이든 할 수 있습니다.

또한 위치에 유의하세요. country: mut String이 아니라 mut country: String입니다. 이는 let mut country: String에서 let을 사용할 때와 같은 순서입니다.

2.9 복사 타입

러스트의 일부 타입들은 매우 간단합니다. 이를 **복사 타입**^{copy type}이라고 합니다. 이러한 간단한 타입^{simple type}은 모두 스택에 있으며 컴파일러는 그 크기를 압니다. 즉, 복사하기가 매우 쉽기 때문에 함수에 보낼 때 컴파일러가 항상 복사합니다. 너무 작고 쉬워서 복사하지 않을 이유가 없기 때문입니다. 따라서 이러한 타입의 소유권에 관해서는 걱정할 필요가 없습니다.

간단한 타입에는 정수, 부동 소수점, 불리언(`true`, `false`), `char`가 포함됩니다.

타입이 복사를 구현하는지 어떻게 알 수 있을까요? 문서를 확인해 보면 됩니다. 예를 들어 `char`에 관한 문서(`https://doc.rust-lang.org/std/primitive.char.html`)를 확인해 보겠습니다.

문서 화면의 왼쪽에서 'Trait Implementations(트레이트^{trait} 구현)'를 찾아보면 'Copy', 'Debug', 'Display' 등을 볼 수 있습니다. 따라서 `char`는 다음과 같습니다.

- 함수로 보낼 때 복사됩니다(`Clone`).
- `{}`를 사용해 출력할 수 있습니다(`Display`).
- `{:?}`를 사용해 출력할 수 있습니다(`Debug`).

```rust
// ->가 없으므로 아무것도 반환하지 않습니다.
// 숫자가 복사 타입이 아니면 가져가서 다시 사용할 수 없습니다.
fn prints_number(number: i32) {
    println!("{}", number);
}

fn main() {
    let my_number = 8;
    // 8을 출력합니다. prints_number는 my_number의 사본을 가져옵니다.
    prints_number(my_number);

    // 8을 다시 출력합니다. my_number는 복사 타입이므로 문제없습니다.
    prints_number(my_number);
}
```

그러나 String에 관한 문서(`https://doc.rust-lang.org/std/string/struct.String.html`)를 보면 `String`은 복사를 구현하지 않습니다.

문서 화면의 왼쪽에서 'Trait Implementations'를 알파벳순으로 볼 수 있습니다. 알파벳 순서로 살펴보면 C에는 'Copy'가 없습니다. 하지만 'Clone'이 있습니다. 'Clone'은 'Copy'와 유사하지만, 일반적으로 더 많은 메모리가 필요합니다. 또한 자동으로 복제되지 않기 때문에 반드시 .clone() 메서드를 명시적으로 호출해야 합니다.

이 예에서 prints_country()는 country의 이름인 String을 출력합니다. 두 번 출력하고 싶지만, 그렇게 할 수 없습니다.

```
fn prints_country(country_name: String) {
    println!("{country_name}");
}

fn main() {
    let country = String::from("Kiribati");
    prints_country(country);
    prints_country(country); // ⚠
}
```

하지만 이제 여러분은 출력된 메시지를 이해할 수 있습니다.

```
error[E0382]: use of moved value: `country`
 --> src\main.rs:4:20
  |
2 |     let country = String::from("Kiribati");
  |         ------- move occurs because `country` has type `std::string::String`,
which does not implement the `Copy` trait
3 |     prints_country(country);
  |                    ------- value moved here
4 |     prints_country(country);
  |                    ^^^^^^^ value used here after move
```

중요한 부분은 which does not implement the Copy trait(Copy 트레이트를 구현하지 않음)입니다. 그러나 문서에서 String이 Clone 트레이트를 구현하는 것을 보았습니다. 따라서 코드에 .clone()을 추가할 수 있습니다. 이렇게 하면 복제본이 생성되고 복제본을 함수로 보냅니다. 이제 country가 아직 살아 있으니 사용할 수 있습니다.

```rust
fn prints_country(country_name: String) {
    println!("{}", country_name);
}

fn main() {
    let country = String::from("Kiribati");
    // 복제본을 만들어 함수에 제공하세요.
    // 복제본만 전달되고 country는 아직 살아 있습니다.
    prints_country(country.clone());
    prints_country(country);
}
```

물론 **String**이 매우 크면 `.clone()`이 많은 메모리를 사용할 수 있습니다. 하나의 **String**은 책의 전체 길이가 될 수 있으며 `.clone()`을 호출할 때마다 책을 복사할 수 있습니다. 따라서 가능하다면 참조에 **&**를 사용하는 편이 더 빠릅니다. 예를 들어 다음 코드는 **&str**을 **String**에 밀어 넣은 다음, 함수에서 사용될 때마다 복제본을 만듭니다.

```rust
// String의 소유권을 가져옵니다.
fn get_length(input: String) {
    // 단어 수를 계산하기 위해 분할합니다(공백은 단어 사이의 공백을 의미합니다).
    println!("It's {} words long.", input.split_whitespace().count());
}

fn main() {
    let mut my_string = String::new();
    for _ in 0..50 {
        // my_string에 문장을 밀어 넣습니다.
        my_string.push_str("Here are some more words ");
        // 매번 복제본을 제공합니다.
        get_length(my_string.clone());
    }
}
```

다음을 출력합니다.

```
It's 5 words long.
It's 10 words long.
...
It's 250 words long.
```

복제본은 50개입니다. 다음 예제는 복제 대신 참조를 사용하며 이 방법이 더 좋습니다.

```
fn get_length(input: &String) {
    println!("It's {} words long.", input.split_whitespace().count());
}

fn main() {
    let mut my_string = String::new();
    for _ in 0..50 {
        my_string.push_str("Here are some more words ");
        get_length(&my_string);
    }
}
```

50번 반복하는 동안 복제가 한 번도 발생하지 않습니다.

2.10 값이 없는 변수

값이 없는 변수를 '초기화되지 않은' 변수라고 합니다. 초기화되지 않았다는 말은 '아직 시작하지 않았다'는 의미입니다. 초기화되지 않은 변수를 만드는 방법은 간단합니다. 그냥 let과 변수 이름을 작성하면 됩니다.

```
fn main() {
    let my_variable; // ⚠
}
```

하지만 값이 없기 때문에 아직 사용할 수 없고, 초기화되지 않은 것이 있으면 러스트가 컴파일하지 않습니다.

그러나 때로는 유용할 수 있는데, 예를 들어 다음과 같은 경우입니다.

- 코드 블록 안에 변수의 값이 있고,
- 그 변수가 코드 블록 밖에서도 살아 있어야 하는 경우

이를 코드로 표현하면 다음과 같습니다.

```rust
fn change_number(counter: i32) -> i32 {
    counter + 10
}

fn main() {
    let my_number;

    {  // 복잡한 코드를 쓰고 있다고 가정하기 위해 코드 블록이 필요한 척합니다.

        let number = {
            // 여기에 숫자를 만드는 코드가 있다고 가정합니다.
            // 많은 코드가 나온 후 마지막으로 다음이 나옵니다.
            57
        };

        my_number = change_number(number);
    }

    println!("{my_number}");
}
```

그러면 67이 출력됩니다.

main() 함수에 my_number가 선언되어 있어서 끝까지 살아 있는 것을 볼 수 있습니다. 그리고 다른 블록 내부에서 값을 얻습니다. 그러나 my_number가 이 값(number 변수의 값)을 가지고 있으므로 이 값은 my_number만큼 오래 지속됩니다. 그리고 블록 내부에 let my_number = change_number(number)라고 쓰면 프로그램은 바로 죽습니다.

코드를 단순화하면 이해하는 데 도움이 됩니다. change_number(number)는 결과 67을 제공하므로 이를 삭제하고 대신 67을 쓰겠습니다. 또한 number가 필요하지 않으므로 삭제합니다. 이제 다음과 같이 쓸 수 있습니다.

```rust
fn main() {
    let my_number;
    {
        my_number = 67;
```

```
    }

    println!("{my_number}");
}
```

따라서 `let my_number = { 67 };`이라고 하는 것과 거의 같습니다.

또한 `my_number`는 `mut`도 아닙니다. 우리가 67을 줄 때까지 값을 설정하지 않았으므로 선언 시에 값을 변경하지 않았습니다. 결국 `my_number`의 실제 코드는 `let my_number = 67;`입니다.

CHAPTER 3

복잡한 타입

3.1 컬렉션 타입

러스트에는 컬렉션을 만들기 위한 많은 타입이 있습니다. 컬렉션은 한 지점에 둘 이상의 값이 필요할 때 사용합니다. 예를 들어 하나의 컬렉션 내에 한 국가의 모든 도시 정보를 담을 수 있습니다. 타입 중에서 가장 빠르지만 기능이 가장 적은 배열부터 시작하겠습니다. 이런 면에서 &str과 비슷합니다.

3.1.1 배열

배열은 대괄호([]) 안에 있는 데이터입니다. 배열은 다음과 같은 제한이 있습니다.

- 크기를 변경해서는 안 됩니다.
- 동일한 타입만 포함해야 합니다.

그렇지만 배열은 매우 빠릅니다.

배열의 타입은 [type; number]와 같습니다. 예를 들어 ["One", "Two"]의 타입은 [&str; 2]입니다. 즉, 다음 예제에 있는 두 배열의 타입도 서로 다릅니다.

```
fn main() {
    let array1 = ["One", "Two"]; // 이것은 [&str; 2] 타입입니다.
```

```
    let array2 = ["One", "Two", "Five"]; // 그러나 이것은 [&str; 3] 타입입니다.
                                          // 앞줄과 타입이 다릅니다!
}
```

여기에 좋은 팁이 있습니다. 변수의 타입을 알고 싶을 때는 의도적으로 잘못된 명령을 제공해 컴파일러에 '물어볼' 수 있습니다. 예를 들어 다음과 같습니다.

```
fn main() {
    let seasons = ["Spring", "Summer", "Autumn", "Winter"];
    let seasons2 = ["Spring", "Summer", "Fall", "Autumn", "Winter"];
    seasons.ddd(); // ⚠
    seasons2.thd(); // ⚠ 앞줄과 마찬가지로 이 줄도 실행되지 않을 것입니다.
}
```

컴파일러는 다음과 같이 'seasons에는 .ddd() 메서드가 없고 seasons2에는 .thd() 메서드를 찾을 수 없습니다'라고 알려 줍니다.

```
error[E0599]: no method named `ddd` found for array `[&str; 4]` in the current
scope
 --> src\main.rs:4:13
  |
4 |     seasons.ddd(); //
  |             ^^^ method not found in `[&str; 4]`

error[E0599]: no method named `thd` found for array `[&str; 5]` in the current
scope
 --> src\main.rs:5:14
  |
5 |     seasons2.thd(); //
  |              ^^^ method not found in `[&str; 5]`
```

이 코드는 컴파일러가 변수의 타입이 method not found in `[&str; 4]`임을 알려 줍니다.

값이 모두 동일한 배열을 원한다면 다음과 같이 선언할 수 있습니다.

```
fn main() {
    let my_array = ["a"; 10];
    println!("{:?}", my_array);
}
```

그러면 ["a", "a", "a", "a", "a", "a", "a", "a", "a", "a"]가 출력됩니다.

이 방법은 버퍼를 생성하는 데 많이 사용됩니다. 예를 들어 `let mut buffer = [0; 640]`은 640개의 0을 가진 배열을 생성합니다. 그런 다음 데이터를 추가하기 위해 0을 다른 숫자로 변경할 수 있습니다. 이것이 바이트 배열이 만들어지는 방식입니다. 사실, 이것을 살펴보는 데 이전에 배웠던 b를 사용할 수 있습니다. 이 코드는 아직 컴파일되지 않지만, 오류 메시지는 흥미롭습니다.

```
fn main() {
    println!("{}", b"Hello there");
}
```

컴파일러는 다음과 같이 알려 줍니다.

```
error[E0277]: `[u8; 11]` doesn't implement `std::fmt::Display`
  --> src/main.rs:2:20
   |
2 |     println!("{}", b"Hello there");
   |                    ^^^^^^^^^^^^^^ `[u8; 11]` cannot be formatted with the
default formatter
   |
```

해결책은 {} 대신 {:?}를 사용하는 것이지만, 지금은 그게 중요한 것은 아닙니다. 흥미로운 점은 타입입니다. 타입은 [u8; 11]입니다. 따라서 b를 사용하면 &str이 바이트 배열로 바뀝니다.

[]를 사용해 배열의 항목을 인덱싱(가져오기)할 수 있습니다. 예를 들어 첫 번째 항목은 [0], 두 번째 항목은 [1] 등입니다.

```
fn main() {
    let my_numbers = [0, 10, -20];
    println!("{}", my_numbers[1]); // 10을 출력
}
```

배열의 슬라이스(조각)를 얻을 수 있습니다. 컴파일러가 크기를 모르므로 먼저 &가 필요합니다(슬라이스 길이는 제한 없음). 그런 다음 ..를 사용해 범위를 표시할 수 있습니다. 예를 들어 인덱스 2와 5 사이의 범위는 2..5입니다.

그러나 2..5에서 2는 세 번째 항목을 의미하고(인덱스가 0부터 시작하기 때문에) 5는 '인덱스 5까지'를 의미하지만 5는 포함하지는 않습니다.

이해하기 쉽도록 예를 들어 보겠습니다. [1, 2, 3, 4, 5, 6, 7, 8, 9, 10] 배열을 사용하고 다른 방식으로 슬라이스해 봅시다.

```
fn main() {
    let array_of_ten = [1, 2, 3, 4, 5, 6, 7, 8, 9, 10];

    let three_to_five = &array_of_ten[2..5];  // 인덱스 2에서 5까지(인덱스 5 제외)
    let start_at_two = &array_of_ten[1..];     // 인덱스 2에서 끝까지
    let end_at_five = &array_of_ten[..5];      // 처음부터 인덱스 5까지
    let everything = &array_of_ten[..];        // 전체 배열

    println!(
        "Three to five: {:?}, start at two: {:?}, end at five: {:?},
        everything: {:?}", three_to_five, start_at_two, end_at_five, everything
    );
}
```

다음이 출력됩니다.

```
Three to five: [3, 4, 5], start at two: [2, 3, 4, 5, 6, 7, 8, 9, 10], end at five:
[1, 2, 3, 4, 5], everything: [1, 2, 3, 4, 5, 6, 7, 8, 9, 10]
```

2..5와 같은 범위는 인덱스 5를 포함하지 않기 때문에 **제외**한다고 합니다. 그러나 **포함**하는 범위를 나타낼 수도 있습니다. 즉, 마지막 숫자도 포함하게 하려면 ..에 =을 추가한 ..=을 씁니다. 따라서 첫 번째, 두 번째, 세 번째 항목을 원할 때는 [0..3] 대신 [0..=2]를 쓸 수 있습니다(0번째, 1번째, 2번째 인덱스라고도 합니다).

3.1.2 벡터

배열과 벡터의 관계는 &str과 String의 관계와 비슷합니다. 배열은 기능이 적지만 더 빠르고, 벡터는 기능이 많지만 더 느립니다(물론 러스트는 항상 매우 빠르므로 벡터는 느리지 않습니다. 단지 배열보다 느릴 뿐입니다). 타입은 Vec으로 쓰며 벡[vec]이라고 부를 수도 있습니다.

Vec을 선언하는 두 가지 주요 방법이 있습니다. 하나는 String에서처럼 new를 사용해 만드는 방법입니다.

```
fn main() {
    let name1 = String::from("Windy");
    let name2 = String::from("Gomesy");

    let mut my_vec = Vec::new();
    // 이 시점에 프로그램을 실행하면 컴파일러에서 오류가 발생합니다.
    // Vec의 타입을 모릅니다.

    my_vec.push(name1); // Vec<String>임을 이제 압니다.
    my_vec.push(name2);
}
```

Vec에는 항상 내부에 무언가 있으며 <>(홑화살괄호) 안에 그 무언가가 들어갑니다. Vec<String>은 하나 이상의 String이 있는 벡터입니다. 내부에 더 많은 타입을 포함할 수도 있습니다. 예를 들어 다음과 같습니다.

- **Vec<(i32, i32)>**

  (i32, i32)는 각 항목이 튜플인 Vec입니다. 튜플은 다음 절에서 배울 것입니다.

- **Vec<Vec<String>>**

  각 항목이 String으로 구성된 Vec입니다. 예를 들어 좋아하는 책의 단어를 Vec<String>으로 저장했다고 합시다. 그런 다음 다른 책에 같은 작업을 수행해 또 다른 Vec<String>을 얻습니다. 두 권의 책을 모두 담으려면 다른 Vec에 넣어야 합니다. 그러면 Vec<Vec<String>>이 됩니다.

러스트가 타입을 결정하도록 .push()를 사용하는 대신 타입을 선언해도 됩니다.

```
fn main() {
    // 컴파일러는 타입을 알고 있으므로 오류가 없습니다.
    let mut my_vec: Vec<String> = Vec::new();
}
```

Vec 내의 모든 요소는 동일한 타입이어야 합니다.

Vec을 만드는 또 다른 쉬운 방법은 vec! 매크로를 사용하는 것입니다. 배열 선언처럼 보이지만 앞에 vec!이 있습니다. 이 방법이 매우 간단하기 때문에 대부분의 사람은 이런 방식으로 벡터를 만듭니다.

```
fn main() {
    let mut my_vec = vec![8, 10, 10];
}
```

이 타입은 Vec<i32>이며 이를 'i32 벡터'라고 부릅니다. 그리고 Vec<String>은 'String 벡터'이고, Vec<Vec<String>>은 'String 벡터의 벡터'입니다.

배열과 마찬가지로 벡터도 슬라이스할 수 있습니다.

```
fn main() {
    // vec!를 추가한 것을 제외하고는 앞의 코드와 동일합니다.
    let vec_of_ten = vec![1, 2, 3, 4, 5, 6, 7, 8, 9, 10];
    let three_to_five = &vec_of_ten[2..5];
    let start_at_two = &vec_of_ten[1..];
    let end_at_five = &vec_of_ten[..5];
    let everything = &vec_of_ten[..];

    println!(
        "Three to five: {:?},\nstart at two: {:?},\nend at five: {:?},
        \neverything: {:?}", three_to_five, start_at_two, end_at_five, everything
    );
}
```

벡터는 배열보다 느리기 때문에 몇 가지 방법을 사용해 더 빠르게 만들 수 있습니다. 벡터에는 **용량**이 있으며 이는 벡터에 주어진 공간을 의미합니다. 벡터에 새 항목을 밀어 넣으면 점점 벡터 용량에 가까워집니다. 벡터 용량을 초과해도 오류가 발생하지 않으니 걱정하지 마세요. 그러나 벡터 용량을 초과하면 용량이 두 배가 되고 항목을 새 공간으로 복사합니다. 이를 재할당이라고 합니다. 계속해서 밀어 넣으면 추가 메모리를 사용할 것이라고 상상할 수 있습니다. 항목을 추가할 때 벡터의 용량을 보기 위해 .capacity()라는 메서드를 사용합니다.

예를 들어 다음과 같습니다.

```
fn main() {
    let mut num_vec = Vec::new();
    println!("{}", num_vec.capacity()); // 0개 요소: 0을 출력
```

```
    num_vec.push('a'); // 한 개 문자 추가
    println!("{}", num_vec.capacity()); // 1개 요소: 4를 출력
    // 항목이 1개인 벡터는 항상 용량이 4로 시작합니다.

    num_vec.push('a'); // 하나 더 추가
    num_vec.push('a'); // 하나 더 추가
    num_vec.push('a'); // 하나 더 추가
    println!("{}", num_vec.capacity()); // 4개 요소: 여전히 4를 출력

    num_vec.push('a'); // 하나 더 추가
    println!("{}", num_vec.capacity()); // 8을 출력
    // 요소가 5개지만 벡터의 추가 공간을 만들기 위해 4에서 8로 용량을 2배 늘렸습니다.
}
```

다음이 출력됩니다.

```
0
4
4
8
```

따라서 이 벡터에는 두 번의 재할당(0에서 4, 4에서 8)이 있습니다. 더 빠르게 만들겠습니다.

```
fn main() {
    let mut num_vec = Vec::with_capacity(8); // 용량을 8로 지정합니다.
    num_vec.push('a'); // 한 문자 추가
    println!("{}", num_vec.capacity()); // 8을 출력

    num_vec.push('a'); // 하나 더 추가
    println!("{}", num_vec.capacity()); // 8을 출력

    num_vec.push('a'); // 하나 더 추가
    println!("{}", num_vec.capacity()); // 8을 출력

    num_vec.push('a'); // 하나 더 추가
    num_vec.push('a'); // 하나 더 추가, 이제 5개의 요소가 있습니다.
    println!("{}", num_vec.capacity()); // 여전히 8을 출력합니다.
}
```

이 벡터는 재할당이 0번이므로 더 좋습니다. 따라서 필요한 요소의 개수를 안다면 Vec::

`with_capacity()`를 사용해 더 빠르게 벡터를 만들 수 있습니다.

`.into()`를 사용해 &str을 String으로 만들 수 있음을 기억해 두세요. `.into()`는 배열을 Vec으로 만드는 데 사용할 수도 있습니다. `.into()`에 Vec을 원한다고 알려야 하지만, Vec의 타입을 선택하지 않아도 됩니다. 러스트가 타입을 선택하기를 원한다면 Vec<_>라고 쓰면 됩니다.

```
fn main() {
    let my_vec: Vec<u8> = [1, 2, 3].into();
    let my_vec2: Vec<_> = [9, 0, 10].into();
    // Vec<_>은 '나를 위한 Vec 타입 선택'을 의미합니다.
    // 러스트는 Vec<i32>를 선택할 것입니다.
}
```

3.1.3 튜플

러스트의 튜플은 ()를 사용합니다. 함수에서 아무것도 반환하지 않는다는 것은 사실 빈 튜플을 반환한다는 의미이므로, 우리는 이미 수많은 빈 튜플을 접해왔습니다.

```
fn do_something() {}
```

앞의 코드는 실제로 다음의 줄임말입니다.

```
fn do_something() -> () {}
```

이 함수는 아무것도 얻지 못하고(빈 튜플) 아무것도 반환하지 않습니다(빈 튜플). 그래서 우리는 튜플을 많이 사용합니다. 함수에서 아무것도 반환하지 않으면 실제로 빈 튜플을 반환합니다. 러스트에서는 이 빈 튜플을 '유닛unit 타입'이라고 합니다.

```
fn just_prints() {
    println!("I am printing"); // 추가. 빈 튜플을 반환한다는 의미입니다.
}

fn main() {}
```

튜플은 여러 값을 보관할 수 있으며, 서로 다른 타입도 함께 저장할 수 있습니다. 튜플의 요소도 0, 1, 2와 같은 순서로 인덱싱되지만, 접근할 때는 []가 아닌 .을 사용합니다(튜플이 인덱스 기반 컬렉션보다는 객체의 성격에 더 가깝기 때문입니다).

여러 타입을 하나의 튜플에 넣겠습니다.

```
fn main() {
    let random_tuple = ("Here is a name", 8, vec!['a'], 'b', [8, 9, 10], 7.7);
    println!(
        "Inside the tuple is: First item: {:?}
Second item: {:?}
Third item: {:?}
Fourth item: {:?}
Fifth item: {:?}
Sixth item: {:?}",
        random_tuple.0,
        random_tuple.1,
        random_tuple.2,
        random_tuple.3,
        random_tuple.4,
        random_tuple.5,
    )
}
```

다음이 출력됩니다.

```
Inside the tuple is: First item: "Here is a name"
Second item: 8
Third item: ['a']
Fourth item: 'b'
Fifth item: [8, 9, 10]
Sixth item: 7.7
```

이 튜플은 (&str, i32, Vec<char>, char, [i32; 3], f64) 타입입니다.

튜플을 사용해 동시에 여러 변수를 만들 수 있습니다. 다음 코드를 살펴보세요.

```
fn main() {
    let str_vec = vec!["one", "two", "three"];
}
```

str_vec에는 3개의 항목이 있습니다. 항목을 꺼내고 싶다면 튜플을 사용할 수 있습니다.

```rust
fn main() {
    let str_vec = vec!["one", "two", "three"];

    let (a, b, c) = (str_vec[0], str_vec[1], str_vec[2]); // 이들을 a, b, c라고 부름
    println!("{:?}", b);
}
```

그러면 **two**가 출력됩니다. 이것이 변수 **b**입니다. 이것을 **구조 분해**destructuring라고 합니다. 구조 분해라 부르는 이유는 처음에는 변수가 구조체 안에 있다가 구조체 안에 있지 않은 **a, b, c**를 만들었기 때문입니다.

구조 분해는 패턴이 일치할 때 동작합니다. 따라서 다음 코드는 개별 변수에 세 가지 항목이 있기 때문에 동작합니다.

```rust
fn main() {
    let tuple_of_three = ("one", "two", "three");

    let (a, b, c) = tuple_of_three;
}
```

반면에 일치하지 않으면 동작하지 않습니다.

```rust
fn main() {
    let tuple_of_three = ("one", "two", "three");

    let (a, b) = tuple_of_three; // ⚠
}
```

그러면 두 개의 항목만 원하면 어떻게 될까요? 구조체를 해체해야 하지만 모든 변수를 원하지 않을 때는 원하지 않는 변수에 _를 사용할 수 있습니다.

```rust
fn main() {
    let tuple_of_three = ("one", "two", "three");

    let (_, a, b) = (tuple_of_three.0, tuple_of_three.1, tuple_of_three.2);
}
```

이제 마지막 두 개에 대한 변수만 생성합니다.

더 많은 컬렉션 타입과 배열, 벡터 및 튜플을 사용하는 더 많은 방법이 있습니다. 이런 내용을 더 배우겠지만 먼저 제어 흐름을 배워 봅니다.

3.2 제어 흐름

제어 흐름은 다양한 상황에서 수행할 작업을 코드에 지시하는 것을 의미합니다. 가장 간단한 제어 흐름은 if입니다.

```
fn main() {
    let my_number = 5;
    if my_number == 7 {
        println!("It's seven");
    }
}
```

여기에서 =가 아니라 ==를 사용한다는 점에 주의합니다. ==는 비교하는 것이고 =는 (값을 주기 위해) **할당**할 때 사용합니다. 또한 if (my_number == 7)이 아니라 if my_number == 7 이라고 썼다는 점에 유의하세요. 러스트에서는 if를 사용할 때 괄호가 필요하지 않습니다. 괄호를 사용해도 동작하지만, 컴파일러는 괄호가 필요하지 않다고 알려 줄 것입니다.

else if와 else는 더 많은 제어 기능을 제공합니다.

```
fn main() {
    let my_number = 5;
    if my_number == 7 {
        println!("It's seven");
    } else if my_number == 6 {
        println!("It's six")
    } else {
        println!("It's a different number")
    }
}
```

이 프로그램은 my_number가 7이나 6과 같지 않기 때문에 It's a different number를 출력합니다.

&&(and)와 ||(or)를 사용해 더 많은 조건을 if에 추가할 수 있습니다.

```
fn main() {
    let my_number = 5;
    if my_number % 2 == 1 && my_number > 0 { // %2는 숫자를 2로 나누어 남은 숫자
        println!("It's a positive odd number");
    } else if my_number == 6 {
        println!("It's six")
    } else {
        println!("It's a different number")
    }
}
```

2로 나누면 나머지가 1이고 0보다 크기 때문에 It's a positive odd number가 출력됩니다.

if, else, else if가 너무 많으면 읽기 어려울 수 있습니다. 이럴 때는 match를 사용하면 훨씬 깔끔해 보입니다. 그러나 match를 사용할 때는 나올 수 있는 모든 결과를 다뤄야 합니다. 예를 들어 다음은 동작하지 않습니다.

```
fn main() {
    let my_number: u8 = 5;
    match my_number {
        0 => println!("it's zero"),
        1 => println!("it's one"),
        2 => println!("it's two"),
        // ⚠
    }
}
```

컴파일러는 다음과 같이 알려 줍니다.

```
error[E0004]: non-exhaustive patterns: `3u8..=std::u8::MAX` not covered
 --> src\main.rs:3:11
  |
3 |     match my_number {
  |           ^^^^^^^^^ pattern `3u8..=std::u8::MAX` not covered
```

이 메시지는 '프로그램은 0에서 2까지만 언급했지만 u8은 255까지 올라갈 수 있습니다. 3은 어떻습니까? 4는 어떻습니까? 5는 어떻습니까?'와 같은 많은 경우의 수를 말합니다. 따라서 '기타 모든 것'을 의미하는 _를 추가할 수 있습니다.

```
fn main() {
    let my_number: u8 = 5;
    match my_number {
        0 => println!("it's zero"),
        1 => println!("it's one"),
        2 => println!("it's two"),
        _ => println!("It's some other number"),
    }
}
```

그러면 It's some other number가 출력됩니다.

match를 사용하려면 다음을 기억하세요.

- match를 쓴 다음 {} 코드 블록을 만듭니다.
- 왼쪽에 **패턴**을 쓰고 =>(굵은 화살표)를 사용해 일치할 때 수행할 작업을 알려 줍니다.
- 각 줄을 **암**arm이라고 합니다.
- 암 사이에 (세미콜론이 아니라) 쉼표를 넣어 구분합니다.

일치하는 값을 선언할 수 있습니다.

```
fn main() {
    let my_number = 5;
    let second_number = match my_number {
        0 => 0,
        5 => 10,
        _ => 2,
    };
}
```

second_number는 10이 됩니다. match 끝에 세미콜론이 보이나요? 그 이유는 match가 끝난 후 실제로 컴파일러에 let second_number = 10;이라고 말했기 때문입니다.

튜플을 사용해서 더 복잡한 것들도 match를 사용할 수 있습니다.

```
fn main() {
    let sky = "cloudy";
    let temperature = "warm";

    match (sky, temperature) {
        ("cloudy", "cold") => println!("It's dark and unpleasant today"),
        ("clear", "warm") => println!("It's a nice day"),
        ("cloudy", "warm") => println!("It's dark but not bad"),
        _ => println!("Not sure what the weather is."),
    }
}
```

이는 sky와 temperature에 대해 "cloudy"와 "warm"을 일치시키기 때문에 It's dark but not bad를 출력합니다.

match 안에 if를 넣을 수도 있습니다. 이를 '매치 가드match guard'라고 합니다.

```
fn main() {
    let children = 5;
    let married = true;

    match (children, married) {
        (children, married) if married == false =>
            println!("Not married with {} children", children),
        (children, married) if children == 0 && married == true =>
            println!("Married but no children"),
        _ => println!("Married? {}. Number of children: {}.", married, children),
    }
}
```

이렇게 하면 Married? true. Number of children: 5.이 출력됩니다.

match에서는 원하는 만큼 _를 사용할 수 있습니다. 다음 색상 일치 코드에는 3개의 색상이 있지만, 한 번에 하나만 확인합니다.

```
fn match_colours(rbg: (i32, i32, i32)) {
    match rbg {
        (r, _, _) if r < 10 => println!("Not much red"),
        (_, b, _) if b < 10 => println!("Not much blue"),
        (_, _, g) if g < 10 => println!("Not much green"),
```

```
            _ => println!("Each colour has at least 10"),
    }
}

fn main() {
    let first = (200, 0, 0);
    let second = (50, 50, 50);
    let third = (200, 50, 0);

    match_colours(first);
    match_colours(second);
    match_colours(third);

}
```

다음이 출력됩니다.

```
Not much blue
Each colour has at least 10
Not much green
```

앞의 코드는 match 문이 어떻게 동작하는지 보여 줍니다. 예를 들어 first를 살펴보겠습니다. Not much blue만 출력하지만, (200, 0, 0)이므로 파란색뿐만 아니라 초록색도 없습니다. match 문은 일치 항목을 찾으면 항상 중지하고 나머지는 확인하지 않습니다. 이는 잘 컴파일 되지만 원하는 결과를 보여 주지 않는 코드의 좋은 예입니다.

정말 큰 match 문을 만들어서 이 문제를 수정할 수 있지만, for 루프를 사용하는 편이 더 좋습니다. 곧 루프에 관해 살펴보겠습니다.

match 문은 동일한 타입을 반환해야 하므로, 다음 코드는 동작하지 않습니다.

```
fn main() {
    let my_number = 10;
    let some_variable = match my_number {
        10 => 8,
        _ => "Not ten", // ⚠
    };
}
```

컴파일러는 다음과 같이 알려 줍니다.

```
error[E0308]: `match` arms have incompatible types
  --> src\main.rs:17:14
   |
15 |         let some_variable = match my_number {
   |  _____-
16 | |            10 => 8,
   | |                  - this is found to be of type `{integer}`
17 | |            _ => "Not ten",
   | |                 ^^^^^^^^^ expected integer, found `&str`
18 | |         };
   | |_____- `match` arms have incompatible types
```

다음 코드도 이와 같은 이유로 동작하지 않습니다.

```
fn main() {
    let some_variable = if my_number == 10 { 8 } else { "something else "}; // ⚠
}
```

하지만 다음 코드는 동작하는데, 이것이 match가 아니라서 매번 다른 값을 할당하는 let 문이
있는 다른 블록에 있기 때문입니다.

```
fn main() {
    let my_number = 10;

    if my_number == 10 {
        let some_variable = 8;
    } else {
        let some_variable = "Something else";
    }
}
```

@를 사용해 match 표현식의 값에 이름을 지정한 다음, 일치되는 표현식에서 사용할 수 있습니
다. 이 예에서는 함수의 i32 입력을 일치시킵니다. println! 문에서 해당 숫자를 사용할 때가
아니면 필요가 없습니다.

```rust
fn match_number(input: i32) {
    match input {
        number @ 4 => println!(
            "{} is an unlucky number in China (sounds close to 死)!",
            number
        ),
        number @ 13 => println!(
            "{} is unlucky in North America, lucky in Italy! In bocca al lupo!",
            number
        ),
        _ => println!("Looks like a normal number"),
    }
}

fn main() {
    match_number(50);
    match_number(13);
    match_number(4);
}
```

다음이 출력됩니다.

```
Looks like a normal number
13 is unlucky in North America, lucky in Italy! In bocca al lupo!
4 is an unlucky number in China (sounds close to 死)!
```

3.3 구조체

구조체struct를 사용하면 고유한 형식을 만들 수 있습니다. 구조체의 키워드인 struct는 structure(구조)의 약자입니다. 여러분은 구조체와 함께 자신의 타입을 **구성**합니다. 구조체는 매우 편리하므로 여러분은 러스트에서 항상 구조체를 사용하게 될 것입니다. 구조체는 struct 키워드와 그 이름으로 생성됩니다. 구조체의 이름은 UpperCamelCase(각 단어가 대문자로 시작하고 공백이 없음)를 따라야 합니다. 구조체를 모두 소문자로 써도 코드가 동작하지만,

컴파일러에서 이를 UpperCamelCase[1]로 변경하도록 요청할 것입니다.

세 가지 타입의 구조체가 있습니다. 하나는 unit struct(유닛 구조체)입니다. 유닛 타입을 살펴보며 언급했듯이, 유닛unit은 '아무것도 없음'을 의미합니다. 유닛 구조체는 이름과 세미콜론만 쓰면 됩니다.

```
struct FileDirectory;

fn main() {}
```

다음은 튜플 구조체 또는 이름 없는unnamed 구조체입니다. 필드 이름을 지정하지 않고 튜플 내부에 타입만 쓰면 되므로 '이름 없는'이 붙었습니다. 튜플 구조체는 간단한 구조체가 필요하고 이름을 기억할 필요가 없을 때 유용합니다. .0, .1 등 다른 튜플과 같은 방식으로 해당 항목에 접근합니다.

```
struct Colour(u8, u8, u8);

fn main() {
    let my_colour = Colour(50, 0, 50); // RGB(빨강, 파랑, 초록색)로 색 만들기
    println!("The second part of the colour is: {}", my_colour.1);
}
```

그러면 The second part of the colour is: 0이 출력됩니다.

세 번째 타입은 명명된named 구조체입니다. 이것은 아마도 가장 일반적인 구조체일 것입니다. 이 구조체에서는 {} 코드 블록 내에서 필드 이름과 타입을 선언합니다. 명명된 구조체 뒤에는 전체 코드 블록이 있으므로 명명된 구조체 뒤에 세미콜론을 쓰지 않습니다.

```
struct Colour(u8, u8, u8); // 동일한 Colour 튜플 구조체를 선언합니다.

struct SizeAndColour {
    size: u32,
    colour: Colour, // 그리고 새로운 명명된 구조체에 넣습니다.
}
```

---

1   옮긴이_ 프로그래밍 언어에서 이름을 지을 때 사용하는 방법으로 카멜 케이스라고 하며 대문자가 뾰족 튀어나왔다고 해서 낙타 표기법이라고 부르기도 합니다.

```
fn main() {
    let my_colour = Colour(50, 0, 50);

    let size_and_colour = SizeAndColour {
        size: 150,
        colour: my_colour
    };
}
```

명명된 구조체에서도 쉼표로 필드를 구분합니다. 마지막 필드의 경우 쉼표를 추가할지 여부는 사용자에게 달려 있습니다. SizeAndColour에는 Colour 뒤에 쉼표가 있습니다.

```
struct Colour(u8, u8, u8); // 동일한 Colour 튜플 구조체를 선언합니다.

struct SizeAndColour {
    size: u32,
    colour: Colour, // 그리고 새로운 명명된 구조체에 넣습니다.
}

fn main() {}
```

하지만 마지막에 쉼표가 필요하진 않습니다. 그러나 종종 필드의 순서를 변경하기 때문에 항상 쉼표를 넣는 편이 좋습니다.

```
struct Colour(u8, u8, u8); // 동일한 Colour 튜플 구조체를 선언합니다.

struct SizeAndColour {
    size: u32,
    colour: Colour // 여기에 쉼표가 없습니다.
}

fn main() {}
```

필드의 순서를 변경해 봅시다.

```
struct SizeAndColour {
    colour: Colour // ⚠ 이런! 여기에 쉼표가 없습니다.
    size: u32,
```

```
}

fn main() {}
```

그러나 구조체에서 마지막 쉼표 삽입 여부는 그다지 중요하지 않습니다.

예시로 Country(나라) 구조체를 생성해 봅시다. Country 구조체에는 population(인구), capital(수도), leader_name(지도자 이름) 필드가 있습니다.

```
struct Country {
    population: u32,
    capital: String,
    leader_name: String
}

fn main() {
    let population = 500_000;
    let capital = String::from("Elista");
    let leader_name = String::from("Batu Khasikov");

    let kalmykia = Country {
        population: population,
        capital: capital,
        leader_name: leader_name,
    };
}
```

구조체를 사용할 때 같은 단어를 두 번 썼다는 것을 눈치채셨나요? population: population, capital: capital, leader_name: leader_name이라고 적었습니다. 사실, 그렇게 할 필요는 없습니다. 필드명과 변수명이 같으면 두 번 쓰지 않아도 됩니다.

```
struct Country {
    population: u32,
    capital: String,
    leader_name: String
}

fn main() {
    let population = 500_000;
```

```
        let capital = String::from("Elista");
        let leader_name = String::from("Batu Khasikov");

        let kalmykia = Country {
            population,
            capital,
            leader_name,
        };
}
```

물론 변수를 먼저 만들지 않고 구조체 변수를 만들 때 값을 넣을 수도 있습니다.

```
struct Country {
    population: u32,
    capital: String,
    leader_name: String
}

fn main() {
    let kalmykia = Country {
        population: 500_000,
        capital: String::from("Elista"),
        leader_name: String::from("Batu Khasikov")
    };
}
```

3.4 열거형

열거형^{enum}의 키워드 enum은 enumeration(열거)의 약자입니다. 차이점은 다음과 같습니다.

- 여러 값을 **함께** 가져야 할 때는 struct를 사용하세요.
- 여러 값 중 **하나**를 선택해야 할 때는 enum을 사용하세요.

따라서 struct는 **여러 데이터**를 묶는 데 사용하고, enum은 **여러 선택 사항**을 나열하는 데 사용합니다. 열거형을 선언하려면 enum을 쓰고 쉼표로 구분된 옵션과 함께 코드 블록을 사용합니다. struct와 마찬가지로 마지막 부분에 쉼표가 없거나 있을 수 있습니다. 다음은

ThingsInTheSky라는 열거형을 생성합니다.

```rust
enum ThingsInTheSky {
    Sun,
    Stars,
}

fn main() {}
```

이는 태양 **또는** 별을 볼 수 있기 때문에 열거형입니다. 둘 중 하나를 선택해야 하며, 이런 선택지를 배리언트^{variant}라고 합니다.

```rust
// 두 가지 선택 항목으로 enum 생성
enum ThingsInTheSky {
    Sun,
    Stars,
}

// 이 함수로 i32 타입을 사용해 ThingsInTheSky를 생성할 수 있습니다.
fn create_skystate(time: i32) -> ThingsInTheSky {
    match time {
        6..=18 => ThingsInTheSky::Sun, // 6시에서 18시 사이에 태양을 볼 수 있습니다.
        _ => ThingsInTheSky::Stars, // 그렇지 않으면 별을 볼 수 있습니다.
    }
}

// 이 함수를 사용해 ThingsInTheSky의 두 가지 선택 항목과 일치시킬 수 있습니다.
fn check_skystate(state: &ThingsInTheSky) {
    match state {
        ThingsInTheSky::Sun => println!("I can see the sun!"),
        ThingsInTheSky::Stars => println!("I can see the stars!")
    }
}

fn main() {
    let time = 8; // 8시입니다.
    let skystate = create_skystate(time); // create_skystate는 ThingsInTheSky를
                                           // 반환합니다.
    check_skystate(&skystate); // 변수 skystate를 읽을 수 있도록 참조를 제공합니다.
}
```

실행 결과는 다음과 같습니다.

```
I can see the sun!
```

열거형에도 데이터를 추가할 수 있습니다.

```rust
enum ThingsInTheSky {
    Sun(String), // 이제 각 배리언트에는 문자열이 있습니다.
    Stars(String),
}

fn create_skystate(time: i32) -> ThingsInTheSky {
    match time {
        6..=18 => ThingsInTheSky::Sun(String::from("I can see the sun!")),
        // 여기에 문자열을 씁니다.
        _ => ThingsInTheSky::Stars(String::from("I can see the stars!")),
    }
}

fn check_skystate(state: &ThingsInTheSky) {
    match state {
        ThingsInTheSky::Sun(description) => println!("{}", description),
        // 데이터의 이름을 지정해 match에서 바로 사용할 수 있습니다.
        ThingsInTheSky::Stars(n) => println!("{}", n),
        // 또는 데이터의 이름을 n으로 지정할 수도 있습니다.
        // 이 외 다른 어떤 이름도 사용할 수 있으므로 이름은 중요하지 않습니다.
    }
}

fn main() {
    let time = 8; // 8시입니다.
    let skystate = create_skystate(time); // create_skystate는 ThingsInTheSky를
                                           // 반환합니다.
    check_skystate(&skystate); // 변수 skystate를 읽을 수 있도록 참조를 제공합니다.
}
```

앞의 코드는 먼저 살펴봤던 결과와 동일한 내용을 출력합니다.

```
I can see the sun!
```

너무 많이 입력할 필요가 없도록 열거형을 '가져오기'할 수도 있습니다. 다음은 Mood를 매칭할 때마다 Mood::를 입력해야 하는 예입니다.

```
enum Mood {
    Happy,
    Sleepy,
    NotBad,
    Angry,
}

fn match_mood(mood: &Mood) -> i32 {
    let happiness_level = match mood {
        Mood::Happy => 10, // 여기에 Mood::를 매번 입력합니다.
        Mood::Sleepy => 6,
        Mood::NotBad => 7,
        Mood::Angry => 2,
    };
    happiness_level
}

fn main() {
    let my_mood = Mood::NotBad;
    let happiness_level = match_mood(&my_mood);
    println!("Out of 1 to 10, my happiness is {}", happiness_level);
}
```

출력은 다음과 같습니다.

```
Out of 1 to 10, my happiness is 7
```

코드를 더 적게 입력할 수 있도록 가져오겠습니다. 모든 항목을 가져오려면 *를 사용하세요. 참고로 가져오기에 사용하는 *는 역참조의 *와 동일한 입력이지만 완전히 다른 역할을 합니다.

```
enum Mood {
    Happy,
    Sleepy,
    NotBad,
    Angry,
}
```

```
fn match_mood(mood: &Mood) -> i32 {
    use Mood::*; // Mood에서 모든 것을 가져왔습니다.
                 // 이제 Happy, Sleepy 등을 바로 쓸 수 있습니다.
    let happiness_level = match mood {
        Happy => 10, // 더 이상 Mood::를 먼저 쓸 필요가 없습니다.
        Sleepy => 6,
        NotBad => 7,
        Angry => 2,
    };
    happiness_level
}

fn main() {
    let my_mood = Mood::Happy;
    let happiness_level = match_mood(&my_mood);
    println!("Out of 1 to 10, my happiness is {}", happiness_level);
}
```

열거형의 일부는 정수로 변환될 수도 있습니다. 이는 러스트가 enum의 각 암에 0으로 시작하는 숫자를 자체적으로 사용하기 때문입니다(사실 enum이라는 이름은 여기서 유래되었습니다. enum의 num은 number의 num과 동일합니다).

열거형에 다른 데이터가 없으면 이 숫자로 작업을 수행할 수 있습니다.

```
enum Season {
    Spring, // 이 암이 Spring(String)이거나 다른 것이라면 동작하지 않을 것입니다.
    Summer,
    Autumn,
    Winter,
}

fn main() {
    use Season::*;
    let four_seasons = vec![Spring, Summer, Autumn, Winter];
    for season in four_seasons {
        println!("{}", season as u32);
    }
}
```

다음이 출력됩니다.

```
0
1
2
3
```

원한다면 다른 번호를 부여할 수 있지만, 러스트는 신경 쓰지 않고 동일한 방식으로 사용할 수 있습니다. 숫자를 지정하려는 배리언트에 =와 숫자를 추가하기만 하면 됩니다. 모든 암에 번호를 줄 필요는 없습니다. 하지만 그렇게 하지 않으면 러스트는 이전 암에서 1을 더해 숫자를 자동으로 부여할 것입니다.

```rust
enum Star {
    BrownDwarf = 10,
    RedDwarf = 50,
    YellowStar = 100,
    RedGiant = 1000,
    DeadStar, // 이 배리언트에는 어떤 숫자가 부여될까요?
}

fn main() {
    use Star::*;
    let starvec = vec![BrownDwarf, RedDwarf, YellowStar, RedGiant];
    for star in starvec {
        match star as u32 {
            size if size <= 80 => println!("Not the biggest star."), // 기억하세요!
            // size에는 아무 의미가 없습니다. 출력할 수 있도록 선택한 이름일 뿐입니다.
            size if size >= 80 => println!("This is a good-sized star."),
            _ => println!("That star is pretty big!"),
        }
    }
    println!("What about DeadStar? It's the number {}.", DeadStar as u32);
}
```

다음이 출력됩니다.

```
Not the biggest star.
Not the biggest star.
This is a good-sized star.
This is a good-sized star.
What about DeadStar? It's the number 1001.
```

DeadStar 배리언트의 번호는 숫자 4였지만, 지금은 1001입니다.

3.4.1 여러 타입을 사용하기 위한 열거형

Vec, 배열 등의 항목은 모두 동일한 타입이 필요합니다(튜플만 다름). 그러나 enum 배리언트
는 데이터를 추가로 전달할 수 있음을 기억하세요. 이는 실제로 enum을 사용해 다른 타입을 넣
을 수 있음을 의미합니다. 예를 들어 u32와 i32 값을 모두 저장할 수 있는 Vec이 필요하다고
가정해 봅시다. Vec<(u32, i32)>처럼 튜플을 사용할 수도 있지만, 이는 두 타입을 항상 동시
에 저장해야 한다는 단점이 있습니다. 우리가 원하는 건 각 요소마다 둘 중 하나의 타입만 저장
하는 것입니다. 이럴 때 열거형을 사용하면 됩니다.

```rust
enum Number {
    U32(u32),
    I32(i32),
}

fn main() {}
```

두 가지 배리언트(내부에 u32가 있는 U32 배리언트, 내부에 i32가 있는 I32 배리언트)가 있
습니다. U32와 I32는 우리가 만든 이름일 뿐입니다. 이름을 UThirtyTwo나 IThirtyTwo처럼
지을 수도 있습니다.

이제 Number를 Vec에 넣으면 Vec<Number>만 있고 컴파일러는 모두 같은 타입이기 때문에 만
족합니다. 컴파일러는 u32나 i32가 모두 Number라는 단일 타입 안에 있으므로 신경 쓰지 않습
니다. 열거형이기 때문에 여러 암 중에서 하나를 선택해야 합니다. 이것이 우리가 원하는 바입니
다. 선택에는 .is_positive() 메서드를 사용하겠습니다. true이면 U32를 선택하고 false
이면 I32를 선택합니다.

이제 코드는 다음과 같습니다.

```rust
enum Number {
    U32(u32),
    I32(i32),
}
```

```rust
fn get_number(input: i32) -> Number {
    let number = match input.is_positive() {
        true => Number::U32(input as u32), // 양수면 숫자를 u32로 변경하세요.
        false => Number::I32(input), // 그렇지 않으면 이미 i32 타입이므로
                                     // 바로 숫자를 제공하세요.
    };
    number
}


fn main() {
    let my_vec = vec![get_number(-800), get_number(8)];

    for item in my_vec {
        match item {
            Number::U32(number) => println!("It's a u32 with the value {}", number),
            Number::I32(number) => println!("It's an i32 with the value {}",
            number),
        }
    }
}
```

이제 우리가 보고 싶었던 것을 출력합니다.

```
It's an i32 with the value -800
It's a u32 with the value 8
```

3.5 루프

루프를 사용하면 러스트에 중지를 원할 때까지 뭔가를 계속하도록 지시할 수 있습니다. loop 키워드는 **break**로 중단하기 전까지 계속해서 실행되는 무한 루프를 시작할 때 사용합니다.

```rust
fn main() { // 이 프로그램은 절대 멈추지 않을 거예요.
    loop {

    }
}
```

따라서 언제 중단할지를 컴파일러에 알려 줘야 합니다.

```
fn main() {
    let mut counter = 0; // counter를 0으로 설정합니다.
    loop {
        counter +=1; // counter를 1 증가시킵니다.
        println!("The counter is now: {counter}");
        if counter == 5 { // counter == 5가 되면 중단합니다.
            break;
        }
    }
}
```

다음 내용이 출력됩니다.

```
The counter is now: 1
The counter is now: 2
The counter is now: 3
The counter is now: 4
The counter is now: 5
```

루프 내부에 루프가 있을 때(중첩 루프)는 루프에 이름을 부여해 어느 루프에서 끊어야 하는지 러스트에 알릴 수 있습니다. '(작은따옴표로 이를 입력합니다)과 :을 사용해 이름을 지정합니다.

```
fn main() {
    let mut counter = 0;
    let mut counter2 = 0;
    println!("Now entering the first loop.");

    'first_loop: loop {
        // 첫 번째 루프에 이름을 지정합니다.
        counter += 1;
        println!("The counter is now: {}", counter);
        if counter > 5 {
            // 이 루프 안에서 두 번째 루프를 시작합니다.
            println!("Now entering the second loop.");

            'second_loop: loop {
                // 이제 'second_loop 안에 있습니다.
```

```
            println!("The second counter is now: {}", counter2);
            counter2 += 1;
            if counter2 == 3 {
                break 'first_loop; // 프로그램을 종료할 수 있도록
                                   // 'first_loop에서 벗어나세요.
            }
        }
    }
}
}
```

다음과 같이 출력됩니다.

```
Now entering the first loop.
The counter is now: 1
The counter is now: 2
The counter is now: 3
The counter is now: 4
The counter is now: 5
The counter is now: 6
Now entering the second loop.
The second counter is now: 0
The second counter is now: 1
The second counter is now: 2
```

while 루프는 루프 조건이 여전히 true인 동안 계속되는 루프입니다. 각 루프에서 러스트는 루프 조건이 여전히 true인지 확인합니다. 루프 조건이 false가 되면 러스트는 루프를 멈출 것입니다.

```
fn main() {
    let mut counter = 0;

    while counter < 5 { // 기억하세요, `counter < 5`는 true 또는 false입니다.
        counter +=1;
        println!("The counter is now: {counter}");
    }
}
```

for 루프를 사용하면 러스트에 매번 무엇을 해야 하는지 알려 줄 수 있습니다. 그러나 for 루

프에서는 특정 횟수 후에 루프가 중지됩니다. for 루프는 **범위**를 매우 자주 사용합니다. 범위에 관해서는 다음 내용을 기억하세요.

- **..은 끝 값을 제외한 범위**를 만듭니다. 예를 들어 0..3은 0, 1, 2이 됩니다.
- **..=은 끝 값을 포함한 범위**를 만듭니다. 예를 들어 0..=3은 0, 1, 2, 3이 됩니다.

```rust
fn main() {
    for number in 0..3 {
        println!("The number is: {}", number);
    }

    for number in 0..=3 {
        println!("The next number is: {}", number);
    }
}
```

다음이 출력됩니다.

```
The number is: 0
The number is: 1
The number is: 2
The next number is: 0
The next number is: 1
The next number is: 2
The next number is: 3
```

또한 number는 0..3의 숫자에 대한 변수 이름이 됩니다. number 대신 n이나 ntod_het___hno_f 등 다른 변수 이름을 지정해도 됩니다. 그런 다음 println!에서 변수 이름을 사용할 수 있습니다.

변수 이름이 필요하지 않으면 _를 사용하세요.

```rust
fn main() {
    for _ in 0..3 {
        println!("Printing the same thing three times");
    }
}
```

다음이 출력됩니다.

```
Printing the same thing three times
Printing the same thing three times
Printing the same thing three times
```

앞의 출력 결과는 번호를 출력하지 않는데, 이는 println!에 매번 출력할 번호를 부여하지 않았기 때문입니다.

```
fn main() {
    for number in 0..3 {
        println!("Printing the same thing three times");
    }
}
```

실제로 변수 이름을 지정하고 사용하지 않으면 러스트는 다음과 같이 알려 줍니다. 프로그램은 잘 컴파일되지만, 러스트는 number를 사용하지 않았음을 알려 줍니다.

```
warning: unused variable: `number`
 --> src\main.rs:2:9
  |
2 |     for number in 0..3 {
  |         ^^^^^^ help: if this is intentional, prefix it with an underscore: `_
number`
```

러스트는 _ 대신 _number를 쓸 것을 제안합니다. 변수 이름 앞에 _를 넣으면 '나중에 사용할 것 같다'는 의미입니다. 그러나 단지 _만을 사용하면 '이 변수에 전혀 관심이 없다'는 의미입니다. 따라서 변수를 나중에 사용하길 원하고 컴파일러가 아직 변수를 사용하지 않았음을 알려 주기를 원하지 않으면 변수 이름 앞에 _를 넣으면 됩니다.

break(중단)를 사용해 값을 반환할 수도 있습니다. break 바로 뒤에 값을 쓰고 ;을 사용합니다. 다음은 my_number에 값을 제공하는 loop와 break가 있는 예입니다.

```
fn main() {
    let mut counter = 5;
    let my_number = loop {
        counter +=1;
        if counter % 53 == 3 {
```

```
                break counter;
            }
        };
        println!("{my_number}");
}
```

다음을 출력합니다.

break counter;는 'counter 값을 중단하고 반환'을 의미합니다. 그리고 전체 블록이 let으로 시작하므로 my_number가 루프에서 값을 가져옵니다.

이제 루프를 사용하는 방법을 알았으므로 이전의 색상 일치 문제의 더 나은 해결책을 살펴보겠습니다. for 루프가 모든 항목을 확인하므로, 모든 항목을 비교하고 싶다면 match보다 더 나은 해결책입니다.

```
fn match_colours(rbg: (i32, i32, i32)) {
    println!("Comparing a colour with {} red, {} blue, and {} green:",
            rbg.0, rbg.1, rbg.2);
    // 색상을 vec에 넣습니다. 내부에는 색상 이름이 있는 튜플이 있습니다.
    let new_vec = vec![(rbg.0, "red"), (rbg.1, "blue"), (rbg.2, "green")];
    // true부터 시작하세요. 하나의 색상이 10 미만이면 false로 설정합니다.
    let mut all_have_at_least_10 = true;
    for item in new_vec {
        if item.0 < 10 {
            all_have_at_least_10 = false; // 지금은 거짓입니다.
            println!("Not much {}.", item.1) // 그리고 색상 이름을 출력합니다.
        }
    }
    if all_have_at_least_10 { // 여전히 true인지 확인하고 true이면 출력합니다.
        println!("Each colour has at least 10.")
    }
    println!(); // 한 줄 더 추가
}

fn main() {
    let first = (200, 0, 0);
    let second = (50, 50, 50);
    let third = (200, 50, 0);
```

```
        match_colours(first);
        match_colours(second);
        match_colours(third);
    }
```

다음이 출력됩니다.

```
Comparing a colour with 200 red, 0 blue, and 0 green:
Not much blue.
Not much green.

Comparing a colour with 50 red, 50 blue, and 50 green:
Each colour has at least 10.

Comparing a colour with 200 red, 50 blue, and 0 green:
Not much green.
```

3.6 구조체 및 열거형 구현하기

여기에서 구조체와 열거형에 실질적인 권한을 부여할 수 있습니다. 여기에서 구조체와 열거형에 실질적인 기능을 추가할 수 있습니다. 구조체나 열거형에 함수를 구현하려면 impl 블록을 사용하며, 이러한 함수를 **메서드**라고 부릅니다. impl 블록에는 두 가지 종류의 메서드를 정의할 수 있습니다.

- **메서드**
  self를 어떤 형태로 취합니다(&self, &mut self, self). 일반 메서드는 .(마침표)를 사용합니다. .clone()은 일반 메서드의 예입니다.

- **연관**associated **함수**(일부 언어에서는 정적static 메서드라고 함)
  이들은 self를 취하지 않습니다. associated는 '관련된'을 의미하며 .이 아닌 ::을 사용합니다. String::from()은 연관 함수이고 Vec::new()도 마찬가지입니다. 연관 함수는 새 변수를 만들 때 가장 자주 사용합니다.

사실 원한다면 ::을 사용해 모든 메서드를 쓸 수 있지만, self를 취하는 메서드는 편의상 .을 사용합니다. self를 받는 메서드에 ::를 사용하면 좋을 때도 있지만, 이는 나중에 살펴보겠습

니다. 지금 당장 알아야 할 만큼 중요한 내용은 아닙니다.

이번 예에서는 동물을 만들고 출력해 봅니다.

새로운 구조체나 열거형은 {:?}를 사용해 출력하려면 Debug 트레이트를 제공해야 합니다. 구조체 또는 열거형 위에 #[derive(Debug)]를 쓰면 {:?}로 출력할 수 있습니다. #[]이 있는 이러한 메시지를 **속성**이라고 합니다. 때때로 이를 사용해 구조체에 Debug와 같은 기능을 제공하도록 컴파일러에 지시할 수 있습니다. 많은 속성이 있으며 나중에 이에 관해 배우게 됩니다. 그러나 **derive**는 매우 일반적이고 구조체와 열거형보다 많이 볼 수 있으므로 배워두면 좋습니다.

```rust
#[derive(Debug)]
struct Animal {
    age: u8,
    animal_type: AnimalType,
}

#[derive(Debug)]
enum AnimalType {
    Cat,
    Dog,
}

impl Animal {
    fn new() -> Self {
        // Self는 Animal(동물)입니다.
        // Self 대신 Animal을 쓸 수도 있습니다.

        Self {
            // Animal::new()를 쓸 때 항상 10살인 고양이를 얻습니다.
            age: 10,
            animal_type: AnimalType::Cat,
        }
    }

    fn change_to_dog(&mut self) {
        // 우리는 Animal 안에 있으므로 &mut self는 &mut Animal을 의미합니다.
        // .change_to_dog()를 호출해 &mut self를 사용해 고양이를 개로 변경합니다.
        self.animal_type = AnimalType::Dog;
        println!("Changed animal to dog! Now it's {self:?}");
    }
```

```rust
    fn change_to_cat(&mut self) {
        // .change_to_cat()을 사용해 개를 고양이로 변경합니다.
        // &mut self의 animal_type을 변경합니다.
        self.animal_type = AnimalType::Cat;
        println!("Changed animal to cat! Now it's {self:?}");
    }

    fn check_type(&self) {
        // self를 읽고 싶습니다.
        match self.animal_type {
            AnimalType::Dog => println!("The animal is a dog"),
            AnimalType::Cat => println!("The animal is a cat"),
        }
    }
}



fn main() {
    let mut new_animal = Animal::new(); // 새로운 동물을 생성하는 관련 기능입니다.
                                        // 10살인 고양이를 생성합니다.
    new_animal.check_type();
    new_animal.change_to_dog();
    new_animal.check_type();
    new_animal.change_to_cat();
    new_animal.check_type();
}
```

다음이 출력됩니다.

```
The animal is a cat
Changed animal to dog! Now it's Animal { age: 10, animal_type: Dog }
The animal is a dog
Changed animal to cat! Now it's Animal { age: 10, animal_type: Cat }
The animal is a cat
```

Self(Self 타입) 및 self(변수 self)는 약어임을 기억하세요.

따라서 코드에서 Self = Animal입니다. 또한 fn change_to_dog(&mut self)는 fn change _to_dog(&mut Animal)을 의미합니다.

여기 간단한 예가 하나 더 있습니다. 이번에는 열거형에 `impl`을 사용할 것입니다.

```rust
enum Mood {
    Good,
    Bad,
    Sleepy,
}

impl Mood {
    fn check(&self) {
        match self {
            Mood::Good => println!("Feeling good!"),
            Mood::Bad => println!("Eh, not feeling so good"),
            Mood::Sleepy => println!("Need sleep NOW"),
        }
    }
}

fn main() {
    let my_mood = Mood::Sleepy;
    my_mood.check();
}
```

그러면 `Need sleep NOW`가 출력됩니다.

3.7 해체

더 많은 해체를 살펴보겠습니다. `let`을 거꾸로 사용해 구조체 또는 열거형에서 값을 가져올 수 있습니다. 구조체의 일부가 아닌 변수를 가져오므로 이것이 '구조 분해'라는 것을 앞에서 배웠습니다. 이렇게 하면 값을 개별적으로 사용할 수 있습니다. 먼저 간단한 예를 살펴보겠습니다.

```rust
// 사람을 나타내는 간단한 구조체 만들기
struct Person {
    name: String,
    real_name: String,
    height: u8,
    happiness: bool
```

```
    }

// papa_doc 변수 생성
fn main() {
    let papa_doc = Person {
        name: "Papa Doc".to_string(),
        real_name: "Clarence".to_string(),
        height: 170,
        happiness: false
    };

// papa_doc 변수 해체
let Person {
        name: a,
        real_name: b,
        height: c,
        happiness: d
    } = papa_doc;

    println!("They call him {a} but his real name is {b}. \
            He is {c} cm tall and is he happy? {d}");
}
```

다음을 출력합니다.

> They call him Papa Doc but his real name is Clarence. He is 170 cm tall and is he
> happy? false

구조체의 사용이 거꾸로 되어 있음을 알 수 있습니다. 먼저 `let papa_doc = Person { fields }`로 구조체를 생성합니다. 그런 다음 `let Person { fields } = papa_doc`으로 해체합니다.

`name: a` 대신 `name`만 써도 됩니다. 하지만 여기서는 a라는 이름의 변수를 사용하려고 `name: a`라고 썼습니다.

이제 더 큰 예를 살펴보겠습니다. 이 예제에는 `City`(도시) 구조체가 있습니다. 이를 만들기 위해 `new` 함수를 제공합니다. 그리고 값으로 작업을 수행하는 `process_city_values` 함수가 있습니다. 함수에서 `Vec`을 생성하지만, 구조 분해 후에는 더 다양한 작업을 할 수 있다고 상상할 수 있습니다.

```rust
struct City {
    name: String,
    name_before: String,
    population: u32,
    date_founded: u32,
}

impl City {
    fn new(name: String, name_before: String, population: u32, date_founded: u32)
    -> Self {
        Self {
            name,
            name_before,
            population,
            date_founded,
        }
    }
}

fn process_city_values(city: &City) {
    let City {
        name,
        name_before,
        population,
        date_founded,
    } = city;
        // 이제 별도로 사용할 값이 있습니다.
    let two_names = vec![name, name_before];
    println!("The city's two names are {:?}", two_names);
}

fn main() {
    let tallinn = City::new("Tallinn".to_string(), "Reval".to_string(), 426_538, 1219);
    process_city_values(&tallinn);
}
```

출력은 다음과 같습니다.

```
The city's two names are ["Tallinn", "Reval"]
```

컴파일러는 population과 date_founded 변수를 사용하지 않았다고 알려 줍니다. 구조체의 모든 속성을 사용하지 않으려면 사용하려는 속성을 먼저 적은 후 ..를 입력하면 됩니다. 다음과 같습니다.

```
let City {
    name,
    name_before,
    ..
} = city;
```

이는 'City를 해체하고 싶지만, name과 name_before에만 관심이 있습니다'를 의미합니다.

3.8 참조 및 도트 연산자

참조가 있을 때 값을 얻으려면 *를 사용해야 한다고 배웠습니다. 다음 코드에서 참조는 다른 타입이므로 동작하지 않습니다.

```
fn main() {
    let my_number = 9;
    let reference = &my_number;

    println!("{}", my_number == reference); // ⚠
}
```

컴파일러는 다음과 같이 출력합니다.

```
error[E0277]: can't compare `{integer}` with `&{integer}`
  --> src\main.rs:5:30
   |
5  |     println!("{}", my_number == reference);
   |                              ^^ no implementation for `{integer} == &{integer}`
```

따라서 5행을 println!("{}", my_number == *reference);로 변경합니다. 이제 i32 == i32가 아니라 i32 == &i32이므로 true를 출력합니다. 이를 역참조라고 합니다.

그러나 메서드를 사용하면 러스트가 자동으로 역참조합니다. 메서드의 `.`는 도트 연산자라고 하며 자유롭게 역참조를 수행합니다.

먼저 하나의 u8 필드가 있는 구조체를 만들어 봅시다. 그런 다음 참조를 만들고 비교를 시도합니다. 이 코드는 동작하지 않을 겁니다.

```rust
struct Item {
    number: u8,
}

fn main() {
    let item = Item {
        number: 8,
    };

    let reference_number = &item.number; // 참조되는 숫자 타입은 &u8입니다.

    println!("{}", reference_number == 8); // ⚠ &u8과 u8은 비교할 수 없습니다.
}
```

동작하려면 `println!("{}", *reference_number == 8);`와 같이 역참조해야 합니다.

그러나 다음 코드처럼 도트 연산자를 사용하면 `*`가 필요하지 않습니다.

```rust
struct Item {
    number: u8,
}

fn main() {
    let item = Item {
        number: 8,
    };

    let reference_item = &item;

    println!("{}", reference_item.number == 8);
    // *reference_item.number를 쓸 필요가 없습니다.
}
```

이제 number를 다른 숫자와 비교하는 Item에 대한 메서드를 만들어 보겠습니다. 어디에서나
*를 사용할 필요가 없습니다.

```rust
struct Item {
    number: u8,
}

impl Item {
    fn compare_number(&self, other_number: u8) { // self를 참조합니다.
        println!("Are {} and {} equal? {}",
                self.number, other_number, self.number == other_number);
        // *self.number를 쓸 필요가 없습니다.
    }
}

fn main() {
    let item = Item {
        number: 8,
    };

    let reference_item = &item; // 이것은 &Item 타입입니다.
    let reference_item_two = &reference_item; // 이것은 &&Item 타입입니다.

    item.compare_number(8); // 메서드가 동작합니다.
    reference_item.compare_number(8); // 여기에서도 동작합니다.
    reference_item_two.compare_number(8); // 그리고 여기도요.

}
```

따라서 . 연산자를 사용할 때는 *에 대해 걱정할 필요가 없습니다.

CHAPTER 4

제네릭

4.1 제네릭

함수에서 입력으로 사용할 타입을 씁니다.

```
fn return_number(number: i32) -> i32 {
    println!("Here is your number.");
    number
}

fn main() {
    let number = return_number(5);
}
```

하지만 i32 이상을 반환해야 하면 어떻게 해야 할까요? 다음과 같이 해야 한다면 번거로울 것입니다.

```
fn return_i32(number: i32) -> i32 {  }
fn return_i16(number: i16) -> i16 {  }
fn return_u8(number: u8) -> u8 {  }
// 기타 등등
```

이럴 때 제네릭generic을 사용할 수 있습니다. 제네릭은 '이 타입일 수도 있고, 저 타입일 수도 있다'는 의미입니다.

제네릭을 사용하려면 <T>와 같이 내부 타입에 홑화살괄호를 사용합니다. 이는 '함수에 넣은 모든 타입'을 의미합니다. 일반적으로 제네릭은 하나의 대문자로 된 타입(예: T, U, V)을 사용하지만, 하나의 문자만 사용할 필요는 없습니다.

다음은 함수를 제네릭으로 변경하는 방법입니다.

```rust
fn return_number<T>(number: T) -> T {
    println!("Here is your number.");
    number
}

fn main() {
    let number = return_number(5);
}
```

중요한 부분은 함수 이름 뒤에 있는 <T>입니다. 이 선언이 없으면 러스트는 T를 제네릭 타입이 아닌 String이나 i8 같은 구체적인concrete 타입으로 간주합니다.

타입 이름을 쓰면 이해하기 쉽습니다. T를 MyType으로 변경하면 어떤 일이 발생하는지 확인해 보세요.

```rust
fn return_number(number: MyType) -> MyType { // ⚠
    println!("Here is your number.");
    number
}
```

보시다시피 MyType은 제네릭이 아닌 구체적인 타입입니다. 따라서 다음과 같이 작성하면 동작합니다.

```rust
fn return_number<MyType>(number: MyType) -> MyType {
    println!("Here is your number.");
    number
}

fn main() {
    let number = return_number(5);
}
```

홑화살괄호 덕분에 컴파일러는 이것이 **MyType**이라고 부르는 제네릭 타입임을 확인합니다. 홑화살괄호가 없으면 제네릭이 아닙니다.

러스트 코드는 보통 단일 문자를 사용하므로 다시 T 타입을 사용하겠습니다.

러스트의 일부 타입은 **Copy**, 일부는 **Clone**, 일부는 **Display**, 일부는 **Debug** 등을 구현함을 기억할 것입니다. **Debug**를 사용하면 {:?}로 출력할 수 있습니다. 이제 T를 출력하려 하면 문제가 있음을 알 수 있습니다.

```
fn print_number<T>(number: T) {
    println!("Here is your number: {:?}", number); // ⚠
}

fn main() {
    print_number(5);
}
```

`print_number`는 `number`를 출력하려면 **Debug**가 필요하지만 T는 **Debug**가 있는 타입인가요? 어쩌면 #[derive(Debug)]가 없을 수도 있습니다. 컴파일러도 알지 못하므로 오류가 발생합니다.

```
error[E0277]: `T` doesn't implement `std::fmt::Debug`
  --> src\main.rs:29:43
   |
29 |     println!("Here is your number: {:?}", number);
   |                                           ^^^^^^ `T` cannot be formatted using
`{:?}` because it doesn't implement `std::fmt::Debug`
```

T는 **Debug**가 구현되지 않습니다. 그렇다고 T에 대해 **Debug**를 구현할 수 있을까요? 불가능합니다. T는 어떤 타입이 될지 모르는 상태이기 때문입니다. 이 함수는 모든 타입을 받을 수 있으며, 그중 **Debug**가 구현된 타입도 있고 그렇지 않은 타입도 있을 수 있습니다.

그러나 함수에 '걱정하지 마세요. 이 함수의 모든 타입 T에는 **Debug**가 있습니다'라고 알려 줄 수 있습니다. 이는 컴파일러와 하는 일종의 약속입니다.

```
use std::fmt::Debug; // Debug는 std::fmt::Debug에 있습니다. 이제 'Debug'를 쓰면 됩니다.

fn print_number<T: Debug>(number: T) { // <T: Debug>가 중요한 부분입니다.
    println!("Here is your number: {:?}", number);
}

fn main() {
    print_number(5);
}
```

이제 컴파일러는 '좋아요, 이 타입 T는 Debug를 갖게 될 것입니다'라고 알고 있습니다. 이제 i32에 Debug가 있으므로 코드가 동작합니다. 이제 String, &str 등 많은 타입을 지정할 수 있습니다. 모두 Debug가 있기 때문입니다. 그리고 동시에 이제 컴파일러는 Debug가 없는 한 이 함수에서 어떤 타입도 number 변수로 허용하지 않습니다(컴파일러는 속일 수 없습니다).

구조체를 생성하고 #[derive(Debug)]로 Debug를 제공해 출력할 수도 있습니다. 이 함수는 i32, Animal 구조체 등을 사용할 수 있습니다.

```
use std::fmt::Debug;

#[derive(Debug)]
struct Animal {
    name: String,
    age: u8,
}

fn print_item<T: Debug>(item: T) {
    println!("Here is your item: {:?}", item);
}

fn main() {
    let charlie = Animal {
        name: "Charlie".to_string(),
        age: 1,
    };

    let number = 55;

    print_item(charlie);
    print_item(number);
}
```

다음이 출력됩니다.

```
Here is your item: Animal { name: "Charlie", age: 1 }
Here is your item: 55
```

때로는 제네릭 함수가 둘 이상의 타입을 받을 때도 있습니다. 각 타입의 이름을 쓰고 어떻게 사용할지 생각해야 합니다. 이 예에서는 두 가지 타입이 필요합니다. 먼저 T 타입에 대한 명령문을 출력하려고 합니다. {}로 출력하는 것이 더 좋으므로 T에 Display가 필요합니다.

다음은 타입 U이고, 두 개의 변수 num_1과 num_2는 타입 U를 가집니다(U는 일종의 숫자입니다). 타입 U를 비교하고 싶기 때문에 PartialOrd가 필요합니다. 이 트레이트를 사용해 <, >, == 등과 같은 연산자를 사용할 수 있습니다. 이들도 출력하고 싶으므로 U에도 Display가 필요합니다.

```rust
use std::fmt::Display;
use std::cmp::PartialOrd;

fn compare_and_display<T: Display, U: Display + PartialOrd>(statement: T, num_1: U,
    num_2: U) {
    println!("{statement}! Is {num_1} greater than {num_2}? {}", num_1 > num_2);
}

fn main() {
    compare_and_display("Listen up!", 9, 8);
}
```

Listen up!! Is 9 greater than 8? true이 출력됩니다.

그래서 fn compare_and_display<T: Display, U: Display + PartialOrd>(statement: T, num_1: U, num_2: U)는 다음을 의미합니다.

- 함수 이름은 compare_and_display입니다.
- 첫 번째 타입은 T이며 제네릭입니다. {}로 출력할 수 있는 타입이어야 합니다.
- 다음 타입은 U이며 제네릭입니다. {}로 출력할 수 있는 타입이어야 합니다. 또한 (>, <, ==를 사용해서) 비교할 수 있는 타입이어야 합니다.

이제 compare_and_display에 다른 타입을 지정할 수 있습니다. statement는 String, &str 등 Display가 있는 모든 타입이 될 수 있습니다.

제네릭 함수를 더 쉽게 읽을 수 있도록 코드 블록 바로 앞에 **where**를 사용해 다음과 같이 쓸 수 도 있습니다.

```
use std::cmp::PartialOrd;
use std::fmt::Display;

fn compare_and_display<T, U>(statement: T, num_1: U, num_2: U)
where
    T: Display,
    U: Display + PartialOrd,
{
    println!("{statement}! Is {num_1} greater than {num_2}? {}", num_1 > num_2);
}

fn main() {
    compare_and_display("Listen up!", 9, 8);
}
```

제네릭 타입이 많다면 **where**를 사용하면 좋습니다.

다음 내용도 참고해 주세요.

- 하나의 타입 T와 다른 타입 T가 있으면 이들은 동일해야 합니다.
- 하나의 타입 T와 다른 타입 U가 있을 때, 이들의 타입은 서로 다를 수도 있고 같을 수도 있습니다.

예를 들어 살펴보겠습니다.

```
use std::fmt::Display;

fn say_two<T: Display, U: Display>(statement_1: T, statement_2: U) {
    // 타입 T와 U에는 Display가 필요합니다.
    println!("I have two things to say: {statement_1} and {statement_2}");
}

fn main() {
    say_two("Hello there!", String::from("I hate sand."));
    // 타입 T는 &str이지만 타입 U는 문자열입니다.
```

```
    say_two(String::from("Where is Padme?"), String::from("Is she all right?"));
    // 두 타입 모두 문자열입니다.
}
```

다음이 출력됩니다.

```
I have two things to say: Hello there! and I hate sand.
I have two things to say: Where is Padme? and Is she all right?
```

4.2 Option과 Result

우리는 이제 열거형과 제네릭을 이해했으니 Option과 Result도 이해할 수 있습니다. 러스트는 이 두 열거형을 사용해 코드를 더 안전하게 만듭니다.

Option부터 시작하겠습니다.

4.2.1 Option

Option은 어떤 값이 존재할 수도 있고, 존재하지 않을 수도 있을 때 사용합니다. 값이 존재할 때는 Some(value)이고, 존재하지 않을 때는 그냥 None입니다. 다음은 Option을 사용해 개선할 수 있는 좋지 않은 코드의 예시입니다.

```
// ⚠
fn take_fifth(value: Vec<i32>) -> i32 {
    value[4]
}

fn main() {
    let new_vec = vec![1, 2];
    let index = take_fifth(new_vec);
}
```

코드를 실행하면 패닉panic이 발생합니다. 메시지는 다음과 같습니다.

```
thread 'main' panicked at 'index out of bounds: the len is 2 but the index is 4',
src\main.rs:34:5
```

패닉은 문제가 발생하기 전에 프로그램이 중지됨을 의미합니다. 러스트는 함수가 불가능한 것을 원함을 알고 중지합니다. 컴파일러는 '스택을 풀고(스택에서 값을 가져옴)' 나서 '그것을 할 수 없습니다'라고 합니다.

이제 반환 타입을 i32에서 Option<i32>로 변경합니다. 이는 '반환할 것이 있으면 Some(i32)를 주고, 없으면 None을 주세요'를 의미합니다. 우리는 i32가 Option에 '둘러싸였다wrapped'라고 합니다. 즉, Option 안에 있다는 뜻입니다. Some일 때는 값을 꺼내려면 뭔가를 해야 합니다.

```
fn take_fifth(value: Vec<i32>) -> Option<i32> {
    if value.len() < 5 {
        // .len()은 벡터의 길이를 제공합니다. 길이가 5 이상이어야 합니다.
        None
    } else {
        Some(value[4])
    }
}

fn main() {
    let new_vec = vec![1, 2];
    let bigger_vec = vec![1, 2, 3, 4, 5];
    println!("{:?}, {:?}", take_fifth(new_vec), take_fifth(bigger_vec));
}
```

이는 None, Some(5)를 출력합니다. 프로그램이 더 이상 패닉에 빠지지 않기 때문에 좋습니다. 그렇지만 값 5를 어떻게 얻을까요?

.unwrap()을 사용해 Option 내부의 값을 가져올 수 있지만 .unwrap()은 주의해서 사용해야 합니다. 이것은 마치 선물 포장을 푸는 것과 같습니다. 안에 좋은 것이 있을 수도 있고 화난 뱀이 있을 수도 있습니다. 따라서 확실한 경우에만 .unwrap()을 해야 합니다. None인 값을 풀면 프로그램이 패닉 상태가 됩니다.

```rust
// ⚠
fn take_fifth(value: Vec<i32>) -> Option<i32> {
    if value.len() < 5 {
        None
    } else {
        Some(value[4])
    }
}

fn main() {
    let new_vec = vec![1, 2];
    let bigger_vec = vec![1, 2, 3, 4, 5];
    println!("{:?}, {:?}",
        take_fifth(new_vec).unwrap(), // 이것은 None입니다.
                                      // .unwrap()은 패닉에 빠질 것입니다!
        take_fifth(bigger_vec).unwrap()
    );
}
```

메시지는 다음과 같습니다.

```
thread 'main' panicked at 'called `Option::unwrap()` on a `None` value', src\main.
rs:14:9
```

하지만 .unwrap()을 사용할 필요는 없습니다. 대신 match를 사용할 수 있습니다. 그러면 Some이 있는 값을 출력하고 None이 있으면 Option에 접근하지 않을 수 있습니다. 예를 들면 다음과 같습니다.

```rust
fn take_fifth(value: Vec<i32>) -> Option<i32> {
    if value.len() < 5 {
        None
    } else {
        Some(value[4])
    }
}

fn handle_option(my_option: Vec<Option<i32>>) {
  for item in my_option {
    match item {
      Some(number) => println!("Found a {number}!"),
```

```
        None => println!("Found a None!"),
      }
    }
}

fn main() {
    let new_vec = vec![1, 2];
    let bigger_vec = vec![1, 2, 3, 4, 5];
    let mut option_vec = Vec::new();
    // Option을 보유할 새 벡터를 만드세요. 벡터 타입은 Vec<Option<i32>>입니다.
    // 이는 Option<i32>를 보유한 벡터를 의미합니다.

    option_vec.push(take_fifth(new_vec)); // "None"을 벡터에 넣습니다.
    option_vec.push(take_fifth(bigger_vec));
    // 이렇게 하면 "Some(5)"가 벡터에 밀어 넣어집니다.

    handle_option(option_vec);
    // handle_option은 벡터의 모든 옵션을 살펴봅니다.
    // Some이면 값을 출력합니다. None이면 Option에 접근하지 않습니다.
}
```

다음이 출력됩니다.

```
Found a None!
Found a 5!
```

실제 Option 타입은 어떻게 생겼을까요?

제네릭을 알고 있기 때문에 Option의 코드를 읽을 수 있습니다. 다음과 같이 단순한 열거형입
니다.

```
enum Option<T> {
    None,
    Some(T),
}

fn main() {}
```

기억해야 할 중요한 점은 Some을 사용하면 T 타입(모든 타입)의 값을 가지게 된다는 것입니
다. 또한 enum 이름 뒤에 오는 <T>는 이것이 제네릭임을 알려 줍니다. Display와 같은 트레이

트나 이를 제한하는 것이 없으므로 무엇이든 될 수 있습니다. 그러나 None을 사용하면 아무것도 없습니다.

따라서 Option에 대한 match 문에서 다음과 같이 사용할 수 없습니다.

```
// 🚧
Some(value) => println!("The value is {}", value),
None(value) => println!("The value is {}", value),
```

None은 None<T>가 아니라 단순히 None일 뿐이기 때문입니다.

물론 Option을 사용하는 더 쉬운 방법이 있습니다. 이 코드에서는 .is_some()이라는 메서드를 사용해 Some인지 알려 줍니다(.is_none() 메서드도 있습니다). 이 쉬운 방법 덕분에 더는 handle_option()이 필요하지 않습니다. Option을 위한 벡터도 필요하지 않습니다.

```
fn take_fifth(value: Vec<i32>) -> Option<i32> {
    if value.len() < 5 {
        None
    } else {
        Some(value[4])
    }
}

fn main() {
    let new_vec = vec![1, 2];
    let bigger_vec = vec![1, 2, 3, 4, 5];
    let vec_of_vecs = vec![new_vec, bigger_vec];
    for vec in vec_of_vecs {
        let inside_number = take_fifth(vec);
        if inside_number.is_some() {
            // .is_some()은 Some을 얻으면 true를, None을 얻으면 false를 반환합니다.
            println!("We got: {}", inside_number.unwrap());
            // 이제 값을 이미 확인했기 때문에 .unwrap()을 사용해도 안전합니다.
        } else {
            println!("We got nothing.");
        }
    }
}
```

다음이 출력됩니다.

```
We got nothing.
We got: 5
```

4.2.2 Result

Result는 Option과 비슷하지만 다음과 같은 차이점이 있습니다.

- Option은 Some이나 None(값이 있거나 없는)에 관한 것입니다.
- Result는 Ok(정상 결과)나 Err(오류 결과)에 관한 것입니다.

따라서 Option은 '뭔가 있을 수도 있고 없을 수도 있을 거야'라고 생각하는 상황입니다. 하지만 Result는 '실패할지도 몰라'라고 생각하는 상황입니다.

두 가지 상황을 함께 다뤄야 할 때도 있습니다. 예를 들어 서버에서 데이터를 가져온다고 가정해 보겠습니다. 먼저 함수를 사용해 연결합니다. 연결이 실패할 수 있으므로 Result입니다. 그리고 연결 후 데이터가 없을 수도 있습니다. 이때 Option을 사용합니다. 따라서 전체 작업은 Result 내부의 Option이 됩니다.

Option과 Result가 어떻게 다른지 원형을 보면서 비교해 보겠습니다.

```
enum Option<T> {
    None,
    Some(T),
}

enum Result<T, E> {
    Ok(T),
    Err(E),
}

fn main() {}
```

보다시피 Result는 Ok뿐만 아니라 Err 내부에도 값이 있습니다. Err는 일반적으로 오류를 설명하는 정보를 포함하기 때문입니다.

Result<T, E>는 Ok로 반환하고 싶은 것과 Err로 반환하고 싶은 것을 결정해야 한다는 의미
입니다. 사실, 무엇이든 결정할 수 있습니다. 다음과 같이 할 수도 있습니다.

```rust
fn check_error() -> Result<(), ()> {
    Ok(())
}

fn main() {
    check_error();
}
```

check_error는 'Ok를 얻으면 ()를 반환하고 Err를 얻으면 ()를 반환합니다'라고 합니다. 그
런 다음 내부에 ()가 있는 Ok를 반환합니다. 프로그램은 문제없이 동작합니다!

하지만 컴파일러는 다음과 같은 흥미로운 경고를 제공합니다.

```
warning: unused `std::result::Result` that must be used
 --> src\main.rs:6:5
  |
6 |         check_error();
  |         ^^^^^^^^^^^^^
  |
  = note: `#[warn(unused_must_use)]` on by default
  = note: this `Result` may be an `Err` variant, which should be handled
```

Result만 반환했지만 Err일 수도 있습니다. 아직 실제로 아무것도 하지 않고 있지만, 오류를
약간 처리해 보겠습니다.

```rust
fn give_result(input: i32) -> Result<(), ()> {
    if input % 2 == 0 {
        return Ok(())
    } else {
        return Err(())
    }
}

fn main() {
    if give_result(5).is_ok() {
        println!("It's okay, guys")
```

```
    } else {
        println!("It's an error, guys")
    }
}
```

출력은 다음과 같습니다.

```
It's an error, guys
```

첫 번째 오류를 처리했지만 뭔가 잘못되었습니다. 이것이 오류라는 것을 알았지만 프로그램은 패닉에 빠지지 않았습니다. Result가 여러분을 돕기 때문입니다.

쉽게 확인할 수 있는 네 가지 메서드는 .is_some(), is_none(), is_ok(), is_err()입니다.

때때로 Result가 있는 함수는 Err 값에 String을 사용합니다. 이는 사용하기에 가장 좋은 방법은 아니지만 지금까지 실행한 것보다 조금 더 좋습니다.

```
fn check_if_five(number: i32) -> Result<i32, String> {
    match number {
        5 => Ok(number),
        _ => Err("Sorry, the number wasn't five.".to_string()), // 오류 메시지입니다.
    }
}

fn main() {
    let mut result_vec = Vec::new(); // 결과에 대한 새 벡터를 만듭니다.

    for number in 2..7 {
        result_vec.push(check_if_five(number)); // 각 결과를 벡터에 밀어 넣습니다.
    }

    println!("{:?}", result_vec);
}
```

벡터를 출력하면 다음과 같습니다.

```
[Err("Sorry, the number wasn't five."), Err("Sorry, the number wasn't five."),
Err("Sorry, the number wasn't five."), Ok(5), Err("Sorry, the number wasn't
five.")]
```

Option과 마찬가지로 Err의 .unwrap()은 패닉 상태가 됩니다.

```
// ⚠️
fn main() {
    let error_value: Result<i32, &str> = Err("There was an error");
    // 이미 오류가 있는 Result를 만듭니다.
    println!("{}", error_value.unwrap()); // 값을 풀어냅니다.
}
```

프로그램 패닉이 발생하고 다음이 출력됩니다.

```
thread 'main' panicked at 'called `Result::unwrap()` on an `Err` value: "There was
an error"', src\main.rs:30:20
```

이 정보는 코드를 수정하는 데 도움이 됩니다. src\main.rs:30:20은 'src 폴더로 이동해서 main.rs 파일로 이동한 다음 30행의 20열로 이동'을 의미합니다. 따라서 안내된 곳으로 가서 코드를 보고 문제를 해결할 수 있습니다.

고유한 오류 타입을 만들 수도 있습니다. 표준 라이브러리에서 결과를 제공하는 함수와 다른 사람들의 코드에서도 고유한 오류 타입을 사용합니다. 예를 들어 표준 라이브러리에서 다음 함수를 살펴보세요.

```
// 📰
pub fn from_utf8(vec: Vec<u8>) -> Result<String, FromUtf8Error>
```

이 함수는 바이트 벡터(u8)를 사용해 String을 만들려고 시도합니다. 따라서 Result의 성공 사례는 String이고 오류 사례는 FromUtf8Error입니다. 오류 타입에 원하는 이름을 지정할 수 있습니다.

Option 및 Result와 함께 match를 사용하려면 때때로 많은 코드가 필요합니다. 예를 들어 .get() 메서드는 Vec에서 Option을 반환합니다.

```
fn main() {
    let my_vec = vec![2, 3, 4];
    let get_one = my_vec.get(0); // 0은 벡터의 첫 번째 값인 숫자를 얻습니다.
    let get_two = my_vec.get(10); // None을 반환합니다.
```

```
    println!("{:?}", get_one);
    println!("{:?}", get_two);
}
```

이 코드는 다음을 출력합니다.

```
Some(2)
None
```

이제 match를 사용해 값을 얻을 수 있습니다. 0에서 10까지의 범위를 사용해 my_vec의 숫자와 일치하는지 확인합시다.

```
fn main() {
    let my_vec = vec![2, 3, 4];

    for index in 0..10 {
        match my_vec.get(index) {
            Some(number) => println!("The number is: {number}"),
            None => {}
        }
    }
}
```

이 코드는 좋은 방법이지만 None을 신경 쓰지 않기 때문에 아무것도 하지 않습니다. 여기서 if let을 사용해 코드를 더 작게 만들 수 있습니다. if let은 '일치하면 뭔가를 하고 일치하지 않으면 아무것도 하지 말라'는 의미입니다. if let은 모든 것을 일치시키는 데 관심이 없을 때 사용합니다.

```
fn main() {
    let my_vec = vec![2, 3, 4];

    for index in 0..10 {
        if let Some(number) = my_vec.get(index) {
            println!("The number is: {number}");
        }
    }
}
```

if let Some(number) = my_vec.get(index)는 'my_vec.get(index)에서 Some(number)를 가져오는 경우'를 의미한다는 점을 반드시 기억해 두세요.

그리고 하나의 =를 사용하며, 불리언을 비교하는 것이 아니라는 점도 알아 두기를 바랍니다.

while let은 if let에 대한 while 루프와 같습니다. 다음과 같은 기상 관측소 데이터가 있다고 상상해 보세요.

```
["Berlin", "cloudy", "5", "-7", "78"]
["Athens", "sunny", "not humid", "20", "10", "50"]
```

숫자만 얻고 싶으며 단어는 원하지 않습니다. 숫자에는 parse::<i32>()라는 메서드를 사용할 수 있습니다. parse()는 메서드이고 ::<i32>는 타입입니다. &str을 i32로 바꾸려고 시도하고 가능하면 반환해 줄 것입니다. 동작하지 않을 수 있기 때문에(예: 숫자가 아닌 'Billybrobby'를 해석하려는 경우) Result를 반환합니다.

.pop()도 사용할 것입니다. 이렇게 하면 벡터에서 마지막 항목이 제거됩니다.

```rust
fn main() {
    let weather_vec = vec![
        vec!["Berlin", "cloudy", "5", "-7", "78"],
        vec!["Athens", "sunny", "not humid", "20", "10", "50"],
    ];
    for mut city in weather_vec {
        // 데이터에서 모든 첫 번째 항목은 도시 이름입니다.
        println!("For the city of {}:", city[0]);

        while let Some(information) = city.pop() {
            // 더 이상 꺼낼 수 없을 때까지 계속 진행하세요.
            // 벡터의 항목 수가 0개에 도달하면 None을 반환하고 멈춥니다.

            if let Ok(number) = information.parse::<i32>() {
                // information이라는 변수를 i32로 바꾸려고 시도합니다.
                // 반환된 결과가 Ok(숫자)면 출력합니다.
                println!("The number is: {number}");
            }
            // 오류가 발생하면 아무것도 하지 않으므로 아무것도 쓰지 않습니다.
            // 나머지는 모두 버립니다.
        }
    }
}
```

```
    }
```

다음과 같이 출력됩니다.

```
For the city of Berlin:
The number is: 78
The number is: -7
The number is: 5
For the city of Athens:
The number is: 50
The number is: 10
The number is: 20
```

CHAPTER 5

컬렉션 및 오류 핸들링 더 알아보기

5.1 다른 컬렉션

러스트에는 더 많은 타입의 컬렉션이 있습니다. 표준 라이브러리의 문서(`https://doc.rust-lang.org/stable/std/collections`)에서 볼 수 있습니다. 해당 문서에는 하나의 타입을 사용하는 이유에 관한 좋은 설명이 있으므로 원하는 타입을 모른다면 타입 페이지로 이동해 읽어 보세요. 이들 컬렉션은 모두 표준 라이브러리의 `std::collections` 안에 있습니다. 컬렉션을 사용하는 가장 좋은 방법은 열거형에서 살펴봤듯이 use 문을 사용하는 것입니다. 매우 일반적인 HashMap부터 시작하겠습니다.

5.1.1 HashMap과 BTreeMap

HashMap은 **키**와 **값**으로 구성된 모음입니다. 키를 사용해 키와 일치하는 값을 찾습니다. 예를 들어 키가 'email'일 때 값은 메일 주소인 'my_email@address.com'이 될 수 있습니다.

`HashMap::new()`만으로 새로운 HashMap을 생성하고 `.insert(key, value)`를 사용해 항목을 삽입할 수 있습니다.

HashMap은 순서가 없으므로 HashMap의 모든 키를 함께 출력하면 넣은 순서와 다르게 출력될 것입니다. 이런 동작을 다음 예에서 볼 수 있습니다.

```rust
use std::collections::HashMap;
// 매번 std::collections::HashMap을 입력하지 않아도
// HashMap을 사용할 수 있도록 해 줍니다.

struct City {
    name: String,
    population: HashMap<u32, u32>, // 해당 연도와 해당 연도의 인구가 표시됩니다.
}

fn main() {

    let mut tallinn = City {
        name: "Tallinn".to_string(),
        population: HashMap::new(), // 지금까지 HashMap은 비어 있습니다.
    };

    tallinn.population.insert(1372, 3_250); // 세 개의 날짜를 삽입합니다.
    tallinn.population.insert(1851, 24_000);
    tallinn.population.insert(2020, 437_619);


    for (year, population) in tallinn.population {
        // HashMap은 HashMap<u32, u32>이므로 매번 두 개의 항목을 반환합니다.
        println!("In the year {} the city of {} had a population of {}.",
                year, tallinn.name, population);
    }
}
```

다음이 출력됩니다.

```
In the year 1372 the city of Tallinn had a population of 3250.
In the year 2020 the city of Tallinn had a population of 437619.
In the year 1851 the city of Tallinn had a population of 24000.
```

또는 다음과 같이 출력될 수도 있습니다.

```
In the year 1851 the city of Tallinn had a population of 24000.
In the year 2020 the city of Tallinn had a population of 437619.
In the year 1372 the city of Tallinn had a population of 3250.
```

이처럼 HashMap에 순서가 없음을 볼 수 있습니다.

정렬할 수 있는 HashMap을 원하면 BTreeMap을 사용할 수 있습니다. 이 둘은 매우 유사하며 HashMap을 BTreeMap으로 빠르게 변경할 수 있습니다. 다음과 같이 이 둘을 바꿔서 사용해도 코드에 변화가 거의 없습니다.

```rust
use std::collections::BTreeMap; // HashMap을 BTreeMap으로 변경하기만 하면 됩니다.

struct City {
    name: String,
    population: BTreeMap<u32, u32>, // HashMap을 BTreeMap으로 변경하기만 하면 됩니다.
}

fn main() {

    let mut tallinn = City {
        name: "Tallinn".to_string(),
        population: BTreeMap::new(), // HashMap을 BTreeMap으로 변경하기만 하면 됩니다.
    };

    tallinn.population.insert(1372, 3_250);
    tallinn.population.insert(1851, 24_000);
    tallinn.population.insert(2020, 437_619);

    for (year, population) in tallinn.population {
        println!("In the year {} the city of {} had a population of {}.",
                year, tallinn.name, population);
    }
}
```

이제 항상 다음과 같이 출력됩니다.

```
In the year 1372 the city of Tallinn had a population of 3250.
In the year 1851 the city of Tallinn had a population of 24000.
In the year 2020 the city of Tallinn had a population of 437619.
```

이제 HashMap으로 돌아가겠습니다.

[]에 키를 넣으면 HashMap에서 값을 얻을 수 있습니다. 다음 예제에선 Bielefeld 키의 값을 가져옵니다. 키에 저장되어 있는 값은 Germany입니다. 그러나 키가 없으면 프로그램이 충돌하

므로 주의해야 합니다. 예를 들어 println!("{:?}", city_hashmap["Bielefeldd"]);라고 쓰면 Bielefeldd가 존재하지 않으므로 패닉 상태가 됩니다.

키가 있는지 확실하지 않다면 Option을 반환하는 .get()을 사용할 수 있습니다. 키가 존재하면 Some(value)가 되고 그렇지 않으면 (프로그램을 패닉에 빠뜨리는 대신) None을 얻게 됩니다. 따라서 .get()이 HashMap에서 값을 가져오는 더 안전한 방법입니다.

```rust
use std::collections::HashMap;

fn main() {
    let canadian_cities = vec!["Calgary", "Vancouver", "Gimli"];
    let german_cities = vec!["Karlsruhe", "Bad Doberan", "Bielefeld"];

    let mut city_hashmap = HashMap::new();

    for city in canadian_cities {
        city_hashmap.insert(city, "Canada");
    }
    for city in german_cities {
        city_hashmap.insert(city, "Germany");
    }

    println!("{:?}", city_hashmap["Bielefeld"]);
    println!("{:?}", city_hashmap.get("Bielefeld"));
    println!("{:?}", city_hashmap.get("Bielefeldd"));
}
```

다음이 출력됩니다.

```
"Germany"
Some("Germany")
None
```

앞의 결과에서 끝 항목이 None인 이유는 Bielefeld는 존재하지만 Bielefeldd는 존재하지 않기 때문입니다.

HashMap에 키를 입력하려고 할 때 이미 키가 있으면 값을 덮어씁니다.

```rust
use std::collections::HashMap;

fn main() {
    let mut book_hashmap = HashMap::new();

    book_hashmap.insert(1, "L'Allemagne Moderne");
    book_hashmap.insert(1, "Le Petit Prince");
    book_hashmap.insert(1, "섀도우 오브 유어 스마일");
    book_hashmap.insert(1, "Eye of the World");

    println!("{:?}", book_hashmap.get(&1));
    // .get()은 참조를 취하므로 여기에 &1을 넣었습니다.
}
```

이는 .insert()를 사용한 마지막 문장이므로 Some("Eye of the World")를 출력합니다.

Option을 제공하는 .get()으로 확인할 수 있으므로 항목이 있는지 쉽게 확인할 수 있습니다.

```rust
use std::collections::HashMap;

fn main() {
    let mut book_hashmap = HashMap::new();

    book_hashmap.insert(1, "L'Allemagne Moderne");

    if book_hashmap.get(&1).is_none() {
        // is_none()은 bool을 반환합니다.
        // None이면 true, Some이면 false를 반환합니다.
        book_hashmap.insert(1, "Le Petit Prince");
    }

    println!("{:?}", book_hashmap.get(&1));
}
```

이 코드에서는 키 1이 이미 있으므로 Some("L\'Allemagne Moderne")를 출력하며, Le Petit Prince를 삽입하지 않았습니다.

HashMap에는 .entry()라는 매우 흥미로운 메서드가 있습니다. 조금 복잡하니 한 번에 하나씩 살펴보겠습니다.

.entry()를 사용하면 입력을 시도하고 .or_insert()와 같은 다른 메서드를 사용해 키가 없을 때 값을 삽입할 수 있습니다. 흥미로운 부분은 변경 가능한 참조도 제공하므로 원한다면 변경할 수 있다는 점입니다. HashMap에 책 제목을 삽입할 때마다 true를 삽입하는 예입니다.

도서관의 책을 관리하고 싶다고 가정해 보겠습니다.

```rust
use std::collections::HashMap;

fn main() {
    // "Eye of the World"가 두 번 나타납니다.
    let book_collection = vec!["L'Allemagne Moderne", "Le Petit Prince",
        "Eye of the World", "Eye of the World"];

    let mut book_hashmap = HashMap::new();

    for book in book_collection {
        book_hashmap.entry(book).or_insert(true);
    }
    for (book, true_or_false) in book_hashmap {
        println!("Do we have {book}? {true_or_false}");
    }
}
```

다음이 출력됩니다.

```
Do we have Eye of the World? true
Do we have Le Petit Prince? true
Do we have L'Allemagne Moderne? true
```

그러나 이는 정확하게 원하는 결과가 아닙니다. **"Eye of the World"**가 두 권임을 알 수 있도록 책의 수를 세면 더 좋을 것입니다. 먼저 .entry()가 수행하는 작업과 .or_insert()가 수행하는 작업을 살펴보겠습니다. .entry()는 실제로 Entry라는 enum(열거형)을 반환합니다.

```rust
pub fn entry(&mut self, key: K) -> Entry<K, V> // 🖼
```

다음은 Entry 문서[1]에 있는 코드의 간단한 버전입니다. K는 키를 의미하고 V는 값을 의미합니다.

```rust
// 🏁
use std::collections::hash_map::*;

enum Entry<K, V> {
    Occupied(OccupiedEntry<K, V>),
    Vacant(VacantEntry<K, V>),
}
```

그런 다음 `.or_insert()`를 호출하면 열거형을 보고 실행할 작업을 결정합니다.

```rust
fn or_insert(self, default: V) -> &mut V { // 🏁
    match self {
        Occupied(entry) => entry.into_mut(),
        Vacant(entry) => entry.insert(default),
    }
}
```

흥미로운 부분은 mut의 참조인 &mut V를 반환한다는 점입니다. 즉, let을 사용해 변수에 첨부하고 변수를 변경해 HashMap의 값을 변경할 수 있습니다. 따라서 항목이 없으면 모든 책에 0을 삽입합니다. 그리고 항목이 하나라도 있다면 참조에 +=1을 사용해 숫자를 늘립니다. 이제 다음과 같이 코드를 쓸 수 있습니다.

```rust
use std::collections::HashMap;

fn main() {
    let book_collection = vec!["L'Allemagne Moderne", "Le Petit Prince", "Eye of the
    World", "Eye of the World"];

    let mut book_hashmap = HashMap::new();

    for book in book_collection {
        // return_value는 변경 가능한 참조입니다. 아무것도 없으면 0이 됩니다.
        let return_value = book_hashmap.entry(book).or_insert(0);

        // 이제 return_value는 1 이상입니다. 다른 책이 있으면 1씩 올라갑니다.
```

---

1 https://doc.rust-lang.org/std/collections/hash_map/enum.Entry.html

```
            *return_value +=1;
        }

        for (book, number) in book_hashmap {
            println!("{book}, {number}");
        }
    }
```

중요한 부분은 let return_value = book_hashmap.entry(book).or_insert(0);입니다. let을 빼면 book_hashmap.entry(book).or_insert(0)이 됩니다. let이 없으면 이 코드는 아무것도 하지 않습니다. 0을 삽입하고 코드에서 무엇도 0에 대한 변경 가능한 참조를 사용하지 않습니다. 그래서 return_value에 바인딩해 0을 유지할 수 있습니다. 그런 다음 값을 1씩 증가시켜 모든 HashMap의 모든 책에 적어도 1을 제공합니다. 그 후 .entry()는 "Eye of the World"가 다시 나타날 때 아무것도 삽입하지 않고 변경 가능한 1을 제공합니다. 그런 다음 값이 2로 증가하므로 다음과 같이 출력됩니다.

```
L'Allemagne Moderne, 1
Le Petit Prince, 1
Eye of the World, 2
```

.or_insert()로 벡터를 삽입한 다음 벡터에 밀어 넣는 것과 같은 작업을 수행할 수도 있습니다. 길거리에서 사람들에게 정치인에 대해 어떻게 생각하는지 물었다고 가정해 보겠습니다. 이들은 0에서 10등급 중 하나를 부여합니다. 그런 다음 특정 정치인이 어떤 성별에 더 인기가 있는지 알아보기 위해 숫자를 합치고 싶습니다. 그러면 다음과 같이 코드를 쓸 수 있을 것입니다.

```
use std::collections::HashMap;

fn main() {
    let data = vec![ // 원시 데이터입니다.
        ("male", 9),
        ("female", 5),
        ("male", 0),
        ("female", 6),
        ("female", 5),
        ("male", 10),
    ];
```

```
    let mut survey_hash = HashMap::new();

    for item in data {
        // 이는 (&str, i32)의 튜플을 제공하고, 숫자를 벡터 내부로 밀어 넣습니다.
        survey_hash.entry(item.0).or_insert(Vec::new()).push(item.1);
    }

    for (male_or_female, numbers) in survey_hash {
        println!("{male_or_female}: {numbers:?}");
    }
}
```

다음이 출력됩니다.

```
"female", [5, 6, 5]
"male", [9, 0, 10]
```

중요한 줄은 `survey_hash.entry(item.0).or_insert(Vec::new()).push(item.1);`입니다. 이 코드에서는 "female"이 나타나면 HashMap에 이미 "female"이 있는지 확인해서 없으면 `Vec::new()`를 삽입한 다음 숫자를 밀어 넣습니다. HashMap에 이미 "female"이 있으면 새 벡터를 삽입하지 않고 숫자만 벡터에 밀어 넣습니다.

5.1.2 HashSet과 BTreeSet

HashSet은 실제로는 키만 있는 HashMap입니다. HashSet 문서(https://doc.rust-lang.org/std/collections/struct.HashSet.html) 상단에는 'A hash set implemented as a HashMap where the value is ()'라는 설명이 있습니다. 즉, 값이 없고 키만 있는 HashMap입니다.

키의 존재 여부를 알고 싶을 때 HashSet을 자주 사용합니다.

임의의 숫자가 100개 있고 각 숫자는 1에서 100 사이라고 가정합니다. 이렇게 하면 일부 숫자는 두 번 이상 표시되고 일부는 전혀 표시되지 않습니다. 이들을 HashSet에 넣으면 나타난 모든 숫자의 목록을 갖게 됩니다.

```rust
use std::collections::HashSet;

fn main() {
    let many_numbers = vec![
        94, 42, 59, 64, 32, 22, 38, 5, 59, 49, 15, 89, 74, 29, 14, 68, 82, 80, 56,
        41, 36, 81, 66, 51, 58, 34, 59, 44, 19, 93, 28, 33, 18, 46, 61, 76, 14, 87,
        84, 73, 71, 29, 94, 10, 35, 20, 35, 80, 8, 43, 79, 25, 60, 26, 11, 37, 94,
        32, 90, 51, 11, 28, 76, 16, 63, 95, 13, 60, 59, 96, 95, 55, 92, 28, 3, 17,
        91, 36, 20, 24, 0, 86, 82, 58, 93, 68, 54, 80, 56, 22, 67, 82, 58, 64, 80,
        16, 61, 57, 14, 11];

    let mut number_hashset = HashSet::new();

    for number in many_numbers {
        number_hashset.insert(number);
    }

    let hashset_length = number_hashset.len();
    // .len()은 얼마나 많은 수가 있는지 알려 줍니다.

    println!("There are {} unique numbers, so we are missing {}.", hashset_length,
            100 - hashset_length);

    // 우리가 놓친 숫자를 살펴봅시다.
    let mut missing_vec = vec![];
    for number in 0..100 {
        if number_hashset.get(&number).is_none() { // .get()이 None을 반환하는 경우
            missing_vec.push(number);
        }
    }

    print!("It does not contain: ");
    for number in missing_vec {
        print!("{number} ");
    }
}
```

다음이 출력됩니다.

```
There are 66 unique numbers, so we are missing 34.
It does not contain: 1 2 4 6 7 9 12 21 23 27 30 31 39 40 45 47 48 50 52 53 62 65 69
70 72 75 77 78 83 85 88 97 98 99
```

BTreeSet과 HashSet의 관계는 BTreeMap과 HashMap의 관계와 유사합니다. HashSet의 각 항목을 출력하면 순서가 어떻게 될지 알 수 없습니다.

```
for entry in number_hashset { // 🖋
    print!("{} ", entry);
}
```

아마도 다음과 같이 출력될 것입니다.

```
67 28 42 25 95 59 87 11 5 81 64 34 8 15 13 86 10 89 63 93 49 41 46 57 60 29 17 22
74 43 32 38 36 76 71 18 14 84 61 16 35 90 56 54 91 19 94 44 3 0 68 80 51 92 24 20
82 26 58 33 55 96 37 66 79 73
```

그러나 다시 시도하면 같은 내용을 출력하지 않습니다.

여기에서도 정렬이 필요하다고 판단되면 HashSet을 BTreeSet으로 쉽게 변경할 수 있습니다. 예제 코드에서는 HashSet에서 BTreeSet으로 전환하려면 두 가지만 변경하면 됩니다.

```rust
use std::collections::BTreeSet; // HashSet을 BTreeSet으로 변경

fn main() {
    let many_numbers = vec![
        94, 42, 59, 64, 32, 22, 38, 5, 59, 49, 15, 89, 74, 29, 14, 68, 82, 80, 56,
        41, 36, 81, 66, 51, 58, 34, 59, 44, 19, 93, 28, 33, 18, 46, 61, 76, 14, 87,
        84, 73, 71, 29, 94, 10, 35, 20, 5, 80, 8, 43, 79, 25, 60, 26, 11, 37, 94,
        32, 90, 51, 11, 28, 76, 16, 63, 95, 13, 60, 59, 96, 95, 55, 92, 28, 3, 17,
        91, 36, 20, 24, 0, 86, 82, 58, 93, 68, 54, 80, 56, 22, 67, 82, 58, 64, 80,
        16, 61, 57, 14, 11];

    let mut number_btreeset = BTreeSet::new(); // HashSet을 BTreeSet으로 변경

    for number in many_numbers {
        number_btreeset.insert(number);
    }
    for entry in number_btreeset {
        print!("{entry} ");
    }
}
```

이제 순서대로 출력됩니다.

```
0 3 5 8 10 11 13 14 15 16 17 18 19 20 22 24 25 26 28 29 32 33 34 35 36 37 38 41 42
43 44 46 49 51 54 55 56 57 58 59 60 61 63 64 66 67 68 71 73 74 76 79 80 81 82 84 86
87 89 90 91 92 93 94 95 96
```

5.1.3 BinaryHeap

BinaryHeap은 특이한 형태의 컬렉션 타입입니다. 완전한 정렬 상태는 아니지만 부분적인 순서를 유지하는데, 가장 큰 값을 맨 앞에 위치시키고 나머지 값들은 임의의 순서로 저장된다는 특징이 있습니다.

이번 예시에는 더 작은 항목 목록을 사용하겠습니다.

```rust
use std::collections::BinaryHeap;

fn show_remainder(input: &BinaryHeap<i32>) -> Vec<i32> {
    // 이 함수는 BinaryHeap의 나머지를 보여 줍니다. 실제로 이터레이터는
    // 함수보다 빠릅니다. 이터레이터는 나중에 배울 것입니다.
    let mut remainder_vec = vec![];
    for number in input {
        remainder_vec.push(*number)
    }
    remainder_vec
}

fn main() {
    let many_numbers = vec![0, 5, 10, 15, 20, 25, 30]; // 숫자는 순서대로 되어 있습니다.

    let mut my_heap = BinaryHeap::new();

    for number in many_numbers {
        my_heap.push(number);
    }

    while let Some(number) = my_heap.pop() {
        // .pop()은 힙에서 숫자를 꺼내 Some(숫자)을 반환하고,
        // 비어 있으면 None을 반환합니다.
```

```
        println!("Popped off {number}. Remaining numbers are: {:?}",
                show_remainder(&my_heap));
    }
}
```

다음이 출력됩니다.

```
Popped off 30. Remaining numbers are: [25, 15, 20, 0, 10, 5]
Popped off 25. Remaining numbers are: [20, 15, 5, 0, 10]
Popped off 20. Remaining numbers are: [15, 10, 5, 0]
Popped off 15. Remaining numbers are: [10, 0, 5]
Popped off 10. Remaining numbers are: [5, 0]
Popped off 5. Remaining numbers are: [0]
Popped off 0. Remaining numbers are: []
```

0번 인덱스의 숫자가 항상 가장 큰 것을 볼 수 있습니다. 25, 20, 15, 10, 5, 그다음이 0입니다. 하지만 다른 인덱스는 모두 다릅니다.

BinaryHeap을 사용하는 좋은 예시는 할 일 모음입니다. 다음 예제에서는 BinaryHeap<(u8, &str)>을 생성합니다. 여기서 u8은 작업의 중요도를 나타내는 숫자입니다. &str은 수행할 작업에 관한 설명입니다.

```rust
use std::collections::BinaryHeap;

fn main() {
    let mut jobs = BinaryHeap::new();

    // 하루 종일 할 일 추가
    jobs.push((100, "Write back to email from the CEO"));
    jobs.push((80, "Finish the report today"));
    jobs.push((5, "Watch some YouTube"));
    jobs.push((70, "Tell your team members thanks for always working hard"));
    jobs.push((30, "Plan who to hire next for the team"));

    while let Some(job) = jobs.pop() {
        println!("You need to: {}", job.1);
    }
}
```

항상 다음 순서로 출력됩니다.

```
You need to: Write back to email from the CEO
You need to: Finish the report today
You need to: Tell your team members thanks for always working hard
You need to: Plan who to hire next for the team
You need to: Watch some YouTube
```

5.1.4 VecDeque

VecDeque는 앞쪽과 뒤쪽 모두에서 항목을 꺼내는 데 능숙한 벡터입니다. 벡터는 뒤쪽(마지막 항목)에서 꺼내오는 데는 적합하지만, 앞쪽에서는 그렇지 않으므로 러스트에서 **VecDeque**가 제공됩니다. Vec에서 .pop()을 사용하면 오른쪽의 마지막 항목만 제거되고 다른 항목은 이동되지 않습니다. 하지만 마지막 부분이 아닌 다른 부분에서 떼어내면 오른쪽에 있는 모든 항목이 왼쪽으로 한 위치씩 이동합니다. .remove()에 관한 문서[2]에서 이를 확인할 수 있습니다.

```
Removes and returns the element at position index within the vector, shifting all
elements after it to the left.
```

다음 0번째 인덱스를 제거해 보겠습니다.

```
fn main() {
    let mut my_vec = vec![9, 8, 7, 6, 5];
    my_vec.remove(0);
    println!("{:?}", my_vec);
}
```

인덱스 1의 8은 인덱스 0으로 이동하고 인덱스 2의 7은 인덱스 1로 이동하는 식입니다. 자동차 한 대가 떠날 때마다 오른쪽에 있는 모든 자동차가 왼쪽으로 움직여야 하는 큰 주차장을 상상해 보세요.

이는 컴퓨터에 상당한 부담이 되는 작업입니다. 플레이그라운드에서 실행하면 작업량이 너무

---

2 옮긴이_ https://doc.rust-lang.org/std/collections/struct.VecDeque.html#method.remove

많아서 실행을 중단할 가능성이 높습니다.

```
fn main() {
    let mut my_vec = vec![0; 600_000];
    for i in 0..600000 {
        my_vec.remove(0);
    }
}
```

예제의 Vec에는 0이 600,000개 있습니다. remove(0)을 사용할 때마다 각 0이 왼쪽으로 한 칸씩 이동합니다. 이 작업을 600,000번 실행합니다.

VecDeque를 사용하면 이런 동작을 걱정할 필요가 없습니다. VecDeque는 링 버퍼^{ring buffer}를 사용해서 이를 효율적으로 수행합니다. 일반적으로 Vec보다 약간 느리지만, 양쪽 끝에서 작업을 수행해야 할 때는 링 버퍼 덕분에 작업이 훨씬 빠릅니다. Vec을 VecDeque::from으로 변환해 쉽게 생성할 수 있습니다. 앞서 작성한 코드를 다음과 같이 변경했습니다.

```
use std::collections::VecDeque;

fn main() {
    let mut my_vec = VecDeque::from(vec![0; 600000]);
    for i in 0..600000 {
        my_vec.pop_front(); // pop_front는 .pop과 비슷하지만 앞에서 꺼내는 용도입니다.
    }
}
```

이제 훨씬 빨라졌으며 러스트 플레이그라운드가 실행을 포기하지 않고 1초 이내에 실행을 완료합니다.

다음 예제에는 할 일 모음이 있는 Vec이 있습니다. VecDeque를 만들고 .push_front()를 사용해 맨 앞에 배치하므로 추가한 첫 번째 항목이 오른쪽에 있게 됩니다. 그러나 우리가 밀어 넣는 각 항목은 (&str, bool)입니다. &str은 설명이고 false는 아직 완료되지 않았음을 의미합니다. done() 함수를 사용해 뒤에서 항목을 꺼내지만, 삭제하지는 않습니다. 대신 false를 true로 변경하고 항목을 유지할 수 있도록 앞쪽으로 밀어 넣습니다.

코드는 다음과 같습니다.

```rust
use std::collections::VecDeque;

fn check_remaining(input: &VecDeque<(&str, bool)>) { // 각 항목은 (&str, bool)
    for item in input {
        if item.1 == false {
            println!("You must: {}", item.0);
        }
    }
}

fn done(input: &mut VecDeque<(&str, bool)>) {
    let mut task_done = input.pop_back().unwrap(); // 뒤쪽에서 꺼냅니다.
    task_done.1 = true; // '완료'를 의미하는 true로 변경합니다.
    input.push_front(task_done); // 앞쪽에 밀어 넣습니다.
}

fn main() {
    let mut my_vecdeque = VecDeque::new();
    let things_to_do = vec!["send email to customer", "add new product to list",
                            "phone Loki back"];

    for thing in things_to_do {
        my_vecdeque.push_front((thing, false));
    }

    done(&mut my_vecdeque);
    done(&mut my_vecdeque);

    check_remaining(&my_vecdeque);

    for task in my_vecdeque {
        print!("{task:?} ");
    }
}
```

다음이 출력됩니다.

```
You must: phone Loki back
("add new product to list", true) ("send email to customer", true) ("phone Loki
back", false)
```

5.2 ? 연산자

Result(및 Option)를 처리하는 더 짧은 방법이 있습니다. match와 if let보다도 더 짧습니다. 그 방법은 바로 물음표 연산자(?)입니다. 결과를 반환하는 함수 뒤에 ?를 추가할 수 있습니다. 물음표 연산자의 특징은 다음과 같습니다.

- Ok면 Result 안에 있는 내용을 제공합니다.
- Err이면 오류를 다시 전달합니다(이를 조기 반환early return이라고 함).

즉, 거의 모든 작업을 수행합니다.

.parse()와 함께 물음표 연산자를 사용해 보겠습니다. &str을 i32로 바꾸는 parse_str이라는 함수를 쓸 것입니다. 다음과 같습니다.

```
use std::num::ParseIntError;

fn parse_str(input: &str) -> Result<i32, ParseIntError> {
    let parsed_number = input.parse::<i32>()?; // 여기에 물음표가 있습니다.
    Ok(parsed_number)
}

fn main() {}
```

이 함수는 &str을 사용합니다. parse::<i32>() 결과가 Ok면 Ok로 감싼 i32를 제공합니다. Err라면 ParseIntError를 반환하고 함수를 종료합니다. 따라서 숫자를 해석하려고 할 때 ?를 추가합니다. 즉, '오류인지 확인하고 정상이면 Result 안에 있는 내용을 제공한다'는 의미입니다. 정상이 아니면 오류를 반환하고 함수를 종료하지만, 정상이라면 다음 줄로 넘어갑니다. 다음 줄에는 Ok() 내부의 숫자가 있습니다. 반환값이 i32가 아니라 Result<i32, ParseIntError>이므로 Ok로 래핑해야 합니다.

물론 함수 내에서 i32를 사용하고 반환하지 않을 수도 있습니다. 그러면 반환 타입은 Result<(), ParseIntError>가 되고 마지막 줄은 Ok(())가 됩니다.

이제 기능을 사용해 볼 수 있습니다. &str의 vec으로 무엇을 하는지 살펴보겠습니다.

```rust
fn parse_str(input: &str) -> Result<i32, std::num::ParseIntError> {
    let parsed_number = input.parse::<i32>()?;
    Ok(parsed_number)
}

fn main() {
    let str_vec = vec!["Seven", "8", "9.0", "nice", "6060"];
    for item in str_vec {
        let parsed = parse_str(item);
        println!("{parsed:?}");
    }
}
```

다음이 출력됩니다.

```
Err(ParseIntError { kind: InvalidDigit })
Ok(8)
Err(ParseIntError { kind: InvalidDigit })
Err(ParseIntError { kind: InvalidDigit })
Ok(6060)
```

std::num::ParseIntError를 어떻게 찾았을까요? 쉬운 방법 중 하나는 컴파일러에 다시 '물어보는' 것입니다.

```rust
fn main() {
    let failure = "Not a number".parse::<i32>();
    failure.rbrbrb(); // ⚠ 컴파일러: 'rbrbrb()가 무엇인가요???'
}
```

컴파일러는 이해하지 못하고 다음과 같이 알려 줍니다.

```
error[E0599]: no method named `rbrbrb` found for enum `std::result::Result<i32,
std::num::ParseIntError>` in the current scope
 --> src\main.rs:3:13
  |
3 |     failure.rbrbrb();
  |             ^^^^^^ method not found in `std::result::Result<i32,
std::num::ParseIntError>`
```

따라서 std::result::Result<i32, std::num::ParseIntError>는 프로그램에 꼭 필요한 시그니처^{signature}입니다.

만약 다른 오류 타입을 반환하는 메서드에 대해 두 개의 위치에서 ?를 사용하면 어떻게 될까요? 러스트의 함수는 매번 동일한 타입을 반환해야 하므로 문제가 됩니다. 이 문제를 처리하는 방법은 조금 뒤 배울 것입니다.

Result는 기본적으로 '스코프 내'에 포함되어 있어서 std::result::Result와 같이 전체 경로를 명시할 필요가 없습니다. 여기서 스코프 내에 있다는 것은 즉시 사용 가능한 상태라는 의미입니다. 러스트는 개발자의 편의를 위해 자주 사용되는 타입들을 미리 포함시켜 두어서 std::result::Result나 std::collections::Vec 같은 긴 경로를 일일이 입력하지 않아도 됩니다.

아직 파일 처리와 같은 작업을 다루지 않았기 때문에 ? 연산자의 유용성이 잘 와닿지 않을 수 있습니다. 하지만 간단한 예제를 통해 한 줄에서 이 연산자를 어떻게 사용하는지 살펴보겠습니다. 단순히 .parse()로 i32를 만드는 대신, 좀 더 복잡한 변환 과정을 거쳐보겠습니다. u16을 String으로 만든 다음 u32로 바꾸고, u32를 String으로 바꾸고 마지막으로 i32로 바꿉니다.

```rust
use std::num::ParseIntError;

fn parse_str(input: &str) -> Result<i32, ParseIntError> {
    let parsed_number = input.parse::<u16>()?.to_string().parse::<u32>()?
        .to_string().parse::<i32>()?;
    // ?를 추가해 매번 값을 확인하고 전달합니다.
    Ok(parsed_number)
}

fn main() {
    let str_vec = vec!["Seven", "8", "9.0", "nice", "6060"];
    for item in str_vec {
        let parsed = parse_str(item);
        println!("{parsed:?}");
    }
}
```

이 코드는 같은 내용을 출력하지만 이번에는 한 줄에서 세 개의 Result를 처리했습니다. 나중에 파일로 이 작업을 수행할 것입니다. 파일을 사용할 때는 많은 일이 잘못될 수 있어서 항상

Result를 반환하기 때문입니다.

파일을 열고, 쓰고, 닫으려 하는 상황을 생각해 보세요. 먼저 파일을 성공적으로 찾아야 합니다(이 작업의 결과는 Result입니다). 그런 다음 성공적으로 써야 합니다(이 작업의 결과도 Result입니다). ?를 사용하면 한 줄에 이를 수행할 수 있습니다.

5.3 패닉과 unwrap이 유용한 경우

러스트에는 패닉을 만드는 데 사용하는 panic! 매크로가 있습니다. 사용하기 쉽습니다.

```
fn main() {
    panic!();
}
```

다음과 같은 메시지로도 패닉을 발생시킬 수 있습니다.

```
fn main() {
    panic!("Time to panic!");
}
```

프로그램을 실행할 때 "Time to panic!" 메시지가 표시됩니다.

```
thread 'main' panicked at 'Time to panic!', src\main.rs:2:3
```

src\main.rs는 디렉터리 및 파일 이름이고 2:3은 행과 열 번호임을 기억할 것입니다. 이 정보를 사용해 코드를 찾아 수정할 수 있습니다.

panic!은 변경 사항이 있을 때 이를 확인하는 데 사용하기에 좋은 매크로입니다. 예를 들어 다음 예제의 prints_three_things라는 함수는 항상 벡터에서 인덱스 [0], [1], [2]를 출력합니다. 항상 세 가지 항목이 있는 벡터를 제공하면 문제없이 실행됩니다.

```
fn prints_three_things(vector: Vec<i32>) {
    println!("{}, {}, {}", vector[0], vector[1], vector[2]);
```

```
    }

fn main() {
    let my_vec = vec![8, 9, 10];
    prints_three_things(my_vec);
}
```

정상적으로 8, 9, 10을 출력합니다.

그러나 나중에 my_vec에 항목을 세 개 넣어야 한다는 사실을 잊어버렸다고 생각해 보세요. 다음 코드의 my_vec에는 항목이 6개 있습니다.

```
fn prints_three_things(vector: Vec<i32>) {
  println!("{}, {}, {}", vector[0], vector[1], vector[2]);
}

fn main() {
  let my_vec = vec![8, 9, 10, 10, 55, 99]; // 이제 my_vec에는 항목이 6개 있습니다.
  prints_three_things(my_vec);
}
```

[0], [1], [2]가 모두 더 긴 벡터 안에 있으므로 오류가 발생하지 않습니다. 하지만 항목이 꼭 세 개만 있어야 하는 상황이라면 어떨까요? 프로그램에서 패닉이 발생하지 않기 때문에 문제가 있음을 알 수 없습니다. 코드를 다음과 같이 수정해 봅시다.

```
fn prints_three_things(vector: Vec<i32>) {
    if vector.len() != 3 {
        panic!("my_vec must always have three items")
        // 길이가 3이 아니면 패닉을 발생시킵니다.
    }
    println!("{}, {}, {}", vector[0], vector[1], vector[2]);
}

fn main() {
    let my_vec = vec![8, 9, 10];
    prints_three_things(my_vec);
}
```

이제 벡터에 여섯 개의 항목이 있으면 패닉이 발생하며 컴파일러 메시지를 보고 상황을 파악할 수 있습니다.

```rust
// ⚠
fn prints_three_things(vector: Vec<i32>) {
    if vector.len() != 3 {
        panic!("my_vec must always have three items")
    }
    println!("{}, {}, {}", vector[0], vector[1], vector[2]);
}

fn main() {
    let my_vec = vec![8, 9, 10, 10, 55, 99];
    prints_three_things(my_vec);
}
```

다음을 출력합니다.

```
thread 'main' panicked at 'my_vec must always have three items', src\main.rs:8:9
```

panic! 덕분에 이제 my_vec에는 세 개 항목만 있어야 함을 상기시킬 수 있습니다. 따라서 panic!은 코드에서 리마인더를 만드는 데 유용한 매크로입니다.

테스트에서 많이 사용하는 panic!과 유사한 매크로가 세 개 더 있습니다. assert!, assert_eq!, assert_ne!입니다. 의미는 다음과 같습니다.

- **assert!()**: () 안의 부분이 true가 아니면 패닉을 발생시킵니다.

- **assert_eq!()**: () 안의 두 항목은 같아야 하며, 다르면 패닉을 발생시킵니다.

- **assert_ne!()**: () 안의 두 항목은 같지 않아야 하며, 같으면 패닉을 발생시킵니다('ne'는 'not equal'의 약자임).

몇 가지 예를 살펴보겠습니다.

```rust
fn main() {
    let my_name = "Loki Laufeyson";

    assert!(my_name == "Loki Laufeyson");
    assert_eq!(my_name, "Loki Laufeyson");
    assert_ne!(my_name, "Mithridates");
}
```

세 개의 **assert** 매크로가 모두 조건을 만족하므로 아무런 동작도 하지 않습니다.

원한다면 메시지를 추가할 수도 있습니다.

```
fn main() {
    let my_name = "Loki Laufeyson";

    assert!(
        my_name == "Loki Laufeyson",
        "{my_name} should be Loki Laufeyson"
    );
    assert_eq!(
        my_name, "Loki Laufeyson",
        "{my_name} and Loki Laufeyson should be equal"
    );
    assert_ne!(
        my_name, "Mithridates",
        "You entered {my_name}. Input must not equal Mithridates"
    );
}
```

이 메시지는 프로그램 패닉이 발생할 때만 표시됩니다.

```
fn main() {
    let my_name = "Mithridates";

    assert_ne!(
        my_name, "Mithridates",
        "You entered {my_name}. Input must not equal Mithridates"
    );
}
```

이 프로그램을 실행하면 다음이 표시됩니다.

```
thread 'main' panicked at 'assertion failed: `(left != right)`
  left: `"Mithridates"`,
 right: `"Mithridates"`: You entered Mithridates. Input must not equal
Mithridates', src\main.rs:4:5
```

이는 'left와 right이 다르다고 예상했지만, 실제로는 같다'는 것을 알려 줍니다. 그리고 우리가 설정한 메시지 You entered Mithridates. Input must not equal Mithridates가 함께 출력됩니다.

unwrap은 프로그램 실행 시 문제가 있으면 프로그램이 충돌하기를 원할 때도 좋습니다. 나중에 코드가 완성되면 unwrap을 충돌하지 않는 다른 것으로 변경하는 편이 좋습니다(고객은 사용하는 동안 프로그램이 패닉 상태가 되기를 원하지 않습니다).

expect를 사용할 수도 있습니다. unwrap과 비슷하지만, 자신만의 메시지를 주기 때문에 조금 더 좋습니다. 대부분의 교재에서는 '.unwrap()을 자주 사용한다면, 적어도 더 명확한 오류 메시지를 주는 .expect()를 사용하는 편이 좋습니다'라고 설명합니다.

다음은 충돌이 발생하는 코드입니다.

```
// ⚠
fn get_fourth(input: &Vec<i32>) -> i32 {
    let fourth = input.get(3).unwrap();
    *fourth
}

fn main() {
    let my_vec = vec![9, 0, 10];
    let fourth = get_fourth(&my_vec);
}
```

오류 메시지는 다음과 같습니다.

```
thread 'main' panicked at 'called Option::unwrap() on a None value', src\main.rs:7:18
```

이제 expect를 사용해 오류 메시지를 남겨 보겠습니다.

```
// ⚠
fn get_fourth(input: &Vec<i32>) -> i32 {
    let fourth = input.get(3).expect("Input vector needs at least 4 items");
    *fourth
}

fn main() {
    let my_vec = vec![9, 0, 10];
```

```
    let fourth = get_fourth(&my_vec);
}
```

다시 충돌하지만, 이전보다 오류 메시지가 더 낫습니다.

```
thread 'main' panicked at 'Input vector needs at least 4 items', src\main.rs:7:18
```

.expect()는 이런 특징 덕분에 .unwrap()보다 약간 낫지만 None에서는 여전히 패닉 상태가
됩니다.

이제 좋지 않은 사례를 보여드리겠습니다. unwrap을 두 번 시도하는 함수입니다. 이 함수는
Vec<Option<i32>>를 사용하므로 각 요소에는 Some<i32>나 None이 있을 수 있습니다.

```
fn try_two_unwraps(input: Vec<Option<i32>>) {
    println!("Index 0 is: {}", input[0].unwrap());
    println!("Index 1 is: {}", input[1].unwrap());
}

fn main() {
    let vector = vec![None, Some(1000)]; // 이 벡터에는 None이 있으므로
                                         // 패닉 상태가 됩니다.
    try_two_unwraps(vector);
}
```

메시지는 다음과 같습니다.

```
thread 'main' panicked at 'called `Option::unwrap()` on a `None` value', src\main.
rs:2:32
```

행을 확인하기 전에는 첫 번째 .unwrap()인지 두 번째 .unwrap()인지 확실하지 않습니다.
벡터의 길이를 먼저 확인하고 언래핑을 피하는 것이 더 바람직한 방법이지만, .expect()를 사
용하면 최소한 오류의 원인을 조금이나마 더 쉽게 파악할 수 있습니다.

다음은 .expect()를 사용한 예입니다.

```
fn try_two_unwraps(input: Vec<Option<i32>>) {
    println!("Index 0 is: {}", input[0].expect("The first unwrap had a None!"));
```

```
        println!("Index 1 is: {}", input[1].expect("The second unwrap had a None!"));
}

fn main() {
    let vector = vec![None, Some(1000)];
    try_two_unwraps(vector);
}
```

출력을 살펴보겠습니다.

```
thread 'main' panicked at 'The first unwrap had a None!', src\main.rs:2:32
```

조금 나아졌습니다. 줄 번호도 있으므로 문제를 찾을 수 있습니다.

None일 때 기본값을 제공하려면 unwrap_or를 사용할 수도 있습니다. 이렇게 하면 결코 패닉이 발생하지 않을 것입니다. 장단점은 다음과 같습니다.

- **장점**: 프로그램에 패닉이 발생하지 않기에 당황할 일도 없습니다.
- **단점**: 문제가 있을 때 프로그램의 상태가 의도적으로 패닉 상태가 되도록 하려면 좋지 않을 수 있습니다.

그러나 일반적으로 프로그램이 패닉 상태가 되기를 원하지 않으므로 unwrap_or를 사용하는 편이 좋습니다.

```
fn main() {
    let my_vec = vec![8, 9, 10];

    let fourth = my_vec.get(3).unwrap_or(&0);
    // .get이 동작하지 않으면 값을 &0으로 만듭니다.
    // .get은 참조를 반환하므로 0이 아닌 &0이 필요합니다.
    // fourth를 참조가 아닌 값으로 사용하고 싶다면 "let *fourth"와 같이 역참조할
    // 수 있습니다. 하지만 단순 출력이므로 여기서는 역참조가 필요하지 않습니다.
    println!("{fourth}");
}
```

.unwrap_or(&0)이 None일 때도 0을 제공하므로 0을 출력합니다. 따라서 unwrap_or(&0)에서는 결코 패닉이 발생하지 않을 것입니다.

CHAPTER 6

트레이트

6.1 트레이트 기초

앞에서 트레이트를 본 적이 있습니다. **Debug, Copy, Clone**은 모두 트레이트입니다. 트레이트
는 타입에 부여되는 특별한 능력이라고 생각하면 이해하기 쉽습니다. 타입에 트레이트가 있으
면 이전에는 할 수 없었던 일을 할 수 있습니다.

타입에 트레이트를 부여하려면 이를 구현해야 합니다. **Debug**와 같은 트레이트는 매우 일반
적이라서 자동으로 구현해 주는 속성이 있습니다. 예를 들어 #[derive(Debug)]를 작성하면
Debug를 자동으로 구현해 줍니다.

```
#[derive(Debug)]
struct MyStruct {
    number: usize,
}

fn main() {}
```

하지만 다른 트레이트는 더 어렵기 때문에 impl을 사용해 수동으로 구현해야 합니다. 예를 들
어 Add(std::ops::Add에 있음)는 두 가지를 더하는 데 사용합니다. 그러나 러스트는 우리가
어떻게 더하고 싶은지 추측할 수 없으므로 직접 알려 줘야 합니다.

```
struct ThingsToAdd {
    first_thing: u32,
    second_thing: f32,
}

fn main() {}
```

first_thing과 second_thing을 더할 수 있지만, 더 많은 정보를 제공해야 합니다. f32를 원한다면 다음과 같이 쓰면 됩니다.

```
// 🎬
let result = self.second_thing + self.first_thing as f32
```

하지만 다음과 같이 정수를 원할 수도 있습니다.

```
// 🎬
let result = self.second_thing as u32 + self.first_thing
```

아니면 그냥 self.second_thing 옆에 self.first_thing을 나란히 놓고 싶다고 알려 주고 싶을 수도 있습니다. 예를 들어 33.4에 55를 더하면 (88.4가 아니라) 5533.4를 결과로 보고 싶습니다. 결과는 무엇이든 될 수 있으므로 구체적이어야 합니다.

먼저 트레이트를 만드는 방법을 살펴보겠습니다. 트레이트를 다룰 때는 트레이트가 행동에 관한 것임을 꼭 기억해야 합니다. 트레이트를 만들려면 **trait**라고 쓰고 함수를 만드세요.

```
struct Animal { // 간단한 구조체. Animal(동물)에는 name만 있습니다.
    name: String,
}

trait Dog { // Dog(개) 트레이트는 몇 가지 기능을 제공합니다.
    fn bark(&self) { // 개는 짖을 수 있습니다.
        println!("Woof woof!");
    }
    fn run(&self) { // 그리고 개는 달릴 수 있습니다.
        println!("The dog is running!");
    }
}
```

```
impl Dog for Animal {} // 이제 Animal은 Dog 트레이트를 가집니다.

fn main() {
    let rover = Animal {
        name: "Rover".to_string(),
    };

    rover.bark(); // 이제 Animal은 bark()를 사용할 수 있습니다.
    rover.run();  // 그리고 run()을 사용할 수 있습니다.
}
```

이 코드에서 The dog is running!을 출력하고 싶지 않을 수도 있습니다. 원한다면 trait가
제공하는 방법을 변경할 수 있지만 동일한 시그니처가 있어야 합니다. 즉, 동일한 항목을 가져
와서 동일한 항목을 반환해야 합니다. 예를 들어 .run() 메서드를 변경할 수 있지만 본래의 시
그니처를 따라야 합니다. 시그니처 내용은 다음과 같습니다.

```
// 🚧
fn run(&self) {
    println!("The dog is running!");
}
```

fn run(&self)는 'fn run()은 &self를 취하고 아무것도 반환하지 않음'을 의미합니다. 그
래서 여러분은 다음과 같이 할 수 없습니다.

```
fn run(&self) -> i32 { // ⚠
    5
}
```

러스트는 다음과 같이 알려 줄 것입니다.

```
= note: expected fn pointer `fn(&Animal)`
           found fn pointer `fn(&Animal) -> i32`
```

하지만 다음과 같이 할 수 있습니다.

```rust
struct Animal { // 간단한 구조체. Animal에는 name만 있습니다.
    name: String,
}

trait Dog { // Dog 트레이트는 일부 기능을 제공합니다.
    fn bark(&self) { // 개는 짖을 수 있습니다.
        println!("Woof woof!");
    }
    fn run(&self) { // 그리고 개는 달릴 수 있습니다.
        println!("The dog is running!");
    }
}

impl Dog for Animal {
    fn run(&self) {
        println!("{} is running!", self.name);
    }
}

fn main() {
    let rover = Animal {
        name: "Rover".to_string(),
    };

    rover.bark();
    rover.run();
}
```

이제 Woof woof! Rover is running!이 출력됩니다. 이는 트레이트에서 정의한 대로 ()
(유닛 타입)을 반환하므로 문제없이 작동합니다.

트레이트를 만들 때 함수 시그니처만 쓸 수도 있습니다(실제로 트레이트는 대부분의 함수를
이렇게 만듭니다). 하지만 이렇게 하면 프로그래머가 함수를 만들어야 합니다. 시도해 봅시다.
이제 bark()와 run()을 fn bark(&self);와 fn run(&self);로 변경합니다. 이는 완전한
함수가 아니므로 Dog를 구현할 때 직접 만들어야 합니다.

```rust
struct Animal {
    name: String,
}

trait Dog {
```

```
        fn bark(&self); // bark()는 &self가 필요하며 아무것도 반환하지 않는다고 합니다.
        fn run(&self); // run()은 &self가 필요하고 아무것도 반환하지 않는다고 합니다.
        // 이제 직접 만들어야 합니다.
    }


    impl Dog for Animal {
        fn bark(&self) {
            println!("{}, stop barking!!", self.name);
        }
        fn run(&self) {
            println!("{} is running!", self.name);
        }
    }


    fn main() {
        let rover = Animal {
            name: "Rover".to_string(),
        };

        rover.bark();
        rover.run();
    }
```

트레이트를 설계할 때는 '어떤 함수를 트레이트에서 직접 구현하고, 어떤 함수를 사용자가 구현하도록 할 것인가?'를 고려해야 합니다. 모든 상황에서 동일하게 동작해야 하는 함수는 트레이트에서 직접 구현하고, 상황에 따라 다르게 동작해야 하는 함수는 시그니처만 정의해 사용자가 구현하도록 합니다.

이제 구조체에 `Display` 트레이트를 구현해 봅시다. 먼저 간단한 구조체를 만듭니다.

```
    struct Cat {
        name: String,
        age: u8,
    }


    fn main() {
        let mr_mantle = Cat {
            name: "Reggie Mantle".to_string(),
            age: 4,
        };
    }
```

이제 mr_mantle을 출력하려고 합니다. Debug는 파생하기 쉽습니다.

```
#[derive(Debug)]
struct Cat {
    name: String,
    age: u8,
}

fn main() {
    let mr_mantle = Cat {
        name: "Reggie Mantle".to_string(),
        age: 4,
    };

    println!("Mr. Mantle is a {mr_mantle:?}");
}
```

하지만 Debug 출력은 다음과 같으므로 그리 보기 좋지 않습니다.

```
Mr. Mantle is a Cat { name: "Reggie Mantle", age: 4 }
```

따라서 더 좋은 출력을 원하면 Cat에 대해 Display를 구현해야 합니다. Display 문서[1]에서 Display에 관한 정보와 함께 다음과 같은 예를 볼 수 있습니다.

```
use std::fmt;

struct Position {
    longitude: f32,
    latitude: f32,
}

impl fmt::Display for Position {
    fn fmt(&self, f: &mut fmt::Formatter<'_>) -> fmt::Result {
        write!(f, "({}, {})", self.longitude, self.latitude)
    }
}

fn main() {}
```

1　https://doc.rust-lang.org/std/fmt/trait.Display.html

<'_>와 f가 수행하는 작업과 같이 아직 이해하지 못하는 부분이 있습니다. 그러나 Position 구조체는 이해합니다. 단지 두 개의 f32 타입이 있을 뿐입니다. 또한 self.longitude와 self.latitude가 구조체의 필드임을 이해합니다. 따라서 self.name 및 self.age와 함께 이 코드를 구조체에 사용할 수 있습니다. 또한 write!는 println!과 매우 유사해 꽤 친숙한 방법으로 보입니다. 그럼, 약간 변경해 보겠습니다.

```rust
use std::fmt;

struct Cat {
    name: String,
    age: u8,
}

impl fmt::Display for Cat {
    fn fmt(&self, f: &mut fmt::Formatter<'_>) -> fmt::Result {
        write!(f, "{} is a cat who is {} years old.", self.name, self.age)
    }
}

fn main() {}
```

fn main()을 추가해 봅시다. 이제 코드는 다음과 같습니다.

```rust
use std::fmt;

struct Cat {
    name: String,
    age: u8,
}

impl fmt::Display for Cat {
  fn fmt(&self, f: &mut fmt::Formatter<'_>) -> fmt::Result {
      write!(f, "{} is a cat who is {} years old.", self.name, self.age)
  }
}

fn main() {
    let mr_mantle = Cat {
        name: "Reggie Mantle".to_string(),
        age: 4,
```

```
    };

    println!("{mr_mantle}");
}
```

성공했습니다! 이제 {}를 사용해 출력하면 Reggie Mantle is a cat who is 4 years old.
가 표시됩니다. 출력 결과가 전보다 훨씬 좋아 보입니다.

한편, Display를 구현하면 ToString 트레이트를 구현하지 않아도 얻게 됩니다. .to_str
ing()으로 String을 만드는 .fmt() 함수에서 format! 매크로를 사용하기 때문입니다. 그래
서 우리는 reggie_mantle을 String이나 다른 것을 원하는 함수에 전달하는 것과 같은 일을
할 수 있습니다.

```
use std::fmt;
struct Cat {
    name: String,
    age: u8,
}

impl fmt::Display for Cat {
    fn fmt(&self, f: &mut fmt::Formatter<'_>) -> fmt::Result {
        write!(f, "{} is a cat who is {} years old.", self.name, self.age)
    }
}

fn print_cats(pet: String) {
    println!("{pet}");
}

fn main() {
    let mr_mantle = Cat {
        name: "Reggie Mantle".to_string(),
        age: 4,
    };

    print_cats(mr_mantle.to_string()); // 여기에서 mr_mantle을 String으로 바꿉니다.
    println!("Mr. Mantle's String is {} letters long.", mr_mantle.to_string().
    chars().count()); // 여기에서 String을 char로 바꾸어 개수를 셉니다.
}
```

다음이 출력됩니다.

```
Reggie Mantle is a cat who is 4 years old.
Mr. Mantle's String is 42 letters long.
```

트레이트의 핵심은 어떤 것의 행동 방식을 정의한다는 점입니다. 구조체나 열거형은 어떻게 동작하나요? 뭘 할 수 있나요? 이것이 트레이트의 목적입니다. 지금까지 본 트레이트를 생각해보면 모두 행동에 관한 것입니다. Copy는 타입을 복사할 수 있음을, Display는 출력할 수 있음을 의미합니다. ToString이라는 트레이트는 타입을 String으로 변경할 수 있음을 나타냅니다. 예제의 Dog 트레이트에서 'Dog'라는 단어가 메서드를 의미하지는 않지만, 메서드가 일을 하도록 하는 몇 가지 방법을 제공합니다. 또한 구조체 Poodle이나 구조체 Beagle에 대해서도 트레이트를 구현할 수 있으며 이들은 Dog의 메서드를 얻습니다.

정확한 행동과 훨씬 더 관련이 있는 또 다른 예를 살펴보겠습니다. 간단한 캐릭터가 있는 판타지 게임을 상상해 봅시다. Monster(몬스터), Wizard(마법사), Ranger(레인저) 이렇게 세 캐릭터가 있습니다. Monster에는 다른 캐릭터가 공격할 수 있는 health(생명력) 속성만 있으며, 나머지 두 캐릭터에는 아직 속성을 정의하지 않았습니다. 여기에 두 가지 트레이트를 정의했는데, 하나는 근접 전투가 가능한 FightClose이고, 다른 하나는 원거리 전투가 가능한 FightFromDistance입니다. 이 중 FightFromDistance는 Ranger만 사용할 수 있습니다. 코드는 다음과 같습니다.

```rust
struct Monster {
    health: i32,
}

struct Wizard {}
struct Ranger {}

trait FightClose {
    fn attack_with_sword(&self, opponent: &mut Monster) {
        opponent.health -= 10;
        println!(
            "You attack with your sword. Your opponent now has {} health left.",
            opponent.health
        );
    }
```

```rust
    fn attack_with_hand(&self, opponent: &mut Monster) {
        opponent.health -= 2;
        println!(
            "You attack with your hand. Your opponent now has {} health left.",
            opponent.health
        );
    }
}
impl FightClose for Wizard {}
impl FightClose for Ranger {}

trait FightFromDistance {
    fn attack_with_bow(&self, opponent: &mut Monster, distance: u32) {
        if distance < 10 {
            opponent.health -= 10;
            println!(
                "You attack with your bow. Your opponent now has {} health left.",
                opponent.health
            );
        }
    }
    fn attack_with_rock(&self, opponent: &mut Monster, distance: u32) {
        if distance < 3 {
            opponent.health -= 4;
        }
        println!(
            "You attack with your rock. Your opponent now has {} health left.",
            opponent.health
        );
    }
}
impl FightFromDistance for Ranger {}

fn main() {
    let radagast = Wizard {};
    let aragorn = Ranger {};

    let mut uruk_hai = Monster { health: 40 };

    radagast.attack_with_sword(&mut uruk_hai);
    aragorn.attack_with_bow(&mut uruk_hai, 8);
}
```

다음이 출력됩니다.

```
You attack with your sword. Your opponent now has 30 health left.
You attack with your bow. Your opponent now has 20 health left.
```

우리는 항상 트레이트 내부에 **self**를 전달하지만, 지금은 이것으로 많은 일을 할 수 없습니다. 러스트는 어떤 타입이 그것을 사용할지 모르기 때문입니다. **Wizard**일 수도 있고, **Ranger**일 수도 있으며, **Toefocfgetobjtnode**라는 새로운 구조체일 수도 있습니다. 실제로, 지금까지 본 이러한 트레이트들은 일반 메서드로 구현하는 것이 더 적절합니다.

타입이 무엇이든 될 수 있다면 무엇을 할 수 있을까요? 어떤 타입이 트레이트를 사용할지에 관한 약간의 아이디어를 얻으면 좋을 것입니다.

여기 여러분이 할 수 있는 일이 있습니다. **self**에 기능을 제공하기 위해 트레이트에 필요한 트레이트를 추가할 수 있습니다. 예를 들어 **{:?}**로 출력하려면 **Debug**가 필요합니다. **:** (콜론) 뒤에 쓰기만 하면 트레이트에 추가할 수 있습니다. 코드는 다음과 같습니다.

```
struct Monster {
    health: i32,
}

#[derive(Debug)] // Wizard에 Debug를 추가하고,
struct Wizard {
    health: i32, // health를 추가했습니다.
}
#[derive(Debug)] // Ranger에도 추가했습니다.
struct Ranger {
    health: i32, // Ranger에도 추가했습니다.
}

trait FightClose: std::fmt::Debug {
    // 타입이 FightClose를 사용하려면 Debug가 필요합니다.
    fn attack_with_sword(&self, opponent: &mut Monster) {
        opponent.health -= 10;
        println!(
            "You attack with your sword. Your opponent now has {} health left. \
            You are now at: {:?}",
            // Debug가 있으므로 이제 {:?}로 self를 출력할 수 있습니다.
            opponent.health, &self
```

```rust
        );
    }
    fn attack_with_hand(&self, opponent: &mut Monster) {
        opponent.health -= 2;
        println!(
            "You attack with your hand. Your opponent now has {} health left. \
            You are now at: {:?}",
            opponent.health, &self
        );
    }
}
impl FightClose for Wizard {}
impl FightClose for Ranger {}

trait FightFromDistance: std::fmt::Debug {
    // FightClose는 Debug가 필요하기 때문에
    // FightFromDistance: FightClose 트레이트를 수행할 수도 있습니다.
    fn attack_with_bow(&self, opponent: &mut Monster, distance: u32) {
        if distance < 10 {
            opponent.health -= 10;
            println!(
                "You attack with your bow. Your opponent now has {} health left. \
                You are now at: {:?}",
                opponent.health, self
            );
        }
    }
    fn attack_with_rock(&self, opponent: &mut Monster, distance: u32) {
        if distance < 3 {
            opponent.health -= 4;
        }
        println!(
            "You attack with your rock. Your opponent now has {} health left. \
            You are now at: {:?}",
            opponent.health, self
        );
    }
}
impl FightFromDistance for Ranger {}

fn main() {
    let radagast = Wizard { health: 60 };
    let aragorn = Ranger { health: 80 };
```

```
    let mut uruk_hai = Monster { health: 40 };

    radagast.attack_with_sword(&mut uruk_hai);
    aragorn.attack_with_bow(&mut uruk_hai, 8);
}
```

다음이 출력됩니다.

```
You attack with your sword. Your opponent now has 30 health left. You are now at:
Wizard { health: 60 }
You attack with your bow. Your opponent now has 20 health left.  You are now at:
Ranger { health: 80 }
```

실제 게임에서는 You are now at: Wizard { health: 60 }가 어색해 보이므로 각 타입에
대해 트레이트를 다시 만드는 것이 더 나을 수 있습니다. 또는 Debug 대신 Display를 요구할
수도 있습니다. 그러나 트레이트 내부의 메서드가 일반적으로 간단한 이유는 어떤 타입이 구현
할지 모르기 때문입니다. 예를 들어 self.0 += 10과 같은 코드를 쓸 수 없습니다. 하지만 이
예는 우리가 만든 트레이트 내에서 다른 트레이트를 사용할 수 있고 도움이 된다는 사실을 보
여 줍니다.

트레이트를 사용하는 또 다른 방법은 트레이트 바운드trait bound라고 하며 '트레이트에 의한 제
한'을 의미합니다. 예를 들어 법정에 출석해야 하는데 fn argue_in_court() 함수를 수행할
수 있는 유능한 변호사가 필요하다고 상상해 보세요. 이 함수에 대한 바운드(제한)는 아마도
Lawyer(변호사)와 Experienced(숙련된)일 것입니다. 어떤 타입의 사람이든 이 두 가지 트
레이트가 있는 한 이 함수를 수행할 수 있습니다.

트레이트에는 실제로 어떤 메서드나 그 어떤 것도 필요하지 않으므로 트레이트 바운드는 쉽습
니다. 비슷하지만 조금 다르게 코드를 다시 써봅시다. 이번에는 트레이트에 메서드가 없지만
트레이트를 사용해야 하는 다른 기능이 있습니다.

```
use std::fmt::Debug;  // 이제 매번 std::fmt::Debug를 쓸 필요가 없습니다.

struct Monster {
    health: i32,
}
```

```rust
#[derive(Debug)]
struct Wizard {
    health: i32,
}
#[derive(Debug)]
struct Ranger {
    health: i32,
}

trait Magic{} // 이러한 트레이트에 대한 메서드가 없습니다.
              // 이들은 단지 트레이트 바운드입니다.
trait FightClose {}
trait FightFromDistance {}

impl FightClose for Ranger{} // 각 타입은 FightClose를 얻습니다.
impl FightClose for Wizard {}
impl FightFromDistance for Ranger{} // 그러나 Ranger만이 FightFromDistance를 얻습니다.
impl Magic for Wizard{}  // 오직 Wizard만이 Magic(마법)을 얻습니다.

fn attack_with_bow<T: FightFromDistance + Debug>(character: &T, opponent: &mut
Monster, distance: u32) {
    if distance < 10 {
        opponent.health -= 10;
        println!(
            "You attack with your bow. Your opponent now has {} health left. \
            You are now at: {:?}",
            opponent.health, character
        );
    }
}

fn attack_with_sword<T: FightClose + Debug>(character: &T, opponent: &mut Monster) {
    opponent.health -= 10;
    println!(
        "You attack with your sword. Your opponent now has {} health left. \
        You are now at: {:?}",
        opponent.health, character
    );
}

fn fireball<T: Magic + Debug>(character: &T, opponent: &mut Monster, distance: u32)
{
    if distance < 15 {
        opponent.health -= 20;
```

```
        println!("You raise your hands and cast a fireball!  \
                 Your opponent now has {} health left. You are now at: {:?}",
                 opponent.health, character);
    }
}

fn main() {
    let radagast = Wizard { health: 60 };
    let aragorn = Ranger { health: 80 };

    let mut uruk_hai = Monster { health: 40 };

    attack_with_sword(&radagast, &mut uruk_hai);
    attack_with_bow(&aragorn, &mut uruk_hai, 8);
    fireball(&radagast, &mut uruk_hai, 8);
}
```

이것은 거의 같은 내용을 출력합니다.

```
You attack with your sword. Your opponent now has 30 health left. You are now at:
Wizard { health: 60 }
You attack with your bow. Your opponent now has 20 health left.  You are now at:
Ranger { health: 80 }
You raise your hands and cast a fireball! Your opponent now has 0 health left. You
are now at: Wizard { health: 60 }
```

트레이트를 사용할 때 동일한 작업을 수행하는 여러 가지 방법이 있음을 배웠습니다. 이런 방법 중에서 무엇을 선택할지는 여러분이 만드는 프로그램에 가장 적합한 것이 무엇인지에 달려 있습니다.

이제 러스트에서 사용할 몇 가지 주요 트레이트를 구현하는 방법을 살펴보겠습니다.

6.2 From 트레이트

From은 사용하기에 매우 편리한 트레이트로, 이미 여러 번 봐서 익숙할 것입니다. From을 사용하면 &str에서 String으로 변환하는 등, 다양한 타입 간의 변환이 가능합니다. 예를 들어 벡터는 다음과 같을 때 From을 사용합니다.

```
From<&'_ [T]>
From<&'_ mut [T]>
From<&'_ str>
From<&'a Vec<T>>
From<[T; N]>
From<BinaryHeap<T>>
From<Box<[T]>>
From<CString>
From<Cow<'a, [T]>>
From<String>
From<Vec<NonZeroU8>>
From<Vec<T>>
From<VecDeque<T>>
```

우리는 이런 Vec::from()을 아직 사용해 보지 않았습니다. 몇 가지를 만들어서 어떤 일이 일어나는지 살펴보겠습니다.

```rust
use std::fmt::Display;
// 이를 출력하는 일반적인 기능을 만들 것이므로 Display가 필요합니다.

fn print_vec<T: Display>(input: &Vec<T>) {
    // 타입 T가 Display를 구현하는 경우 인자로 Vec<T>를 취하세요.
    for item in input {
        print!("{item} ");
    }
    println!();
}

fn main() {

    let array_vec = Vec::from([8, 9, 10]); // 배열에서 Vec을 만듭니다.
    print_vec(&array_vec);

    let str_vec = Vec::from("What kind of vec will I be?");
    // &str을 벡터로 만든다고요? 재미있겠네요.
    print_vec(&str_vec);

    let string_vec = Vec::from("What kind of vec will a String be?".to_string());
    // 또한 문자열에서 Vec을 만듭니다.
    print_vec(&string_vec);
}
```

다음을 출력합니다.

```
8 9 10
87 104 97 116 32 107 105 110 100 32 111 102 32 118 101 99 32 119 105 108 108 32 73
32 98 101 63
87 104 97 116 32 107 105 110 100 32 111 102 32 118 101 99 32 119 105 108 108 32 97
32 83 116 114 105 110 103 32 98 101 63
```

타입을 보면 두 번째와 세 번째 벡터는 Vec<u8>이며 &str과 String의 바이트를 의미합니다. 그래서 From은 매우 유연하고 많이 사용됩니다. 우리가 만든 타입에 From을 구현해 봅시다.

두 개의 구조체(City, Country)를 만든 다음 그중 하나에 대해 From을 구현할 것입니다. let country_name = Country::from(vector_of_cities)와 같이 사용할 수 있도록 하겠습니다.

코드는 다음과 같습니다.

```rust
#[derive(Debug)] // 따라서 City를 출력할 수 있습니다.
struct City {
    name: String,
    population: u32,
}

impl City {
    fn new(name: &str, population: u32) -> Self { // 그냥 new 함수입니다.
        Self {
            name: name.to_string(),
            population,
        }
    }
}
#[derive(Debug)] // Country도 출력해야 합니다.
struct Country {
    cities: Vec<City>, // City는 여기에 들어갑니다.
}

impl From<Vec<City>> for Country {
    // 참고: From<City> 형태뿐만 아니라 From<Vec<City>>를 쓸 수도 있습니다.
    // 따라서 우리가 만들지 않은 타입에서도 From을 구현할 수 있습니다.
    fn from(cities: Vec<City>) -> Self {
        Self { cities }
    }
```

```
}

impl Country {
    fn print_cities(&self) { // Country에 있는 도시를 출력하는 기능
        for city in &self.cities {
            // Vec<City>가 Copy를 구현하지 않아서 &가 필요합니다.
            println!("{:?} has a population of {:?}.", city.name, city.population);
        }
    }
}

fn main() {
    let helsinki = City::new("Helsinki", 631_695);
    let turku = City::new("Turku", 186_756);

    let finland_cities = vec![helsinki, turku]; // 이것은 Vec<City>입니다.
    let finland = Country::from(finland_cities); // 이제 From을 사용할 수 있습니다.

    finland.print_cities();
}
```

다음이 출력됩니다.

```
"Helsinki" has a population of 631695.
"Turku" has a population of 186756.
```

Vec, i32 등과 같이 우리가 만들지 않은 타입에서 From을 구현하기 쉬움을 알 수 있습니다.

하지만 러스트에는 이에 관한 한 가지 규칙이 있습니다. 이를 고아 규칙orphan rule이라고 합니다. 고아 규칙은 누가 무엇을 구현할 수 있는지에 대한 러스트의 안전 장치입니다. 이해하기 쉽게 비유를 들어 보겠습니다.

- 여러분이 만든 타입에 다른 사람이 만든 트레이트를 구현할 수 있습니다.

- 다른 사람이 만든 타입에 여러분이 만든 트레이트를 구현할 수 있습니다.

- 하지만 다른 사람이 만든 타입에 또 다른 사람이 만든 트레이트는 구현할 수 없습니다.

이는 누구나 임의로 외부 타입에 외부 트레이트를 구현할 수 있다면, 어떤 타입도 신뢰할 수 없게 되기 때문입니다. 예를 들어 한 개발자가 특정 트레이트를 구현하고 또 다른 개발자가 같은 타입에 다른 구현을 추가한다면 어떻게 될까요? 이를 추적하고 관리하는 것은 불가능할 것입

니다. 고아 규칙은 바로 이런 문제를 방지합니다.

참고로 다른 타입을 자신의 구조체로 감싸면 고아 규칙을 어느 정도 우회할 수 있습니다. 10.1
절 '타입 별칭 및 새 타입'에서 이에 관해 배울 것입니다.

여기에 두 개의 벡터가 있는 벡터를 만드는 또 하나의 예가 있습니다. 첫 번째 벡터는 짝수를
포함하고 두 번째 벡터는 홀수를 포함합니다. **From**을 사용해 **i32**의 벡터를 제공하면 Vec<Vec
<i32>>(i32 벡터의 벡터)로 변환됩니다.

```
use std::convert::From;

struct EvenOddVec(Vec<Vec<i32>>);

impl From<Vec<i32>> for EvenOddVec {
    fn from(input: Vec<i32>) -> Self {
        let mut even_odd_vec: Vec<Vec<i32>> = vec![vec![], vec![]];
        // 내부에 두 개의 빈 vec이 있는 vec
        // 이것은 반환값이지만 먼저 채워 놓아야 합니다.
        for item in input {
            if item % 2 == 0 {
                even_odd_vec[0].push(item);
            } else {
                even_odd_vec[1].push(item);
            }
        }
        Self(even_odd_vec) // 완료되었으므로 Self(Self = EvenOddVec)로 반환합니다.
    }
}

fn main() {
    let bunch_of_numbers = vec![8, 7, -1, 3, 222, 9787, -47, 77, 0, 55, 7, 8];
    let new_vec = EvenOddVec::from(bunch_of_numbers);

    println!("Even numbers: {:?}\nOdd numbers: {:?}", new_vec.0[0], new_vec.0[1]);
}
```

다음이 출력됩니다.

```
Even numbers: [8, 222, 0, 8]
Odd numbers: [7, -1, 3, 9787, -47, 77, 55, 7]
```

EvenOddVec과 같은 타입은 여러 숫자 타입을 사용할 수 있도록 제네릭인 T로 만드는 편이 더 나을 수 있습니다. 연습을 원하면 예제를 제네릭 형태로 변경해 보세요.

6.3 함수에서 문자열과 &str 가져오기

때로는 String과 &str을 모두 사용할 수 있는 함수가 필요합니다. 제네릭과 AsRef 트레이트를 사용해 이를 수행할 수 있습니다. AsRef는 어떤 타입에서 다른 타입으로 참조를 제공하는 데 사용합니다. 그리고 String 문서(https://doc.rust-lang.org/std/string/struct.String.html)를 보면 많은 타입에 대해 AsRef가 있음을 알 수 있습니다.

여기에 몇 가지 함수 시그니처가 있습니다.

- AsRef<str>

```
// 생략
impl AsRef<str> for String

fn as_ref(&self) -> &str
```

- AsRef<[u8]>

```
// 생략
impl AsRef<[u8]> for String

fn as_ref(&self) -> &[u8]
```

- AsRef<OsStr>

```
// 생략
impl AsRef<OsStr> for String

fn as_ref(&self) -> &OsStr
```

&self를 취하고 다른 타입에 대한 참조를 제공하는 것을 볼 수 있습니다. 즉, 함수에 제네릭 타입 T가 있을 때 AsRef<str>가 필요하다고 말할 수 있습니다. 그렇게 하면 &str과 String을

사용할 수 있습니다(str에도 AsRef<str>이 있기 때문입니다).

제네릭 함수부터 시작하겠습니다. 다음 코드는 아직 동작하지 않습니다.

```
fn print_it<T>(input: T) {
    println!("{}", input) // ⚠
}

fn main() {
    print_it("Please print me");
}
```

러스트는 error[E0277]: T doesn't implement std::fmt::Display라는 메시지를 보여 줍니다. 따라서 Display를 구현하려면 T가 필요합니다.

```
use std::fmt::Display;

fn print_it<T: Display>(input: T) {
    println!("{}", input)
}

fn main() {
    print_it("Please print me");
}
```

코드는 이제 동작하고 Please print me를 출력합니다. 하지만 여기서 T는 여전히 너무 많은 타입이 될 수 있다는 문제가 있습니다. Display 트레이트만 구현했다면 i8, f32 등 어떤 타입이든 될 수 있기 때문입니다. 따라서 AsRef<str>를 추가했습니다. 이제 T에는 AsRef<str>과 Display가 모두 필요합니다.

```
use std::fmt::Display;

fn print_it<T: AsRef<str> + Display>(input: T) {
    println!("{}", input)
}

fn main() {
    print_it("Please print me");
    print_it("Also, please print me".to_string());
}
```

```
    // print_it(7); // <- 이렇게 하면 오류가 발생합니다.
}
```

이제 i8과 같은 타입을 받아들이지 않습니다.

함수가 길어지면 where를 사용해 함수를 다르게 쓸 수 있다는 점을 잊지 마세요. Debug를 추가하면 fn print_it<T: AsRef<str> + Display + Debug>(input: T)가 되어 한 줄이 길어집니다. 따라서 다음과 같이 쓸 수 있습니다.

```
use std::fmt::{Debug, Display}; // Debug를 추가합니다.

fn print_it<T>(input: T) // 이렇게 작성하면 읽기 쉽습니다.
where
    T: AsRef<str> + Debug + Display, // 트레이트도 읽기 쉬워집니다.
{
    println!("{}", input)
}

fn main() {
    print_it("Please print me");
    print_it("Also, please print me".to_string());
}
```

CHAPTER 7

이터레이터와 클로저 기초

7.1 체이닝 메서드

러스트는 C와 C++와 같은 시스템 프로그래밍 언어입니다. 명령형 프로그래밍처럼 각각의 명령을 별도의 줄에 작성할 수도 있고, 함수형 프로그래밍 스타일로도 작성할 수 있습니다. 두 가지 스타일 모두 유효하지만, 함수형 스타일이 일반적으로 더 간결합니다.

1부터 10까지의 숫자로 **Vec**을 생성하는 비함수형 스타일(명령형 스타일imperative style이라고 함)의 예입니다.

```
fn main() {
    let mut new_vec = Vec::new();
    let mut counter = 1;

    while counter < 11 {
        new_vec.push(counter);
        counter += 1;
    }

    println!("{new_vec:?}");
}
```

다음을 출력합니다.

```
[1, 2, 3, 4, 5, 6, 7, 8, 9, 10]
```

명령형은 명령이나 지시를 내리는 것을 의미하며, 앞의 코드가 바로 그 예입니다. 그러나 함수형 스타일은 하나의 기능을 사용한 뒤 바로 다른 기능을 사용하고 그 뒤 또 다른 기능을 사용하는 스타일입니다.

다음은 함수형 스타일의 예입니다.

```rust
fn main() {
    let new_vec = (1..).take(10).collect::<Vec<i32>>();
    // 또는 다음과 같이 쓸 수 있습니다.
    // let new_vec: Vec<i32> = (1..).take(10).collect();
    println!("{new_vec:?}");
}
```

여기서는 1부터 시작해 take를 사용해 처음 10개를 가져온 다음 collect를 사용해 차례대로 가져옵니다. 그런데 collect()는 여러 타입의 컬렉션을 만들 수 있으므로 이때 타입을 알려줘야 합니다.

함수형 스타일을 사용하면 원하는 만큼 많은 메서드를 연결할 수 있습니다. 체이닝 메서드chaining method는 단일 명령문에 여러 메서드를 함께 넣는 것을 의미합니다. 다음은 서로 연결된 많은 메서드의 사용 예입니다.

```rust
fn main() {
    let my_vec = vec![0, 1, 2, 3, 4, 5, 6, 7, 8, 9, 10];

    let new_vec = my_vec.into_iter().skip(3).take(4).collect::<Vec<i32>>();

    println!("{new_vec:?}");
}
```

그러면 [3, 4, 5, 6]이 있는 Vec이 생성됩니다. 한 줄에 너무 많은 메서드가 있어서 읽기 어려우므로 각 메서드를 새로운 줄에 입력하면 이해하는 데 도움이 될 수 있습니다. 더 쉽게 읽을 수 있도록 다음과 같이 해 봅시다.

```
fn main() {
    let my_vec = vec![0, 1, 2, 3, 4, 5, 6, 7, 8, 9, 10];

    let new_vec = my_vec
        .into_iter() // 항목을 반복(내부의 각 항목에 대해 작업)합니다.
                     // into_iter()는 참조가 아닌 소유한 값을 제공합니다.
        .skip(3) // 3개 항목(0, 1, 2)을 건너뛰고
        .take(4) // 4개 항목(3, 4, 5, 6)을 가져옵니다.
        .collect::<Vec<i32>>(); // 새 Vec<i32>에 넣습니다.

    println!("{new_vec:?}");
}
```

이터레이터iterator와 클로저closure를 이해하면 함수형 스타일을 매우 잘 사용할 수 있습니다. 다음 두 절에서 하나씩 살펴보겠습니다.

7.2 이터레이터

이터레이터는 한 번에 하나씩 컬렉션의 항목을 제공할 수 있는 구성입니다. 사실, 우리는 이미 이터레이터를 많이 사용했습니다. for 루프는 이터레이터를 제공합니다. 이 외에도 다양한 이터레이터가 있습니다. 예를 들면 다음과 같습니다.

- 참조를 반환하는 .iter() 이터레이터
- 변경 가능한 참조를 반환하는 .iter_mut() 이터레이터
- 값(참조가 아님)을 반환하는 .into_iter() 이터레이터

for 루프는 실제로 값을 소유하는 이터레이터일 뿐입니다. 그래서 for 문을 사용할 때 값을 변경할 수 있습니다.

다음과 같이 이터레이터를 사용할 수 있습니다.

```
fn main() {
    let vector1 = vec![1, 2, 3]; // vector1에 .iter()와 .into_iter()를 사용합니다.
    let vector1_a = vector1.iter().map(|x| x + 1).collect::<Vec<i32>>();
    let vector1_b = vector1.into_iter().map(|x| x * 10).collect::<Vec<i32>>();
```

```
    let mut vector2 = vec![10, 20, 30]; // vector2에 .iter_mut()를 사용합니다.
    vector2.iter_mut().for_each(|x| *x +=100);

    println!("{:?}", vector1_a);
    println!("{:?}", vector2);
    println!("{:?}", vector1_b);
}
```

다음이 출력됩니다.

```
[2, 3, 4]
[110, 120, 130]
[10, 20, 30]
```

.iter()와 .into_iter()를 사용하면서 .map()이라는 메서드를 적용했습니다. .map()을 사용하면 모든 항목에 어떤 작업을 수행한 다음, 값을 전달할 수 있습니다. .iter_mut()을 사용하면서 적용한 메서드는 .for_each()입니다. 이 메서드를 사용하면 모든 항목에 어떤 작업을 수행할 수 있습니다. .iter_mut()와 for_each()는 기본적으로 for 루프입니다. 각 메서드 내에서 모든 항목에 이름을 부여하고(여기서는 x라고 함) 이를 사용해 값을 변경합니다. 이를 클로저라고 하며 다음 절에서 이에 관해 배웁니다.

지금은 클로저가 ||를 사용하고 일반 함수가 ()를 사용하므로 |x|는 'x가 클로저(함수)로 전달됨'을 의미한다는 점을 기억하세요.

한 번에 하나씩 다시 살펴보겠습니다.

먼저 참조를 얻기 위해 vector1에 .iter()를 사용했습니다. 각각에 1을 추가해 새로운 벡터로 만들었습니다. vector1은 값을 취하지 않고 참조만 사용했으므로 여전히 살아 있습니다. 이제 vector1_a라는 새 벡터도 있습니다. .map()은 그냥 값만 전달하기 때문에 .collect()를 사용해 벡터로 만들어야 했습니다.

그런 다음 into_iter를 사용해 vector1에서 변경 가능한 참조를 반환하는 이터레이터를 가져왔습니다. into_iter()는 이때 vector1을 파괴합니다. 따라서 vector1_b를 만든 후에는 vector1을 다시 사용할 수 없습니다.

마지막으로 vector2에 .iter_mut()을 사용했습니다. vector2는 값을 변경할 수 있으므로 새로운 벡터를 생성하려고 .collect()를 사용할 필요가 없습니다. 대신 변경 가능한 참조를 사용해 동일한 벡터의 값을 변경합니다. 따라서 vector2는 여전히 존재합니다. 새로운 벡터를 생성할 필요가 없으므로 단순 반복을 하는 for_each를 사용했는데, 이는 for 루프와 동일한 역할을 합니다.

7.2.1 이터레이터의 동작 방식

이터레이터는 Option을 제공하는 .next()라는 메서드를 사용해 동작합니다. 이터레이터를 사용할 때 러스트는 next()를 반복해서 호출해 더 많은 항목이 남아 있는지 확인합니다. Some을 얻으면 계속 진행됩니다. None이 되면 중지됩니다.

assert_eq! 매크로를 기억하나요? 테스트 시 많이 사용하며 러스트 공식 문서에서도 흔히 찾아볼 수 있는 매크로입니다. 다음은 이터레이터가 동작하는 방식을 보여 줍니다.

```rust
fn main() {
    let my_vec = vec!['a', 'b', '거', '柳']; // 일반 Vec

    let mut my_vec_iter = my_vec.iter();
    // 현재 이터레이터 타입이지만 아직 호출하지 않았습니다.

    assert_eq!(my_vec_iter.next(), Some(&'a'));  // .next()로 첫 번째 항목 호출
    assert_eq!(my_vec_iter.next(), Some(&'b'));  // 다음 항목 호출
    assert_eq!(my_vec_iter.next(), Some(&'거')); // 다시 한번 호출
    assert_eq!(my_vec_iter.next(), Some(&'柳')); // 다시 한번 호출
    assert_eq!(my_vec_iter.next(), None);        // 아무것도 남지 않았음: None
    assert_eq!(my_vec_iter.next(), None);        // .next()를 계속 호출할 수 있지만
                                                 // 항상 None입니다.
}
```

여러분의 구조체 또는 열거형에 대해 이터레이터를 구현하는 일은 그리 어렵지 않습니다. 먼저 도서관을 만들면서 살펴보겠습니다.

```rust
#[derive(Debug)] // {:?}로 출력하고 싶습니다.
struct Library {
    library_type: LibraryType, // 우리가 만든 열거형입니다.
```

```
    books: Vec<String>, // 책 목록
}

#[derive(Debug)]
enum LibraryType { // 도서관은 시립 도서관이나 국가 도서관이 될 수 있습니다.
    City,
    Country,
}

impl Library {
    fn add_book(&mut self, book: &str) {
    // add_book을 사용해 새 책을 추가합니다.
        self.books.push(book.to_string());
        // &str을 가져와 문자열로 바꾼 다음 Vec에 추가합니다.
    }
    fn new() -> Self {
        // 새로운 도서관을 생성합니다.
        Self {
            library_type: LibraryType::City,
            // 대부분 시립 도서관이므로 기본값을 City로 지정합니다.

            books: Vec::new(),
        }
    }
}

fn main() {
    let mut my_library = Library::new(); // 새 도서관을 생성합니다.
    my_library.add_book("The Doom of the Darksword"); // 몇 권의 책을 추가합니다.
    my_library.add_book("Demian - die Geschichte einer Jugend");
    my_library.add_book("구운몽");
    my_library.add_book("吾輩は猫である");

    println!("{:?}", my_library.books); // 도서 목록을 출력할 수 있습니다
}
```

잘 동작합니다. 이제 for 루프에서 사용할 수 있도록 라이브러리에 이터레이터를 구현하려고 합니다. 지금 당장 for 루프를 시도하면 동작하지 않습니다.

```
for item in my_library {
    println!("{}", item); // ⚠
}
```

컴파일러는 다음과 같이 알려 줍니다.

```
error[E0277]: `Library` is not an iterator
  --> src\main.rs:47:16
   |
   |
47 |     for item in my_library {
   |                 ^^^^^^^^^^ `Library` is not an iterator
   |
   = help: the trait `std::iter::Iterator` is not implemented for `Library`
   = note: required by `std::iter::IntoIterator::into_iter`
```

impl Iterator for Library를 사용해 라이브러리를 이터레이터로 만들 수 있습니다. Iterator 트레이트에 관한 정보는 표준 라이브러리에 있습니다(https://doc.rust-lang.org/stable/std/iter/trait.Iterator.html).

페이지 왼쪽 상단에 Associated Types: Item과 Required Methods: next가 있습니다. 연관 타입associated type은 '함께 가는 타입'을 의미합니다. 이터레이터가 문자열을 제공하기를 원하기 때문에 우리 예제의 연관 타입은 String입니다.

이터레이터 문서에는 다음과 같은 예가 있습니다.

```rust
// Some과 None을 번갈아 반복하는 이터레이터
struct Alternate {
    state: i32,
}

impl Iterator for Alternate {
    type Item = i32;

    fn next(&mut self) -> Option<i32> {
        let val = self.state;
        self.state = self.state + 1;

        // 짝수이면 Some(i32), 아니면 None
        if val % 2 == 0 {
            Some(val)
        } else {
            None
        }
    }
```

```
    }

fn main() {}
```

impl Iterator for Alternate에서 type Item = i32를 볼 수 있습니다. 이는 연관 타입입니다. 우리가 만든 이터레이터는 Vec<String>인 책 목록에 관한 것입니다. next를 호출하면 String이 제공됩니다. 그래서 연관 타입을 지정하는 데 type Item = String;을 사용할 것입니다.

이터레이터를 구현하려면 fn next() 함수를 만들어야 합니다. 여기에서 이터레이터가 수행해야 하는 작업을 결정합니다. Library에서는 마지막 책이 먼저 제공되기를 원합니다. 따라서 Some이라면 마지막 항목을 제거하는 .pop()과 match를 사용할 것입니다. 또한 각 항목에 대해 "is found!"를 출력하고 싶습니다. 이제 코드는 다음과 같습니다.

```
#[derive(Debug, Clone)]
struct Library {
    library_type: LibraryType,
    books: Vec<String>,
}

#[derive(Debug, Clone)]
enum LibraryType {
    City,
    Country,
}

impl Library {
    fn add_book(&mut self, book: &str) {
        self.books.push(book.to_string());
    }

    fn new() -> Self {
        Self {
            library_type: LibraryType::City,
            // 대부분 시립 도서관이므로 기본값을 City로 지정합니다.
            books: Vec::new(),
        }
    }
}
```

```
impl Iterator for Library {
    type Item = String;

    fn next(&mut self) -> Option<String> {
        match self.books.pop() {
            Some(book) => Some(book + " is found!"),
            // 러스트는 String + &str을 허용합니다.
            None => None,
        }
    }
}

fn main() {
    let mut my_library = Library::new();
    my_library.add_book("The Doom of the Darksword");
    my_library.add_book("Demian - die Geschichte einer Jugend");
    my_library.add_book("구운몽");
    my_library.add_book("吾輩は猫である");

    for item in my_library.clone() {
        // 이제 for 루프를 사용할 수 있습니다.
        // 도서관이 소멸되지 않도록 복제본을 제공하세요.
        println!("{}", item);
    }
}
```

다음이 출력됩니다.

```
吾輩は猫である is found!
구운몽 is found!
Demian - die Geschichte einer Jugend is found!
The Doom of the Darksword is found!
```

전체 Library 구조체를 이터레이터로 바꾸는 것은 물론 약간 어리석은 일입니다(내부의 Vec 을 직접 반복할 수 있기 때문입니다). 하지만 러스트에 수행 방법을 지시하면 무엇이든 이터레 이터를 구현할 수 있음을 보여 줍니다. 그리고 실제로 끊임없이 실행하고 싶다면 이터레이터 와 함께 None을 반환할 필요조차 없습니다. 다음은 숫자 1을 끊임없이 제공하는 이터레이터입 니다.

```
struct GivesOne;

impl Iterator for GivesOne {
    type Item = i32;
    fn next(&mut self) -> Option<i32> {
        Some(1)
    }
}
```

여기서 이터레이터에 for 루프를 사용하면 프로그램이 절대 멈추지 않습니다. 그러나 이전에 배운 take 메서드를 사용해 5번만 호출하고 벡터로 변환할 수 있습니다.

```
struct GivesOne;

impl Iterator for GivesOne {
    type Item = i32;
    fn next(&mut self) -> Option<i32> {
        Some(1)
    }
}

fn main() {
    let five_ones: Vec<i32> = GivesOne.into_iter().take(5).collect();
    println!("{five_ones:?}");
}
```

다음을 출력합니다.

```
[1, 1, 1, 1, 1]
```

GivesOne 구조체는 아무것도 담지 않는다는 점에 유의하세요! 이터레이터 트레이트를 구현하는 빈 구조체일 뿐입니다.

7.3 클로저

클로저는 이름이 필요 없는 빠른 함수와 같습니다. 때때로 **람다**^{lambda}라고 불리기도 합니다. 클로저는 () 문자 대신 ||를 사용하므로 찾기 쉽습니다. 클로저는 러스트에서 매우 일반적이며 일단 클로저를 사용하는 방법을 배우면 클로저 없이 어떻게 살았는지 궁금해질 것입니다.

클로저를 변수에 바인딩할 수 있으며 이렇게 하면 클로저가 함수처럼 보입니다.

```
fn main() {
    let my_closure = || println!("This is a closure");
    my_closure();
}
```

이 클로저는 입력값 없이(||) **This is a closure**라는 메시지를 출력합니다. 함수에서 () 안에 매개변수를 넣는 것처럼, 클로저에서는 || 사이에 입력 변수와 타입을 지정할 수 있습니다.

```
fn main() {
    let my_closure = |x: i32| println!("{x}");

    my_closure(5);
    my_closure(5+5);
}
```

다음이 출력됩니다.

```
5
10
```

클로저가 더 복잡해지면 코드 블록을 추가할 수 있습니다. 그런 다음 원하는 만큼 코드를 길게 쓸 수 있습니다.

```
fn main() {
    let my_closure = || {
        let number = 7;
        let other_number = 10;
        println!("The two numbers are {number} and {other_number}.");
        // 이 클로저는 함수처럼 원하는 만큼 코드를 길게 쓸 수 있습니다.
```

```
    };

    my_closure();
}
```

하지만 클로저는 ||만 써도 클로저 외부에 있는 변수를 받을 수 있기 때문에 특별합니다. 따라서 다음과 같이 수정할 수도 있습니다.

```
fn main() {
    let number_one = 6;
    let number_two = 10;

    let my_closure = || println!("{}", number_one + number_two);
    my_closure();
}
```

이 코드는 16을 출력합니다. ||에는 아무것도 입력할 필요가 없습니다. number_one과 number_two만 가져와서 더할 수 있기 때문입니다.

한편, **클로저**라는 이름은 변수를 받아 내부에서 '감싸다enclose'는 의미에서 유래되었습니다. 익명 함수anonymous function와 비교해서 살펴보면 다음과 같습니다.

- 외부 변수를 감싸지 않는(포함하지 않는) ||는 **익명 함수**입니다. 익명은 '이름이 없다'는 뜻입니다. 일반 함수처럼 동작합니다.
- 외부 변수를 감싸는(포함하는) ||는 **클로저**입니다. 변수를 사용하기 위해 주변의 변수를 '감싸는' 것입니다.

그러나 흔히 모든 || 함수를 클로저라고 부르므로 뭐라고 부를지 고민하지 않아도 됩니다. ||가 있는 모든 것을 '클로저'라고 부르지만, 익명 함수를 의미할 수도 있음을 기억하세요.

이런 차이점을 알면 왜 좋을까요? 익명 함수는 실제로 이름이 있는 함수와 동일한 기계어 코드를 만들기 때문입니다. 익명 함수는 '고수준'으로 느껴져서 때때로 사람들은 익명 함수의 기계어 코드가 복잡할 것으로 생각합니다. 그러나 러스트가 만드는 기계어 코드는 일반 함수만큼 빠릅니다.

이제 클로저가 할 수 있는 일을 좀 더 살펴보겠습니다. 다음과 같이 할 수도 있습니다.

```
fn main() {
```

```
    let number_one = 6;
    let number_two = 10;

    let my_closure = |x: i32| println!("{}", number_one + number_two + x);
    my_closure(5);
}
```

이 클로저는 number_one과 number_two를 사용합니다. 또한 새로운 변수 x를 주었고 x에
5를 전달했습니다. 그런 다음 3개를 모두 더해 21을 출력합니다.

일반적으로 메서드 내부에 클로저가 있는 것을 볼 수 있습니다. 내부에 클로저가 있으면 매우
편리하기 때문입니다. 이전 절에서 .map()과 .for_each()를 사용한 클로저를 보았습니다.
그때 이터레이터의 다음 항목을 가져오려고 |x|를 썼는데, 이것이 클로저입니다.

다음은 또 다른 예입니다. unwrap이 동작하지 않을 때 값을 제공하는 데 사용할 수 있는
unwrap_or 메서드입니다. 전에는 let four = my_vec.get(3).unwrap_or(&0);라고 썼습
니다. 그러나 내부에 클로저가 있는 unwrap_or_else 메서드도 있습니다. 따라서 다음과 같이
할 수 있습니다.

```
fn main() {
    let my_vec = vec![8, 9, 10];

    let fourth = my_vec.get(3).unwrap_or_else(|| {
        // unwrap을 시도하세요. 동작하지 않으면 my_vec에 인덱스 [0]이 있는지
        // 확인합니다.
        if my_vec.get(0).is_some() {
            &my_vec[0] // 뭔가가 있으면 인덱스 0의 숫자를 제공합니다.
        } else {
            &0 // 그렇지 않으면 &0을 제공합니다.
        }
    });

    println!("{fourth}");
}
```

물론 클로저는 매우 간단할 수 있습니다.

예를 들어 다음과 같이 쓸 수 있습니다.

```
let four = my_vec.get(3).unwrap_or_else(|| &0);
```

클로저가 있다고 항상 {}를 사용해 복잡한 코드를 쓸 필요는 없습니다. ||를 넣는 한 컴파일러는 필요한 클로저를 넣었음을 압니다.

클로저가 가장 자주 사용되는 메서드는 아마도 .map()일 것입니다. 예를 들어 다음과 같은 방법으로 사용할 수 있습니다.

```
fn main() {
    let num_vec = vec![2, 4, 6];

    let double_vec = num_vec          // num_vec을 가져옵니다.
        .iter()                       // num_vec의 이터레이터를 가져옵니다.
        .map(|number| number * 2)     // 각 항목에 2를 곱하고 전달합니다.
        .collect::<Vec<i32>>();       // 그런 다음 여기서 새로운 Vec을 만듭니다.
    println!("{:?}", double_vec);
}
```

또 다른 좋은 예는 .enumerate() 다음에 .for_each()를 사용하는 것입니다. .enumerate() 메서드는 인덱스 번호와 항목이 있는 이터레이터를 제공합니다. 예를 들어 [10, 9, 8]은 (0, 10), (1, 9), (2, 8)이 됩니다(인덱스 0은 10, 인덱스 1은 9 등). 여기서 각 항목의 타입은 (usize, i32)입니다. 따라서 다음과 같이 할 수 있습니다.

```
fn main() {
    let num_vec = vec![10, 9, 8];

    num_vec
        .iter()      // num_vec에 대해 이터레이터를 가져옵니다.
        .enumerate() // (index, number)를 얻습니다.
        .for_each(|(index, number)|
            println!("Index number {} has number {}", index, number)
        ); // 각 항목을 볼 때 뭔가를 합니다.
}
```

다음이 출력됩니다.

```
Index number 0 has number 10
Index number 1 has number 9
Index number 2 has number 8
```

여기서는 map 대신 for_each를 사용합니다. map은 각 요소를 **변형하여 다음으로 전달**하는 용도이고, for_each는 **각 요소를 순회하며 작업을 수행**하는 용도입니다. 또한 map은 collect와 같은 메서드로 결과를 수집하기 전까지는 실제로 실행되지 않습니다.

사실, 이것이 이터레이터의 흥미로운 점입니다. collect와 같은 방법 없이 map을 시도하면 패닉이 발생하지는 않지만, 컴파일러는 아무것도 하지 않는다고 알려 줍니다.

```rust
fn main() {
    let num_vec = vec![10, 9, 8];

    num_vec
        .iter()
        .enumerate()
        .map(|(index, number)| println!("Index number {} has number {}", index,
        number));

}
```

컴파일러는 다음과 같이 알려 줍니다.

```
warning: unused `std::iter::Map` that must be used
 --> src\main.rs:4:5
  ¦
4 ¦ /      num_vec
5 ¦ ¦          .iter()
6 ¦ ¦          .enumerate()
7 ¦ ¦          .map(|(index, number)| println!("Index number {} has number {}",
index, number));
  ¦ ¦_____^
  ¦
  = note: `#[warn(unused_must_use)]` on by default
  = note: iterators are lazy and do nothing unless consumed
```

이 메시지는 **warning**이므로 오류가 아닙니다. 프로그램이 정상적으로 실행됩니다. 그런데 왜

num_vec이 아무것도 하지 않는 걸까요? 타입을 살펴보면 그 이유를 확인할 수 있습니다.

- `let num_vec = vec![10, 9, 8];`은 Vec<i32> 타입의 벡터를 만듭니다.
- `.iter()`는 Iter<i32> 타입을 반환합니다. 따라서 항목이 i32 타입인 이터레이터입니다.
- `.enumerate()`는 Enumerate<Iter<i32>> 타입을 반환합니다. 이 타입은 각 항목이 i32의 Iter 타입인 Enumerate 타입입니다.
- `.map()`은 Map<Enumerate<Iter<i32>>> 타입을 반환합니다. 이 타입은 각 항목이 i32의 Iter 타입인 Enumerate 타입을 담은 Map 타입입니다.

우리가 한 일은 점점 더 복잡한 구조를 만드는 것뿐이었습니다. 따라서 이 Map<Enumerate<Iter<i32>>>는 사용할 준비가 된 구조이지만, 우리가 무엇을 하라고 지시했을 때만 작동합니다. 러스트는 빨라야 하기 때문에 이렇게 합니다. 일반적으로 다음과 같이 작업하는 것을 원하지 않습니다.

- 벡터의 모든 i32를 반복합니다.
- 다음 이터레이터에서 모든 i32를 열거합니다.
- 다음 Map에서 모든 i32를 열거합니다.

러스트는 하나의 계산만 하기를 원하므로 구조를 만들고 기다립니다. 그런 다음 `.collect::<Vec<i32>>()`를 호출하면 무엇을 해야 할지 알고 움직이기 시작합니다. 이것이 '이터레이터는 게으르고 소비되지 않는 한 아무것도 하지 않는다'의 의미입니다. 이터레이터는 '소비[consume]'될 때까지 아무 작업도 수행하지 않습니다.

참고로 러스트에서는 이 아이디어를 '무비용 추상화[zero cost abstraction]'라고 합니다. 즉, 더 복잡한 것은 컴파일하는 데 시간이 더 오래 걸릴 수 있지만 런타임에는 동일한 속도가 됩니다. 복잡한 이터레이터를 사용해도 모든 것을 직접 만들 때보다 프로그램이 더 느려지지 않습니다.

`.collect()`를 사용해 HashMap과 같은 복잡한 것도 만들 수 있으므로 매우 강력합니다. 다음은 HashMap에 두 개의 벡터를 넣는 방법의 예입니다. 먼저 두 개의 벡터를 만든 다음 `.into_iter()`를 사용해서 값의 이터레이터를 얻을 것입니다. 그런 다음 `.zip()` 메서드를 사용합니다. 이 메서드는 두 개의 이터레이터를 가져와서 (지퍼를 잠그듯이) 함께 연결합니다. 마지막으로 `.collect()`를 사용해 HashMap을 만듭니다.

코드는 다음과 같습니다.

```
use std::collections::HashMap;

fn main() {
    let some_numbers = vec![0, 1, 2, 3, 4, 5]; // 이것은 Vec<i32>입니다.
    let some_words = vec!["zero", "one", "two", "three", "four", "five"];
    // 이것은 Vec<&str>입니다.

    let number_word_hashmap = some_numbers
        .into_iter() // 이제 이터레이터입니다.
        .zip(some_words.into_iter()) // .zip() 내부에 다른 이터레이터를 넣었습니다.
        // 이제 이들은 함께 연결되었습니다.
        .collect::<HashMap<_, _>>();

    println!(
        "For key {} we get {}.",
        2,
        number_word_hashmap.get(&2).unwrap()
    );
}
```

다음이 출력됩니다.

```
For key 2 we get two.
```

러스트가 HashMap<i32, &str> 타입을 결정하기에 충분한 정보이므로 <HashMap<_, _>>을
썼음을 알 수 있습니다. 원한다면 .collect::<HashMap<i32, &str>>();을 쓰거나 다음과
같이 써도 됩니다.

```
use std::collections::HashMap;

fn main() {
    let some_numbers = vec![0, 1, 2, 3, 4, 5]; // 이것은 Vec<i32>입니다.
    let some_words = vec!["zero", "one", "two", "three", "four", "five"];
    // 이것은 Vec<&str>입니다.
    let number_word_hashmap: HashMap<_, _> = some_numbers // 여기서 타입을 알려 주므로
        .into_iter()
        .zip(some_words.into_iter())
        .collect(); // 여기서 타입을 알려 줄 필요가 없습니다.
}
```

char에 대한 .enumerate()와 비슷한 메서드로는 char_indices() (indices는 index(인덱스)의 복수형입니다)가 있습니다. 사용하는 방법은 .enumerate()와 같습니다. 세 자리 숫자로 구성된 큰 문자열이 있다고 가정해 봅시다.

```
fn main() {
    let numbers_together = "140399923481800622623218009598281";

    for (index, number) in numbers_together.char_indices() {
        match (index % 3, number) {
            (0..=1, number) => print!("{}", number),
            // 나머지가 있으면 숫자를 출력하세요.
            _ => print!("{}\t", number),
            // 그렇지 않으면 숫자 다음에 탭 공백을 출력하세요.
        }
    }
}
```

다음을 출력합니다.

140	399	923	481	800	622	623	218	009	598	281

7.3.1 클로저의 |_|

때때로 클로저에서 |_|를 볼 수 있습니다. 하지만 특별한 구문은 아닙니다. 이는 클로저에 인수(예: x)가 필요하지만 사용하고 싶지 않다는 의미일 뿐입니다. 따라서 |_|는 '좋아요, 이 클로저는 인수를 받지만 신경 쓰지 않기 때문에 이름을 지정하지 않겠습니다'를 의미합니다.

다음은 클로저에 ||만 사용했을 때 발생하는 오류의 예입니다.

```
fn main() {
    let my_vec = vec![8, 9, 10];

    println!("{:?}", my_vec.iter().for_each(||
        println!("We didn't use the variables at all"))); // ⚠
}
```

러스트 컴파일러는 다음과 같이 알려 줍니다.

```
error[E0593]: closure is expected to take 1 argument, but it takes 0 arguments
  --> src\main.rs:28:36
   |
28 |      println!("{:?}", my_vec.iter().for_each(|| println!("We didn't use the
variables at all")));
   |                                               ^^^^^^^^^ -- takes 0 arguments
   |                                               |
   |                                               expected closure that takes 1 argument
```

그리고 실제로 도움이 되는 조언을 해 줍니다.

```
help: consider changing the closure to take and ignore the expected argument
   |
28 |      println!("{:?}", my_vec.iter().for_each(|_| println!("We didn't use the
variables at all")));
```

컴파일러가 알려 준 대로 ||를 |_|로 변경하면 동작합니다.

CHAPTER 8

이터레이터와 클로저 심화

8.1 클로저와 이터레이터에 유용한 메서드

클로저에 익숙해지면 러스트라는 언어가 매우 재미있어집니다. 클로저를 사용하면 메서드를 서로 '연결'해 아주 적은 코드로 많은 작업을 수행할 수 있습니다. 지금부터 아직 보지 못한 메서드와 함께 사용하는 클로저의 예를 몇 가지 살펴보겠습니다.

`.filter()`는 이터레이터의 항목을 필터링해서 원하는 항목만 유지하게 해 줍니다. 일 년의 열두 달을 필터링해 보겠습니다.

```rust
fn main() {
    let months = vec!["January", "February", "March", "April", "May", "June",
"July", "August", "September", "October", "November", "December"];

    let filtered_months = months
        .into_iter()                        // 이터레이터를 만듭니다.
        .filter(|month| month.len() < 5)    // 5바이트보다 긴 달을 원하지 않습니다.
                                            // 각 문자가 1바이트이므로
                                            // .len()을 사용하면 됩니다.
        .filter(|month| month.contains("u")) // 또한 문자 u가 있는 달만 원합니다.
        .collect::<Vec<&str>>();

    println!("{:?}", filtered_months);
}
```

다음을 출력합니다.

```
["June", "July"]
```

물론 한 줄에서 .filter(|month| month.len() < 5 && month.contains("u"))를 수행할 수도 있습니다. 하지만 이 예는 원하는 만큼 필터링하고 다시 필터링할 수 있음을 보여 줍니다.

.filter_map()은 .filter()과 .map()을 같이 수행하기 때문에 filter_map()이라고 합니다. 클로저는 Option<T>를 반환해야 하며 filter_map()은 Some인 경우에만 각 Option에서 값을 가져옵니다. 예를 들어 .filter_map()에 vec![Some(2), None, Some(3)]을 입력하면 [2, 3]이 반환됩니다.

Company 구조체가 있는 예제를 작성해 보겠습니다. 각 Company에는 name이 있으므로 해당 필드는 String입니다. 하지만 CEO 자리는 공석일 수 있으므로 ceo 필드는 Option<String>입니다. 우리는 CEO가 있는 회사만 CEO 이름을 가져오기 위해 .filter_map()을 사용할 것입니다.

```rust
struct Company {
    name: String,
    ceo: Option<String>,
}

impl Company {
    fn new(name: &str, ceo: &str) -> Self {
        let ceo = match ceo {
            "" => None,
            ceo => Some(ceo.to_string()),
        }; // ceo가 결정되었으므로 이제 Self를 반환합니다.
        Self {
            name: name.to_string(),
            ceo,
        }
    }

    fn get_ceo(&self) -> Option<String> {
        self.ceo.clone() // CEO의 복제본만 반환합니다(구조체는 Copy가 아님).
    }
}
```

```
fn main() {
    let company_vec = vec![
        Company::new("Umbrella Corporation", "Unknown"),
        Company::new("Ovintiv", "Brendan McCracken"),
        Company::new("The Red-Headed League", ""),
        Company::new("Stark Enterprises", ""),
    ];

    let all_the_ceos = company_vec
        .into_iter()
        .filter_map(|company| company.get_ceo()) // filter_map에는 Option<T>가 필요
        .collect::<Vec<String>>();

    println!("{:?}", all_the_ceos);
}
```

다음을 출력합니다.

```
["Unknown", "Brendan McCracken"]
```

.filter_map()에는 Option이 필요하므로 Result를 반환하는 함수가 있다면 어떨까요? 문제없습니다. Result를 Option으로 바꾸는 .ok()라는 메서드가 있습니다. 보낼 수 있는 모든 정보가 Ok 결과 내부의 정보이므로 .ok()라고 합니다(Err 정보가 사라짐). Option은 Option<T>이고 Result는 Ok와 Err에 관한 정보가 있는 Result<T, E>임을 기억해 두세요. 따라서 .ok()를 사용하면 모든 Err 정보가 손실되고 None이 됩니다.

.parse()를 사용해서 예를 들어 보겠습니다. 일부 사용자의 입력을 구문 분석하려고 한다고 해 봅시다. 여기서 .parse()는 &str을 가져와 f32로 바꾸려고 시도합니다. Result를 반환하지만 filter_map()을 사용하므로 오류를 그냥 버립니다. Err인 모든 항목은 None이 되고 .filter_map()이 걸러냅니다.

```
fn main() {
    let user_input = vec!["8.9", "Nine point nine five", "8.0", "7.6",
                          "eleventy-twelve"];

    let actual_numbers = user_input
        .into_iter()
        .filter_map(|input| input.parse::<f32>().ok())
```

```
        .collect::<Vec<f32>>();

    println!("{:?}", actual_numbers);
}
```

다음을 출력합니다.

```
[8.9, 8.0, 7.6]
```

.ok()와 대응되는 메서드로 .ok_or()과 .ok_or_else()가 있는데, 이들은 Option을 Result로 변환합니다. .ok_or()라는 이름이 붙은 이유는 Result가 Ok 또는 Err 값을 가지므로, Err에 들어갈 값을 지정해줘야 하기 때문입니다. 이는 Option의 None이 단순히 값이 없음을 나타낼 뿐 어떤 정보도 담고 있지 않기 때문입니다. 그리고 메서드 이름에 포함된 else는 해당 메서드가 클로저를 인자로 받는다는 것을 암시합니다.

이런 식으로 Company 구조체에서 Option을 가져와서 Result로 바꿀 수 있습니다. 장기적인 오류 처리를 위해서는 고유한 타입의 오류를 만드는 편이 좋습니다. 그러나 지금은 오류 메시지만 제공하므로 Result<String, &str>을 사용하겠습니다.

```rust
// main() 이전의 모든 코드는 완전히 동일합니다.
struct Company {
    name: String,
    ceo: Option<String>,
}

impl Company {
    fn new(name: &str, ceo: &str) -> Self {
        let ceo = match ceo {
            "" => None,
            ceo => Some(ceo.to_string()),
        };
        Self {
            name: name.to_string(),
            ceo,
        }
    }

    fn get_ceo(&self) -> Option<String> {
```

```
            self.ceo.clone()
        }
    }

    fn main() {
        let company_vec = vec![
            Company::new("Umbrella Corporation", "Unknown"),
            Company::new("Ovintiv", "Brendan McCracken"),
            Company::new("The Red-Headed League", ""),
            Company::new("Stark Enterprises", ""),
        ];

        let mut results_vec = vec![]; // 오류 결과도 수집해야 한다고 가정합니다.

        company_vec
            .iter()
            .for_each(|company| results_vec.push(company.get_ceo().ok_or("No CEO found")));

        for item in results_vec {
            println!("{:?}", item);
        }
    }
```

다음 코드가 가장 크게 변한 부분입니다.

```
// 🈁
.for_each(|company| results_vec.push(company.get_ceo().ok_or("No CEO found")));
```

이것은 다음과 같은 의미입니다. '각 회사에 **get_ceo()**를 사용하세요. CEO 정보를 가져오면 **Ok**의 값을 전달하고, 그렇지 않으면 **Err**의 **"No CEO found"**를 전달하세요. 그런 다음 이것을 벡터에 밀어 넣습니다.'

따라서 **results_vec**을 출력하면 다음과 같은 결과를 얻습니다.

```
Ok("Unknown")
Ok("Brendan McCracken")
Err("No CEO found")
Err("No CEO found")
```

네 개의 항목이 모두 있습니다. **.ok_or_else()**를 사용해 클로저를 사용하면 더 나은 오류 메시지를 얻을 수 있습니다. 이제 우리는 원하는 모든 것을 할 수 있는 공간이 있습니다. format!을 사용해 String을 만들고 여기에 회사 이름을 입력할 수 있습니다. 그런 다음 String을 반환합니다(그리고 작업할 전체 클로저가 있으므로 다른 작업도 할 수 있습니다).

```rust
// main() 이전의 모든 코드는 완전히 동일합니다.
struct Company {
    name: String,
    ceo: Option<String>,
}

impl Company {
    fn new(name: &str, ceo: &str) -> Self {
        let ceo = match ceo {
            "" => None,
            name => Some(name.to_string()),
        };
        Self {
            name: name.to_string(),
            ceo,
        }
    }

    fn get_ceo(&self) -> Option<String> {
        self.ceo.clone()
    }
}

fn main() {
    let company_vec = vec![
        Company::new("Umbrella Corporation", "Unknown"),
        Company::new("Ovintiv", "Brendan McCracken"),
        Company::new("The Red-Headed League", ""),
        Company::new("Stark Enterprises", ""),
    ];

    let mut results_vec = vec![];

    company_vec.iter().for_each(|company| {
        results_vec.push(company.get_ceo().ok_or_else(|| {
            let err_message = format!("No CEO found for {}", company.name);
            // 더 많은 정보를 기록하거나 경고 이메일 등을 보낸다고 상상해 보세요.
            err_message
```

```
            }))
        });

        for item in results_vec {
            println!("{:?}", item);
        }
    }
```

이 프로그램은 다음 결과를 반환합니다.

```
Ok("Unknown")
Ok("Brendan McCracken")
Err("No CEO found for The Red-Headed League")
Err("No CEO found for Stark Enterprises")
```

.and_then()은 Option을 받은 다음 해당 값에 대해 작업을 수행하고 수행된 값을 전달할 수 있는 유용한 메서드입니다. 입력과 출력 모두 Option 타입이며 '안전하게 값을 추출하고, 처리한 후, 다시 Option으로 감싸는' 작업을 한 번에 수행합니다.

.get()을 사용해 vec에서 얻는 &str을 예로 들어 보겠습니다. .get()은 Option을 반환하므로 and_then()에 전달하고 타입을 i32로 바꾸려고 시도할 수 있습니다. 그런 다음 f64 타입으로 바꾸려고 시도할 수 있습니다. 둘 다 Result를 반환하므로 .ok()를 사용해 Option으로 만듭니다. None이 반환되면, None을 그냥 전달합니다.

```
fn main() {
    let new_vec = vec!["8", "9", "Hi", "Ninetyniney"]; // 네 개의 &str이 있는 vec
    let mut empty_vec = vec![]; // 결과가 여기에 들어갑니다.

    for index in 0..5 {
        empty_vec.push(
            new_vec
                .get(index)
                .and_then(|number| number.parse::<i32>().ok())
                .and_then(|number| f64::try_from(number).ok()),
        );
    }
    println!("{:?}", empty_vec);
}
```

이 코드는 [Some(8.0), Some(9.0), None, None, None]을 출력합니다. None이 필터링되지 않고 그냥 전달되었음을 볼 수 있습니다. 처음 두 값이 Some인 이유는 .get()과 .and_then()이 모두 Some을 반환했기 때문입니다.

.and()는 일종의 Option에 대한 bool과 같습니다. 많은 Option을 서로 일치시킬 수 있으며 모두 Some이면 마지막 Option을 제공합니다. 그리고 그들 중 하나가 None이면 None을 제공합니다.

먼저 bool 예제부터 살펴보겠습니다. &&(and)를 사용하면 false가 하나만 있어도 결과가 false가 됩니다.

```
fn main() {
    let one = true;
    let two = false;
    let three = true;
    let four = true;

    println!("{}", one && three); // true를 출력합니다.
    println!("{}", one && two && three && four); // false를 출력합니다.
}
```

이번에는 같은 작업을 .and()를 사용해 수행해 보겠습니다. 먼저 다섯 개의 연산을 수행하고 그 결과를 Vec<Option<&str>> 타입의 벡터에 저장합니다. 값이 있을 때마다 Some("success!")를 벡터에 추가하는 작업을 세 번 반복합니다. 그런 다음 .and()를 사용해서 모든 단계에서 Some을 받은 인덱스만 필터링합니다.

```
fn main() {
    let first_try = vec![Some("success!"), None, Some("success!"), Some("success!"),
                        None];
    let second_try = vec![None, Some("success!"), Some("success!"),
                        Some("success!"), Some("success!")];
    let third_try = vec![Some("success!"), Some("success!"), Some("success!"),
                        Some("success!"), None];

    for i in 0..first_try.len() {
        println!("{:?}", first_try[i].and(second_try[i]).and(third_try[i]));
    }
}
```

다음이 출력됩니다.

```
None
None
Some("success!")
Some("success!")
None
```

첫 번째 항목(인덱스 0)은 second_try에 인덱스 0에 대한 None이 있으므로 None입니다.
두 번째는 first_try에 None이 있으므로 None입니다. 세 번째는 first_try, second try,
third_try에 None이 없기 때문에 Some("success!")입니다.

.any()와 .all()은 이터레이터에서 사용하기 매우 쉽습니다. 입력에 따라 bool을 반환합니
다. 다음 예제에서는 'a'에서 '働'까지의 모든 문자로 매우 큰 벡터(약 20,000개 항목)를 만
듭니다. 그런 다음 지정한 문자가 그 안에 있는지 확인하는 기능을 만듭니다.

다음으로 더 작은 벡터를 만들고 모두 알파벳인지 묻습니다(.is_alphabetic() 메서드 사
용). 그런 다음 모든 문자가 한글 '행'보다 작은지 묻습니다.

여기서 참조를 사용한 것을 주의 깊게 보세요. .iter() 메서드는 참조를 반환하는데, 참조끼
리 비교해야 하므로 & 연산자를 사용해야 합니다.

```rust
fn in_char_vec(char_vec: &Vec<char>, check: char) {
    println!("Is {} inside? {}", check, char_vec.iter().any(|&char| char == check));
}

fn main() {
    let char_vec = ('a'..'働').collect::<Vec<char>>();
    in_char_vec(&char_vec, 'i');
    in_char_vec(&char_vec, '뷁');
    in_char_vec(&char_vec, '鑿');

    let smaller_vec = ('A'..'z').collect::<Vec<char>>();
    println!("All alphabetic? {}", smaller_vec.iter().all(|&x| x.is_alphabetic()));
    println!("All less than the character 행? {}",
            smaller_vec.iter().all(|&x| x < '행'));
}
```

다음이 출력됩니다.

```
Is i inside? true
Is 뷁 inside? false
Is 鑿 inside? false
All alphabetic? false
All less than the character 행? true
```

그런데 .any()는 하나의 일치하는 항목을 찾을 때까지만 확인한 다음 중지하며, 나머지는 확인하지 않습니다. 벡터에 .any()를 사용하려 할 때는 일치할 수 있는 항목을 앞쪽에 넣는 편이 좋습니다. 또는 .iter() 다음에 .rev()를 사용해 이터레이터를 뒤집을 수 있습니다. 다음과 같은 벡터를 예로 들어 보겠습니다.

```
fn main() {
    let mut big_vec = vec![6; 1000];
    big_vec.push(5);
}
```

이 벡터에는 1,000개의 6과 하나의 5가 있습니다. .any()를 사용해 5가 포함되었는지 확인한다고 가정해 보겠습니다. 먼저 .rev()가 동작하는지 확인합니다. 이터레이터에는 항상 .next()가 있어서 매번 무엇을 하는지 확인할 수 있음을 기억하세요.

```
fn main() {
    let mut big_vec = vec![6; 1000];
    big_vec.push(5);

    let mut iterator = big_vec.iter().rev();
    println!("{:?}", iterator.next());
    println!("{:?}", iterator.next());
}
```

다음을 출력합니다.

```
Some(5)
Some(6)
```

우리가 옳았습니다. 하나의 Some(5)가 나온 다음에 1,000개의 Some(6)이 시작됩니다. 따라서 다음과 같이 쓸 수 있습니다.

```rust
fn main() {
    let mut big_vec = vec![6; 1000];
    big_vec.push(5);

    println!("{:?}", big_vec.iter().rev().any(|&number| number == 5));
}
```

.rev()를 사용했으므로 .next()를 한 번만 호출하고 중지합니다. .rev()를 사용하지 않으면 정지하기 전에 .next()를 1,001번 호출합니다. 이 코드는 다음과 같습니다.

```rust
fn main() {
    let mut big_vec = vec![6; 1000];
    big_vec.push(5);

    let mut counter = 0; // 카운트 시작
    let mut big_iter = big_vec.into_iter(); // 이터레이터를 만듭니다.

    loop {
        counter +=1;
        if big_iter.next() == Some(5) {
            // Some(5)를 얻을 때까지 .next()를 계속 호출합니다.
            break;
        }
    }
    println!("Final counter is: {}", counter);
}
```

이 코드는 Final counter is: 1001을 출력하므로 5를 찾기 전에 .next()를 1,001번 호출했음을 알 수 있습니다.

.find()는 이터레이터에 뭔가가 있는지 알려 주고 .position()은 어디에 있는지 알려 줍니다. .find()는 내부에 값이 있는 Option(또는 None)을 반환하므로 .any()와 다릅니다. 한편, .position()도 위치 번호가 있는 Option(또는 None)입니다. 다시 말해서 다음과 같습니다.

- .find(): '찾아오겠습니다.'
- .position(): '어디에 있는지 찾아보겠습니다.'

다음은 간단한 예입니다.

```
fn main() {
    let num_vec = vec![10, 20, 30, 40, 50, 60, 70, 80, 90, 100];

    // find는 참조를 사용하므로 &number를 지정합니다.
    println!("{:?}", num_vec.iter().find(|&number| number % 3 == 0));
    println!("{:?}", num_vec.iter().find(|&number| number * 2 == 30));

    println!("{:?}", num_vec.iter().position(|&number| number % 3 == 0));
    println!("{:?}", num_vec.iter().position(|&number| number * 2 == 30));

}
```

다음이 출력됩니다.

```
Some(30) // 이는 숫자 그 자체입니다.
None // 내부에 2를 곱했을 때 30이 되는 수가 없습니다.
Some(2) // 이는 위치를 나타냅니다.
None
```

.cycle()을 사용하면 끊임없이 반복되는 이터레이터를 만들 수 있습니다. 이 타입의 이터레이터는 .zip()과 잘 동작해 Vec<(i32, &str)>을 생성하는 다음 예제처럼 새로운 값을 생성합니다.

```
fn main() {
    let even_odd = vec!["even", "odd"];

    let even_odd_vec = (0..6)
        .zip(even_odd.into_iter().cycle())
        .collect::<Vec<(i32, &str)>>();
    println!("{:?}", even_odd_vec);
}
```

even_odd 벡터의 .cycle()이 "even", "odd"를 무한히 반복할 수 있지만, 0..6 범위와 zip으로 연결되었기 때문에 전체 반복은 여섯 번으로 제한됩니다. 즉, .cycle()은 여섯 번의 반복 후에는 더 이상 호출되지 않아 자동으로 종료됩니다.

```
[(0, "even"), (1, "odd"), (2, "even"), (3, "odd"), (4, "even"), (5, "odd")]
```

끝이 없는 범위로 비슷한 작업을 수행할 수 있습니다. 0..이라고 쓰면 절대 멈추지 않는 범위를 만들게 됩니다. 이를 매우 쉽게 사용할 수 있습니다.

```
fn main() {
    let ten_chars = ('a'..).take(10).collect::<Vec<char>>();
    let skip_then_ten_chars = ('a'..).skip(1300).take(10).collect::<Vec<char>>();

    println!("{:?}", ten_chars);
    println!("{:?}", skip_then_ten_chars);
}
```

둘 다 10자를 출력하지만, 두 번째는 1,300자리를 건너뛰고 아르메니아 문자를 10개 출력합니다.

```
['a', 'b', 'c', 'd', 'e', 'f', 'g', 'h', 'i', 'j']
['ԁ', 'ԃ', 'ԁ', 'ՠ', 'ԁ', 'ԅ', 'ԁ', 'ՠ', 'ԃ', 'ԁ']
```

또 다른 인기 있는 메서드는 .fold()입니다. 이 메서드는 이터레이터의 항목을 함께 추가하는 데 많이 사용하지만, 더 많은 작업을 수행할 수도 있습니다. .for_each()와 다소 유사합니다. .fold()에서 먼저 시작값(항목을 함께 추가하는 경우 0부터 시작)을 추가한 다음 쉼표와 클로저를 추가합니다. 클로저에 두 가지 항목(지금까지의 합계, 다음 항목)을 제공합니다. 먼저 항목을 함께 추가하는 .fold()를 보여 주는 간단한 예를 살펴보겠습니다.

```
fn main() {
    let some_numbers = vec![9, 6, 9, 10, 11];

    println!("{}", some_numbers
        .iter()
        .fold(0, |total_so_far, next_number| total_so_far + next_number)
    );
}
```

다음과 같은 작업이 이뤄집니다.

- 1단계에서 0으로 시작해 다음 숫자인 9를 추가합니다.

- 누적값 9에 다음 숫자 6을 더합니다(9 + 6 = 15).

- 누적값 15에 다음 숫자 9를 더합니다(15 + 9 = 24).

- 누적값 24에 다음 숫자 10을 더합니다(24 + 10 = 34).

- 누적값 34에 마지막 숫자 11을 더합니다(34 + 11 = 45).

- 최종 누적값인 45를 출력합니다.

하지만 단순히 값을 더하는 작업 외에도 다양하게 활용할 수 있습니다. 다음은 모든 문자에 '−'를 추가해서 문자열을 만드는 예입니다.

```rust
fn main() {
    let a_string = "I don't have any dashes in me.";

    println!(
        "{}",
        a_string
            .chars() // 이제 이터레이터입니다.
            .fold("-".to_string(), |mut string_so_far, next_char| {
                // 문자열 -로 시작합니다.
                // next_char 문자와 함께 매번 변경 가능한 값을 가져옵니다.
                string_so_far.push(next_char); // 문자를 추가한 다음 '-'을 넣습니다.
                string_so_far.push('-');
                string_so_far} // 다음 루프로 전달하는 것을 잊지 마세요.
        ));
}
```

다음이 출력됩니다.

```
-I- -d-o-n-'-t- -h-a-v-e- -a-n-y- -d-a-s-h-e-s- -i-n- -m-e-.-
```

다음과 같은 다른 편리한 메서드가 많습니다.

- **.take_while()**: 조건이 true인 동안 계속해서 이터레이터의 요소를 가져옵니다(예: .take_while(|x| x < &5)).

- **그 밖의 _while 메서드**: .skip_while(), .map_while() 등

- **.cloned()**: 이터레이터 내부의 요소들을 복제합니다. 참조 타입을 실제 값 타입으로 변환합니다.

- **.sum()**: 이터레이터의 모든 요소를 합산합니다.

- **.by_ref()**: 이터레이터를 참조로 변환합니다.

by_ref()를 자세히 살펴보죠. 이는 이터레이터의 일부를 뭔가에 사용하고 나머지는 그대로 두려고 할 때 유용합니다. 예를 들어 .take() 메서드는 self를 사용하므로 전체 이터레이터를 사용하게 됩니다. 그러나 두 개의 항목만 가져오고 이터레이터는 그대로 두고 싶다면 .into_iter().by_ref().take(2)를 사용할 수 있습니다. 간단한 예는 다음과 같습니다.

```
fn main() { // ⚠
    let mut number_vec = vec![7, 8, 9, 10].into_iter();

    let first_two = number_vec.take(2).collect::<Vec<_>>();
    let second_two = number_vec.take(2).collect::<Vec<_>>();
}
```

이런! .take()가 데이터 소유권을 가져갔습니다.

```
error[E0382]: use of moved value: `number_vec`
   --> src/main.rs:5:22
    |
2   |        let mut number_vec = vec![7, 8, 9, 10].into_iter();
    |            -------------- move occurs because `number_vec` has type
`std::vec::IntoIter<i32>`, which does not implement the `Copy` trait
3   |
4   |        let first_two = number_vec.take(2).collect::<Vec<_>>();
    |                                   ------- `number_vec` moved due to this method
call
5   |        let second_two = number_vec.take(2).collect::<Vec<_>>();
    |                         ^^^^^^^^^^ value used here after move
    |
note: this function takes ownership of the receiver `self`, which moves `number_
vec`
```

이 문제를 해결하기 위해 .by_ref()를 사용할 것입니다. 이제 .take()는 소유권을 가지지 않습니다.

```
fn main() {
    let mut number_vec = vec![7, 8, 9, 10].into_iter();
```

```
    // 여기에 .by_ref()를 추가합니다.
    let first_two = number_vec.by_ref().take(2).collect::<Vec<_>>();
    let second_two = number_vec.take(2).collect::<Vec<_>>();
}
```

.chunks()와 .windows()는 벡터를 원하는 크기로 자르는 방법입니다. 원하는 크기를 괄호 안에 넣습니다. 항목이 10개인 벡터가 있고 크기는 3으로 자르고 싶다고 가정해 보겠습니다. 다음과 같이 동작합니다.

- .chunks(3)은 [0, 1, 2], [3, 4, 5], [6, 7, 8], [9]라는 네 조각을 제공합니다. 따라서 3개 항목이 있는 조각을 만들려고 시도하지만, 3개가 없어도 러스트는 당황하지 않습니다. .chunks()는 남은 것을 줄 것입니다.

- .windows(3)은 먼저 [0, 1, 2] 조각을 제공합니다. 그런 다음 하나 뒤로 이동해 [1, 2, 3]을 제공합니다. 마지막 3조각에 도달하고 멈출 때까지 그렇게 할 것입니다.

간단한 숫자 벡터에 사용해 보겠습니다. 다음과 같습니다.

```
fn main() {
    let num_vec = vec![1, 2, 3, 4, 5, 6, 7, 8, 9, 0];

    for chunk in num_vec.chunks(3) {
        println!("{:?}", chunk);
    }
    println!();
    for window in num_vec.windows(3) {
        println!("{:?}", window);
    }
}
```

다음이 출력됩니다.

```
[1, 2, 3]
[4, 5, 6]
[7, 8, 9]
[0]

[1, 2, 3]
```

```
[2, 3, 4]
[3, 4, 5]
[4, 5, 6]
[5, 6, 7]
[6, 7, 8]
[7, 8, 9]
[8, 9, 0]
```

한편, .chunks()는 아무것도 주지 않으면 패닉 상태가 됩니다. 하나의 항목이 있는 벡터에 .chunks(1000)을 쓸 수 있지만 길이가 0인 항목으로 .chunks()를 쓸 수는 없습니다. [source] 버튼(12.1.3절 '[source] 버튼' 참조)을 클릭하면 함수에서 그 이유를 바로 볼 수 있습니다. assert!(chunk_size != 0);이라고 적혀 있기 때문입니다.

.match_indices()를 사용하면 입력과 일치하는 String이나 &str 내부의 모든 항목을 추출하고 인덱스도 제공합니다. 두 항목이 있는 튜플을 반환하므로 .match_indices()는 .enumerate()와 유사합니다.

```rust
fn main() {
    let rules = "Rule number 1: No fighting. Rule number 2: Go to bed at 8 pm. Rule
    number 3: Wake up at 6 am.";
    let rule_locations = rules.match_indices("Rule").collect::<Vec<(_, _)>>();
    // 이는 Vec<usize, &str> 타입이지만,
    // 타입 추론을 통해 러스트가 알아서 처리하도록 할 수 있습니다.
    println!("{:?}", rule_locations);
}
```

다음이 출력됩니다.

```
[(0, "Rule"), (28, "Rule"), (62, "Rule")]
```

.peekable()을 사용하면 다음 요소를 미리 확인할 수 있는 이터레이터를 생성할 수 있습니다. .next()처럼 Option을 반환하지만, 이터레이터의 위치는 변경되지 않기 때문에 원하는 만큼 반복해서 사용할 수 있습니다. peekable은 '일시 정지 가능한' 이터레이터라고 생각하면 됩니다. 원하는 시점까지 현재 위치에서 대기할 수 있기 때문입니다. 다음 예제에서는 요소마다 .peek()을 세 번씩 사용합니다. .next()로 다음 요소로 이동하기 전까지는 .peek()을

계속해서 호출할 수 있습니다.

```rust
fn main() {
    let just_numbers = vec![1, 5, 100];
    let mut number_iter = just_numbers.iter().peekable();
    // 이는 실제로 Peekable이라는 타입의 이터레이터를 생성합니다.

    for _ in 0..3 {
        println!("I love the number {}", number_iter.peek().unwrap());
        println!("I really love the number {}", number_iter.peek().unwrap());
        println!("{} is such a nice number", number_iter.peek().unwrap());
        number_iter.next();
    }
}
```

다음이 출력됩니다.

```
I love the number 1
I really love the number 1
1 is such a nice number
I love the number 5
I really love the number 5
5 is such a nice number
I love the number 100
I really love the number 100
100 is such a nice number
```

다음은 .peek()을 사용해 항목을 일치시키는 또 다른 예입니다. 사용이 끝나면 .next()를 호출합니다.

```rust
fn main() {
    let locations = vec![
        ("Nevis", 25),
        ("Taber", 8428),
        ("Markerville", 45),
        ("Cardston", 3585),
    ];
    let mut location_iter = locations.iter().peekable();
    while location_iter.peek().is_some() {
        match location_iter.peek() {
```

```
            Some((name, number)) if *number < 100 => {
            // .peek()은 참조를 제공하므로 *가 필요합니다.
                println!("Found a hamlet: {name} with {number} people")
            }
            Some((name, number)) => println!("Found a town: {name} with {number}
            people"),
            None => break,
        }
        location_iter.next();
    }
}
```

다음이 출력됩니다.

```
Found a hamlet: Nevis with 25 people
Found a town: Taber with 8428 people
Found a hamlet: Markerville with 45 people
Found a town: Cardston with 3585 people
```

마지막으로 .match_indices()를 사용하는 예를 살펴보겠습니다. 이 예에서는 &str에 있는 공백 수에 따라 구조체에 이름을 넣습니다.

```
#[derive(Debug)]
struct Names {
    one_word: Vec<String>,
    two_words: Vec<String>,
    three_words: Vec<String>,
}

fn main() {
    let vec_of_names = vec![
        "Caesar",
        "Frodo Baggins",
        "Bilbo Baggins",
        "Jean-Luc Picard",
        "Data",
        "Rand Al'Thor",
        "Paul Atreides",
        "Barack Hussein Obama",
        "Bill Jefferson Clinton",
    ];
```

```
    let mut iter_of_names = vec_of_names.iter().peekable();

    let mut all_names = Names { // 빈 Names 구조체를 시작합니다.
        one_word: vec![],
        two_words: vec![],
        three_words: vec![],
    };

    while iter_of_names.peek().is_some() {
        let next_item = iter_of_names.next().unwrap();
        // Some이라는 것을 알기에 .unwrap()을 사용할 수 있습니다.
        match next_item.match_indices(' ').count() { // count로 길이를 확인합니다.
            0 => all_names.one_word.push(next_item.to_string()),
            1 => all_names.two_words.push(next_item.to_string()),
            _ => all_names.three_words.push(next_item.to_string()),
        }
    }

    println!("{:?}", all_names);
}
```

다음과 같이 출력됩니다.

```
Names { one_word: ["Caesar", "Data"], two_words: ["Frodo Baggins", "Bilbo Baggins",
"Jean-Luc Picard", "Rand Al\'Thor", "Paul Atreides"], three_words:
["Barack Hussein Obama", "Bill Jefferson Clinton"] }
```

8.2 dbg! 매크로 및 .inspect

dbg!는 빠른 정보를 출력하는 매우 유용한 매크로입니다. 입력이 더 빠르고 더 많은 정보를 제
공하므로 println!의 좋은 대안입니다.

```
fn main() {
    let my_number = 8;
    dbg!(my_number);
}
```

이 코드는 다음을 출력합니다.

```
[src\main.rs:4] my_number = 8
```

그러나 실제로 dbg!는 다양한 위치에 배치할 수 있으며 코드를 감쌀 수도 있습니다. 예를 들어 다음 코드를 살펴보세요.

```rust
fn main() {
    let mut my_number = 9;
    my_number += 10;

    let new_vec = vec![8, 9, 10];

    let double_vec = new_vec.iter().map(|x| x * 2).collect::<Vec<i32>>();
}
```

이 코드는 변경 가능한 새 숫자를 만들고 변경합니다. 그런 다음 vec을 생성하고 iter와 map, collect를 사용해 새 벡터를 생성합니다. 이 코드의 거의 모든 곳에 dbg!를 넣을 수 있습니다. dbg!는 컴파일러에 '지금 뭘 하고 있나요?'라고 물어보고 컴파일러는 무엇을 하고 있다고 알려 줍니다.

```rust
fn main() {
    let mut my_number = dbg!(9);
    dbg!(my_number += 10);

    let new_vec = dbg!(vec![8, 9, 10]);

    let double_vec = dbg!(new_vec.iter().map(|x| x * 2).collect::<Vec<i32>>());

    dbg!(double_vec);
}
```

첫 번째 dbg!는 다음과 같이 출력됩니다.

```
[src\main.rs:3] 9 = 9
```

두 번째 dbg! 출력은 다음과 같습니다.

```
[src\main.rs:4] my_number += 10 = ()
```

세 번째 dbg! 출력은 다음과 같습니다.

```
[src\main.rs:6] vec![8, 9, 10] = [
    8,
    9,
    10,
]
```

그리고 네 번째 dbg! 출력은 표현식의 값까지 보여 줍니다.

```
[src\main.rs:8] new_vec.iter().map(|x| x * 2).collect::<Vec<i32>>() = [
    16,
    18,
    20,
]
```

마지막 dbg! 출력입니다.

```
[src\main.rs:10] double_vec = [
    16,
    18,
    20,
]
```

.inspect는 dbg!와 약간 비슷하지만 이터레이터에서 map처럼 사용합니다. 이터레이터 항목을 제공하고 출력하거나 원하는 작업을 수행할 수 있습니다. 예를 들어 double_vec을 다시 살펴보겠습니다.

```
fn main() {
    let new_vec = vec![8, 9, 10];

    let double_vec = new_vec
        .iter()
```

```
        .map(|x| x * 2)
        .collect::<Vec<i32>>();
}
```

코드가 수행하는 작업에 관한 자세한 정보를 알고 싶다고 해 보겠습니다. 이에 따라 2개 위치에 inspect()를 추가합니다.

```
fn main() {
    let new_vec = vec![8, 9, 10];

    let double_vec = new_vec
        .iter()
        .inspect(|first_item| println!("The item is: {first_item}"))
        .map(|x| x * 2)
        .inspect(|next_item| println!("Then it is: {next_item}"))
        .collect::<Vec<i32>>();
}
```

다음이 출력됩니다.

```
The item is: 8
Then it is: 16
The item is: 9
Then it is: 18
The item is: 10
Then it is: 20
```

그리고 .inspect가 클로저를 사용하기 때문에 원하는 만큼 클로저 안에 여러 줄의 코드를 자유롭게 작성할 수 있습니다.

```
fn main() {
    let new_vec = vec![8, 9, 10];

    let double_vec = new_vec
        .iter()
        .inspect(|first_item| {
            println!("The item is: {first_item}");
            match **first_item % 2 { // 첫 번째 항목은 &&i32이므로 **를 사용합니다.
                0 => println!("It is even."),
```

```
                _ => println!("It is odd."),
            }
            println!("In binary it is {:b}.", first_item);
        })
        .map(|x| x * 2)
        .collect::<Vec<i32>>();
}
```

다음이 출력됩니다.

```
The item is: 8
It is even.
In binary it is 1000.
The item is: 9
It is odd.
In binary it is 1001.
The item is: 10
It is even.
In binary it is 1010.
```

CHAPTER 9

수명과 내부 가변성

9.1 &str의 타입

&str 타입에는 여러 종류가 있습니다. 구체적으로 살펴보면 다음과 같습니다.

- **문자열 리터럴**

  let my_str = "I am a &str"과 같이 써서 만듭니다. 바이너리에 직접 기록되므로 전체 프로그램에서 지속됩니다. &'static str 타입을 가집니다. '는 수명^lifetime^을 의미하며 문자열 리터럴에는 static이라는 수명이 있습니다.

- **빌림 문자열**

  static 수명이 없는 일반 &str 형식입니다. String을 생성하고 이에 대한 참조를 얻으면 러스트는 필요할 때 String을 &str로 변환합니다. 예를 들어 다음과 같습니다.

```
fn prints_str(my_str: &str) { // 러스트는 &String을 &str로 변환하여 사용합니다.
    println!("{my_str}");
}

fn main() {
    let my_string = String::from("I am a string");
    prints_str(&my_string); // prints_str에 &String을 제공합니다.
}
```

그래서 수명이란 무엇일까요? 지금부터 배워보겠습니다.

9.2 수명

수명은 '변수가 얼마나 오래 지속되는지'를 의미합니다. 참조가 있는 수명에 관해서만 생각하면 됩니다. 참조는 동일한 메모리를 가리키고 객체가 사라지면 이 메모리가 해제되므로 참조가 해당 객체보다 오래 살 수 없기 때문입니다. 예를 들어 다음 함수는 동작하지 않습니다.

```rust
fn returns_reference() -> &str {
    let my_string = String::from("I am a string");
    &my_string // ⚠
}

fn main() {}
```

문제는 my_string이 returns_reference 내부에만 있다는 점입니다. &my_string을 반환하려고 하지만 &my_string은 my_string 없이는 존재할 수 없습니다. 따라서 컴파일러는 존재하지 않는다고 알려 줍니다.

다음 코드도 동작하지 않습니다.

```rust
fn returns_str() -> &str {
    let my_string = String::from("I am a string");
    "I am a str" // ⚠
}

fn main() {
    let my_str = returns_str();
    println!("{my_str}");
}
```

거의 완성된 것 같지만, 컴파일러는 다음과 같은 오류를 표시합니다.

```
error[E0106]: missing lifetime specifier
 --> src\main.rs:6:21
  |
6 | fn returns_str() -> &str {
  |                     ^ expected named lifetime parameter
  |
  = help: this function's return type contains a borrowed value, but there is no
```

```
  value for it to be borrowed from
help: consider using the ``'static` lifetime
   |
6 | fn returns_str() -> &'static str {
   |                      ^^^^^^^^^
```

missing lifetime specifier 오류는 수명을 나타내는 ' 지정자가 필요하다는 의미입니다.
또한 contains a borrowed value, but there is no value for it to be borrowed
from이라는 메시지는 "I am a str"이 어떤 값으로부터도 빌려온 것이 아님을 나타냅니다. 컴
파일러는 consider using the 'static lifetime이라는 제안과 함께 &'static str로 선
언하라고 합니다. 즉, 이 문자열을 정적 문자열 리터럴로 선언해야 한다고 제안합니다.

이제 동작합니다.

```
fn returns_str() -> &'static str {
    let my_string = String::from("I am a string");
    "I am a str"
}

fn main() {
    let my_str = returns_str();
    println!("{my_str}");
}
```

코드가 동작하는 이유는 static 수명을 가진 &str을 반환했기 때문입니다. 한편 my_string
은 String으로만 반환될 수 있습니다. 다음 줄에서 죽기 때문에 참조를 반환할 수 없습니다.

fn returns_str() -> &'static str은 러스트에 '걱정하지 마세요. 문자열 리터럴만 반환
할게요'라고 합니다. 문자열 리터럴은 전체 프로그램에서 유효하므로 러스트는 만족합니다. 이
런 부분에서 수명은 제네릭과 유사합니다. <T: Display>와 같은 것을 쓸 때 Display가 있는
입력만 사용하겠다고 컴파일러에 약속합니다. 수명도 비슷합니다. 변수 수명을 변경하는 것이
아니라, 컴파일러에 입력하는 것의 수명이 얼마인지 알려 줄 뿐입니다.

그러나 'static만이 유일한 수명은 아닙니다. 실제로 모든 변수에는 수명이 있지만 일반적으
로 수명을 쓸 필요는 없습니다. 컴파일러는 매우 영리하며 일반적으로 스스로 알아냅니다. 컴
파일러가 스스로 알아낼 수 없을 때만 참조의 수명을 쓰면 됩니다.

다음은 또 다른 수명의 예입니다. City 구조체를 만들고 이름에 &str을 지정한다고 상상해 보세요. String보다 더 빠른 성능을 제공하므로 그렇게 하고 싶을 수도 있습니다. 따라서 다음과 같이 쓸 수 있지만, 아직 동작하지 않습니다.

```rust
#[derive(Debug)]
struct City {
    name: &str, // ⚠
    date_founded: u32,
}

fn main() {
    let my_city = City {
        name: "Ichinomiya",
        date_founded: 1921,
    };
}
```

컴파일러는 다음과 같이 알려 줍니다.

```
error[E0106]: missing lifetime specifier
 --> src\main.rs:3:11
  |
3 |     name: &str,
  |           ^ expected named lifetime parameter
  |
help: consider introducing a named lifetime parameter
  |
2 | struct City<'a> {
3 |     name: &'a str,
  |
```

&str이 참조이므로 &str의 수명이 필요합니다. name이 가리키는 값이 삭제되면 어떻게 될까요? 해당 메모리는 정리되고 참조는 아무것도 가리키지 않거나 다른 사람의 데이터를 가리키게 됩니다. 이렇게 하면 안전하지 않을 것입니다.

'static은 어떻습니까? 동작할까요? 이미 'static을 사용해 봤으니 시도해 봅시다.

```rust
#[derive(Debug)]
struct City {
```

```
        name: &'static str, // &str을 &'static str로 변경
        date_founded: u32,
    }

    fn main() {
        let my_city = City {
            name: "Ichinomiya",
            date_founded: 1921,
        };

        println!("{} was founded in {}", my_city.name, my_city.date_founded);
    }
```

좋아요! 이제 동작합니다. 여러분이 이런 구조체를 원했을 수도 있습니다. 그러나 '문자열 리터 럴'만 사용할 수 있으므로 다른 항목에 대한 참조는 사용할 수 없습니다. 따라서 다음은 동작하 지 않습니다.

```
    #[derive(Debug)]
    struct City {
        name: &'static str, // 전체 프로그램을 위해 살아 있어야 합니다.
        date_founded: u32,
    }

    fn main() {
        let city_names = vec!["Ichinomiya".to_string(), "Kurume".to_string()];
        // city_names는 전체 프로그램 안에서 살아 있지 않습니다.

        let my_city = City {
            name: &city_names[0], // ⚠ 이것은 &str이지만, &'static str은 아닙니다.
                                  // city_names 내의 값에 대한 참조입니다.
            date_founded: 1921,
        };

        println!("{} was founded in {}", my_city.name, my_city.date_founded);
    }
```

컴파일러는 다음과 같이 알려 줍니다.

```
error[E0597]: `city_names` does not live long enough
  --> src\main.rs:12:16
```

```
 ¦
12 ¦            name: &city_names[0],
 ¦                  ^^^^^^^^^^
 ¦                  ¦
 ¦                  borrowed value does not live long enough
 ¦                  requires that `city_names` is borrowed for `'static`
...
18 ¦ }
 ¦ - `city_names` dropped here while still borrowed
```

이 메시지를 이해하는 것이 중요합니다. 우리가 제공한 참조는 실제로 충분히 오래 지속됩니다. 그러나 문제는 우리가 &'static str 타입만 전달하겠다고 시그니처에서 명시했는데, 실제로는 다른 타입의 참조를 주려고 한다는 점입니다.

이제 컴파일러가 이전에 제안한 것을 시도해 보겠습니다. struct City<'a>와 name: &'a str 을 써보라고 했습니다. 즉, City만큼 오래 사는 name에 대한 참조만 사용한다는 의미입니다.

```rust
#[derive(Debug)]
struct City<'a> { // City는 'a 수명을 가집니다.
    name: &'a str, // name에도 수명 'a 가 있습니다.
    date_founded: u32,
}

fn main() {
    let city_names = vec!["Ichinomiya".to_string(), "Kurume".to_string()];

    let my_city = City {
        name: &city_names[0],
        date_founded: 1921,
    };

    println!("{} was founded in {}", my_city.name, my_city.date_founded);
}
```

또한 원한다면 'a 대신 무엇이든 쓸 수 있습니다. 마치 제네릭에서 T나 U를 쓰지만 실제로는 무엇이든 쓸 수 있는 것과 유사합니다.

```rust
#[derive(Debug)]
struct City<'city> { // 수명은 이제 'city라고 불립니다.
```

```
        name: &'city str, // name도 'city 수명을 가집니다.
        date_founded: u32,
    }

    fn main() {}
```

일반적으로 'a, 'b, 'c 등을 쓸 것입니다. 빠르고 일반적으로 쓰는 방법이기 때문입니다. 그러나 원할 때 언제든지 변경할 수 있습니다. 한 가지 좋은 팁은 수명을 사람이 읽을 수 있는 이름으로 변경하면 코드가 매우 복잡할 때 코드를 읽는 데 도움이 된다는 점입니다.

예제를 보며 제네릭에 대한 트레이트와 수명을 다시 비교해 보겠습니다.

```
use std::fmt::Display;

fn prints<T: Display>(input: T) {
    println!("T is {input}");
}

fn main() {}
```

T: Display라고 적으면 'Display가 있을 때만 T를 가져가세요'라는 의미입니다. '나는 T에게 Display를 주고 있습니다'라는 의미가 아닙니다.

수명도 마찬가지입니다. 다음 코드를 보겠습니다.

```
#[derive(Debug)]
struct City<'a> {
    name: &'a str,
    date_founded: u32,
}

fn main() {}
```

여기서 'a를 쓸 때는 'City만큼 오래 살 때만 name을 입력하세요'라는 의미입니다. '이렇게 하면 name에 대한 입력이 City만큼 오래 유지됩니다'라는 의미가 아닙니다.

이제 앞에서 본 <'_>에 관해 알아볼 수 있습니다. 이를 익명 수명anonymous lifetime이라고 하며 참조가 사용되고 있음을 나타내는 지표입니다. 예를 들어 여러분이 구조체를 구현할 때 러스트는 수명을 제안할 것입니다. 다음은 거의 완성되었지만 아직 동작하지 않는 하나의 구조체입니다.

```rust
// ⚠
struct Adventurer<'a> {
    name: &'a str,
    hit_points: u32,
}

impl Adventurer {
    fn take_damage(&mut self) {
        self.hit_points -= 20;
        println!("{} has {} hit points left!", self.name, self.hit_points);
    }
}

fn main() {}
```

struct를 위해 필요한 작업을 수행했습니다. 우선 **name** 필드가 **&str** 타입이라고 선언했는데, 이는 수명 지정이 필요하므로 **<'a>**를 추가했습니다. 그리고 이 참조가 해당 수명 동안 유효하다는 것을 나타내기 위해 **struct**에도 동일한 수명을 지정해야 했습니다. 그러자 러스트가 다음과 같은 작업을 요구합니다.

```
error[E0726]: implicit elided lifetime not allowed here
  --> src\main.rs:6:6
   |
6  | impl Adventurer {
   |      ^^^^^^^^^^- help: indicate the anonymous lifetime: `<'_>`
```

사용 중인 참조가 있음을 보여 주기 위해 익명의 수명을 추가하라고 합니다. 다음과 같이 익명 수명을 써보겠습니다.

```rust
struct Adventurer<'a> {
    name: &'a str,
    hit_points: u32,
}

impl Adventurer<'_> {
    fn take_damage(&mut self) {
        self.hit_points -= 20;
```

```
        println!("{} has {} hit points left!", self.name, self.hit_points);
    }
}

fn main() {}
```

이 수명은 구조체가 이미 수명을 보여 주므로 impl<'a> Adventurer<'a>와 같은 것을 항상 쓸 필요가 없도록 만들어졌습니다.

잠깐만요, impl 블록이 수명에 관해서도 이야기해야 하는 이유는 무엇일까요? 두 개의 수명을 다루어야 하는 트레이트가 있다고 가정해 봅시다. 다음과 같이 보일 수 있습니다.

```
trait HasSomeLifeTime<'a, 'b> {}
```

그리고 두 개의 참조가 있는 구조체가 있고 각 참조에는 어떤 이유로 고유한 수명이 있습니다 (걱정하지 마세요. 이런 상황은 러스트에서 일반적이지 않으며, 단지 설명하기 위한 것입니다).

```
struct SomeStruct<'a, 'b> {
    name: &'a str,
    other: &'b str
}
```

이제 SomeStruct에 대해 HasSomeLifeTime을 구현하고 싶다고 상상해 보세요. 트레이트에는 처리할 자체 수명이 있고 구조체에도 처리할 자체 수명이 있습니다. 각각을 'a와 'b라고 부르지만 실제로는 서로 아무런 관련이 없습니다. 따라서 impl을 사용할 때 일부 수명을 선언하고 그때 한 수명이 다른 수명만큼 길어야 한다고 결정할 수 있습니다.

아마도 다음과 같이 할 것입니다.

```
impl <'a, 'b> HasSomeLifeTime<'a, 'b> for SomeStruct<'a, 'b> {}
```

이는 '여기에 두 개의 다른 수명이 있다'를 의미합니다. 이제 트레이트와 구조체의 'a와 'b는 동일한 수명입니다.

하지만 모두 같다고 하고 싶지 않을 수도 있고, 같은 이름을 사용하고 싶지 않을 수도 있습니다 (다른 누군가가 SomeStruct를 썼는데 여러분은 그들의 수명 이름을 사용하고 싶지 않을 수도 있습니다). 다음과 같이 쓸 수도 있습니다.

```
impl <'one, 'two, 'three, 'four> HasSomeLifeTime<'one, 'three> for SomeStruct<'two,
'four> {}
```

이는 '여기에 관련된 4개의 수명이 있다'를 의미하며, 트레이트와 구조체는 각각 자체적으로 2개의 수명을 가집니다.

하지만 러스트에서는 지금까지 수명에 대해 걱정할 필요가 거의 없으므로 걱정하지 마세요. 그리고 다음 예와 같이 수명을 생략하고 러스트가 알아내도록 할 수도 있습니다.

```
impl HasSomeLifeTime<'_, '_> for SomeStruct<'_, '_> {}
```

이는 '각각 자체적으로 2개의 수명을 가집니다. 수명을 알아내세요'라는 뜻과 같습니다.

러스트에서 수명은 어려울 수 있지만, 여기에 걱정을 줄여 줄 몇 가지 팁이 있습니다.

- 당분간 피하고 싶다면 소유 타입을 유지하거나 복제본 등을 사용할 수 있습니다. 함수에서 &str을 얻으면 문자열로 변환해 구조체에 넣습니다! 러스트는 이렇게 해도 엄청나게 빠릅니다.
- 대부분은 컴파일러가 수명을 원할 때 여기저기서 <'a>를 쓰면 동작합니다. '걱정하지 마세요. 오래 살지 못하는 것은 주지 않겠습니다'라고 말하는 방식일 뿐입니다.
- 한 번에 조금씩 수명을 탐색할 수 있습니다. 소유된 값으로 코드를 쓴 다음 하나를 참조로 만드세요. 컴파일러는 불평하기 시작하지만 몇 가지 제안도 제공합니다. 너무 복잡해지면 실행 취소하고 다음에 다시 시도할 수 있습니다.

코드로 이 작업을 수행하고 컴파일러의 메시지를 봅시다. 먼저 돌아가서 수명을 제거하고 Display도 구현합니다. Display는 Adventurer의 이름만 인쇄합니다.

```
// ⚠
struct Adventurer {
    name: &str,
    hit_points: u32,
}
```

```rust
impl Adventurer {
    fn take_damage(&mut self) {
        self.hit_points -= 20;
        println!("{} has {} hit points left!", self.name, self.hit_points);
    }
}

impl std::fmt::Display for Adventurer {
    fn fmt(&self, f: &mut std::fmt::Formatter<'_>) -> std::fmt::Result {
        write!(f, "{} has {} hit points.", self.name, self.hit_points)
    }
}

fn main() {}
```

첫 번째 불만 사항은 다음과 같습니다.

```
error[E0106]: missing lifetime specifier
 --> src\main.rs:2:11
  |
2 |     name: &str,
  |           ^ expected named lifetime parameter
  |
help: consider introducing a named lifetime parameter
  |
1 | struct Adventurer<'a> {
2 |     name: &'a str,
  |
```

이제 무엇을 해야 할지 컴파일러가 제시합니다. 컴파일러는 Adventurer 다음에 <'a> 및 &'a str을 추가하기를 제안합니다. 이에 따라 코드를 고쳐보겠습니다.

```rust
// ⚠
struct Adventurer<'a> {
    name: &'a str,
    hit_points: u32,
}

impl Adventurer {
    fn take_damage(&mut self) {
```

```
            self.hit_points -= 20;
            println!("{} has {} hit points left!", self.name, self.hit_points);
        }
    }

    impl std::fmt::Display for Adventurer {
        fn fmt(&self, f: &mut std::fmt::Formatter<'_>) -> std::fmt::Result {
            write!(f, "{} has {} hit points.", self.name, self.hit_points)
        }
    }

    fn main() {}
```

이제 앞의 수정 사항들은 해결되었지만, 컴파일러가 `impl` 블록에 대해 궁금해하고 있습니다. 우리가 참조를 사용한다는 것을 명시해야 합니다.

```
error[E0726]: implicit elided lifetime not allowed here
 --> src\main.rs:6:6
   |
6  | impl Adventurer {
   |      ^^^^^^^^^^- help: indicate the anonymous lifetime: `<'_>`

error[E0726]: implicit elided lifetime not allowed here
 --> src\main.rs:12:28
   |
12 | impl std::fmt::Display for Adventurer {
   |                            ^^^^^^^^^^- help: indicate the anonymous lifetime:
`<'_>`
```

자, 이제 이 부분들을 추가하면 잘 작동합니다! 이제 **Adventurer**를 생성하고 이를 활용해 여러 작업을 수행할 수 있습니다.

```
struct Adventurer<'a> {
    name: &'a str,
    hit_points: u32,
}

impl Adventurer<'_> {
    fn take_damage(&mut self) {
        self.hit_points -= 20;
```

```
            println!("{} has {} hit points left!", self.name, self.hit_points);
        }
    }

    impl std::fmt::Display for Adventurer<'_> {

        fn fmt(&self, f: &mut std::fmt::Formatter<'_>) -> std::fmt::Result {
            write!(f, "{} has {} hit points.", self.name, self.hit_points)
        }
    }

    fn main() {
        let mut billy = Adventurer {
            name: "Billy",
            hit_points: 100_000,
        };
        println!("{}", billy);
        billy.take_damage();
    }
```

다음이 출력됩니다.

```
Billy has 100000 hit points.
Billy has 99980 hit points left!
```

이처럼 수명은 대부분 컴파일러가 안전성을 확인하기 위한 장치입니다. 컴파일러는 보통 우리
가 의도한 수명을 거의 정확히 추론할 수 있을 만큼 똑똑하지만, 확실하게 하고자 우리가 명시
적으로 지정해 주기를 요구하는 것뿐입니다.

9.3 내부 가변성

내부 가변성interior mutability은 내부에 약간의 가변성이 있음을 의미합니다. 러스트에서 변수를 변
경하려면 mut를 사용해야 했던 것을 기억하나요? mut라는 단어 없이 변경하는 방법도 있습니
다. 러스트에는 불변인 구조체 내부의 값을 안전하게 변경할 수 있는 몇 가지 방법이 있기 때문
입니다. 이들 각각은 값 변경이 여전히 안전한지 확인하는 몇 가지 규칙을 따릅니다.

9.3.1 Cell

먼저, 이러한 기능이 필요한 간단한 예제를 살펴보겠습니다. 여러 필드가 있는 PhoneModel이라는 구조체를 예로 들어 보겠습니다.

```
struct PhoneModel {
    company_name: String,
    model_name: String,
    screen_size: f32,
    memory: usize,
    date_issued: u32,
    on_sale: bool,
}

fn main() {
    let super_phone_3000 = PhoneModel {
        company_name: "YY Electronics".to_string(),
        model_name: "Super Phone 3000".to_string(),
        screen_size: 7.5,
        memory: 4_000_000,
        date_issued: 2020,
        on_sale: true,
    };

}
```

PhoneModel의 필드는 대부분 변경되지 않아야 하므로 불변인 것이 좋습니다. 예를 들어 date_issued(출시 일자)와 screen_size(화면 크기)는 절대 변경되지 않습니다.

하지만 on_sale(판매 여부)이라는 필드는 다릅니다. 휴대폰 모델은 판매(on_sale=true)되었다가 나중에 판매 중단(on_sale=false)됩니다. 이 필드 하나만 변경 가능하게 할 수 있을까요? let mut super_phone_3000을 사용하면 모든 필드를 변경할 수 있어서 이 상황에는 적합하지 않습니다.

러스트는 불변 타입 내부에서 안전하게 값을 변경하는 여러 방법을 제공합니다. 그중 가장 기본적인 것이 Cell입니다. 먼저 use std::cell::Cell을 선언하면 매번 전체 경로인 std::cell::Cell을 쓰지 않고 Cell만으로 사용할 수 있습니다.

그런 다음 on_sale: bool을 on_sale: Cell<bool>로 변경합니다. 이제 bool이 아닙니다.

bool을 보유하는 Cell입니다.

Cell에는 값을 변경할 수 있는 .set()이라는 메서드가 있습니다. .set()을 사용해 on_sale: true를 on_sale: Cell::new(true)로 변경합니다.

```rust
use std::cell::Cell;

struct PhoneModel {
    company_name: String,
    model_name: String,
    screen_size: f32,
    memory: usize,
    date_issued: u32,
    on_sale: Cell<bool>,
}

fn main() {
    let super_phone_3000 = PhoneModel {
        company_name: "YY Electronics".to_string(),
        model_name: "Super Phone 3000".to_string(),
        screen_size: 7.5,
        memory: 4_000_000,
        date_issued: 2020,
        on_sale: Cell::new(true),
    };

    // 10년 후, super_phone_3000은 더 이상 판매되지 않습니다.
    super_phone_3000.on_sale.set(false);
}
```

Cell은 모든 타입에 대해 동작하지만 참조가 아닌 값을 제공하므로 단순 복사 타입에 가장 적합합니다. Cell에는 (예를 들어 복사 타입에서만 동작하는) get()이라는 메서드가 있습니다.

사용할 수 있는 또 다른 타입은 RefCell입니다.

9.3.2 RefCell

RefCell은 mut를 선언하지 않고 값을 변경하는 또 다른 방법입니다. '참조된 셀'을 의미하며 Cell과 같지만 복사본 대신 참조를 사용합니다.

이번에는 User 구조체를 생성할 것입니다. 지금까지 살펴본 Cell과 유사함을 알 수 있습니다.

```rust
use std::cell::RefCell;

#[derive(Debug)]
struct User {
    id: u32,
    year_registered: u32,
    username: String,
    active: RefCell<bool>,
    // 다른 많은 필드
}

fn main() {
    let user_1 = User {
        id: 1,
        year_registered: 2020,
        username: "User 1".to_string(),
        active: RefCell::new(true),
    };

    println!("{:?}", user_1.active);
}
```

출력은 다음과 같습니다.

```
RefCell { value: true }
```

RefCell에는 많은 메서드가 있습니다. 그중에는 .borrow()와 .borrow_mut()가 있습니다. 이러한 방법을 사용하면 &나 &mut에서 수행하는 것과 동일한 작업을 수행할 수 있습니다. 규칙은 동일합니다.

- 여러 개의 불변 빌림은 허용됩니다.
- 하나의 가변 빌림도 허용됩니다.
- 하지만 가변 빌림과 불변 빌림은 동시에 존재할 수 없습니다.

따라서 RefCell의 값은 변경하기 매우 쉽습니다.

```
// 생략
user_1.active.replace(false);
println!("{:?}", user_1.active);
```

그리고 클로저를 사용하는 **replace_with**와 같은 많은 다른 메서드가 있습니다.

```
// 생략
let date = 2020;

user_1
    .active
    .replace_with(|_| if date < 2000 { true } else { false });
println!("{:?}", user_1.active);
```

하지만 **RefCell**은 컴파일 시간이 아니라 런타임에 빌림을 확인하기 때문에 주의해야 합니다. 런타임은 프로그램이 실제로 실행되는 시간(컴파일 후)을 의미합니다. 따라서 **RefCell**은 잘못 사용했을 때도 컴파일됩니다.

```
use std::cell::RefCell;

#[derive(Debug)]
struct User {
    id: u32,
    year_registered: u32,
    username: String,
    active: RefCell<bool>,
    // 많은 다른 필드
}

fn main() {
    let user_1 = User {
        id: 1,
        year_registered: 2020,
        username: "User 1".to_string(),
        active: RefCell::new(true),
    };

    let borrow_one = user_1.active.borrow_mut(); // 첫 번째 변경 가능한 빌림(문제없음)
    let borrow_two = user_1.active.borrow_mut(); // 두 번째 변경 가능한 빌림(오류 발생)
}
```

그러나 실행하면 즉시 패닉 상태가 됩니다.

```
thread 'main' panicked at 'already borrowed: BorrowMutError', C:\Users\mithr\.
rustup\toolchains\stable-x86_64-pc-windows-msvc\lib\rustlib\src\rust\src\libcore\
cell.rs:877:9
note: run with `RUST_BACKTRACE=1` environment variable to display a backtrace
error: process didn't exit successfully: `target\debug\rust_book.exe` (exit code:
101)
```

already borrowed: BorrowMutError가 중요한 부분입니다. 그래서 RefCell을 사용할 때
는 컴파일 후 실행해서 확인하는 편이 좋습니다.

9.3.3 mutex

뮤텍스mutex는 mut 키워드 없이도 값을 변경할 수 있는 또 다른 방법입니다. 뮤텍스는 '상호 배
제mutual exclusion'를 의미하며, '한 번에 하나만 접근 가능'하다는 뜻입니다. 뮤텍스는 한 번에 하
나의 프로세스만 값을 변경할 수 있도록 제한하므로 안전합니다. 이를 위해 .lock() 메서드를
사용하는데, 이는 마치 방에 들어가서 안쪽에서 문을 잠그는 것과 같습니다. 문을 잠그고 나면
방 안의 것들을 마음대로 변경할 수 있고, 다른 누구도 방에 들어올 수 없기 때문에 안전하게
작업할 수 있습니다.

예제를 보면 뮤텍스를 이해하기 쉽습니다.

```rust
use std::sync::Mutex;

fn main() {
    // 새 Mutex<i32>. mut를 사용할 필요가 없습니다.
    let my_mutex = Mutex::new(5);

    // mutex_changer는 MutexGuard입니다. 값을 변경할 것이므로 mut이어야 합니다.
    let mut mutex_changer = my_mutex.lock().unwrap();

    // 이제 Mutex에 접근할 수 있습니다. 확인하기 위해 my_mutex를 출력해 보겠습니다.
    println!("{:?}", my_mutex); // "Mutex { data: <locked> }"가 출력됩니다.

    // 이제는 my_mutex로 직접 데이터에 접근할 수 없으며,
```

```
    // mutex_changer를 통해서만 접근이 가능합니다.
    println!("{:?}", mutex_changer); // 5가 출력됩니다. 6으로 바꾸겠습니다.

    // mutex_changer는 MutexGuard<i32>이므로 *를 사용해 i32 타입의 값을 변경합니다.
    *mutex_changer = 6;

    println!("{:?}", mutex_changer); // 이제 6이 출력됩니다.
}
```

그러나 mutex_changer는 완료된 후에도 여전히 잠금이 있습니다. 어떻게 멈출 수 있나요?
MutexGuard가 범위를 벗어나면 Mutex가 잠금 해제됩니다. '범위를 벗어남'은 코드 블록이 완
료되었음을 의미합니다. 예를 들어 다음과 같습니다.

```
use std::sync::Mutex;

fn main() {
    let my_mutex = Mutex::new(5);
    {
        let mut mutex_changer = my_mutex.lock().unwrap();
        *mutex_changer = 6;
    } // mutex_changer가 범위를 벗어납니다. 이제 사라졌습니다. 더는 잠겨있지 않습니다.

    println!("{:?}", my_mutex); // 이제 다음과 같이 표시됩니다. Mutex { data: 6 }
}
```

다른 {} 코드 블록을 사용하지 않으려면 drop(mutex_changer)을 사용할 수 있습니다.
drop(std::mem::drop에 위치)은 '이것을 범위 밖으로 버리세요'를 의미합니다.

```
use std::sync::Mutex;

fn main() {
    let my_mutex = Mutex::new(5);
    let mut mutex_changer = my_mutex.lock().unwrap();
    *mutex_changer = 6;
    drop(mutex_changer); // mutex_changer를 버립니다. 이제 사라졌습니다.
    // my_mutex가 잠금 해제되었습니다.

    println!("{:?}", my_mutex); // 이제 다음과 같이 표시됩니다. Mutex { data: 6 }
}
```

다른 변수가 mutex_changer를 lock하려고 하면 대기할 것이므로 Mutex를 사용할 때 주의해야 합니다.

```rust
use std::sync::Mutex;

fn main() {
    let my_mutex = Mutex::new(5);
    let mut mutex_changer = my_mutex.lock().unwrap(); // mutex_changer에 잠금이 있음
    let mut other_mutex_changer = my_mutex.lock().unwrap();
    // other_mutex_changer는 잠금을 원합니다.
    // 프로그램이 대기 중입니다.
    // 대기 중...
    // 영원히 대기 중일 겁니다.

    println!("This will never print...");
}
```

또 다른 방법으로 try_lock() 메서드가 있습니다. 이 메서드는 잠금 획득을 한 번만 시도하고, 실패하면 바로 포기합니다. try_lock().unwrap()은 사용하지 않는 것이 좋습니다. 잠금 획득에 실패하면 패닉이 발생하기 때문입니다. 대신 if let이나 match를 사용하는 것이 더 안전합니다.

```rust
use std::sync::Mutex;

fn main() {
    let my_mutex = Mutex::new(5);
    let mut mutex_changer = my_mutex.lock().unwrap();
    let mut other_mutex_changer = my_mutex.try_lock(); // 잠금을 얻으려고 시도합니다.

    if let Ok(value) = other_mutex_changer {
        println!("The MutexGuard has: {value}")
    } else {
        println!("Didn't get the lock")
    }
}
```

또한 Mutex를 변경하려고 변수를 만들 필요가 없습니다. 다음과 같이 하면 됩니다.

```rust
use std::sync::Mutex;
```

```
fn main() {
    let my_mutex = Mutex::new(5);

    *my_mutex.lock().unwrap() = 6;

    println!("{:?}", my_mutex);
}
```

*my_mutex.lock().unwrap() = 6;은 'my_mutex를 잠금 해제하고 6으로 설정'을 의미합니다. 이를 보유하는 변수가 없으므로 drop을 호출할 필요가 없습니다. 원한다면 100번 수행할수도 있습니다. 몇 번을 수행하는 것은 중요하지 않습니다.

```
use std::sync::Mutex;

fn main() {
    let my_mutex = Mutex::new(5);

    for _ in 0..100 {
        *my_mutex.lock().unwrap() += 1; // 100번을 잠금 및 잠금 해제
    }

    println!("{:?}", my_mutex);
}
```

9.3.4 RwLock

RwLock은 '읽기-쓰기 락read write lock'을 의미합니다. 뮤텍스와 유사하지만 RefCell의 특성도 가지고 있습니다. 값을 변경할 때는 .lock().unwrap() 대신 .write().unwrap()을 사용합니다.

그러나 .read().unwrap()을 사용해 읽기 전용 접근 권한을 얻을 수도 있습니다. 다음 규칙을 따르기 때문에 RefCell과 같습니다.

- .read()로 여러 변수가 동시에 접근하는 것은 허용됩니다.
- .write() 접근 권한이 있는 하나의 변수는 괜찮습니다.
- 하지만 여러 개의 .write()를 동시에 사용하거나, .write()와 .read()를 동시에 사용하는 것은 허용되지 않습니다.

접근할 수 없을 때 .write()를 시도하면 프로그램이 계속 실행됩니다.

```rust
use std::sync::RwLock;

fn main() {
    let my_rwlock = RwLock::new(5);

    let read1 = my_rwlock.read().unwrap(); // 하나의 .read()는 괜찮습니다.
    let read2 = my_rwlock.read().unwrap(); // 두 개의 .read()도 괜찮습니다.

    println!("{:?}, {:?}", read1, read2);

    let write1 = my_rwlock.write().unwrap(); // 이제 프로그램은 영원히 기다릴 겁니다.
}
```

그래서 우리는 Mutex에서처럼 drop을 사용합니다.

```rust
use std::sync::RwLock;

fn main() {
    let my_rwlock = RwLock::new(5);

    let read1 = my_rwlock.read().unwrap();
    let read2 = my_rwlock.read().unwrap();

    println!("{:?}, {:?}", read1, read2);

    drop(read1);
    drop(read2); // 둘 다 버렸기 때문에 이제 .write()를 사용할 수 있습니다.

    let mut write1 = my_rwlock.write().unwrap();
    *write1 = 6;
    drop(write1);
    println!("{:?}", my_rwlock);
}
```

try_read()와 try_write()도 사용할 수 있으며, 실제로는 이 방식을 권장합니다.

```rust
use std::sync::RwLock;

fn main() {
```

```
    let my_rwlock = RwLock::new(5);

    let read1 = my_rwlock.read().unwrap();
    let read2 = my_rwlock.read().unwrap();

    if let Ok(mut number) = my_rwlock.try_write() {
        *number += 10;
        println!("Now the number is {}", number);
    } else {
        println!("Couldn't get write access, sorry!")
    };
}
```

9.4 Cow

Cow는 매우 편리한 열거형입니다. 이는 clone on write(write 시 복제)의 약자이며 String이 필요하지 않으면 &str을 반환하고 필요하면 String을 반환할 수 있습니다(배열과 벡터 등의 관계에서도 같은 방식으로 활용할 수 있습니다).

Cow를 이해하기 위해 시그니처를 살펴보겠습니다. 먼저 매우 단순화한 시그니처부터 시작하겠습니다.

```
enum Cow  {
    Borrowed,
    Owned
}
```

이 열거형에는 선택지(배리언트)가 두 개 있습니다. Cow는 B라고 하는 단일 타입에 대해 일반적입니다(어떤 이름으로도 부를 수 있지만 러스트는 B를 선택했습니다). Borrowed와 Owned 모두 다음과 같습니다.

```
enum Cow<B> {
    Borrowed(B),
    Owned(B),
}
```

자, 이제 실제 시그니처를 살펴보겠습니다. 다음과 같습니다.

```
pub enum Cow<'a, B>
where
    B: 'a + ToOwned + ?Sized,
{
    Borrowed(&'a B),
    Owned(<B as ToOwned>::Owned),
}
```

'a 표시가 있으면 참조 타입과 관련이 있다는 것을 즉시 알 수 있습니다. ToOwned 트레이트는 해당 타입을 소유권이 있는 타입으로 변환할 수 있다는 것을 나타냅니다. 대표적인 예로 str은 일반적으로 참조 타입(&str)으로 사용되는데, 이를 소유권이 있는 String 타입으로 변환할 수 있습니다.

다음은 ?Sized입니다. 이는 '크기가 조정될 수도 있지만 그렇지 않을 수도 있음'을 의미합니다. '동적 크기'라는 용어를 기억하나요? 러스트의 거의 모든 타입은 Sized이지만 str과 같은 타입은 그렇지 않습니다. 컴파일러가 크기를 모르므로 str에 &가 필요합니다. 따라서 str 과 같은 것을 사용할 수 있는 트레이트를 원하면 '동적으로 크기가 조정될 수 있음'을 의미하는 ?Sized를 추가합니다.

이제 enum의 배리언트인 Borrowed와 Owned를 살펴보겠습니다.

Cow<'static, str>을 반환하는 함수가 있다고 상상해 보세요. "My message".into()를 반환하도록 함수에 지시하면 "My message"가 str 타입임을 확인합니다. 이는 Borrowed이므로 Borrowed(&'a B)를 선택합니다. 그래서 Cow::Borrowed(&'static str)가 됩니다.

그리고 format!("{}", "My message").into()를 지정하면 String 타입임을 확인합니다. 이번에는 format!이 String을 만들기 때문입니다. 따라서 이번에는 Owned가 선택되어 반환됩니다.

다음은 Cow를 테스트하는 예입니다. Cow<'static, str>을 반환하는 함수에 숫자를 입력합니다. 숫자에 따라 &str이나 String을 생성합니다. 그런 다음 .into()를 사용해 Cow로 바꿉니다. 그렇게 하면 Cow::Borrowed나 Cow::Owned를 선택합니다. 그리고 match를 사용해서 무엇을 선택했는지 확인합니다.

```rust
use std::borrow::Cow;

fn modulo_3(input: u8) -> Cow<'static, str> {
    match input % 3 {
        0 => "Remainder is 0".into(),
        1 => "Remainder is 1".into(),
        remainder => format!("Remainder is {}", remainder).into(),
    }
}

fn main() {
    for number in 1..=6 {
        match modulo_3(number) {
            Cow::Borrowed(message) => println!("{number} went in. The Cow is \
                borrowed with this message: {message}"),
            Cow::Owned(message) => println!("{number} went in. The Cow is \
                owned with this message: {message}"),
        }
    }
}
```

다음이 출력됩니다.

```
1 went in. The Cow is borrowed with this message: Remainder is 1
2 went in. The Cow is owned with this message: Remainder is 2
3 went in. The Cow is borrowed with this message: Remainder is 0
4 went in. The Cow is borrowed with this message: Remainder is 1
5 went in. The Cow is owned with this message: Remainder is 2
6 went in. The Cow is borrowed with this message: Remainder is 0
```

Cow에는 into_owned와 into_borrowed 같은 메서드가 있으므로 필요할 때 Cow::Borrowed
를 Cow::Owned로, 또는 그 반대로 변경할 수 있습니다.

Cow는 구조체와 열거형에서도 유용하게 사용할 수 있으며, &str과 String 둘 다 처리해야 할
때의 또 다른 해결책이 됩니다. 예를 들어 User 구조체에서 &str이나 String을 모두 처리하
고 싶은데, 꼭 필요한 경우가 아니라면 불필요한 복제나 to_string() 호출을 피하고 싶을 때
Cow를 활용할 수 있습니다.

```rust
use std::borrow::Cow;

struct User {
    name: Cow<'static, str>
}

fn main() {
    let user_name = "User1";
    let other_user_name = "User10".to_string();

    let user1 = User {
        name: user_name.into(),
    };

    let user2 = User {
        name: other_user_name.into(),
    };
}
```

"User1"과 "User10".to_string() 둘 다 잘 동작합니다! 물론 정적이지 않은 &str도 사용하려면 'static 대신 User<'a>와 name: Cow<'a, str>을 써야 합니다. 러스트는 참조가 충분히 오래 지속된다는 것을 알고 있습니다.

CHAPTER 10

다중 스레드와 고급 주제

10.1 타입 별칭 및 새 타입

타입 별칭^{type alias}은 '다른 타입에 새 이름을 부여하는 것'을 의미합니다. 타입 별칭은 (이름만 새로 부여할 뿐) 타입을 전혀 변경하지 않으므로 매우 쉽습니다. 일반적으로 이름이 매우 긴 타입의 이름을 매번 쓰고 싶지 않을 때 사용합니다. 타입에 기억하기 쉬운 이름을 지정하고 싶을 때도 유용합니다. 다음은 타입 별칭의 두 가지 예입니다.

타입이 복잡하지 않더라도, 다른 사람(또는 자신)이 코드를 더 쉽게 이해할 수 있도록 하고 싶을 수 있습니다.

```rust
type CharacterVec = Vec<char>;

fn main() {}
```

두 번째는 길고 읽기 어려운 타입에 관한 예입니다.

```rust
// 이 반환 타입은 매우 깁니다.
fn returns<'a>(
    input: &'a Vec<char>,
) -> std::iter::Take<std::iter::Skip<std::slice::Iter<'a, char>>> {
    input.iter().skip(4).take(5)
}

fn main() {}
```

따라서 다음과 같이 변경할 수 있습니다.

```
type SkipFourTakeFive<'a> = std::iter::Take<std::iter::Skip<
    std::slice::Iter<'a, char>>>;

fn returns<'a>(input: &'a Vec<char>) -> SkipFourTakeFive {
    input.iter().skip(4).take(5)
}

fn main() {}
```

물론 가져올 항목을 지정해서 타입을 더 짧게 만들 수도 있습니다.

```
use std::iter::{Take, Skip};
use std::slice::Iter;

fn returns<'a>(input: &'a Vec<char>) -> Take<Skip<Iter<'a, char>>> {
    input.iter().skip(4).take(5)
}

fn main() {}
```

따라서 여러분이 취향에 따라 코드에서 명확하게 보이는 방식을 사용할 수 있습니다.

타입 별칭은 실제 새 타입을 생성하지 않는다는 점을 기억하세요. 기존 타입 이름 대신 사용할 이름일 뿐입니다. type File = String;이라고 쓰면 컴파일러는 String으로 취급합니다. 그래서 다음 코드는 true를 출력할 것입니다.

```
type File = String;

fn main() {
    let my_file = File::from("I am file contents");
    let my_string = String::from("I am file contents");
    println!("{}", my_file == my_string);
}
```

그렇다면 실제 새 타입을 원하면 어떻게 해야 할까요?

컴파일러가 File로 인식하는 새 파일 형식을 원한다면 구조체에 넣을 수 있습니다(이것을

newtype 관용구라고 합니다).

```rust
struct File(String); // File은 String을 둘러싼 래퍼입니다.

fn main() {
    let my_file = File(String::from("I am file contents"));
    let my_string = String::from("I am file contents");
}
```

이제는 동작하지 않습니다. 두 가지 타입이 있기 때문입니다.

```rust
struct File(String); // File은 String을 둘러싼 래퍼입니다.

fn main() {
    let my_file = File(String::from("I am file contents"));
    let my_string = String::from("I am file contents");
    println!("{}", my_file == my_string);  // ⚠ File과 String을 비교할 수 없습니다.
}
```

File 내부의 문자열을 비교하려면 my_file.0을 사용할 수 있습니다.

```rust
struct File(String);

fn main() {
    let my_file = File(String::from("I am file contents"));
    let my_string = String::from("I am file contents");
    println!("{}", my_file.0 == my_string);
    // my_file.0은 String이므로 true를 출력합니다.
}
```

예상하겠지만, 이 타입은 아직 어떤 트레이트도 구현되어 있지 않으므로 직접 구현할 수 있습니다.

```rust
#[derive(Clone, Debug)]
struct File(String);
```

따라서 여기에서 File 타입을 사용하면 이를 복제하고 디버그해 출력할 수 있지만, .0을 사용해 내부의 String에 도달하지 않는 한 String의 트레이트를 갖지 않습니다. 다른 사람의 코드에서는 공개를 위해 pub로 표시된 때만 .0을 사용할 수 있습니다. 그래서 이러한 타입이 Deref 트레이트를 많이 사용합니다. pub와 Deref는 나중에 자세히 다룰 예정이지만, 간단한 예제를 먼저 살펴보겠습니다.

10.2 함수 내에서 가져오고, 이름 변경하기

일반적으로 다음과 같이 프로그램 상단에 use를 씁니다.

```
use std::cell::{Cell, RefCell};

fn main() {}
```

이러한 방식은 어디서든 사용할 수 있는데, 특히 긴 이름의 열거형을 사용하는 함수에서 유용합니다. 다음 예제를 보겠습니다.

```
enum MapDirection {
    North,
    NorthEast,
    East,
    SouthEast,
    South,
    SouthWest,
    West,
    NorthWest,
}

fn give_direction(direction: &MapDirection) {
    match direction {
        MapDirection::North => println!("You are heading north."),
        MapDirection::NorthEast => println!("You are heading northeast."),
        // 입력할 것이 훨씬 더 많이 남아 있습니다.
        // ⚠ 가능한 모든 배리언트를 쓰지 않았습니다.
    }
}

fn main() {}
```

이제 함수 내에서 `MapDirection`을 가져올 것입니다. 즉, 함수 내부에 `North` 등을 쓸 수 있습니다.

```
enum MapDirection {
    North,
    NorthEast,
    East,
    SouthEast,
    South,
    SouthWest,
    West,
    NorthWest,
}

fn main() {}

fn give_direction(direction: &MapDirection) {
    use MapDirection::*; // MapDirection에서 모든 항목 가져오기
    let m = "You are heading";

    match direction {
        North => println!("{} north.", m),
        NorthEast => println!("{} northeast.", m),
        // 이제 좀 더 나아졌습니다.
        // ⚠
    }
}
```

`::*`는 '`::` 이후의 모든 것(여기서는 `North`에서 `NorthWest`까지)을 가져오기'를 의미합니다. 다른 사람의 코드를 가져올 때도 그렇게 할 수 있지만 코드가 너무 크면 문제가 발생할 수 있습니다. 여러분의 코드와 동일한 항목이 있을 때도 마찬가지입니다. 따라서 확실하지 않다면 `::*`를 사용하지 않는 것이 가장 좋습니다. 다른 사람의 코드에서 필요한 모든 주요 항목이 포함된 **prelude**라는 섹션을 자주 볼 수 있습니다. 따라서 일반적으로 `name::prelude::*`와 같이 사용합니다. 이에 관해서는 14.1절 '크레이트와 모듈'에서 더 자세히 설명하겠습니다.

중복된 이름이 있거나 이름을 변경하고 싶을 때는 **as**를 사용하면 됩니다. 예를 들어 다른 사람의 코드를 사용할 때 열거형에서 이름을 변경할 수 없을 수 있습니다.

```
enum FileState {
    CannotAccessFile,
    FileOpenedAndReady,
    NoSuchFileExists,
    SimilarFileNameInNextDirectory,
}

fn main() {}
```

따라서 이럴 때는 모든 항목을 가져온 다음 이름을 변경할 수 있습니다. 러스트 1.58.0부터는 영어가 아닌 언어로도 이름을 작성할 수 있습니다! 한번 해 봅시다.

```
enum FileState {
    CannotAccessFile,
    FileOpenedAndReady,
    NoSuchFileExists,
    SimilarFileNameInNextDirectory,
}

fn give_filestate(input: &FileState) {
    use FileState::{
        CannotAccessFile as NoAccess,
        FileOpenedAndReady as 잘됨,
        NoSuchFileExists as NoFile,
        SimilarFileNameInNextDirectory as OtherDirectory
    };
    match input {
        잘됨 => println!("Here is your file"),
        NoAccess => println!("Can't access file."),
        NoFile => println!("Sorry, there is no file by that name."),
        OtherDirectory => println!("Please check the other directory."),
    }
}

fn main() {}
```

이제 FileState::SimilarFileNameInNextDirectory 대신 OtherDirectory를 쓸 수 있습니다.

10.3 todo! 매크로

러스트 사용자들은 이 매크로를 좋아합니다. 프로젝트를 상상하는 데 도움이 되는 일반적인 코드를 작성하고 싶을 때가 있습니다. 예를 들어 책으로 뭔가를 하는 간단한 프로젝트를 상상해 보세요. 작성하면서 생각한 내용은 다음과 같습니다.

```rust
// 자, 먼저 Book 구조체가 필요합니다.
// 아직 아무것도 없고 나중에 추가할 예정입니다.
struct Book {}

enum BookType {
// 책은 하드 커버나 소프트 커버일 수 있으므로 열거형을 추가합니다.
    HardCover,
    SoftCover,
}

// ⚠ get_book은 &Book을 가져가서 Option<String>을 반환해야 합니다.
fn get_book(book: &Book) -> Option<String> {}

// delete_book은 Book 참조를 가져가서 Result를 반환해야 합니다.
// 할 일: impl 블록은 이러한 함수를 메서드로 만듭니다.
// 할 일: 이를 적절한 오류로 만드세요.
fn delete_book(book: &Book) -> Result<(), String> {}

fn check_book_type(book_type: &BookType) {
    // match 문이 동작하는지 확인합니다.
    match book_type {
        BookType::HardCover => println!("It's hardcover"),
        BookType::SoftCover => println!("It's softcover"),
    }
}

fn main() {
    let book_type = BookType::HardCover;
    check_book_type(&book_type); // 좋아요, 이 함수를 확인해 봅시다!
}
```

그러나 러스트는 get_book과 delete_book에 만족하지 않습니다. 컴파일러는 다음과 같이 알려 줍니다.

```
error[E0308]: mismatched types
  --> src\main.rs:32:29
   |
32 | fn get_book(book: &Book) -> Option<String> {}
   |    --------                 ^^^^^^^^^^^^^^ expected enum
`std::option::Option`, found `()`
   |    |
   |    implicitly returns `()` as its body has no tail or `return` expression
   |
   = note:  expected enum `std::option::Option<std::string::String>`
            found unit type `()`

error[E0308]: mismatched types
  --> src\main.rs:34:31
   |
34 | fn delete_book(book: Book) -> Result<(), String> {}
   |    -----------                ^^^^^^^^^^^^^^^^^^ expected enum
`std::result::Result`, found `()`
   |    |
   |    implicitly returns `()` as its body has no tail or `return` expression
   |
   = note:  expected enum `std::result::Result<(), std::string::String>`
            found unit type `()`
```

하지만 지금은 get_book과 delete_book을 신경 쓰지 않습니다. 여기서 todo!()를 사용할 수 있습니다. todo!()를 함수에 추가하면 러스트는 불평하지 않고 컴파일할 것입니다.

```rust
struct Book {}

fn get_book(book: &Book) -> Option<String> {
    todo!() // todo는 '나중에 할게, 신경 쓰지 말아줘'라는 뜻입니다.
}

fn delete_book(book: Book) -> Result<(), String> {
    todo!()
}

fn main() {}
```

이제 코드가 컴파일되고 check_book_type 함수의 실행 결과로 It's hardcover를 출력합니다.

그러나 컴파일만 할 뿐 사용할 수 없으니 주의하세요. 내부에 todo!()가 있는 함수를 호출하면 패닉 상태가 됩니다.

또한 todo!()를 사용한 함수에는 여전히 실제 입력 및 출력 타입이 필요합니다. 다음처럼 쓰면 컴파일되지 않습니다.

```
struct Book {}

fn get_book(book: &Book) -> WorldsBestType { // ⚠
    todo!()
}

fn main() {}
```

다음과 같은 메시지가 표시됩니다.

```
error[E0412]: cannot find type `WorldsBestType` in this scope
  --> src\main.rs:32:29
   |
32 | fn get_book(book: &Book) -> WorldsBestType {
   |                             ^^^^^^^^^^^^^^ not found in this scope
```

구조체 매개변수 등에도 todo!()를 사용할 수 있습니다.

```
struct Book {
    name: String,
    year: u8
}

fn make_book() -> Book {
    Book {
        name: todo!(), // 아직 확실하지 않습니다. todo!()를 쓰세요.
        year: todo!()
    }
}

fn main() {

}
```

make_book 함수는 호출되지 않았으므로 코드가 컴파일되고 패닉이 발생하지 않습니다.

참고로 todo!()는 실제로는 unimplemented!()라는 매크로와 동일합니다. 프로그래머들이 unimplemented!()를 많이 쓰는데 이름이 길어서 더 짧은 todo!()를 만들었습니다.

10.4 Rc

Rc는 '참조 카운터reference counter'를 의미합니다. 러스트에서는 모든 변수가 하나의 소유자만 가질 수 있음을 알고 있습니다. 따라서 다음 코드는 동작하지 않습니다.

```
fn takes_a_string(input: String) {
    println!("It is: {input}")
}

fn also_takes_a_string(input: String) {
    println!("It is: {input}")
}

fn main() {
    let user_name = String::from("User MacUserson");

    takes_a_string(user_name);
    also_takes_a_string(user_name); // ⚠
}
```

takes_a_string이 user_name을 가져간 후에는 더는 사용할 수 없습니다. 이럴 때는 단순히 user_name.clone()을 사용하면 되니 큰 문제가 아닙니다. 그러나 때로는 변수가 구조체의 일부이고 구조체를 복제할 수 없을 수도 있습니다. 아니면 String이 정말 길어서 복제하고 싶지 않을 수도 있습니다. 이런 경우에 여러 소유자를 가질 수 있게 해 주는 Rc를 사용하게 됩니다. Rc는 성실한 관리자와 같습니다. 이를테면 누가 소유권을 가지고 있고 몇 명이 가지고 있는지 기록합니다. 그리고 소유자의 수가 0이 되면, 변수는 자동으로 제거됩니다.

Rc의 또 다른 흥미로운 점은 러스트가 가비지 컬렉션garbage collection을 사용하지 않는다는 점입니다. 그래서 참조와 수명에 신경 써야 합니다. 하지만 대부분의 다른 언어는 Rc와 비슷한 방식의 가비지 컬렉션을 사용합니다. 언어는 메모리가 어디서 공유되고 있는지 추적하다가 아무도 사용하지 않을 때 정리합니다. 이것이 러스트를 처음 배우는 프로그래머들이 Rc를 자주 사용하는 이유입니다. 참조와 수명을 크게 신경 쓰지 않아도 되기 때문입니다.

이제 Rc 사용법을 살펴보겠습니다. 먼저 City와 CityData라는 두 개의 구조체를 가정합니다. City에는 한 도시의 정보가 있고, CityData는 모든 도시를 벡터에 모아둡니다.

```rust
#[derive(Debug)]
struct City {
    name: String,
    population: u32,
    city_history: String,
}

#[derive(Debug)]
struct CityData {
    names: Vec<String>,
    histories: Vec<String>,
}

fn main() {
    let calgary = City {
        name: "Calgary".to_string(),
        population: 1_200_000,
            // 이 문자열이 매우 긴 척합니다.
        city_history: "Calgary began as a fort called Fort Calgary that..."
            .to_string(),
    };

    let canada_cities = CityData {
        names: vec![calgary.name], // calgary.name은 짧습니다.
        histories: vec![calgary.city_history], // 그러나 이 문자열은 매우 깁니다.
    };

    println!("Calgary's history is: {}", calgary.city_history);  // ⚠
}
```

물론 이제 canada_cities가 데이터를 소유하고 calgary가 소유하지 않으므로 동작하지 않습니다. 컴파일러는 다음과 같이 알려 줍니다.

```
error[E0382]: borrow of moved value: `calgary.city_history`
  --> src\main.rs:27:42
   |
24 |          histories: vec![calgary.city_history], // But this String is very long
   |                          -------------------- value moved here
...
27 |      println!("Calgary's history is: {}", calgary.city_history);  // ⚠
   |                                           ^^^^^^^^^^^^^^^^^^^^ value borrowed
here after move
   |
   = note: move occurs because `calgary.city_history` has type
`std::string::String`, which does not implement the `Copy` trait
```

names: vec![calgary.name.clone()]이라는 이름을 복제할 수 있지만, city_history라
는 긴 이름을 복제하고 싶지는 않습니다. 이때 Rc를 사용할 수 있습니다.

use 선언을 추가합니다.

```
use std::rc::Rc;

fn main() {}
```

그런 다음 Rc를 String 주위에 두세요.

```
use std::rc::Rc;

#[derive(Debug)]
struct City {
    name: String,
    population: u32,
    city_history: Rc<String>,
}

#[derive(Debug)]
struct CityData {
    names: Vec<String>,
    histories: Vec<Rc<String>>,
}

fn main() {}
```

새로운 참조를 추가하려면 Rc를 복제해야 합니다. 그런데 .clone() 사용을 피하려고 했지 않나요? 정확히는 전체 String을 복제하고 싶지 않았으므로 이는 다른 상황입니다. Rc의 복제는 단순히 포인터만 복제하므로 사실상 비용이 들지 않습니다. 이는 마치 책이 가득 든 상자를 통째로 복제하는 대신, 상자에 이름표를 하나 더 붙여서 두 사람이 공동으로 소유한다는 사실을 표시하는 것과 같습니다.

Rc 타입의 item을 복제할 때는 Rc::clone(&item) 또는 item.clone()을 사용할 수 있습니다. 일반적으로는 Rc::clone(&item)을 사용하는 것이 권장됩니다. 그 이유는 Rc가 담고 있는 타입이 .clone()을 포함한 자체 메서드들을 가질 수 있기 때문입니다. 따라서 Rc::clone()을 사용하면 내부 값이 아닌 Rc 자체를 복제한다는 것을 코드에서 명확하게 표현할 수 있습니다.

따라서 calgary.city_history에는 2명의 소유자가 있습니다. Rc::strong_count(&item)으로 소유자 수를 확인할 수 있습니다. 이번에는 새 소유자를 추가해 보겠습니다. 이제 코드는 다음과 같습니다.

```rust
use std::rc::Rc;

#[derive(Debug)]
struct City {
    name: String,
    population: u32,
    city_history: Rc<String>, // Rc 내부의 String
}

#[derive(Debug)]
struct CityData {
    names: Vec<String>,
    histories: Vec<Rc<String>>, // Rc들의 내부에 있는 String의 Vec
}

fn main() {
    let calgary = City {
        name: "Calgary".to_string(),
        population: 1_200_000,
            // 이 문자열이 매우 긴 척합니다.
        city_history: Rc::new("Calgary began as a fort called Fort Calgary \
        that...".to_string()), // Rc::new()를 사용해 Rc를 만듭니다.
    };
```

```
    let canada_cities = CityData {
        names: vec![calgary.name],
        histories: vec![calgary.city_history.clone()],
        // .clone()은 카운트를 증가시킵니다.
    };

    println!("Calgary's history is: {}", calgary.city_history);
    println!("{}", Rc::strong_count(&calgary.city_history));
    let new_owner = Rc::clone(&calgary.city_history);
}
```

이 코드는 2를 출력합니다. 그리고 new_owner는 이제 Rc<String>이므로 println!("{}", Rc::strong_count(&calgary.city_history));를 사용하면 3이 됩니다.

강한 포인터가 있다면, 약한 포인터도 있을까요? 네, 있습니다. 약한 포인터가 필요한 이유는 두 개의 Rc가 서로를 가리키면 메모리에서 해제할 수 없는 상황이 발생할 수 있기 때문입니다. 이를 '참조 순환reference cycle'이라고 합니다. 항목 1에 항목 2를 가리키는 Rc가 있고, 항목 2에 항목 1을 가리키는 Rc가 있다면, 참조 카운트가 절대 0이 될 수 없습니다. 이런 경우에 약한 참조를 사용해야 합니다. 그러면 Rc는 참조 카운트는 계속 세지만, 약한 참조만 남아 있는 경우에는 메모리에서 해제할 수 있습니다. 약한 참조를 만들 때는 Rc::clone(&item) 대신 Rc::downgrade(&item)을 사용합니다. 또한, Rc::weak_count(&item)을 사용하면 약한 참조의 수를 확인할 수 있습니다.

10.5 다중 스레드

다중 스레드를 사용하면 동시에 많은 작업을 수행할 수 있습니다. 최신 컴퓨터에는 하나 이상의 코어가 있으므로 동시에 하나 이상의 작업을 수행할 수 있으며 러스트에서 이러한 코어를 사용할 수 있습니다. 러스트는 'OS 스레드'라고 하는 스레드를 사용합니다. OS 스레드는 운영체제가 다른 코어에 스레드를 생성함을 의미합니다(일부 다른 언어는 덜 강력한 '그린 스레드green thread'를 사용합니다).

std::thread::spawn으로 스레드를 생성한 다음 클로저를 사용해 수행할 작업을 알려 줍니다. 스레드는 동시에 실행되기 때문에 흥미롭고, 테스트해 어떤 일이 발생하는지 확인할 수 있습니다. 다음은 간단한 예입니다.

```rust
fn main() {
    std::thread::spawn(|| {
        println!("I am printing something");
    });
}
```

이를 실행하면 매번 결과가 달라집니다. 때로는 출력되기도 하고 아니기도 합니다(컴퓨터 속도에 따라 다름). 스레드가 완료되기 전에 main()이 완료될 때가 있기 때문입니다. 그리고 main()이 완료되면 프로그램이 종료됩니다. 이는 for 루프를 사용한 다음 예에서 더 쉽게 볼 수 있습니다.

```rust
fn main() {
    for _ in 0..10 { // 10개의 스레드 설정
        std::thread::spawn(|| {
            println!("I am printing something");
        });
    }   // 이제 스레드가 시작됩니다.
} // 여기서 main()이 끝나기 전에 몇 개나 완료할 수 있을까요?
```

일반적으로 main이 끝나기 전에 약 4개의 스레드가 출력되지만, 결과는 항상 다릅니다. 컴퓨터가 더 빠르면 아무것도 출력하지 못할 수 있습니다. 또한 때때로 스레드가 패닉 상태가 됩니다.

```
thread 'thread 'I am printing something
thread '<unnamed><unnamed>thread '' panicked at '<unnamed>I am printing something
' panicked at 'thread '<unnamed>cannot access stdout during shutdown' panicked at
'<unnamed>thread 'cannot access stdout during
shutdown
```

이는 프로그램이 종료되는 시점에 스레드가 작업을 수행하려 할 때 발생하는 오류입니다. 프로그램이 즉시 종료되는 것을 막으려면 컴퓨터에게 추가 작업을 부여하면 됩니다.

```rust
fn main() {
    for _ in 0..10 {
        std::thread::spawn(|| {
            println!("I am printing something");
```

```
        });
    }
    for _ in 0..1_000_000 {
        // 프로그램이 "let x = 9"를 100만 번 선언하도록 합니다.
        // main 함수를 종료하기 전에 이 작업을 완료해야 합니다.
        let _x = 9;
    }
}
```

하지만 스레드가 완료될 때까지 시간을 주는 건 좋지 않은 방법입니다. 더 나은 방법은 스레드를 변수에 바인딩하는 것입니다. 여기서 좋은 점은 spawn 메서드가 이를 가능하게 하는 JoinHandle을 반환한다는 점입니다. 이는 spawn의 시그니처에서 확인할 수 있습니다.

```
pub fn spawn<F, T>(f: F) -> JoinHandle<T>
where
    F: FnOnce() -> T,
    F: Send + 'static,
    T: Send + 'static,
```

2가지 참고 사항이 있습니다.

- f는 클로저입니다. 클로저를 함수에 넣는 방법은 나중에 배우겠습니다.

- 둘 다 'static 수명이 필요하다는 사실을 눈치채셨나요? spawn 문서(https://doc.rust-lang.org/std/thread/fn.spawn.html)에서 그 이유를 설명합니다. 쉽게 설명하자면 다음과 같습니다.

  - 'static이 필요한 이유는 클로저와 그 반환값이 프로그램이 실행되는 동안 계속 유효해야 하기 때문입니다. 스레드는 자신이 생성된 범위를 벗어나서도 실행될 수 있는데, 정확히 언제 종료될지 알 수 없으므로 프로그램이 끝날 때까지 유지되어야 합니다.

참고로 러스트 1.63에서는 'static이 필요하지 않은 새로운 스레드 타입이 추가되었습니다. 곧 살펴보겠습니다.

다시 JoinHandle에 대해 이야기해 보죠. 이제 코드에서 JoinHandle을 항상 사용하게 되었습니다.

```
fn main() {
    for _ in 0..10 {
        let handle = std::thread::spawn(|| {
```

```
            println!("I am printing something");
        });
    }
}
```

handle은 이제 JoinHandle이지만 아직 아무것도 하지 않습니다. 이를 사용하기 위해 .join() 이라는 메서드를 호출하겠습니다. .join()은 '모든 스레드가 완료될 때까지 대기'를 의미합니다 (스레드가 '조인'할 때까지 기다림). 이제 handle.join()을 작성하면 각 스레드가 완료될 때까지 기다립니다.

```
fn main() {
    for _ in 0..10 {
        let handle = std::thread::spawn(|| {
            println!("I am printing something");
        });

        handle.join(); // 스레드가 완료될 때까지 기다립니다.
    }
}
```

이제 10개의 스레드가 모두 완료될 때까지 main()을 떠나지 않을 것입니다. 그러나 실제로는 아직 정확히 우리가 원하는 방식으로 스레드를 사용하지 않았습니다. 스레드를 하나 시작하고, 뭔가를 한 다음, .join()을 호출해 대기하고 나서, 해당 스레드가 완료된 다음에만 새 스레드를 시작했습니다. 하지만 우리는 사실 10개의 스레드가 모두 동시에 작동하기를 원합니다. 이는 잠시 후에 해결할 것입니다.

그 전에 먼저 세 가지 타입의 클로저에 관해 배우겠습니다. spawn() 함수의 F: FnOnce() -> T 부분을 기억하나요? 세 가지 클로저 타입 중 하나입니다. 세 가지 타입은 다음과 같습니다.

- **FnOnce**: 전체 값을 취합니다.
- **FnMut**: 변경 가능한 참조를 사용합니다.
- **Fn**: 일반 참조를 사용합니다.

클로저는 가능하면 Fn을 사용하려고 합니다. 하지만 값을 변경해야 할 때는 FnMut를 사용하고 전체 값을 가져와야 할 때는 FnOnce를 사용합니다. FnOnce는 클로저가 하는 일을 설명하는 좋은 이름입니다. 값을 한 번 가져온 다음 다시 가져올 수 없습니다.

다음 예를 살펴보겠습니다.

```rust
fn main() {
    let my_string = String::from("I will go into the closure");
    let my_closure = || println!("{my_string}");
    my_closure();
    my_closure();
}
```

String은 Copy가 아니므로 my_closure()는 참조를 가져가는 Fn입니다.

my_string을 변경하면 FnMut가 됩니다.

```rust
fn main() {
    let mut my_string = String::from("I will be changed in the closure");
    let mut my_closure = || {
        my_string.push_str(" now");
        println!("{my_string}");
    };
    my_closure();
    my_closure();
}
```

다음이 출력됩니다.

```
I will be changed in the closure now
I will be changed in the closure now now
```

그리고 값으로 취하면 FnOnce가 됩니다.

```rust
fn main() {
    let my_vec: Vec<i32> = vec![8, 9, 10];
    let my_closure = || {
        my_vec
            .into_iter() // into_iter가 소유권을 가져갑니다.
            .map(|x| x as u8) // u8 타입으로 바꿉니다.
            .map(|x| x * 2) // 2를 곱합니다.
```

```
        .collect::<Vec<u8>>() // Vec으로 수집합니다.
    };
    let new_vec = my_closure();
    println!("{:?}", new_vec);
}
```

값을 소유권 이동으로 가져갔기 때문에 my_closure()는 한 번만 실행할 수 있습니다. 이러한
특성 때문에 ForOnce라는 이름이 붙게 되었습니다.

이제 스레드로 돌아가겠습니다. 외부에서 값을 사용해 봅시다.

```
fn main() {
    let mut my_string = String::from("Can I go inside the thread?");

    let handle = std::thread::spawn(|| {
        println!("{my_string}"); // ⚠
    });

    handle.join();
}
```

컴파일러는 동작하지 않는 코드라고 알려 줍니다.

```
error[E0373]: closure may outlive the current function, but it borrows `my_string`,
which is owned by the current function
  --> src\main.rs:28:37
   |
28 |     let handle = std::thread::spawn(|| {
   |                                     ^^ may outlive borrowed value `my_string`
29 |         println!("{}", my_string);
   |                        --------- `my_string` is borrowed here
   |
note: function requires argument type to outlive ``'static`
  --> src\main.rs:28:18
   |
28 |       let handle = std::thread::spawn(|| {
   |  _____^
29 | |         println!("{}", my_string);
30 | |     });
   | |_____^
```

```
help: to force the closure to take ownership of `my_string` (and any other
referenced variables), use the `move` keyword
   |
28 |       let handle = std::thread::spawn(move || {
   |                                        ^^^^^^^
```

긴 메시지이지만 도움이 됩니다. 컴파일러는 move 키워드를 사용하라고 합니다. 문제는 스레드가 my_string을 사용하는 동안 my_string에 무엇이든 할 수 있지만, 소유하지 않는다는 점입니다. my_string은 안전하지 않을 것입니다.

동작하지 않는 다른 코드를 살펴봅시다.

```
fn main() {
    let mut my_string = String::from("Can I go inside the thread?");

    let handle = std::thread::spawn(|| {
        println!("{my_string}"); // 이제 my_string이 참조로 사용됩니다.
    });

    drop(my_string);   // ⚠ 여기에서 버리려고 합니다.
    // 그러나 스레드에는 여전히 my_string이 필요합니다.

    handle.join();
}
```

따라서 move로 값을 가져와야 합니다. my_string은 이제 안전합니다.

```
fn main() {
    let mut my_string = String::from("Can I go inside the thread?");

    let handle = std::thread::spawn(move|| {
        println!("{my_string}");
    });

    drop(my_string);   // ⚠ 스레드 핸들이 있어서 버릴 수 없으므로 동작하지 않습니다.

    handle.join();
}
```

그렇기에 drop()을 삭제해도 오류가 발생하지 않습니다. handle을 반환하는 스레드는 my_string을 사용하며 코드는 안전합니다.

```
fn main() {
    let my_string = String::from("Can I go inside the thread?");

    let handle = std::thread::spawn(move|| {
        println!("{my_string}");
    });

    handle.join().unwrap();
}
```

따라서 스레드 외부에서 스레드의 값이 필요할 때는 move를 사용해야 합니다.

이제 move를 이해했으므로 이전 코드를 수정하겠습니다. 스레드 외부에 벡터를 만들고 Join Handle을 그 안에 넣습니다. 또한 for _ in 0..10을 for num in 0..10으로 변경해 숫자를 출력하면 스레드가 동시에 작동하고 있음을 증명할 수 있습니다.

```
fn main() {
    let mut join_vec = vec![];
    for num in 0..10 {
        join_vec.push(std::thread::spawn(move || { // num을 안으로 이동시킵니다.
            println!("I am printing something: {num}");
        }));
    } // 10개의 스레드가 시작되어 현재 동시에 작동 중입니다.
    for handle in join_vec {
        // 모든 스레드에 각각 .join()을 호출하여 스레드가 완료될 때까지 대기합니다.
        handle.join().unwrap();
    }
}
```

이제 스레드가 모두 다른 시간에 작업을 마치므로 숫자가 순서대로 출력되지 않습니다.

```
I am printing something: 0
I am printing something: 2
I am printing something: 7
I am printing something: 6
I am printing something: 9
```

```
I am printing something: 4
I am printing something: 5
I am printing something: 8
I am printing something: 3
I am printing something: 1
```

CHAPTER 11

클로저, 제네릭, 스레드 더 알아보기

11.1 함수 안의 클로저

클로저는 정말 유용한 기능입니다. 그렇다면 우리가 만드는 함수에서는 어떻게 클로저를 활용할 수 있을까요?

클로저를 사용하는 함수를 직접 만들 수 있지만 덜 자유롭고 타입을 결정해야 합니다. 함수 외부에서는 클로저가 Fn, FnMut, FnOnce 중에서 스스로 선택할 수 있지만, 내부에서는 하나를 선택해야 합니다. 몇 가지 함수의 시그니처를 살펴보면 이를 잘 이해할 수 있습니다. 다음은 .all()의 시그니처 중 일부입니다. 이 메서드는 이터레이터의 모든 요소가 true인지 확인합니다(물론 무엇이 true이고 false인지는 우리가 정의합니다).

```
fn all<F>(&mut self, f: F) -> bool    // 🎞
where
    F: FnMut(Self::Item) -> bool,
```

fn all<F>는 제너럴 타입 F가 있음을 알려 줍니다. 클로저는 매번 다른 타입이므로 항상 제네릭입니다.

(&mut self, f: F)에서 &mut self는 이것이 메서드임을 알려 줍니다. f: F는 클로저에서 일반적으로 볼 수 있는 형태로, 변수명과 타입을 나타냅니다. 물론 f와 F에는 특별한 의미가 없으며 다른 이름을 사용할 수도 있습니다. 원한다면 my_closure: Closure처럼 작성할 수도

있습니다(이름은 중요하지 않습니다). 하지만 시그니처에서는 거의 항상 f: F 형태를 사용합니다.

이제 클로저와 관련된 부분인 F: FnMut(Self::Item) -> bool을 살펴보겠습니다. 여기서는 클로저가 FnMut로 정의되어 값을 변경할 수 있습니다. 이는 이터레이터가 제공하는 Self::Item(연관 타입)의 값을 변경할 수 있다는 의미입니다. 그리고 이 클로저는 반드시 true 또는 false를 반환해야 합니다.

클로저가 있는 훨씬 간단한 시그니처는 다음과 같습니다.

```
fn do_something<F>(f: F)    // 🚧
where
    F: FnOnce(),
{
    f();
}
```

이 시그니처는 클로저를 인자로 받으며 값을 취하고(FnOnce=값을 취함) 아무것도 반환하지 않음을 나타냅니다. 이제 우리는 아무것도 받지 않고 원하는 대로 수행하는 이 클로저를 호출할 수 있습니다. 우리는 벡터를 생성한 다음 지금 할 수 있는 것을 보여 주려고 반복할 것입니다.

```
fn do_something<F>(f: F)
where
    F: FnOnce(),
{
    f();
}

fn main() {
    let some_vec = vec![9, 8, 10];
    do_something(|| {
        some_vec
            .into_iter()
            .for_each(|x| println!("The number is: {x}"));
    })
}
```

더 실질적인 예인 City 구조체를 다시 생성해 봅시다. 이번에는 City 구조체에 연도와 인구에 관한 더 많은 데이터가 있습니다. 모든 연도에 대해 Vec<u32>가 있고 모든 모집단에 대해 또 다른 Vec<u32>가 있습니다.

City에는 새로운 City를 생성하는 new()와 클로저가 있는 .change_city_data()라는 두 가지 함수가 있습니다. .change_city_data()를 사용하면 연도와 인구 데이터 그리고 클로저를 받아서 데이터를 원하는 대로 처리할 수 있습니다. 클로저 타입은 FnMut이므로 데이터를 변경할 수 있지만, 소유권을 가질 수는 없습니다. 다음과 같습니다.

```rust
#[derive(Debug)]
struct City {
    name: String,
    years: Vec<u32>,
    populations: Vec<u32>,
}

impl City {
    fn new(name: &str, years: Vec<u32>, populations: Vec<u32>) -> Self {

        Self {
            name: name.to_string(),
            years,
            populations,
        }
    }

    fn change_city_data<F>(&mut self, mut f: F)
    // self를 가져오지만, f만 제네릭 F입니다. f는 클로저입니다.

    where
        F: FnMut(&mut Vec<u32>, &mut Vec<u32>),
        // 클로저는 연도 및 인구 데이터인 u32의 가변 벡터를 사용합니다.
    {
        f(&mut self.years, &mut self.populations)
        // 마지막으로 이것이 실제 함수입니다.
        // '이 클로저의 입력은 self.years와 self.populations'라는 의미입니다.
        // 클로저로 원하는 것은 무엇이든 할 수 있습니다.
    }
}

fn main() {
    let years = vec![
```

```
        1372, 1834, 1851, 1881, 1897, 1925, 1959, 1989, 2000, 2005, 2010, 2020,
    ];
    let populations = vec![
        3_250, 15_300, 24_000, 45_900, 58_800, 119_800, 283_071, 478_974, 400_378,
        401_694, 406_703, 437_619,
    ];
    // 이제 city를 만들 수 있습니다.
    let mut tallinn = City::new("Tallinn", years, populations);

    // 이제 클로저가 있는 .change_city_data() 메서드가 있습니다.
    // 우리는 원하는 무엇이든 할 수 있습니다.

    // 먼저 5년간의 데이터를 모아서 출력해 봅시다.
    tallinn.change_city_data(|city_years, city_populations| {
        // 입력을 원하는 대로 제공해서 호출할 수 있습니다.
        let new_vec = city_years
            .iter_mut()
            .zip(city_populations.iter_mut()) // 두 개를 함께 묶으세요.
            .take(5)                          // 하지만 처음 5개만 가져가세요.
            .collect::<Vec<(_, _)>>(); // 튜플 내부의 타입을 결정하라고
                                       // 러스트에 지시하세요.
        println!("{:?}", new_vec);
    });

    // 이제 2030년의 데이터를 추가하겠습니다.
    tallinn.change_city_data(|x, y| {
        // 이번에는 입력 x와 y를 호출합니다.
        x.push(2030);
        y.push(500_000);
    });

    // 더 이상 1834년의 데이터를 원하지 않습니다.
    tallinn.change_city_data(|x, y| {
        let position_option = x.iter().position(|x| *x == 1834);
        if let Some(position) = position_option {
            println!(
                "Going to delete {} at position {:?} now.",
                x[position], position
            ); // 올바른 항목을 삭제했는지 확인합니다.
            x.remove(position);
            y.remove(position);
        }
    });
```

```
    println!(
        "Years left are {:?}\nPopulations left are {:?}",
        tallinn.years, tallinn.populations
    );
}
```

이 프로그램은 우리가 `.change_city_data()`를 호출한 모든 연도의 결과를 출력할 것입니다. 결과는 다음과 같습니다.

```
[(1372, 3250), (1834, 15300), (1851, 24000), (1881, 45900), (1897, 58800)]
Going to delete 1834 at position 1 now.
Years left are [1372, 1851, 1881, 1897, 1925, 1959, 1989, 2000, 2005, 2010, 2020,
2030]
Populations left are [3250, 24000, 45900, 58800, 119800, 283071, 478974, 400378,
401694, 406703, 437619, 500000]
```

11.2 impl Trait

`impl Trait`는 제네릭과 유사합니다. 제네릭은 프로그램이 컴파일될 때 결정되는 T 타입(또는 다른 이름)을 사용한다는 점을 기억하나요? 먼저 구체적인 타입을 살펴보겠습니다.

```
fn gives_higher_i32(one: i32, two: i32) {
    let higher = if one > two { one } else { two };
    println!("{higher} is higher.");
}

fn main() {
    gives_higher_i32(8, 10);
}
```

`10 is higher.`가 출력됩니다.

하지만 이는 i32만 받을 수 있으므로 이제 제네릭으로 만들어 보겠습니다. 비교 연산과 `{}`를 사용한 출력이 필요하므로 타입 T는 `PartialOrd`와 `Display` 트레이트를 구현해야 합니다. 참고로 이는 '`PartialOrd`와 `Display`가 이미 구현된 타입만 허용한다'는 의미입니다.

```rust
use std::fmt::Display;

fn gives_higher_i32<T: PartialOrd + Display>(one: T, two: T) {
    let higher = if one > two { one } else { two };
    println!("{higher} is higher.");
}

fn main() {
    gives_higher_i32(8, 10);
}
```

이제 제네릭과 유사한 **impl Trait**를 살펴보겠습니다. T 타입 대신 **impl Trait** 타입을 가져올 수 있습니다. 그런 다음 해당 트레이트를 구현하는 타입을 가져옵니다. 제네릭과 거의 동일합니다.

```rust
use std::fmt::Display;

fn prints_it(input: impl Into<String> + Display) {
    // String으로 바뀔 수 있고 Display가 있는 모든 것을 취합니다.
    println!("You can print many things, including {input}");
}

fn main() {
    let name = "Tuon";
    let string_name = String::from("Tuon");
    prints_it(name);
    prints_it(string_name);
}
```

몇 가지 차이점이 있습니다. 한 가지 차이점은 **impl Trait**에서는 타입을 결정할 수 없으며 함수가 결정한다는 점입니다. 다음 예를 살펴보겠습니다.

```rust
use std::fmt::Display;

fn prints_it_impl_trait(input: impl Display) {
    println!("You can print many things, including {input}");
}

fn prints_it_regular_generic<T: Display>(input: T) {
```

```
        println!("You can print many things, including {input}");
}

fn main() {
    prints_it_regular_generic::<u8>(100); // 원한다면 u8을 지정할 수 있습니다.
    prints_it_impl_trait(100); // 여기서는 타입을 지정할 수 없으며, i32로 추론됩니다.
    // prints_it_impl_trait::<u8>(100);은 동작하지 않습니다.
}
```

또 다른 제한 사항은 impl Trait 문서(https://doc.rust-lang.org/reference/types/
impl-trait.html#limitations)에서 볼 수 있습니다. impl Trait는 일반 함수의 매개변
수 또는 반환 타입만 될 수 있습니다. 트레이트를 구현할 때는 나타날 수 없으며 let 바인딩의
타입이거나 타입 별칭 안에 나타날 수 없습니다.

하지만 큰 장점이 있습니다. 함수에서 impl Trait를 반환할 수 있고 함수 시그니처가 트레이
트이므로 클로저를 반환할 수 있습니다. 시그니처가 있는 메서드의 시그니처에서 이를 확인할
수 있습니다. 예를 들어 다음은 .map()의 시그니처입니다.

```
fn map<B, F>(self, f: F) -> Map<Self, F>      // 🖍
    where
        Self: Sized,
        F: FnMut(Self::Item) -> B,
    {
        Map::new(self, f)
    }
```

fn map<B, F>(self, f: F)는 두 가지 제네릭 타입을 받습니다. F는 .map()을 구현하는 컨
테이너에서 하나의 항목을 가져오는 함수이고 B는 해당 함수의 반환 타입입니다. 그런 다음
where 뒤에 트레이트 바운드가 표시됩니다(트레이트 바운드는 '이 트레이트가 있어야 함'을 의
미합니다). 하나는 Sized이고 다음은 클로저의 시그니처입니다. 클로저의 반환 타입은 FnMut
이어야 하며 Self::Item에서 클로저를 수행해야 합니다. 그런 다음 B를 반환합니다.

따라서 클로저를 반환하기 위해 동일한 작업을 수행할 수 있습니다. 클로저를 반환하려면
impl을 사용한 다음 클로저 시그니처를 사용하세요. 클로저를 반환하면 함수처럼 사용할 수
있습니다. 다음은 입력한 텍스트에 따라 클로저를 제공하는 간단한 함수 예입니다. "double"
이나 "triple"을 입력하면 각각 2나 3을 곱하고 그렇지 않으면 동일한 숫자를 제공합니다.

클로저이기 때문에 원하는 것은 무엇이든 할 수 있으므로 메시지도 출력합니다.

```rust
fn returns_a_closure(input: &str) -> impl FnMut(i32) -> i32 {
    match input {
        "double" => |mut number| {
            number *= 2;
            println!("Doubling number. Now it is {number}");
            number
        },
        "triple" => |mut number| {
            number *= 3;
            println!("Tripling number. Now it is {number}");
            number
        },
        _ => |number| {
            println!("Sorry, it's the same: {number}.");
            number
        },
    }
}

fn main() {
    let my_number = 10;

    // 세 개의 클로저를 만들겠습니다.
    let mut doubles = returns_a_closure("double");
    let mut triples = returns_a_closure("triple");
    let mut quadruples = returns_a_closure("quadruple");

    doubles(my_number);
    triples(my_number);
    quadruples(my_number);
}
```

따라서 다른 함수와 같습니다. 반환 타입은 FnMut(i32) -> i32의 클로저이며, 클로저가 반환되면 컴파일러는 만족합니다.

다음은 조금 더 긴 예입니다. 밤에 더 강한 몬스터가 등장하는 게임을 상상해 봅시다. 하루의 시간대를 표현하기 위해 TimeOfDay라는 열거형을 정의하겠습니다. 캐릭터 이름은 Simon이고 character_fear라는 숫자(f64)가 있습니다. character_fear는 밤에는 올라가고 낮에는 내려갑니다. Simon의 두려움을 바꾸는 make_fear_closure 함수를 만들 것입니다. 또한 메시지 작성과 같은 다른 작업도 수행합니다. 코드는 다음과 같습니다.

```rust
enum TimeOfDay {
    Dawn,
    Day,
    Sunset,
    Night,
}

fn make_fear_closure(input: TimeOfDay) -> impl FnMut(&mut f64) {
    // 이 함수는 TimeOfDay를 가져가서 클로저를 반환합니다.
    // impl FnMut(&mut f64)를 사용해 값을 변경해야 한다고 말합니다.

    match input {
        TimeOfDay::Dawn => |x: &mut f64| {
            // 이것은 나중에 제공하는 character_fear 변수입니다.
            println!(
                "The morning sun has vanquished the horrible night. You no longer
                feel afraid."
            );
            *x *= 0.5;
            println!("Your fear is now {x}");
        },
        TimeOfDay::Day => |x: &mut f64| {
            println!("What a nice day. Maybe put your feet up and rest a bit.");
            *x *= 0.2;
            println!("Your fear is now {x}");
        },
        TimeOfDay::Sunset => |x: &mut f64| {
            println!("The sun is almost down! This is no good.");
            *x *= 1.4;
            println!("Your fear is now {x}");
        },
        TimeOfDay::Night => |x: &mut f64| {
            println!("What a horrible night to have a curse.");
            *x *= 5.0;
            println!("Your fear is now {x}");
        },
    }
}

fn main() {
    use TimeOfDay::*;
```

```
    let mut character_fear = 10.0; // 10으로 Simon을 시작합니다.

    // Simon의 두려움을 바꾸고 싶을 때마다 호출하기 위해
    // 여기에 4개의 클로저를 만듭니다.
    let mut change_for_daytime = make_fear_closure(Day);
    let mut change_for_sunset = make_fear_closure(Sunset);
    let mut change_for_night = make_fear_closure(Night);
    let mut change_for_morning = make_fear_closure(Dawn);

    // Simon의 두려움에 대한 클로저를 호출합니다.
    // 클로저는 메시지를 주고 두려움 수치를 변경합니다.
    // 실생활에서는 Character 구조체가 있고 구조체를 직접 사용하는 대신
    // 대신 character_fear.daytime() 같은 메서드로 사용합니다.
    change_for_daytime(&mut character_fear);
    change_for_sunset(&mut character_fear);
    change_for_night(&mut character_fear);
    change_for_morning(&mut character_fear);
}
```

다음이 출력됩니다.

```
What a nice day. Maybe put your feet up and rest a bit.
Your fear is now 2
The sun is almost down! This is no good.
Your fear is now 2.8
What a horrible night to have a curse.
Your fear is now 14
The morning sun has vanquished the horrible night. You no longer feel afraid.
Your fear is now 7
```

이는 실제로 게임에 적용하기 위한 최적의 코드는 아닐 것입니다. 그러나 이와 같은 함수를 반환하는 능력은 매우 강력할 수 있기 때문에 클로저를 반환하는 방법을 배워두면 유용합니다.

11.3 Arc

변수에 둘 이상의 소유자를 부여할 때 Rc를 사용한 것을 기억하나요? 여러 스레드에서 이처럼 데이터를 공유하려면 Arc가 필요합니다. Arc는 '원자적 참조 카운터atomic reference counter'를 의미

합니다. 원자적^{atomic}이라는 말은 데이터가 매번 한 번만 기록되도록 컴퓨터의 프로세서를 사용함을 의미합니다. 두 스레드가 동시에 데이터를 쓰면 잘못된 결과를 얻게 되므로 이는 중요합니다. 예를 들어 러스트에서 다음과 같은 작업을 수행할 수 있다고 상상해 보세요.

```
// 🎬
let mut x = 10;

for i in 0..10 { // 스레드 1
    x += 1;
}
for i in 0..10 { // 스레드 2
    x += 1;
}
```

스레드 1과 스레드 2가 함께 시작하면 다음과 같은 일이 발생할 수 있습니다.

- 스레드 1이 10을 보고 1을 더하면 11이 됩니다. 그런 다음 스레드 2가 11을 보고 1을 더하면 12가 됩니다. 지금까지는 문제가 없습니다.

- 스레드 1은 12를 봅니다. 동시에 스레드 2는 12를 봅니다. 스레드 1은 1을 더하고 이제 13이 됩니다. 하지만 스레드 2가 여전히 12라고 생각하고 13을 씁니다. 스레드 2에는 이제 13이 있지만 사실 14여야 합니다. 문제가 있네요.

Arc는 이런 일이 발생하지 않도록 원자적 작업(한 번에 둘 이상의 액세스를 허용하지 않음)을 사용하므로 스레드가 있을 때 사용해야 하는 방법입니다. 그러나 Rc가 조금 더 빠르므로 스레드가 하나일 때는 Arc를 사용할 이유가 없습니다. 따라서 스레드가 여러 개가 아니면 Rc를 사용하세요.

하지만 Arc만으로는 데이터를 변경할 수 없습니다. 단지 참조 카운터일 뿐입니다. 그래서 데이터를 Mutex로 감싼 다음에 Mutex를 Arc로 감쌉니다. 이제 여러 소유자를 가질 수 있고(참조 카운터이기 때문에) 스레드로부터 안전하며(원자적이기 때문에) 변경 가능합니다(Mutex 내부에 있기 때문에).

따라서 Arc 내부의 Mutex를 사용해 숫잣값을 변경해 봅시다. 먼저 하나의 스레드를 설정해 보겠습니다.

```rust
fn main() {

    let handle = std::thread::spawn(|| {
        println!("The thread is working!") // 스레드 테스트
    });

    handle.join().unwrap(); // 스레드가 완료될 때까지 여기서 대기합니다.
    println!("Exiting the program");
}
```

지금까지는 다음과 같이 출력됩니다.

```
The thread is working!
Exiting the program
```

이제 **0..5**를 반복하는 for 루프에 넣어 보겠습니다.

```rust
fn main() {

    let handle = std::thread::spawn(|| {
        for _ in 0..5 {
            println!("The thread is working!")
        }
    });

    handle.join().unwrap();
    println!("Exiting the program");
}
```

이 코드도 동작합니다. 실행 결과는 다음과 같습니다.

```
The thread is working!
The thread is working!
The thread is working!
The thread is working!
The thread is working!
Exiting the program
```

이제 스레드를 하나 더 만들어 봅시다. 각 스레드는 동일한 작업을 수행합니다. 스레드가 동시에 동작하는 것을 볼 수 있습니다. 때로는 Thread 1 is working!이라고 먼저 표시되지만, 때로는 Thread 2 is working!이 먼저 표시됩니다. 이를 **동시성**이라고 하며 '함께 실행'한다는 의미입니다.

```rust
fn main() {

    let thread1 = std::thread::spawn(|| {
        for _ in 0..5 {
            println!("Thread 1 is working!")
        }
    });

    let thread2 = std::thread::spawn(|| {
        for _ in 0..5 {
            println!("Thread 2 is working!")
        }
    });

    thread1.join().unwrap();
    thread2.join().unwrap();
    println!("Exiting the program");
}
```

이제 my_number의 값을 변경하려고 합니다. 지금은 i32이지만 Arc<Mutex<i32>>로 바꿀 것입니다. 이는 Arc로 보호되는 변경할 수 있는 i32입니다.

```rust
// 🚧
let my_number = Arc::new(Mutex::new(0));
```

이제 Arc가 있으므로 복제할 수 있습니다. 각 복제본은 다른 스레드로 이동할 수 있습니다. 두 개의 스레드가 있으므로 두 개의 복제본을 만듭니다.

```rust
// 🚧
let my_number = Arc::new(Mutex::new(0));

let my_number1 = Arc::clone(&my_number); // 이 복제본은 스레드 1로 이동합니다.
let my_number2 = Arc::clone(&my_number); // 이 복제본은 스레드 2로 이동합니다.
```

이제 my_number에 연결된 안전한 복제본이 있으므로 문제없이 다른 스레드로 이동할 수 있습니다.

```rust
use std::sync::{Arc, Mutex};

fn main() {
    let my_number = Arc::new(Mutex::new(0));

    let my_number1 = Arc::clone(&my_number);
    let my_number2 = Arc::clone(&my_number);

    let thread1 = std::thread::spawn(move || {
        // 복제본만 스레드 1로 이동합니다.
        for _ in 0..10 {
            *my_number1.lock().unwrap() += 1; // Mutex를 잠그고 값을 변경합니다.
        }
    });

    let thread2 = std::thread::spawn(move || {
        // 복제본만 스레드 2로 이동합니다.
        for _ in 0..10 {
            *my_number2.lock().unwrap() += 1;
        }
    });

    thread1.join().unwrap();
    thread2.join().unwrap();
    println!("Value is: {my_number:?}");
    println!("Exiting the program");
}
```

프로그램은 항상 다음을 출력합니다.

```
Value is: Mutex { data: 20, poisoned: false, .. }
Exiting the program
```

원하던 결과가 출력되었습니다.

단일 for 루프에서 두 스레드를 결합하고 코드를 더 작게 만들 수 있습니다.

이전 예제와 같이 루프 외부에서 각각 `.join()`을 호출할 수 있도록 핸들을 저장해야 합니다. 루프 내에서 이 작업을 수행하면 새 스레드를 시작하기 전에 첫 번째 스레드가 완료될 때까지 기다려야 합니다.

```rust
use std::sync::{Arc, Mutex};

fn main() {
    let my_number = Arc::new(Mutex::new(0));
    let mut handle_vec = vec![]; // JoinHandles가 여기에 들어갈 것입니다.

    for _ in 0..2 { // 이 작업을 두 번 합니다.
        // 스레드를 시작하기 전에 복제본을 만듭니다.
        let my_number_clone = Arc::clone(&my_number);

        let handle = std::thread::spawn(move || { // 복제본을 넣습니다.
            for _ in 0..10 {
                *my_number_clone.lock().unwrap() += 1;
            }
        });
        // 루프 외부에서 join을 호출할 수 있도록 핸들을 저장합니다.
        // 벡터에 넣지 않으면 여기서 소멸됩니다.
        handle_vec.push(handle);
    }

    // 모든 핸들에서 join을 호출합니다.
    handle_vec.into_iter().for_each(|handle| handle.join().unwrap());
    println!("{my_number:?}");
}
```

이 코드는 `Mutex { data: 20 }`을 출력합니다.

복잡해 보이지만 Arc<Mutex<SomeType>>>은 러스트에서 자주 쓰이므로 자연스럽습니다. 또한 항상 코드를 재작성해 더 깔끔하게 만들 수 있습니다. 다음은 하나 이상의 use 문과 두 개의 함수가 있는 동일한 코드입니다. 함수는 새로운 작업을 수행하지 않지만 main()에서 일부 코드를 이동합니다. 읽기 어려울 때는 이와 같이 코드를 다시 작성해 볼 수 있습니다.

```rust
use std::sync::{Arc, Mutex};
use std::thread::spawn; // 이제 spawn만 써도 됩니다.
```

```rust
fn make_arc(number: i32) -> Arc<Mutex<i32>> { // Arc에서 Mutex를 만드는 함수입니다.
    Arc::new(Mutex::new(number))
}

fn new_clone(input: &Arc<Mutex<i32>>) -> Arc<Mutex<i32>> {
    // new_clone을 만들 수 있는 함수입니다.
    Arc::clone(&input)
}

// 이제 main()이 더 읽기 쉽습니다.
fn main() {
    let mut handle_vec = vec![]; // 각 핸들이 여기에 들어갈 것입니다.
    let my_number = make_arc(0);

    for _ in 0..2 {
        let my_number_clone = new_clone(&my_number);
        let handle = spawn(move || {
            for _ in 0..10 {
                let mut value_inside = my_number_clone.lock().unwrap();
                *value_inside += 1;
            }
        });
        handle_vec.push(handle); // 핸들이 완성되었으니, 벡터에 넣어주세요.
    }

    handle_vec.into_iter().for_each(|handle| handle.join().unwrap());
    // 각자 대기합니다.

    println!("{my_number:?}");
}
```

11.4 범위가 지정된 스레드

러스트 1.63부터 범위가 지정된 스레드가 도입되었습니다. 마지막 예제에서 일반 스레드에 대해 Arc를 복제하고 소유권을 가져오려고 move를 사용하는 방법을 떠올려보세요. 일반 스레드에는 'static 보장이 필요하기 때문입니다. 범위가 지정된 스레드는 단일 범위({} 중괄호 내부) 내에 존재하도록 보장되므로 이것이 필요하지 않습니다. scope 문서(https://doc.

rust-lang.org/stable/std/thread/fn.scope.html)에서는 다음과 같이 설명합니다.

> 범위가 지정되지 않은 스레드와 달리, 범위가 지정된 스레드는 'static이 아닌 데이터
> 를 빌릴 수 있습니다. scope는 모든 스레드가 scope의 끝에서 조인되도록 보장하기 때
> 문입니다.

즉, scope의 끝에서 조인되는 스레드에 만족할 때는 .join()을 사용할 필요가 없습니다.

차이점을 살펴보겠습니다. 일반 스레드에서는 thread::spawn을 사용해 스레드를 시작합니다.

```rust
use std::thread;

fn main() {
    thread::spawn(|| {
        // 스레드 작업 수행
    });
    thread::spawn(|| {
        // 더 많은 스레드 작업 수행
    });
    // 여기에 join하는 것을 잊지 마세요. join하지 않으면 main()이 완료되기 전에
    // 종료될 수 있습니다.
}
```

범위가 지정된 스레드를 사용하면 thread::scope를 사용해 scope를 시작합니다. 스레드는
프로그램 내부에만 존재합니다. 그런 다음 scope가 제공하는 클로저를 사용해 스레드를 생성
합니다.

```rust
use std::thread;

fn main() {
    thread::scope(|scope| {
        // 여기서는 scope라고 부르지만 다른 이름을 사용할 수도 있습니다.
        scope.spawn(|| {
            // 스레드 작업 수행
        });
        scope.spawn(|| {
            // 더 많은 스레드 작업 수행
        });
    }); // 스레드는 여기에서 자동으로 join 됩니다.
}
```

이제 이전 예제를 가져와 범위가 지정된 스레드에 대신 넣겠습니다. 코드가 얼마나 간단한지 보세요. 둘 이상의 스레드가 **my_number**를 변경하므로 여전히 **Mutex**가 필요하지만 **Arc**는 더 이상 필요하지 않습니다. 소유권을 가져가는 것이 아니라 빌려주는 것이므로 **move**를 사용할 필요가 없습니다.

```
use std::sync::Mutex;
use std::thread;

fn main() {
    let my_number = Mutex::new(0);
    thread::scope(|s| {
        s.spawn(|| {
            for _ in 0..10 {
                *my_number.lock().unwrap() += 1;
            }
        });
        s.spawn(|| {
            for _ in 0..10 {
                *my_number.lock().unwrap() += 1;
            }
        });
    });
}
```

그리고 실제로 하나의 스레드만 데이터를 사용할 때는 **Mutex**가 필요하지 않습니다. 범위가 지정된 스레드는 러스트의 모든 일반 빌림 규칙을 따르므로 하나만 변경 가능한 빌림이 있으면 문제가 없습니다. 범위가 지정된 스레드에 두 개의 숫자(하나는 변경 가능, 하나는 변경 불가능)를 추가하고 살펴보겠습니다.

```
use std::sync::Mutex;
use std::thread;

fn main() {
    // 두 스레드 모두 이것을 사용하므로 Mutex를 사용합니다.
    let my_number = Mutex::new(0);
    // 하나의 스레드만 이것을 사용하므로 Mutex가 필요하지 않습니다.
    let mut regular_mut_number = 0;
    // 누구나 빌림할 수 있도록 변경 불가능하도록 만듭니다.
    let regular_unmut_number = 0;
```

```
thread::scope(|s| {
    s.spawn(|| {
        for _ in 0..3 {
            *my_number.lock().unwrap() += 1;
            regular_mut_number += 1;
            println!("Multiple immutable borrows is fine! {regular_unmut_number}");
        }
    });
    s.spawn(|| {
        for _ in 0..3 {
            *my_number.lock().unwrap() += 1;
            // regular_mut_number += 1; 여전히 이 작업을 할 수 없습니다.
            // regular_mut_number는 두 개의 변경 가능한 빌림입니다.
            println!("Borrowing here too, it's just fine! {regular_unmut_number}");
        }
    });
});

println!("my_number: {my_number:?}");
println!("regular_mut_number: {regular_mut_number}");
}
```

따라서 스레드가 단일 scope 내에만 있어도 괜찮다면 scope가 지정된 스레드 사용을 검토해 보세요.

11.5 채널

채널은 많은 스레드를 사용해 정보를 한곳으로 보내는 쉬운 방법입니다. 채널은 조립하기가 매우 간단해서 인기가 많습니다. 러스트에서 std::sync::mpsc로 채널을 만들 수 있습니다. mpsc는 '여러 생산자, 단일 소비자multiple producer, single consumer'를 의미하므로 '한곳으로 보내는 많은 스레드'라는 뜻입니다. 채널을 시작하려면 channel()을 사용합니다. 이렇게 하면 함께 묶인 Sender와 Receiver가 생성됩니다. 함수 시그니처에서 이를 확인할 수 있습니다.

```
// 🎞
pub fn channel<T>() -> (Sender<T>, Receiver<T>)
```

둘 다 <T> 타입이므로 항상 동일한 타입임을 알 수 있습니다.

따라서 발신자 이름과 수신자 이름을 하나씩 선택해야 합니다. 일반적으로 let (sender, receiver) = channel();과 같이 초기화하지만, 제네릭 타입이므로 이 코드만으로는 러스트가 구체적인 타입을 추론할 수 없습니다.

```
use std::sync::mpsc::channel;

fn main() {
    let (sender, receiver) = channel(); // ⚠
}
```

컴파일러는 다음과 같이 알려 줍니다.

```
error[E0282]: type annotations needed for `(std::sync::mpsc::Sender<T>,
std::sync::mpsc::Receiver<T>)`
  --> src\main.rs:30:30
   |
30 |     let (sender, receiver) = channel();
   |         ------------------   ^^^^^^^ cannot infer type for type parameter `T`
declared on the function `channel`
   |         |
   |         consider giving this pattern the explicit type
`(std::sync::mpsc::Sender<T>, std::sync::mpsc::Receiver<T>)`, where
the type parameter `T` is specified
```

Sender와 Receiver의 타입을 추가할 것을 제안합니다. 원한다면 그렇게 할 수 있습니다.

```
use std::sync::mpsc::{channel, Sender, Receiver}; // Sender와 Receiver를 추가했습니다.

fn main() {
    let (sender, receiver): (Sender<i32>, Receiver<i32>) = channel();
}
```

하지만 타입을 명시할 필요는 없습니다. Sender와 Receiver를 사용하기 시작하면 러스트는 타입을 추측할 수 있습니다.

이제 채널을 사용하는 가장 간단한 방법을 살펴보겠습니다.

```
use std::sync::mpsc::channel;

fn main() {
    let (sender, receiver) = channel();

    sender.send(5);
    receiver.recv(); // recv는 receive의 약자입니다('rec v'가 아님).
}
```

이제 컴파일러는 타입을 압니다. Sender의 메서드는 Result<(), SendError<i32>>를 반환하고 Receiver의 메서드는 Result<i32, RecvError>를 반환합니다. 따라서 .unwrap()을 사용해 send가 작동하는지 확인하거나 다른 오류 처리 방식을 사용할 수 있습니다. .unwrap()과 println!을 추가해 결과를 확인해 봅시다.

```
use std::sync::mpsc::channel;

fn main() {
    let (sender, receiver) = channel();

    sender.send(5).unwrap();
    println!("{}", receiver.recv().unwrap());
}
```

이 코드는 5를 출력합니다.

channel은 Arc처럼 복제본을 생성할 수 있고, 이 복제본을 여러 스레드에 전달할 수 있습니다.

```
use std::sync::mpsc::channel;

fn main() {
    let (sender, receiver) = channel();
    let sender_clone = sender.clone();

    std::thread::spawn(move || {
        // sender로 보냅니다.
        sender.send("Send a &str this time").unwrap();
        sender.send("Send a &str this time").unwrap();
    });
```

```
    std::thread::spawn(move || {
        // sender_clone으로 보냅니다.
        sender_clone.send("And here is another &str").unwrap();
        sender_clone.send("And here is another &str").unwrap();
    });

    while let Ok(res) = receiver.recv() {
        println!("{res}");
    }
}
```

이렇게 하면 receiver가 받는 순서대로 4개의 &str이 출력됩니다.

하지만 주의하세요. .recv()는 블로킹 함수blocking function입니다. Sender는 해당 범위의 끝에서 삭제되지만(러스트의 다른 변수와 동일), .recv()를 사용하는 Receiver는 Sender가 아직 살아 있으면 계속 차단됩니다. 따라서 Sender 스레드가 보내기 전에 처리하는 데 오랜 시간이 걸리면 Receiver는 계속 대기합니다.

그리고 사실 이 예에서 Receiver는 꽤 오래 기다립니다. 마지막 부분을 while let Ok(res) = receiver.try_recv()로 변경하면 Receiver가 받을 것이 있는지 빠르게 확인하고 바로 포기하므로 받은 내용이 표시되지 않을 것입니다.

게다가 .recv()를 .try_recv()로 변경하면 Receiver가 한 번만 시도한 후 삭제되고 Sender가 여전히 send를 시도해서 패닉이 발생할 수 있습니다. 물론 여기서 .unwrap()을 사용하기 때문입니다. 실제 코드에서는 모든 곳에서 .unwrap()을 원하지는 않습니다.

이제 스레드를 사용해 많은 일을 하고 싶다고 가정해 봅시다. 모두 0인 100만 개의 항목이 있는 큰 벡터가 있습니다. 벡터에 있는 0을 1로 변경하려고 합니다. 10개의 스레드를 사용하고 각 스레드는 작업의 10분의 1을 수행합니다. 새로운 벡터를 만들고 .extend()를 사용해 work에 넣을 것입니다.

```
use std::sync::mpsc::channel;
use std::thread::spawn;

fn main() {
    let (sender, receiver) = channel();
    let hugevec = vec![0; 1_000_000];
```

```rust
let mut newvec = vec![];
let mut handle_vec = vec![];

for i in 0..10 {
    let sender_clone = sender.clone();

    // work를 넣을 새로운 vec. 1/10 크기입니다.
    let mut work: Vec<u8> = Vec::with_capacity(hugevec.len() / 10);

    // 첫 번째 부분은 0..100_000이 되고 다음 부분은 100_000..200_000이 됩니다.
    work.extend(&hugevec[i * 100_000..(i + 1) * 100_000]);
    let handle = spawn(move || {
        // handle을 만듭니다.

        for number in work.iter_mut() {
            // 실제 작업을 수행합니다.
            *number += 1;
        }
        // sender_clone을 사용해 work를 수신자에게 보냅니다.
        sender_clone.send(work).unwrap();
    });
    handle_vec.push(handle);
}

for handle in handle_vec {
    // 스레드가 완료될 때까지 대기합니다.
    handle.join().unwrap();
}

while let Ok(results) = receiver.try_recv() {
    newvec.push(results); // receiver.recv()의 results를 vec에 넣습니다.
}

// 이제 Vec<Vec<u8>>이 생겼습니다.
// .flatten()을 사용하면 이들을 한 번에 넣을 수 있습니다.
let newvec = newvec.into_iter().flatten().collect::<Vec<u8>>();
// 이제 1_000_000개의 u8 숫자가 담긴 하나의 vec입니다.

println!(
    // 숫자가 모두 1인지 확인하기 위해 몇 가지 숫자를 출력해 봅시다.
    "{:?}, {:?}, total length: {}",
    &newvec[0..10],
    &newvec[newvec.len() - 10..newvec.len()],
```

```
        newvec.len() // 길이가 1_000_000개임을 보여 줍니다.
    );

    // 그리고 숫자 하나라도 1이 아니면 패닉을 일으키도록 러스트에 지시합니다.
    assert!(newvec.iter().all(|n| n == &1));
}
```

CHAPTER 12

Box와 러스트 문서

12.1 러스트 문서 읽기

다른 사람들이 작성한 내용을 이해하려면 러스트 문서를 읽는 방법을 알아야 합니다. 러스트 문서에서 알아야 할 몇 가지 사항을 살펴보겠습니다.

12.1.1 assert_eq!

테스트할 때 assert_eq!를 사용하는 것을 보았습니다. 함수 안에 넣은 두 항목이 같지 않으면 프로그램이 패닉 상태가 됩니다. 다음은 짝수가 필요한 간단한 예입니다.

```rust
fn main() {
    prints_number(56);
}

fn prints_number(input: i32) {
    assert_eq!(input % 2, 0); // 두 숫자가 같아야 합니다.
    // number % 2의 결과가 0이 아니면 패닉을 발생시킵니다.
    println!("The number is not odd. It is {input}");
}
```

여러분의 코드에서 assert_eq!를 사용할 계획이 없더라도, 러스트 문서에서는 이 매크로를 자주 볼 수 있습니다. 문서에서 모든 것을 `println!`으로 출력하려면 많은 공간이 필요할 것이고, 출력하고 싶은 항목들에 대해 `Display`나 `Debug` 트레이트도 구현해야 할 것입니다. 이런 이유로 문서에서는 `assert_eq!`를 광범위하게 사용합니다. 벡터 사용법을 보여 주는 문서(https://doc.rust-lang.org/std/vec/struct.Vec.html)의 예제를 살펴보겠습니다.

```rust
fn main() {
    let mut vec = Vec::new();
    vec.push(1);
    vec.push(2);

    assert_eq!(vec.len(), 2);
    assert_eq!(vec[0], 1);

    assert_eq!(vec.pop(), Some(2));
    assert_eq!(vec.len(), 1);

    vec[0] = 7;
    assert_eq!(vec[0], 7);

    vec.extend([1, 2, 3].iter().copied());

    for x in &vec {
        println!("{}", x);
    }
    assert_eq!(vec, [7, 1, 2, 3]);
}
```

이 예에서 `assert_eq!(a, b)`를 'a는 b이다'라는 의미로 생각할 수 있습니다. 동일한 코드에 주석을 달아 보았습니다. 다음 코드에서 주석은 `assert_eq!`가 실제로 무엇을 의미하는지 보여 줍니다.

```rust
fn main() {
    let mut vec = Vec::new();
    vec.push(1);
    vec.push(2);

    assert_eq!(vec.len(), 2); // vec의 길이는 2입니다.
    assert_eq!(vec[0], 1); // vec[0]은 1입니다.
```

```
    assert_eq!(vec.pop(), Some(2)); // .pop()을 사용하면 Some()을 얻습니다.
    assert_eq!(vec.len(), 1); // vec의 길이는 이제 1입니다.

    vec[0] = 7;
    assert_eq!(vec[0], 7); // Vec[0]은 7입니다.

    vec.extend([1, 2, 3].iter().copied());

    for x in &vec {
        println!("{}", x);
    }
    assert_eq!(vec, [7, 1, 2, 3]); // .vec은 이제 [7, 1, 2, 3]입니다.
}
```

12.1.2 검색

러스트 문서(https://doc.rust-lang.org/std/index.html)의 상단 표시줄은 검색 표시
줄입니다. 입력하는 대로 결과를 보여 줍니다. 페이지 아래로 내려가면 더 이상 검색창이 보이
지 않지만, 키보드의 s 키를 누르면 다시 검색할 수 있습니다. 아무 곳에서나 s를 누르면 바로
검색할 수 있습니다.

12.1.3 [source] 버튼

보통 메서드나 구조체 등의 코드는 전체가 표시되지 않습니다. 일반적으로 작동 방식을 알기
위해 전체 소스를 볼 필요가 없으며 전체 코드가 혼란스러울 수 있기 때문입니다. 또한 **pub**이
아닌 항목은 문서에 표시되지 않습니다. 그러나 더 알고 싶다면 러스트 문서에서 [source]를
클릭해서 모든 코드를 볼 수 있습니다. 예를 들어 String 문서에서 .with_capacity()의 시
그니처는 다음과 같이 표기됩니다.

```
// 🚧
pub fn with_capacity(capacity: usize) -> String
```

숫자를 입력하면 String을 반환함을 알 수 있습니다. 쉬운 내용이지만 더 자세히 살펴보고

싶을 수도 있습니다. [source]를 클릭하면 다음을 볼 수 있습니다.

```
// 🚧
pub fn with_capacity(capacity: usize) -> String {
    String { vec: Vec::with_capacity(capacity) }
}
```

흥미롭습니다! 이제 **String**이 일종의 벡터임을 알 수 있습니다. 그리고 실제로 **String**은 u8 바이트의 벡터로 이루어졌다는 점도 흥미롭습니다. 이런 내용을 몰라도 **with_capacity** 메서드를 사용할 수 있지만, 자세한 내용은 [source]를 클릭해야만 볼 수 있습니다. 따라서 문서에 세부 정보가 부족하고 더 알고 싶을 때는 [source]를 클릭해서 소스 코드를 살펴보면 좋습니다.

12.1.4 트레이트에 관한 정보

트레이트에 관한 문서에서 중요한 부분은 왼쪽의 'Required Methods(필수 메서드)'입니다. 필수 메서드가 표시되면 메서드를 직접 작성해야 한다는 의미일 수 있습니다. 예를 들어 이터레이터에는 .next() 메서드를 작성해야 합니다. 그리고 From에는 .from() 메서드를 작성해야 합니다. 그러나 일부 트레이트는 #[derive(Debug)]에서와 같이 속성만으로 구현할 수 있습니다. Debug에는 .fmt() 메서드가 필요하지만 일반적으로 직접 작성하지 않고 #[derive(Debug)]를 사용합니다. 그래서 std::fmt::Debug 문서에 '일반적으로 Debug 구현을 파생시켜야 합니다'라고 쓰여 있습니다.

12.2 속성

속성에 관해 자세히 살펴보겠습니다. 트레이트 속성은 컴파일러에 정보를 제공하는 작은 코드 조각입니다. 속성을 만드는 것은 쉽지 않지만, 사용하는 것은 매우 간단합니다. #만 사용해 속성을 작성하면 다음 줄의 코드에만 영향을 미치고, #!를 사용해 속성을 작성하면 해당 범위 내의 모든 코드에 영향을 미칩니다.

#[allow(dead_code)]와 #[allow(unused_variables)]는 자주 볼 수 있는 속성입니다.

사용하지 않는 코드를 작성하더라도 러스트는 여전히 컴파일되지만 사용하지 않는 코드라는 것을 알려 줄 것입니다. 예를 들어 여기에 아무것도 없고 하나의 변수만 있는 구조체가 있습니다. 우리는 둘 다 사용하지 않습니다.

```rust
struct JustAStruct {}

fn main() {
    let some_char = 'ん';
}
```

이 코드를 작성하면 러스트는 여러분이 구조체나 변수를 사용하지 않았음을 상기시켜 줄 것입니다.

```
warning: unused variable: `some_char`
 --> src\main.rs:4:9
  |
4 |     let some_char = 'ん';
  |         ^^^^^^^^^ help: if this is intentional, prefix it with an underscore:
`_some_char`
  |
  = note: `#[warn(unused_variables)]` on by default

warning: struct is never constructed: `JustAStruct`
 --> src\main.rs:1:8
  |
1 | struct JustAStruct {}
  |        ^^^^^^^^^^^
  |
  = note: `#[warn(dead_code)]` on by default
```

이름 앞에 _를 써서 컴파일러를 조용하게 만들 수 있음을 이미 배웠습니다.

```rust
struct _JustAStruct {}

fn main() {
    let _some_char = 'ん';
}
```

그러나 속성을 사용할 수도 있습니다. 컴파일러 메시지에서는 #[warn(unused_variables)] 와 #[warn(dead_code)]를 사용한다는 것을 알 수 있습니다. 앞 코드에서 JustAStruct는 죽은 코드이고 some_char는 사용하지 않는 변수입니다. warn의 반대는 allow이므로 다음과 같이 작성하면 컴파일러는 경고를 표시하지 않습니다.

```rust
#![allow(dead_code)]
#![allow(unused_variables)]

struct Struct1 {} // 다섯 개의 구조체를 생성합니다.
struct Struct2 {}
struct Struct3 {}
struct Struct4 {}
struct Struct5 {}

fn main() {
    // 네 개의 변수입니다. 우리는 이들을 사용하지 않지만,
    // 컴파일러는 조용하게 지나갑니다.
    let char1 = 'ん';
    let char2 = ';';
    let some_str = "I'm just a regular &str";
    let some_vec = vec!["I", "am", "just", "a", "vec"];
}
```

물론 allow 속성을 사용하는 것보다는 죽은 코드와 사용하지 않는 변수를 처리하는 편이 바람직합니다. 그러나 때로는 컴파일러가 잠시 조용해지기를 원할 수도 있습니다. 또는 코드를 설명하거나 러스트를 가르칠 때 컴파일러 메시지 때문에 학습자들이 혼란스러워하는 것을 피하고 싶을 수 있습니다.

#[derive(TraitName)]을 사용하면 생성한 구조체와 열거형에 대한 일부 트레이트를 파생시킬 수 있습니다. 이는 자동으로 파생될 수 있는 많은 공통 트레이트와 함께 작동합니다. Display와 같은 일부는 자동으로 파생될 수 없습니다. Display는 표시 방법을 선택해야 하기 때문입니다.

```rust
// ⚠
#[derive(Display)]
struct HoldsAString {
    the_string: String,
}
```

```
fn main() {
    let my_string = HoldsAString {
        the_string: "Here I am!".to_string(),
    };
}
```

오류 메시지가 이런 문제를 알려 줍니다.

```
error: cannot find derive macro `Display` in this scope
 --> src\main.rs:2:10
  |
2 | #[derive(Display)]
  |
```

그러나 자동으로 파생될 수 있는 트레이트는 원하는 만큼 넣을 수 있습니다. HoldsAString에는 하나만 필요하지만, 재미 삼아 한 줄에 7개의 트레이트를 제공하겠습니다.

```
#[derive(Debug, PartialEq, Eq, Ord, PartialOrd, Hash, Clone)]
struct HoldsAString {
    the_string: String,
}

fn main() {
    let my_string = HoldsAString {
        the_string: "Here I am!".to_string(),
    };
    println!("{:?}", my_string);
}
```

구조체의 모든 필드가 Copy 트레이트를 구현한 경우에만 해당 구조체도 Copy를 구현할 수 있습니다. HoldsAString에는 Copy가 아닌 String 타입을 포함하고 있어서 #[derive(Copy)]를 적용할 수 없습니다. 하지만 다음 구조체에서는 사용할 수 있습니다.

```
#[derive(Clone, Copy)] // Copy를 사용하려면 Clone도 필요합니다.
struct NumberAndBool {
    number: i32, // i32는 Copy를 구현합니다.
    true_or_false: bool // bool도 Copy를 구현하므로 문제가 없습니다.
}
```

```
fn does_nothing(input: NumberAndBool) {

}

fn main() {
    let number_and_bool = NumberAndBool {
        number: 8,
        true_or_false: true
    };

    does_nothing(number_and_bool);
}
```

#[cfg()]는 구성^{configuration}을 뜻하는 속성으로 컴파일러에 특정 코드의 실행 여부를 지정합니다. 가장 흔한 예시로 #[cfg(test)]가 있는데, 이는 테스트 함수에 사용됩니다. 이렇게 하면 테스트 코드를 실제 코드와 나란히 작성하더라도 테스트를 실행할 때만 컴파일되도록 할 수 있습니다.

cfg의 또 다른 활용 예시로 #[cfg(target_os = "windows")]가 있습니다. 이 속성을 사용하면 컴파일러에 특정 운영체제(윈도우, 리눅스 등)에서만 코드가 실행되도록 지정할 수 있습니다.

#![no_std] 속성은 표준 라이브러리를 포함하지 않도록 지정하는 특별한 설정입니다. 이 설정을 사용하면 Vec, String을 포함한 표준 라이브러리의 모든 기능을 사용할 수 없게 됩니다. 주로 메모리나 저장 공간이 제한된 임베디드 기기에 사용할 코드에 이 설정을 사용합니다.

속성 문서(https://doc.rust-lang.org/reference/attributes.html)에서 더 많은 속성을 볼 수 있습니다.

12.3 Box

Box는 러스트에서 매우 편리한 타입입니다. Box를 사용하면 타입의 데이터를 스택이 아닌 힙에 넣을 수 있습니다. 새로운 Box를 만들려면 Box::new()를 사용하고 항목을 안에 넣기만 하면 됩니다.

```
fn just_takes_a_variable<T>(item: T) {} // 아무거나 가져다 놓습니다.

fn main() {
    let my_number = 1; // 이는 i32입니다.
    // 이 함수는 Copy이기 때문에 두 번 사용해도 문제없습니다.
    just_takes_a_variable(my_number);
    just_takes_a_variable(my_number);

    let my_box = Box::new(1); // 이는 Box<i32>입니다.
    // .clone()이 없으면 두 번째 함수에서 오류가 발생합니다.
    just_takes_a_variable(my_box.clone());
    just_takes_a_variable(my_box); // Box는 Copy가 아니기 때문입니다.
}
```

Box의 요점이 무엇인지 모르겠죠? Box는 처음에는 어디에 쓸지 상상하기 힘들지만, 러스트에서 많이 사용합니다. 먼저 Box가 자체 데이터를 소유한다는 점을 제외하면 일종의 참조로 생각할 수 있습니다.

str 타입을 사용할 때 &를 붙여야 하는 이유를 생각해 보면, str이 컴파일 시점에 크기를 알수 없는 타입이기 때문입니다. 문자열의 길이는 얼마든지 달라질 수 있죠. 반면 &로 만드는 참조자는 크기가 항상 고정되므로 컴파일러가 다루기 쉽습니다. Box도 이와 유사한 원리로 작동하지만, 차이점은 데이터의 소유권을 가진다는 점입니다. 그리고 참조자(&)를 역참조할 때처럼 Box도 * 연산자로 내부 값에 접근할 수 있습니다.

```
fn main() {
    let my_box = Box::new(1); // 이것은 Box<i32>입니다.
    let an_integer = *my_box; // 이것은 i32입니다.
}
```

Box는 & 참조(포인터의 일종)와 같지만 더 많은 일을 할 수 있기 때문에 '스마트 포인터smart pointer'라고 불립니다.

Box를 활용하면 자기 자신을 포함하는 구조체를 만들 수 있습니다. 이런 구조를 재귀적recursive 구조라고 하는데, 예를 들어 구조체 A 안에 다른 구조체 A가 포함되는 형태를 말합니다. 러스트에서는 Box 없이 직접 이러한 구조를 만들 수 없습니다(시도하면 컴파일러가 오류를 표시합니다). Box 없이 시도하면 다음과 같은 일이 발생합니다.

```
struct List {
    item: Option<List>, // ⚠
}
```

이 단순한 List에는 Some<List>(또 다른 List) 또는 None이 될 수 있는 하나의 항목이 있습니다. None을 선택할 수 있으므로 영원히 재귀가 반복되지 않습니다. 그러나 컴파일러는 여전히 크기를 모릅니다.

```
error[E0072]: recursive type `List` has infinite size
  --> src\main.rs:16:1
   |
16 | struct List {
   | ^^^^^^^^^^^ recursive type has infinite size
17 |     item: Option<List>,
   |     ------------------ recursive without indirection
   |
   = help: insert indirection (e.g., a `Box`, `Rc`, or `&`) at some point to make
`List` representable
```

컴파일러는 Box를 시도해 보기를 제안합니다. 그럼 List를 Box로 감싸보도록 하겠습니다.

```
struct List {
    item: Option<Box<List>>,
}
fn main() {}
```

이제 모든 것이 Box 안에 들어있고 Box의 크기는 컴파일 시점에 결정되어 있으므로, 컴파일러가 List를 문제없이 처리할 수 있습니다. 아주 간단한 리스트는 다음과 같이 구현할 수 있습니다.

```
struct List {
    item: Option<Box<List>>,
}

impl List {
    fn new() -> List {
        List {
            item: Some(Box::new(List { item: None })),
        }
```

```
        }
    }

    fn main() {
        let mut my_list = List::new();
    }
```

데이터가 없는 상태에서도 이미 복잡한 구조를 가지고 있고, 러스트는 이런 유형의 패턴을 많이 사용하지 않습니다. 아시다시피 러스트는 빌림과 소유권에 대한 엄격한 규칙을 가지고 있기 때문입니다. 다만 연결 리스트와 같은 구조를 구현하고자 할 때는 **Box**를 활용하면 도움이 됩니다.

Box는 힙에 있으므로 **drop**을 사용할 수도 있습니다. 이는 때때로 편리할 수 있습니다.

12.3.1 트레이트 주위의 Box

Box가 인기 있는 이유는 트레이트를 처리하는 데 매우 유용하기 때문입니다. 다음 예제와 같이 일반 함수에서 트레이트를 작성할 수 있음을 알 것입니다.

```
use std::fmt::Display;

struct DoesntImplementDisplay {}

fn displays_it<T: Display>(input: T) {
    println!("{}", input);
}

fn main() {}
```

이 함수는 **Display** 트레이트를 구현한 타입만 허용하므로 **DoesntImplementDisplay** 구조체는 사용할 수 없습니다. 단, **String**과 같이 **Display**를 구현한 다른 타입들은 사용 가능합니다.

또한 **impl Trait**를 사용해 다른 트레이트나 클로저를 반환할 수 있음을 확인했습니다. **Box**도 비슷한 방식으로 사용할 수 있습니다. 컴파일러가 값의 크기를 알지 못할 때 **Box**를 사용할 수 있습니다. 다양한 구조체와 열거형이 포함된 다음 예제는 트레이트가 모든 크기의 항목에 사용될 수 있음을 보여 줍니다.

```rust
#![allow(dead_code)] // 컴파일러에 조용히 하라고 지시합니다.
use std::mem::size_of; // 이 함수는 타입의 크기를 제공합니다.

trait JustATrait {} // 이 트레이트를 모든 것에 구현할 것입니다.

enum EnumOfNumbers {
    I8(i8),
    AnotherI8(i8),
    OneMoreI8(i8),
}
impl JustATrait for EnumOfNumbers {}

struct StructOfNumbers {
    an_i8: i8,
    another_i8: i8,
    one_more_i8: i8,
}
impl JustATrait for StructOfNumbers {}

enum EnumOfOtherTypes {
    I8(i8),
    AnotherI8(i8),
    Collection(Vec<String>),
}
impl JustATrait for EnumOfOtherTypes {}

struct StructOfOtherTypes {
    an_i8: i8,
    another_i8: i8,
    a_collection: Vec<String>,
}
impl JustATrait for StructOfOtherTypes {}

struct ArrayAndI8 {
    array: [i8; 1000], // 이것은 매우 클 것입니다.
    an_i8: i8,
    in_u8: u8,
}
impl JustATrait for ArrayAndI8 {}

fn main() {
```

```
println!(
    "{}, {}, {}, {}, {}",
    size_of::<EnumOfNumbers>(),
    size_of::<StructOfNumbers>(),
    size_of::<EnumOfOtherTypes>(),
    size_of::<StructOfOtherTypes>(),
    size_of::<ArrayAndI8>(),
);
}
```

이들의 크기를 출력하면 **2, 3, 24, 32, 1002**가 됩니다. 따라서 다음과 같이 하면 오류가 발생합니다.

```
// ⚠
fn returns_just_a_trait() -> JustATrait {
    let some_enum = EnumOfNumbers::I8(8);
    some_enum
}
```

컴파일러는 다음과 같이 알려 줍니다.

```
error[E0746]: return type cannot have an unboxed trait object
  --> src\main.rs:53:30
   |
53 | fn returns_just_a_trait() -> JustATrait {
   |                              ^^^^^^^^^^ doesn't have a size known at compile-
time
```

그리고 크기가 2, 3, 32, 1002 등 어느 값이든 될 수 있으므로 이것은 사실입니다. 그 대신 Box에 넣습니다. 여기에 dyn 키워드도 추가합니다. dyn은 구조체나 다른 어떤 것이 아니라 트레이트에 관해 이야기하고 있음을 보여 주는 단어입니다.

이를 '동적 디스패치dynamic dispatch'라고 부르는데 제네릭과 유사하지만 중요한 차이가 있습니다. 제네릭이 컴파일 시점에 타입을 결정하는 것과 달리, 동적 디스패치는 프로그램 실행 중에 타입을 결정합니다. 이러한 동적인 특성 때문에 러스트에서는 dyn 키워드를 사용합니다.

```
// 🚧
fn returns_just_a_trait() -> Box<dyn JustATrait> {
    let some_enum = EnumOfNumbers::I8(8);
    Box::new(some_enum)
}
```

이제 동작합니다. 스택에는 Box만 있고 Box의 크기를 알기 때문입니다.

여러 종류의 오류가 발생할 수 있는 상황에서는 Box<dyn Error> 패턴을 자주 사용합니다. 이 패턴을 통해 다양한 오류 타입을 하나의 타입으로 처리할 수 있습니다.

이를 보여 주는 두 가지 오류 타입을 빠르게 만들 수 있습니다. 공식 오류 타입을 만들려면 std ::error::Error를 구현해야 합니다. 이 부분은 쉽습니다. 그냥 impl std::error::Error {} 라고 쓰면 됩니다. 그러나 문제에 관한 정보를 제공할 수 있도록 Debug와 Display도 필요합니다. Debug는 #[derive(Debug)]로 간단히 처리할 수 있지만 Display에는 .fmt() 메서드가 필요합니다. 이미 이 작업을 해 본 적이 있습니다.

코드는 다음과 같습니다.

```
use std::error::Error;
use std::fmt;

#[derive(Debug)]
struct ErrorOne;

impl Error for ErrorOne {}
// 지금까지 Debug 트레이트를 구현한 오류 타입을 살펴봤습니다.
// 이제 Display 트레이트 구현을 알아보겠습니다.

impl fmt::Display for ErrorOne {
    fn fmt(&self, f: &mut fmt::Formatter) -> fmt::Result {
        write!(f, "You got the first error!") // 이 메시지를 작성하기만 합니다.
    }
}


#[derive(Debug)] // ErrorTwo와 동일한 작업을 수행합니다.
struct ErrorTwo;

impl Error for ErrorTwo {}
```

```rust
impl fmt::Display for ErrorTwo {
    fn fmt(&self, f: &mut fmt::Formatter) -> fmt::Result {
        write!(f, "You got the second error!")
    }
}

// 문자열이나 오류를 반환하는 함수를 만듭니다.
fn returns_errors(input: u8) -> Result<String, Box<dyn Error>> {
    // Box<dyn Error>를 사용하면 Error 트레이트가 있는 모든 타입을 반환할 수 있습니다.

    match input {
        0 => Err(Box::new(ErrorOne)), // Box에 꼭 넣으세요.
        1 => Err(Box::new(ErrorTwo)),
        _ => Ok("Looks fine to me".to_string()), // success 타입입니다.
    }

}

fn main() {

    let vec_of_u8s = vec![0_u8, 1, 80]; // 시도해 볼 세 숫자입니다.

    for number in vec_of_u8s {
        match returns_errors(number) {
            Ok(input) => println!("{}", input),
            Err(message) => println!("{}", message),
        }
    }
}
```

다음과 같이 출력됩니다.

```
You got the first error!
You got the second error!
Looks fine to me
```

Box<dyn Error>를 사용하지 않고 다음과 같이 코드를 작성하면 문제가 발생합니다.

```rust
// ⚠
fn returns_errors(input: u8) -> Result<String, Error> {
```

```
        match input {
            0 => Err(ErrorOne),
            1 => Err(ErrorTwo),
            _ => Ok("Looks fine to me".to_string()),
        }
    }
```

컴파일러는 다음과 같이 알려 줄 것입니다.

```
21 ¦ fn returns_errors(input: u8) -> Result<String, Error> {
   ¦                                 ^^^^^^^^^^^^^^^^^^^^^^^ doesn't have a size
known at compile-time
```

충분히 예상할 수 있는 오류입니다. 트레이트는 여러 타입에 구현될 수 있으며, 각 타입의 크기는 서로 다르기 때문입니다. ErrorOne과 ErrorTwo의 크기가 같더라도 러스트는 크기뿐만 아니라 타입 안전성에 관심이 있으므로 여전히 허용되지 않습니다.

이렇게 트레이트 뒤에 실제 타입을 숨기는 방식을 트레이트 객체^{trait object}라고 합니다. 이를 타입 소거^{type erasure}라고도 하는데, 구체적인 타입 정보를 일부 감추고 트레이트의 구현 여부만 확인하기 때문입니다. 즉, 함수는 '이 트레이트가 구현된 어떤 타입'이라고만 알고 있을 뿐, 실제로는 해당 트레이트를 구현한 모든 타입이 될 수 있습니다.

정확한 타입을 몰라도 될 때도 있습니다. 모든 오류 타입에는 자체 출력 기능이 있으므로 단순히 다음과 같이 출력하면 됩니다.

```
fn handle_error_inside_function() {
    println!("{:?}", "seven".parse::<i32>());
}

fn main() {
    handle_error_inside_function();
}
```

이 코드는 Err(ParseIntError { kind: InvalidDigit })라고 출력합니다. 오류를 파악하기에 충분한 출력입니다.

또는 패닉이 발생했을 때 오류 타입을 알 수 있습니다. 다음 예는 i32로 구문 분석할 때의 오류와 f64로 구문 분석할 때의 오류, 이 두 타입의 오류가 발생할 수 있는 함수를 보여 줍니다. 그런 다음 i32와 f64를 함께 더하고 f64로 반환하려고 합니다. 그러나 두 가지 오류가 발생할 수 있으므로 Result<f64, Box<dyn Error>>를 반환합니다. 그런 다음 물음표 연산자를 사용해 어떤 일이 발생하는지 확인하고 unwrap을 사용합니다.

```rust
use std::error::Error;

fn parse_numbers(int: &str, float: &str) -> Result<f64, Box<dyn Error>> {
    let num_1 = int.parse::<i32>()?;
    let num_2 = float.parse::<f64>()?;
    Ok(num_1 as f64 + num_2)
}

fn main() {
    let my_number = parse_numbers("8", "ninepointnine").unwrap();
}
```

오류 메시지는 Err가 thread 'main' panicked at 'called Result::unwrap() on an Err value: ParseFloatError { kind: Invalid }', src/main.rs:10:57에서 발생했음을 알려 줍니다.

그렇다면 dyn Error 트레이트 객체가 있을 때, 정확한 타입을 모르지만 알아내고 싶다면 어떻게 해야 할까요? 이해를 돕기 위해 최악의 오류 타입을 만들어 보겠습니다. Error 트레이트를 파생하고 Debug와 Display도 구현하면서 일부러 혼란스러운 오류 메시지를 만들어 보겠습니다. 특히 Debug는 더 복잡하게 만들기 위해 수동으로 구현해 보겠습니다. Debug 구현은 Display와 비슷해 보이지만 debug_struct라는 메서드를 사용한다는 점이 다릅니다. Display처럼 공식 문서의 예제를 참고해서 약간만 수정하면 됩니다.

```rust
use std::fmt;

enum MyError {
    TooMuchStuff,
    CantConnect,
    NoUserRegistered,
    SomethingElse,
}
```

```rust
impl std::error::Error for MyError {}

impl fmt::Display for MyError {
    fn fmt(&self, f: &mut fmt::Formatter<'_>) -> Result<(), fmt::Error> {
        write!(f, "Wouldn't you like to know...")
    }
}

impl fmt::Debug for MyError {
    fn fmt(&self, f: &mut fmt::Formatter<'_>) -> fmt::Result {
        f.debug_struct("Lol not telling you what went wrong").finish()
    }
}

fn main() {
    let err = MyError::TooMuchStuff;

    println!("{err}");
    println!("{err:?}");
}
```

다음이 출력됩니다.

```
Wouldn't you like to know...
Lol not telling you what went wrong
```

따라서 오류가 dyn Error 트레이트 객체라면 타입이 무엇인지 알 수 없습니다. 그리고 메시지가 양호하더라도 여전히 구체적인 타입을 다시 가져와서 TooMuchStuff, CantConnect 등과 같은 배리언트에 대해 match를 수행하기를 원할 수 있습니다. 때때로 String 출력만으로는 충분하지 않습니다.

다행히도 Error 트레이트에는 downcast(그리고 downcast_ref와 downcast_mut)라는 메서드가 있습니다. 이 메서드를 사용해 dyn Error 트레이트 객체를 다시 오류 타입으로 바꿀 수 있습니다. 우리가 만든 간단한 오류 타입과 함께 VarError를 사용해 보겠습니다. VarError는 std::env::var()로 환경 변수를 조회했을 때 해당 변수가 존재하지 않는 경우 발생하는 오류입니다. 이제 이 두 오류 타입에 대해 다운캐스팅을 시도해 보겠습니다.

이 예제에서는 true를 얻으면 Box<dyn MyError>를, false를 얻으면 Box<dyn VarError>를

주는 함수를 만들 것입니다. 따라서 이들은 트레이트 객체가 되며 downcast(또는 downcast_ref나 downcast_mut)를 사용하지 않는 한 정확한 오류 타입을 알 수 없습니다.

```rust
use std::env::VarError;
use std::error::Error;
use std::fmt;

enum MyError {
    TooMuchStuff,
    CantConnect,
    NoUserRegistered,
    SomethingElse,
}

impl std::error::Error for MyError {}

impl fmt::Display for MyError {
    fn fmt(&self, f: &mut fmt::Formatter<'_>) -> Result<(), fmt::Error> {
        write!(f, "Wouldn't you like to know...")
    }
}

impl fmt::Debug for MyError {
    fn fmt(&self, f: &mut fmt::Formatter<'_>) -> fmt::Result {
        f.debug_struct("Lol not telling you what went wrong")
            .finish()
    }
}

// 두 가지 오류 중 하나를 제공하는 함수입니다.
fn give_error_back(choice: bool) -> Box<dyn Error> {
    if choice {
        Box::new(MyError::TooMuchStuff)
    } else {
        Box::new(VarError::NotPresent)
    }
}

// 두 종류의 오류가 있는 벡터를 만듭니다.
fn main() {
    let errs = [true, false, false, true]
        .into_iter()
        .map(|boolean| give_error_back(boolean))
```

```
        .collect::<Vec<_>>();
    // 오류를 출력합니다.
    println!("{errs:#?}");

    // 참조를 사용하므로 downcast_ref를 사용합니다.
    for err in errs.iter() {
        if let Some(my_error) = err.downcast_ref::<MyError>() {
            println!("Got a MyError!");
            // match 문을 사용해 MyError의 각 배리언트에 맞는
            // 작업을 수행할 수 있습니다.
        } else if let Some(parse_error) = err.downcast_ref::<VarError>() {
            println!("Got a VarError!");
            // 이제 오류가 구체적이므로 오류에 맞는 원하는 작업을 수행할 수 있습니다.
        }
    }
}
```

결과는 다음과 같습니다.

```
[
    Lol not telling you what went wrong,
    NotPresent,
    NotPresent,
    Lol not telling you what went wrong,
]
Got a MyError!
Got a VarError!
Got a VarError!
Got a MyError!
```

처음 출력했을 때는 Box<dyn Error> 트레이트 객체였으며, 이는 Error 트레이트와 Debug 및 Display(Error에는 이 두 가지가 필요하기 때문에)가 있음을 의미합니다. 그러나 아직은 더 구체적인 사항을 알지 못합니다.

그런 다음 downcast_ref를 사용해 MyError나 VarError로 변환하려고 시도하고 구체적인 객체를 다시 가져옵니다.

CHAPTER 13

기본값, 빌더 패턴, Deref

13.1 기본값 및 빌더 패턴

구조체나 열거형에 기본값을 설정하고 싶을 때 Default 트레이트를 구현할 수 있습니다. 이는 가장 흔히 사용할 것 같은 값을 미리 정의하는 방법입니다. 이러한 Default 구현은 빌더 패턴과 잘 어울리는데, 사용자가 필요한 값만 선택해서 변경할 수 있기 때문입니다. 먼저 Default에 관해 알아보죠. 러스트의 기본 타입들은 대부분 Default를 구현하며, 예상할 수 있는 값이 기본값으로 지정되어 있습니다. 예를 들어 숫자는 0, 문자열은 빈 문자열(""), 불리언은 false 등입니다.

```
fn main() {
    let default_i8: i8 = Default::default();
    let default_str: String = Default::default();
    let default_bool: bool = Default::default();

    println!("'{default_i8}', '{default_str}', '{default_bool}'");
}
```

이 코드는 '0', '', 'false'를 출력합니다.

Default는 new 메서드와 비슷한 역할을 하지만, 매개변수가 필요 없다는 점이 특징입니다. 실제로 구현하면서 이해해 봅시다. 우선 Default 트레이트가 구현되지 않은 구조체를 만들어 보겠습니다. 이 구조체는 new 함수를 통해 이름이 Billy이고 몇 가지 스탯^{stat}(능력치)이 있는 캐릭터를 생성할 수 있습니다.

```rust
struct Character {
    name: String,
    age: u8,
    height: u32,
    weight: u32,
    lifestate: LifeState,
}

enum LifeState {
    Alive,
    Dead,
    NeverAlive,
    Uncertain
}

impl Character {
    fn new(name: String, age: u8, height: u32, weight: u32, alive: bool) -> Self {
        Self {
            name,
            age,
            height,
            weight,
            lifestate: if alive { LifeState::Alive } else { LifeState::Dead },
        }
    }
}

fn main() {
    let character_1 = Character::new("Billy".to_string(), 15, 170, 70, true);
}
```

이 게임 속 세상에서 가장 일반적인 캐릭터가 다음과 같은 특성을 가진다고 가정해 봅시다. 이름은 Billy, 나이 15세, 키 170cm, 체중 70kg, 그리고 생존 상태는 true입니다. 이런 경우 Default를 구현하면 Character::default()만으로도 이러한 기본값이 있는 캐릭터를 생성할 수 있습니다. 구현 코드는 다음과 같습니다.

```rust
#[derive(Debug)]
struct Character {
```

```rust
    name: String,
    age: u8,
    height: u32,
    weight: u32,
    lifestate: LifeState,
}

#[derive(Debug)]
enum LifeState {
    Alive,
    Dead,
    NeverAlive,
    Uncertain,
}

impl Character {
    fn new(name: String, age: u8, height: u32, weight: u32, alive: bool) -> Self {
        Self {
            name,
            age,
            height,
            weight,
            lifestate: if alive {
                LifeState::Alive
            } else {
                LifeState::Dead
            },
        }
    }
}

impl Default for Character {
    fn default() -> Self {
        Self {
            name: "Billy".to_string(),
            age: 15,
            height: 170,
            weight: 70,
            lifestate: LifeState::Alive,
        }
    }
}

fn main() {
```

```
    let character_1 = Character::default();

    println!(
        "The character {:?} is {:?} years old.",
        character_1.name, character_1.age
    );
}
```

The character "Billy" is 15 years old.가 출력됩니다. 훨씬 쉽습니다!

이제 빌더 패턴이 나옵니다. Billy가 많을 것이므로 기본값을 유지합니다. 그러나 이와 조금씩 다른 캐릭터도 많을 것입니다. 빌더 패턴을 사용하면 매우 작은 메서드를 연결해 매번 하나의 값을 변경할 수 있습니다. 예를 들어 Character의 height를 변경하는 메서드는 다음과 같습니다.

```
fn height(mut self, height: u32) -> Self {      // 🚧
    self.height = height;
    self
}
```

mut self가 필요하다는 점에 유의하세요. 앞에서 살펴봤듯이 이는 변경 가능한 참조(&mut self)가 아닙니다. mut self는 Self의 소유권을 가지며 mut를 사용하면 (이전에는 변경 불가했더라도) 변경할 수 있습니다. 앞 코드에서는 .height()가 완전한 소유권을 가지며 다른 누구도 건드릴 수 없으므로 안전하게 값을 변경할 수 있습니다. 그런 다음 self.height를 변경하고 Self(Character)를 반환합니다.

이제 거의 비슷한 형태의 builder 메서드를 세 개 구현해 보겠습니다

```
fn height(mut self, height: u32) -> Self {      // 🚧
    self.height = height;
    self
}

fn weight(mut self, weight: u32) -> Self {
    self.weight = weight;
    self
}
```

```
fn name(mut self, name: &str) -> Self {
    self.name = name.to_string();
    self
}
```

함수 각각은 하나의 변수를 변경하고 **Self**를 돌려줍니다. 이것이 빌더 패턴의 방식입니다. 이제 캐릭터를 만들 때 let character_1 = Character::default().height(180).weight(60).name("Bobby");와 같이 작성할 수 있습니다. 다른 사람이 사용할 라이브러리를 구축할 때는 빌더 패턴을 사용해 편의성을 높일 수 있습니다. 최종 사용자에게는 거의 자연스러운 영어처럼 보이기 때문에 사용하기 쉽습니다. 지금까지의 코드는 다음과 같습니다.

```
#[derive(Debug)]
struct Character {
    name: String,
    age: u8,
    height: u32,
    weight: u32,
    lifestate: LifeState,
}

#[derive(Debug)]
enum LifeState {
    Alive,
    Dead,
    NeverAlive,
    Uncertain,
}

impl Character {
    fn new(name: String, age: u8, height: u32, weight: u32, alive: bool) -> Self {
        Self {
            name,
            age,
            height,
            weight,
            lifestate: if alive {
                LifeState::Alive
            } else {
                LifeState::Dead
            },
        }
```

```rust
    }

    fn height(mut self, height: u32) -> Self {
        self.height = height;
        self
    }

    fn weight(mut self, weight: u32) -> Self {
        self.weight = weight;
        self
    }

    fn name(mut self, name: &str) -> Self {
        self.name = name.to_string();
        self
    }
}

impl Default for Character {
    fn default() -> Self {
        Self {
            name: "Billy".to_string(),
            age: 15,
            height: 170,
            weight: 70,
            lifestate: LifeState::Alive,
        }
    }
}

fn main() {
    let character_1 = Character::default().height(180).weight(60).name("Bobby");

    println!("{character_1:?}");
}
```

추가할 마지막 메서드는 일반적으로 .build()입니다. 이 방법은 일종의 최종 확인입니다.
사용자에게 .height()와 같은 메서드를 제공할 때 u32만 입력하도록 할 수 있지만 높이에
5000을 입력하면 어떻게 될까요? 당신이 만들고 있는 게임에서는 괜찮지 않을 수 있습니다.
Result를 반환하는 .build()라는 최종 메서드를 사용해서 이런 문제를 해결해 보겠습니다.
내부에서 사용자 입력이 괜찮은지 확인하고 괜찮다면 Ok(Self)를 반환합니다.

먼저 .new() 메서드를 변경해 보겠습니다. 지금부터는 사용자가 고정된 기본값으로만 캐릭터를 생성하게 하고 싶습니다. 따라서 impl Default에서 .new()로 값을 이동합니다. 이제 .new()는 입력을 받지 않습니다.

```rust
fn new() -> Self {     // 🏚
    Self {
        name: "Billy".to_string(),
        age: 15,
        height: 170,
        weight: 70,
        lifestate: LifeState::Alive,
    }
}
```

즉, .new()에 모든 기본값이 있으니 더 이상 impl Default는 필요하지 않으므로 삭제하겠습니다.

이제 코드는 다음과 같습니다.

```rust
#[derive(Debug)]
struct Character {
    name: String,
    age: u8,
    height: u32,
    weight: u32,
    lifestate: LifeState,
}

#[derive(Debug)]
enum LifeState {
    Alive,
    Dead,
    NeverAlive,
    Uncertain,
}

impl Character {
    fn new() -> Self {
        Self {
            name: "Billy".to_string(),
```

```
                age: 15,
                height: 170,
                weight: 70,
                lifestate: LifeState::Alive,
            }
        }

        fn height(mut self, height: u32) -> Self {
            self.height = height;
            self
        }

        fn weight(mut self, weight: u32) -> Self {
            self.weight = weight;
            self
        }

        fn name(mut self, name: &str) -> Self {
            self.name = name.to_string();
            self
        }
    }

    fn main() {
        let character_1 = Character::new().height(180).weight(60).name("Bobby");

        println!("{:?}", character_1);
    }
```

이 코드는 Character { name: "Bobby", age: 15, height: 180, weight: 60, lifest
ate: Alive }를 출력합니다.

.build() 메서드를 작성할 준비가 거의 다 되었지만 한 가지 문제가 있습니다. 사용자가 이 메
서드를 사용하게 하려면 어떻게 해야 할까요? 현재 사용자는 let x = Character::new().
height(76767);처럼 비정상적인 값을 넣어도 Character를 얻을 수 있습니다. .build()를
수행하는 방법에는 여러 가지가 있습니다. 먼저 빠르고 지저분한 방법을 살펴보겠습니다. can_
use: bool 값을 Character에 추가합니다.

```
#[derive(Debug)] // 🖎
struct Character {
    name: String,
    age: u8,
    height: u32,
    weight: u32,
    lifestate: LifeState,
    can_use: bool, // 사용자가 캐릭터를 사용할 수 있는지를 설정합니다.
}

// 생략

    fn new() -> Self {
        Self {
            name: "Billy".to_string(),
            age: 15,
            height: 170,
            weight: 70,
            lifestate: LifeState::Alive,
            can_use: true, // .new()는 항상 정상적인 캐릭터를 제공하므로 true입니다.
        }
    }
```

그리고 .height()와 같은 메서드는 can_use를 false로 설정합니다. .build()만이 다시
true로 설정하므로 이제 사용자는 .build()로 최종 확인을 수행해야 합니다. height가 200
을 넘지 않고 weight가 300을 넘지 않도록 하겠습니다. 또한 캐릭터의 이름에 'smurf'가 들어
가지 않도록 하겠습니다.

.build() 메서드는 다음과 같습니다.

```
fn build(mut self) -> Result<Character, String> {  // 🖎
    if self.height < 200 && self.weight < 300 &&
        !self.name.to_lowercase().contains("smurf") {
        self.can_use = true;
        Ok(self)
    } else {
        Err("Could not create character. Characters must have:
1) Height below 200
2) Weight below 300
3) A name that is not Smurf (that is a bad word)"
            .to_string())
```

```
        }
    }
```

!self.name.to_lowercase().contains("smurf")는 사용자가 'SMURF'나 'IamSmurf' 와
같은 문구를 쓰지 않도록 합니다. 전체 String을 소문자로 만들고 ==가 아니라 .contains()
를 사용해 확인합니다. 그리고 앞의 !는 'not'을 의미합니다.

확인 결과가 정상이면 can_use를 true로 설정하고 항상 정상적인 캐릭터를 제공하므로 true
입니다. 제공합니다.

이제 작성한 코드를 테스트해 보겠습니다. 의도적으로 오류가 발생하는 케이스 세 개와 정상적
으로 동작하는 케이스 하나를 만들어 보겠습니다. 완성된 코드는 다음과 같습니다

```rust
#[derive(Debug)]
struct Character {
    name: String,
    age: u8,
    height: u32,
    weight: u32,
    lifestate: LifeState,
    can_use: bool, // 여기에 새로운 값이 들어옵니다.
}

#[derive(Debug)]
enum LifeState {
    Alive,
    Dead,
    NeverAlive,
    Uncertain,
}

impl Character {
    fn new() -> Self {
        Self {
            name: "Billy".to_string(),
            age: 15,
            height: 170,
            weight: 70,
            lifestate: LifeState::Alive,
            can_use: true,   // .new()는 항상 정상적인 캐릭터를 제공하므로 true입니다.
        }
```

```
        }

        fn height(mut self, height: u32) -> Self {
            self.height = height;
            self.can_use = false; // 이제 사용자는 캐릭터를 사용할 수 없습니다.
            self
        }

        fn weight(mut self, weight: u32) -> Self {
            self.weight = weight;
            self.can_use = false;
            self
        }

        fn name(mut self, name: &str) -> Self {
            self.name = name.to_string();
            self.can_use = false;
            self
        }

        fn build(mut self) -> Result<Character, String> {
            if self.height < 200 && self.weight < 300 && !self.name.to_lowercase().
            contains("smurf") {
                self.can_use = true;    // 모든 것이 정상이므로 true로 설정합니다.
                Ok(self)                // 캐릭터를 반환합니다.
            } else {
                Err("Could not create character. Characters must have:
1) Height below 200
2) Weight below 300
3) A name that is not Smurf (that is a bad word)"
                    .to_string())
            }
        }
    }
}

fn main() {
    // 금지 단어인 "smurf"를 포함합니다.
    let character_with_smurf = Character::new().name("Lol I am Smurf!!").build();
    // 지정한 값보다 키가 큽니다.
    let character_too_tall = Character::new().height(400).build();
    // 지정한 값보다 체중이 무겁습니다.
    let character_too_heavy = Character::new().weight(500).build();
    let okay_character = Character::new()
        .name("Billybrobby")
```

```
            .height(180)
            .weight(100)
            .build();   // 이 캐릭터는 이름, 키, 몸무게 모두 정상입니다.

    // 이제 Character가 아니라 Result<Character, String>입니다.
    // Vec에 넣어 우리가 볼 수 있도록 합니다.
    let character_vec = vec![character_with_smurf, character_too_tall, character_
    too_heavy, okay_character];

    for character in character_vec {
    // OK면 캐릭터를 출력하고 Err이면 오류를 출력합니다.

        match character {
            Ok(character_info) => println!("{:?}", character_info),
            Err(err_info) => println!("{}", err_info),
        }
        println!(); // 빈 줄을 하나 출력합니다.
    }
}
```

다음과 같이 출력됩니다.

```
Could not create character. Characters must have:
1) Height below 200
2) Weight below 300
3) A name that is not Smurf (that is a bad word)

Could not create character. Characters must have:
1) Height below 200
2) Weight below 300
3) A name that is not Smurf (that is a bad word)

Could not create character. Characters must have:
1) Height below 200
2) Weight below 300
3) A name that is not Smurf (that is a bad word)

Character { name: "Billybrobby", age: 15, height: 180, weight: 100, lifestate:
Alive, can_use: true }
```

따라서 **Character** 구조체를 제어할 수 있다면 좋을 것입니다. 다른 사람들이 사용할 라이브러리를 작성한다면 어떨까요? 문제없습니다. 똑같아 보이지만 다른 타입의 구조체를 만들면 됩니다. 이를 CharacterBuilder라고 부르겠습니다. Character에 대한 모든 함수는 정확한 타입이 필요하며, CharacterBuilder에도 동일한 속성이 있지만 동일한 타입은 아닙니다. 그리고 CharacterBuilder를 Character로 바꾸는 try_build라는 함수를 만들겠습니다.

코드는 다음과 같이 작성할 수 있습니다.

```rust
#[derive(Debug)]
pub struct Character {
    name: String,
    age: u8,
}

// name과 age의 기본값에는 문제가 없습니다.
impl Default for Character {
    fn default() -> Self {
        Self {
            name: "Billy".to_string(),
            age: 15,
        }
    }
}
#[derive(Debug)]
pub struct CharacterBuilder {
    pub name: String,
    pub age: u8,
}

impl CharacterBuilder {
    fn new(name: String, age: u8) -> Self {
        // CharacterBuilder를 반환하므로 문제가 없습니다.
        Self { name, age }
    }

    // 적절한 오류 타입이어야만 하지만 간단하게 유지하겠습니다.
    fn try_build(self) -> Result<Character, &'static str> {
        if !self.name.to_lowercase().contains("smurf") {
            Ok(Character {
                name: self.name,
                age: self.age,
            })
        } else {
```

```
                Err("Can't make a character with the word 'smurf' inside it!")
            }
        }
    }

    fn do_something_with_character(character: &Character) {}

    fn main() {
        let default_character = Character::default();
        do_something_with_character(&default_character);
        let second_character = CharacterBuilder::new("Bobby".to_string(), 27)
            .try_build()
            .unwrap();
        do_something_with_character(&second_character);
        let bad_character = CharacterBuilder::new("Smurfysmurf".to_string(), 40
            .try_build();
        println!("{default_character:?}");
        println!("{second_character:?}");
    }
```

이 코드에서는 bad_character를 제외한 모든 것이 동작합니다. 캐릭터를 unwrap 하지 않았지만 Err("Can't make a character with the word 'smurf' inside it!")이 보입니다.

그런데 어떤 곳에서는 공개(pub)하고 다른 곳에서는 하지 않았음을 눈치채셨나요? 모듈을 살펴볼 때 이에 관해 자세히 알아볼 것입니다. 지금은 사람들이 Character 구조체를 사용하되 그 속성을 건드리지 않기를 원했다는 점만 기억하세요. 그러나 CharacterBuilder는 Character를 빌드하는 것 외에는 쓸모가 없으므로 모든 것을 pub을 사용해 공개로 만들었습니다. 누구나 구조체와 모든 속성을 만질 수 있습니다.

러스트 1.62 업데이트부터는 열거형에서 데이터가 없는 배리언트를 기본값으로 선택할 수 있습니다. 상단에 #[derive(Default)] 속성을 사용한 다음 배리언트 위에 #[default]를 기본값으로 사용해 수행합니다. 매우 쉽습니다.

```
#[derive(Default)]
enum Jobs {
    Firefighter,
    Pilot,
    // Country라는 데이터를 포함하므로 King에는 #[default]를 사용할 수 없습니다.
    // 물론 원한다면 impl Default를 사용해 King을 기본값으로 설정할 수 있습니다.
```

```
    King(Country),
    #[default]
    OfficeWorker,
}

struct Country {
    name: String,
}
```

13.2 Deref와 DerefMut

Deref는 *를 사용해 무언가를 역참조하게 해 주는 트레이트입니다. 이전에 튜플 구조체를 사용해 새 타입을 만들 때 Deref라는 단어를 보았고 이제 Deref를 배울 차례입니다.

우리는 참조가 값과 같지 않음을 알고 있습니다.

```
// ⚠
fn main() {
    let value = 7; // 이것은 i32입니다.
    let reference = &7; // 이것은 &i32입니다.
    println!("{}", value == reference);
}
```

그리고 러스트는 둘을 비교하지 않으므로 false도 반환하지 않습니다.

```
error[E0277]: can't compare `{integer}` with `&{integer}`
 --> src\main.rs:4:26
  |
4 |     println!("{}", value == reference);
  |                          ^^ no implementation for `{integer} == &{integer}`
```

물론 여기에서 해결책은 *입니다. 다음은 true를 출력할 것입니다.

```
fn main() {
    let value = 7;
    let reference = &7;
```

```
    println!("{}", value == *reference);
}
```

숫자 하나를 담을 수 있는 간단한 타입을 만들어 보겠습니다. 이는 Box와 비슷한 구조가 될 것이고, 여기에 몇 가지 유용한 기능을 추가할 계획입니다. 하지만 단순히 숫잣값만 저장할 수 있는 타입으로는 할 수 있는 것이 제한적입니다.

Box처럼 *를 사용할 수 없습니다.

```
// ⚠
struct HoldsANumber(u8);

fn main() {
    let my_number = HoldsANumber(20);
    println!("{}", *my_number + 20);
}
```

오류는 다음과 같습니다.

```
error[E0614]: type `HoldsANumber` cannot be dereferenced
  --> src\main.rs:24:22
   |
24 |     println!("{:?}", *my_number + 20);
```

물론 `println!("{:?}", my_number.0 + 20);`처럼 튜플의 내부 u8 값을 직접 가져와서 20과 더할 수는 있습니다. 하지만 이는 단순히 내부 값을 직접 접근해서 더하는 방식이고, 다른 개발자들이 우리 코드를 사용할 때 내부 u8을 공개(pub)하고 싶지 않을 수도 있습니다. 두 값을 직접 더할 수 있으면 좋을 것입니다.

`cannot be dereferenced`(역참조할 수 없음)라는 오류 메시지를 보면 해야 할 일을 알 수 있습니다. Deref 트레이트를 구현해야 합니다. Deref를 구현한 간단한 타입을 보통 스마트 포인터라고 부릅니다. 스마트 포인터는 자신이 가리키는 데이터에 접근할 수 있고, 해당 데이터에 관한 정보를 가지며, 데이터의 메서드도 사용할 수 있습니다. 현재 HoldsANumber는 u8 타입인 my_number.0에 접근할 수는 있지만, 그 외에는 할 수 있는 것이 거의 없습니다. 지금은 Debug 트레이트만 구현되어 있을 뿐입니다.

흥미롭게도, String은 실제로 &str에 대한 스마트 포인터이고 Vec은 배열(또는 다른 타입)에 대한 스마트 포인터입니다. Box, Rc, RefCell 등도 스마트 포인터입니다. 그래서 우리는 실제로 지금까지 스마트 포인터를 사용해 왔습니다.

Deref 구현은 그리 어렵지 않고 표준 라이브러리의 예제도 쉽습니다. 다음은 표준 라이브러리의 예제 코드(https://doc.rust-lang.org/std/ops/trait.Deref.html)입니다.

```rust
use std::ops::Deref;

struct DerefExample<T> {
    value: T
}

impl<T> Deref for DerefExample<T> {
    type Target = T;

    fn deref(&self) -> &Self::Target {
        &self.value
    }
}

fn main() {
    let x = DerefExample { value: 'a' };
    assert_eq!('a', *x);
}
```

이 코드를 바탕으로 Deref를 다음과 같이 구현해 보겠습니다.

```rust
// 🖍
impl Deref for HoldsANumber {
    type Target = u8;
    // 이것이 '연관 타입'임을 기억하세요.
    // 연관 타입은 함께하는 타입입니다.
    // 올바른 타입의 Target(반환하려는 타입)을 사용해야 합니다.

    fn deref(&self) -> &Self::Target {
        // 러스트는 *를 사용할 때 .deref()를 호출합니다.
        // 방금 Target을 u8로 정의했기 때문에 이해하기 쉽습니다.

        &self.0
```

```
        // 튜플 구조이기 때문에 &self.0을 선택했습니다.
        // 명명된 구조체에서는 "&self.number"와 같습니다.
    }
}
```

이제 *로 HoldsANumber를 다음과 같이 사용할 수 있습니다.

```
use std::ops::Deref;
#[derive(Debug)]
struct HoldsANumber(u8);

impl Deref for HoldsANumber {
    type Target = u8;

    fn deref(&self) -> &Self::Target {
        &self.0
    }
}

fn main() {
    let my_number = HoldsANumber(20);
    println!("{:?}", *my_number + 20);
}
```

그러면 my_number.0을 작성하지 않고도 40을 출력할 수 있습니다.

그러나 흥미로운 부분은 u8의 메서드를 얻고 그 위에 HoldsANumber에 대한 자체 메서드를 작성할 수 있다는 점입니다. 간단한 메서드를 직접 작성해서 추가하고 u8에서 가져온 .checked_sub()라는 메서드도 사용할 것입니다. .checked_sub() 메서드는 Option을 반환하는 안전한 뺄셈입니다. 뺄셈을 할 수 있으면 Some(결괏값)을 반환하고, u8 타입은 음수를 표현할 수 없으므로 결괏값이 음수가 되는 경우 None을 반환합니다. 프로그램이 패닉에 빠지는 것을 방지하기 위해 .checked_sub()를 수행하는 편이 더 안전합니다.

```
use std::ops::Deref;

struct HoldsANumber(u8);

impl HoldsANumber {
    fn prints_the_number_times_two(&self) {
```

```
            println!("{}", self.0 * 2);
        }
    }

    impl Deref for HoldsANumber {
        type Target = u8;

        fn deref(&self) -> &Self::Target {
            &self.0
        }
    }

    fn main() {
        let my_number = HoldsANumber(20);
        println!("{:?}", my_number.checked_sub(100)); // u8에서 가져온 메서드입니다.
        my_number.prints_the_number_times_two(); // 직접 작성한 메서드입니다.
    }
```

다음이 출력됩니다.

```
None
40
```

값을 수정할 수 있도록 DerefMut도 구현할 수 있습니다. 이를 통해 * 연산자로 값을 변경할 수 있게 됩니다. 구현 방법은 Deref와 매우 비슷하지만 DerefMut를 구현하려면 먼저 Deref가 구현되어 있어야 합니다.

```
use std::ops::{Deref, DerefMut};

struct HoldsANumber(u8);

impl HoldsANumber {
    fn prints_the_number_times_two(&self) {
        println!("{}", self.0 * 2);
    }
}

impl Deref for HoldsANumber {
    type Target = u8;
```

```rust
    fn deref(&self) -> &Self::Target {
        &self.0
    }
}

impl DerefMut for HoldsANumber {
    // Target = u8 타입이 필요하지 않습니다.
    // Deref 덕분에 이미 알고 있기 때문입니다.
    fn deref_mut(&mut self) -> &mut Self::Target {
        // 모든 곳에 mut를 붙인 것을 제외하면 나머지는 동일합니다.
        &mut self.0
    }
}

fn main() {
    let mut my_number = HoldsANumber(20);
    *my_number = 30; // DerefMut를 사용하면 이 작업을 수행할 수 있습니다.
    println!("{:?}", my_number.checked_sub(100));
    my_number.prints_the_number_times_two();
}
```

따라서 Deref가 타입에 강력한 힘을 줍니다. Deref를 구현하기만 하면 내부 타입에 대한 모든 메서드를 얻을 수 있습니다!

표준 라이브러리에서 'Deref는 혼란을 피하기 위해 스마트 포인터에만 구현해야 한다'고 경고하는 이유가 바로 이 때문입니다. 복잡한 타입에 Deref를 구현하면 예상치 못한 동작이 발생할 수 있기 때문이죠. 이해를 돕기 위해 의도적으로 혼란스러운 예제를 만들어 보겠습니다. 게임의 Character 구조체로 시작해 보겠습니다. 새로운 Character는 지능(intelligence)과 힘(strength) 같은 스탯이 필요합니다. 첫 번째 캐릭터는 다음과 같습니다.

```rust
struct Character {
    name: String,
    strength: u8,
    dexterity: u8,
    health: u8,
    intelligence: u8,
    wisdom: u8,
    charm: u8,
    hit_points: i8,
    alignment: Alignment,
```

```
    }

impl Character {
    fn new(
        name: String,
        strength: u8,
        dexterity: u8,
        health: u8,
        intelligence: u8,
        wisdom: u8,
        charm: u8,
        hit_points: i8,
        alignment: Alignment,
    ) -> Self {
        Self {
            name,
            strength,
            dexterity,
            health,
            intelligence,
            wisdom,
            charm,
            hit_points,
            alignment,
        }
    }
}

enum Alignment {
    Good,
    Neutral,
    Evil,
}

fn main() {
    let billy = Character::new("Billy".to_string(), 9, 8, 7, 10, 19, 19, 5,
    Alignment::Good);
}
```

함께 저장해 모든 데이터를 한곳에서 관리하려고 합니다. hit_points가 i8 타입이므로 다양
한 수학 연산을 가능하게 하기 위해 Deref를 구현해 보겠습니다. 하지만 이렇게 구현하고 나
면 main() 함수가 굉장히 이상한 모습이 됩니다.

```rust
use std::ops::Deref;

// 다른 모든 코드는 enum Alignment 이후까지 동일합니다.
struct Character {
    name: String,
    strength: u8,
    dexterity: u8,
    health: u8,
    intelligence: u8,
    wisdom: u8,
    charm: u8,
    hit_points: i8,
    alignment: Alignment,
}

impl Character {
    fn new(
        name: String,
        strength: u8,
        dexterity: u8,
        health: u8,
        intelligence: u8,
        wisdom: u8,
        charm: u8,
        hit_points: i8,
        alignment: Alignment,
    ) -> Self {
        Self {
            name,
            strength,
            dexterity,
            health,
            intelligence,
            wisdom,
            charm,
            hit_points,
            alignment,
        }
    }
}

enum Alignment {
    Good,
    Neutral,
```

```
        Evil,
    }

    impl Deref for Character {
        // 캐릭터에 대한 impl Deref입니다. 이제 원하는 정수 연산을 할 수 있습니다!
        type Target = i8;

        fn deref(&self) -> &Self::Target {
            &self.hit_points
        }
    }

    fn main() {
        let billy = Character::new("Billy".to_string(), 9, 8, 7, 10, 19, 19, 5,
            Alignment::Good); // 두 개의 캐릭터를 생성합니다.
        let brandy = Character::new("Brandy".to_string(), 9, 8, 7, 10, 19, 19, 5,
            Alignment::Good);

        let mut hit_points_vec = vec![]; // 여기에 hit 포인트 데이터를 넣으세요.
        hit_points_vec.push(*billy);      // *billy를 넣나요?
        hit_points_vec.push(*brandy);     // *brandy를 넣나요?

        println!("{:?}", hit_points_vec);
    }
```

출력 결과는 단지 [5, 5]입니다. 이 코드는 이제 누군가가 읽기에 매우 이상합니다. main()
바로 앞에 있는 Deref를 읽고 *billy가 i8을 의미함을 알아낼 수 있지만, 코드가 많으면 어떻
게 될까요? 코드 길이가 2,000줄인데, 갑자기 .push()가 *billy인 이유를 알아내야 한다면
난감해질 수 있습니다. 따라서 Character는 확실히 i8을 위한 스마트 포인터 그 이상입니다.

물론 hit_points_vec.push(*billy)라고 작성해도 되지만 코드를 매우 이상하게 보이게 합
니다. 아마도 간단한 .get_hp() 메서드나 캐릭터를 포함하는 다른 구조체를 사용하는 방식이
훨씬 나을 것입니다. 그런 다음 각각에 대해 hit_points를 반복하고 밀어 넣을 수 있습니다.
Deref는 많은 힘을 주지만 코드가 논리적으로 유지되는지를 확인하며 사용해야 합니다.

아마도 일상적인 코드에서 Deref의 가장 일반적인 용도는 타입 안전성을 원할 때일 것입니다.
Email(String)인 Email 타입이나 Quantity(u32)인 Quantity 타입이 있다고 가정해 보겠
습니다. Deref를 구현하면 내부 타입의 메서드를 사용할 수 있습니다. 하지만 함수가 Email이
나 Quantity 타입을 요구할 때 String이나 u32를 직접 전달하지 못하게 됩니다.

CHAPTER **14**

코드 테스트와 빌드

14.1 크레이트와 모듈

이제 코드를 어디에 넣을지, 어떤 항목을 pub 키워드로 공개할지 등을 배워 보겠습니다.

러스트에서 작성하는 모든 코드는 크레이트^{crate} 단위로 구성됩니다. 크레이트는 하나의 프로젝트를 구성하는 관련 코드 파일들의 모음입니다(프로젝트 관리를 위한 다른 설정 파일도 있지만, 이는 나중에 다루겠습니다). 코드 파일 내에서는 모듈이라는 단위로 코드를 구조 분해할 수 있습니다. 모듈은 관련된 함수, 구조체 등을 묶어두는 네임스페이스로, 여러 가지 목적으로 사용합니다.

- **코드 작성**: 코드의 일반적인 구조에 관해 생각하는 데 도움이 됩니다. 코드가 점점 더 커짐에 따라 이는 중요할 수 있습니다.
- **코드 읽기**: 사람들이 코드를 더 쉽게 이해할 수 있습니다. 예를 들어 std::collections::HashMap이라는 이름은 collections 모듈 내의 std에 있음을 알려 줍니다. 이것은 Collection 내부에서 시도할 수 있는 더 많은 컬렉션 타입이 있을 수 있다는 힌트를 제공합니다.
- **프라이버시**: 모든 것이 비공개로 시작됩니다. 따라서 사용자가 타입과 함수를 직접 사용하지 못하도록 할 수 있습니다.

모듈을 만들려면 mod를 작성하고 {}로 코드 블록을 시작하면 됩니다. 출력 관련 기능이 있는 print_things라는 모듈을 만들 것입니다.

```
mod print_things {
    use std::fmt::Display;

    fn prints_one_thing<T: Display>(input: T) {
        // Display를 구현하는 모든 항목을 출력합니다.
        println!("{}", input)
    }
}

fn main() {}
```

분리된 영역이므로 print_things 안에 use std::fmt::Display;를 쓴 것을 볼 수 있습니다. main() 안에 use std::fmt::Display;를 썼다면 도움이 되지 않을 것입니다. 또한 지금은 main()에서 호출할 수 없습니다. fn 앞에 pub 키워드가 없으면 비공개로 유지됩니다. 다음과 같이 pub을 사용하지 않은 함수를 호출해 봅시다. 다음처럼 작성할 수 있습니다.

```
// 🚧
fn main() {
    print_things::prints_one_thing(6);
}
```

또는 std::collections::HashMap을 HashMap으로 줄여 쓸 때처럼, 매번 작성하지 않고 use를 사용해 가져와도 됩니다.

```
// ⚠
mod print_things {
    use std::fmt::Display;

    fn prints_one_thing<T: Display>(input: T) {
        println!("{}", input)
    }
}

fn main() {
    use print_things::prints_one_thing;

    prints_one_thing(6);
    prints_one_thing("Trying to print a string...".to_string());
}
```

이제 함수가 비공개라서 호출에 실패했다는 오류 메시지를 볼 수 있습니다.

```
error[E0603]: function `prints_one_thing` is private
  --> src\main.rs:10:30
   |
10 |     use crate::print_things::prints_one_thing;
   |                              ^^^^^^^^^^^^^^^^ private function
   |
note: the function `prints_one_thing` is defined here
  --> src\main.rs:4:5
   |
4  |     fn prints_one_thing<T: Display>(input: T) {
   |     ^^^^^^^^^^^^^^^^^^^^^^^^^^^^^^^^^^^^^^^^^^
```

prints_one_thing 함수가 비공개라는 점은 이해하기 쉽습니다. 또한 함수를 찾을 위치는 src\main.rs:4:5라고 보여 줍니다. 이것은 하나의 파일뿐만 아니라 많은 파일에서도 mod를 작성할 수 있기 때문에 유용합니다.

이제 fn 대신 pub fn을 쓰면 모든 것이 작동합니다.

```rust
mod print_things {
    use std::fmt::Display;

    pub fn prints_one_thing<T: Display>(input: T) {
        println!("{}", input)
    }
}

fn main() {
    use print_things::prints_one_thing;

    prints_one_thing(6);
    prints_one_thing("Trying to print a string...".to_string());
}
```

다음이 출력됩니다.

```
6
Trying to print a string...
```

구조체, 열거형, 트레이트, 모듈에 대한 pub은 어떨까요? pub은 다음과 같이 작동합니다.

- **구조체에 대한 pub**: 구조체를 공개하지만 항목은 공개하지 않습니다. 항목을 공개하려면 항목 각각에 pub을 작성해야 합니다. 그리고 튜플 구조체 안에서도 항목 앞에 pub을 넣어야 하므로 pub Email(pub String) 처럼 보입니다. pub Email(String)은 사용자가 .0을 사용해 접근할 수 없는 Email 타입입니다(그리고 이 것이 Deref가 인기 있는 트레이트인 이유입니다. 메서드를 가져오지만 내부 항목을 비공개로 유지하기 때문 입니다).

- **열거형**(enum)**이나 트레이트에 대한 pub**: 모든 것이 공개됩니다. 트레이트는 특정 타입에 동일한 동작을 부 여하는 것이고, 열거형은 항목 중에서 선택하는 것이기 때문에 선택하려면 모든 항목을 볼 수 있어야 하므로 논리적인 동작입니다.

- **모듈에 대한 pub**: 최상위 모듈은 공개가 됩니다. 공개가 아니면 아무도 그 안의 어떤 것에도 접근할 수 없기 때문입니다. 그러나 모듈 내부의 모듈이 공개되려면 pub이 필요합니다.

이제 print_things 안에 Billy라는 구조체를 넣겠습니다. 이 구조체는 거의 공개되지만 완 전히 공개되지는 않습니다. 구조체는 공개해야 하므로 pub struct Billy라고 작성합니다. 그 안에는 name과 times_to_print가 있습니다. name은 공개되지 않을 것입니다. 사용자가 "Billy".to_string()이라는 이름의 구조체만 생성하기를 원하기 때문입니다. 그러나 사용 자는 출력 횟수를 선택할 수 있도록 times_to_print는 공개합니다. 코드는 다음과 같습니다.

```rust
mod print_things {
    use std::fmt::{Display, Debug};

    #[derive(Debug)]
    pub struct Billy { // Billy는 공개됩니다.
        name: String, // 그러나 name은 비공개입니다.
        pub times_to_print: u32,
    }

    impl Billy {
        pub fn new(times_to_print: u32) -> Self { // 즉, Billy를 생성하려면 사용자가
        // new를 사용해야 합니다. 사용자는 times_to_print 횟수만 변경할 수 있습니다.

            Self {
                // 이름은 우리가 선택합니다. 사용자는 선택할 수 없습니다.
                name: "Billy".to_string(),
                times_to_print,
            }
        }
```

```
        pub fn print_billy(&self) { // 이 함수는 Billy를 출력합니다.
            for _ in 0..self.times_to_print {
                println!("{:?}", self.name);
            }
        }
    }

    pub fn prints_one_thing<T: Display>(input: T) {
        println!("{}", input)
    }
}

fn main() {
    // 이제 *를 사용해서 print_things에서 모든 것을 가져옵니다.
    use print_things::*;

    let my_billy = Billy::new(3);
    my_billy.print_billy();
}
```

다음과 같이 출력됩니다.

```
"Billy"
"Billy"
"Billy"
```

참고로 모든 항목을 한 번에 가져오기 위해 사용하는 *를 glob 연산자glob operator라고 부릅니다. glob가 전역적global이라는 의미에서 왔듯이, 이는 해당 범위의 모든 것을 지정한다는 뜻입니다.

mod 내부에서 다른 mod를 만들 수 있습니다. 하위 mod(module 내부의 mod)는 항상 상위 mod 내부의 모든 것을 사용할 수 있습니다. 다음 예에는 mod country 내부의 mod province 내부에 mod city가 있습니다.

이러한 구조는 행정 구역의 개념으로 이해할 수 있습니다. 누군가가 특정 도시(city)에 있다면, 그 사람은 자동으로 해당 도시가 속한 도(province)와 나라(country)에도 있게 됩니다. 하지만 특정 나라에 있다는 정보만으로는 특정 도나 특정 도시에 있다고 단언할 수 없습니다.

여기서 주목해야 할 다른 두 가지 사항은 crate::와 super::입니다. 타입이나 함수에 대한 경로를 crate::로 시작하면 처음부터 시작합니다. mod 안에 있고 super::를 사용하면 mod가 위로 이동합니다(실제로 super라는 단어 자체는 'superior'에서와 같이 '위'를 의미합니다). mod city에 주의를 기울이세요. 동일한 함수를 두 번 호출합니다. 하나는 crate::에서 시작 하는 경로를 사용하고 다른 하나는 super::를 두 번 사용해 두 개의 mod를 올라갑니다.

```rust
mod country { // 메인 모드는 pub이 필요하지 않습니다.
    fn print_country(country: &str) { // 참고: 이 함수는 공개되지 않습니다.
        println!("We are in the country of {}", country);
    }
    pub mod province { // 이 mod를 public으로 만듭니다.

        fn print_province(province: &str) { // 참고: 이 함수는 공개되지 않습니다.
            println!("in the province of {}", province);
        }

        pub mod city { // 이 mod를 pubic으로 만듭니다.
            pub fn print_city(country: &str, province: &str, city: &str) {
                // 이 함수는 공개됩니다.

                // 크레이트 레벨에서 country 레벨로 내려갑니다.
                crate::country::print_country(country);
                // city에서 province, country로 이동합니다.
                super::super::print_country(country);

                crate::country::province::print_province(province);
                super::print_province(province);

                println!("in the city of {}", city);
            }
        }
    }
}

fn main() {
    country::province::city::print_city("Canada", "New Brunswick", "Moncton");
}
```

흥미로운 부분은 print_city가 print_province와 print_country에 액세스할 수 있다는 점입니다. 그 이유는 mod city가 다른 mod 안에 있기 때문입니다. mod city가 이들 모듈 내부에 정의되어 있기 때문에 print_province 앞에 pub 키워드가 없어도 접근이 가능합니다. 이는 실제 행정 구역처럼 도시가 도나 국가에 속하기 위해 특별한 권한이 필요하지 않은 것과 같은 원리입니다.

여러 파일을 다루는 방법은 나중에 자세히 설명하겠지만, 지금 개인 프로젝트를 진행하고 계신다면 다음 팁을 참고하세요. 일반적으로 메인 기능을 위한 main.rs 파일과 라이브러리(타입, 기능 등)인 lib.rs 파일이 있습니다. 모든 코드를 main.rs에 작성할 수도 있지만, 추가 파일(예: functions.rs)을 사용하려면 반드시 lib.rs에서 mod 키워드로 선언해야 합니다. 예를 들어 functions.rs 파일을 만들었다면 lib.rs에 mod functions;를 추가해야 러스트가 해당 파일을 인식할 수 있습니다.

14.2 테스트

모듈을 이해했으니 이제 테스트를 배우기에 좋은 시기입니다. 러스트에서는 코드 바로 옆에 테스트를 작성할 수 있어서 코드 테스트가 매우 쉽습니다.

테스트를 시작하는 가장 쉬운 방법은 함수 위에 #[test]를 추가하는 것입니다. 다음은 간단한 예제입니다.

```
#[test]
fn two_is_two() {
    assert_eq!(2, 2);
}
```

하지만 플레이그라운드에서 [RUN]을 사용하면 오류가 발생합니다.

```
error[E0601]: `main` function not found in crate `playground`
```

테스트는 일반 실행과 다른 방식으로 동작하며 main() 함수가 필요하지 않습니다. 플레이그라운드에서 실행하려면 [RUN] 옆의 [⋯] 버튼을 클릭하고 [TEST]로 변경합니다. 이제 [TEST]를 클릭하면 테스트가 실행됩니다(러스트를 이미 설치했다면, cargo run과 cargo check 대신 cargo test를 입력합니다).

결과는 다음과 같습니다.

```
running 1 test
test two_is_two ... ok

test result: ok. 1 passed; 0 failed; 0 ignored; 0 measured; 0 filtered out
```

assert_eq!(2, 2)를 assert_eq!(2, 3)으로 변경하고 어떤 결과가 나오는지 살펴보겠습니다. 테스트가 실패하면 훨씬 더 많은 정보를 얻을 수 있습니다.

```
running 1 test
test two_is_two ... FAILED

failures:

---- two_is_two stdout ----
thread 'two_is_two' panicked at 'assertion failed: `(left == right)`
  left: `2`,
 right: `3`', src/lib.rs:3:5
note: run with `RUST_BACKTRACE=1` environment variable to display a backtrace


failures:
    two_is_two

test result: FAILED. 0 passed; 1 failed; 0 ignored; 0 measured; 0 filtered out
```

러스트에서 함수를 테스트할 때 주로 assert_eq!(left, right) 매크로를 사용합니다. 테스트가 실패하면 각 값의 차이를 보여 주는데, 예를 들어 'left 값은 2인데 right 값은 3입니다'와 같은 식으로 알려 줍니다.

RUST_BACKTRACE=1은 무엇을 의미할까요? 이것은 오류에 관한 더 많은 정보를 제공하기 위한 컴퓨터의 설정으로 볼 수 있지만, 실제로는 환경 변수입니다. std::env::var로 환경 변수를 가져오는 방법을 기억하실 것입니다.

```
fn main() {
    println!("{:?}", std::env::var("RUST_BACKTRACE"));
}
```

기본적으로 다음을 출력합니다.

```
Err(NotPresent)
```

하지만 플레이그라운드에서는 이 설정을 쉽게 활성화할 수 있습니다. [STABLE] 옆의 [· · ·] 버튼을 클릭하고 Backtrace를 ENABLED로 설정하세요. 물론 std::env::set_var("RUST_ BACKTRACE", "1");을 사용해 동일한 작업을 수행할 수도 있습니다. 이렇게 하면 훨씬 더 많은 정보를 얻을 수 있습니다.

```
running 1 test
test two_is_two ... FAILED

failures:

---- two_is_two stdout ----
thread 'two_is_two' panicked at 'assertion failed: `(left == right)`
  left: `2`,
 right: `3`', src/lib.rs:3:5
stack backtrace:
   0: rust_begin_unwind
             at /rustc/a8314ef7d0ec7b75c336af2c9857bfaf43002bfc/library/std/src/
panicking.rs:584:5
   1: core::panicking::panic_fmt
             at /rustc/a8314ef7d0ec7b75c336af2c9857bfaf43002bfc/library/core/src/
panicking.rs:142:14
   2: core::panicking::assert_failed_inner
   3: core::panicking::assert_failed
             at /rustc/a8314ef7d0ec7b75c336af2c9857bfaf43002bfc/library/core/src/
panicking.rs:181:5
   4: playground::two_is_two
             at ./src/lib.rs:3:5
   5: playground::two_is_two::{{closure}}
             at ./src/lib.rs:2:1
   6: core::ops::function::FnOnce::call_once
             at /rustc/a8314ef7d0ec7b75c336af2c9857bfaf43002bfc/library/core/src/
ops/function.rs:248:5
   7: core::ops::function::FnOnce::call_once
             at /rustc/a8314ef7d0ec7b75c336af2c9857bfaf43002bfc/library/core/src/
ops/function.rs:248:5
note: Some details are omitted, run with `RUST_BACKTRACE=full` for a verbose
```

```
backtrace.

failures:
    two_is_two

test result: FAILED. 0 passed; 1 failed; 0 ignored; 0 measured; 0 filtered out;
finished in 0.02s
```

정말 문제가 있는 위치를 찾을 수 없는 때가 아니라면 Backtrace를 활성화할 필요가 없습니다. 하지만 다행히도 모든 내용을 이해할 필요는 없습니다. 계속 읽다 보면 4번째 줄에 **playground** 라고 적힌 부분이 보이는데, 바로 이 부분이 코드에 관한 설명하는 부분입니다.

```
4: playground::two_is_two
        at ./src/lib.rs:3:5
5: playground::two_is_two::{{closure}}
        at ./src/lib.rs:2:1
```

이제 Backtrace를 다시 끄고 일반 테스트로 돌아가겠습니다. 다음과 같이 몇 가지 함수를 작성하고 테스트 함수를 사용해 테스트해 보겠습니다.

```rust
fn return_two() -> i8 {
    2
}
#[test]
fn it_returns_two() {
    assert_eq!(return_two(), 2);
}

fn return_six() -> i8 {
    4 + return_two()
}
#[test]
fn it_returns_six() {
    assert_eq!(return_six(), 6)
}
```

테스트 함수가 둘 다 실행됩니다.

```
running 2 tests
test it_returns_two ... ok
test it_returns_six ... ok

test result: ok. 2 passed; 0 failed; 0 ignored; 0 measured; 0 filtered out
```

그렇게 어렵지 않습니다.

일반적으로 테스트를 자체 모듈에 넣고 싶을 것입니다. 이렇게 하려면 동일한 mod 키워드를 사용하고 그 위에 #[cfg(test)]를 추가합니다(cfg는 '구성'을 의미한다는 것을 기억하세요). 이 속성은 테스트하지 않는 한 컴파일하지 않도록 러스트에 지시합니다. 또한 각 테스트 위에 #[test]를 계속 작성하는 편이 좋습니다. 나중에 러스트를 설치할 때 더 복잡한 테스트를 수행할 수 있기 때문입니다. 테스트를 하나만 실행할 수도 있고, 모두 실행할 수도 있고, 몇 개만 실행할 수도 있습니다. 또한 이 테스트 모듈은 그 위에 있는 함수를 사용하므로 use super::*;를 작성해야 합니다. 이제 다음과 같이 보일 것입니다.

```
fn return_two() -> i8 {
    2
}
fn return_six() -> i8 {
    4 + return_two()
}

#[cfg(test)]
mod tests {
    use super::*;

    #[test]
    fn it_returns_six() {
        assert_eq!(return_six(), 6)
    }
    #[test]
    fn it_returns_two() {
        assert_eq!(return_two(), 2);
    }
}
```

14.3 테스트 주도 개발

러스트나 다른 언어에 관한 글을 읽다 보면 **테스트 주도 개발**^{test-driven development}(TDD)이라는 용어를 볼 수 있습니다. 이는 프로그램을 작성하는 한 가지 방법이며, 이 방법을 좋아하는 사람들도 있지만 다른 방법을 선호하는 사람들도 있습니다. 테스트 주도 개발은 '테스트를 먼저 작성한 다음 코드를 작성하는 방식'을 의미합니다. 이렇게 하면 코드가 수행하기를 원하는 모든 것에 관한 많은 테스트를 수행하게 됩니다. 처음에는 코드가 없으므로 모든 테스트가 실패할 것입니다.

그런 다음 코드를 작성하기 시작해서 모든 테스트를 통과할 때까지 계속 작성합니다. 이렇게 작성된 테스트는 이후 코드를 수정하거나 추가할 때 문제가 발생하면 즉시 알려 주는 안전 장치가 됩니다. 컴파일러가 수정해야 할 사항에 관한 많은 정보를 제공하므로 러스트에서는 이 작업이 매우 쉽습니다. 테스트 주도 개발의 간단한 예제를 작성해 어떤 모습인지 살펴봅시다.

사용자 입력을 받는 계산기를 상상해 봅시다. 더하기(+)와 빼기(-)가 가능합니다. 사용자가 5 + 6을 입력하면 11을 반환하고, 5 + 6 - 7을 입력하면 4를 반환해야 합니다. 이제 테스트 함수부터 시작하겠습니다. 테스트의 함수 이름은 일반적으로 one_plus_one_is_two와 같이 상당히 긴 것을 볼 수 있습니다. 이런 이름을 사용하면 많은 테스트를 실행했을 때 어떤 테스트가 실패했는지를 쉽게 파악할 수 있습니다.

math()라는 단일 함수가 모든 작업을 수행한다고 가정해 보겠습니다. 이 함수는 i32를 반환합니다(부동 소수점은 사용하지 않습니다). 무언가를 반환해야 하므로 매번 6을 반환하겠습니다. 그런 다음 세 개의 테스트 함수를 작성합니다. 물론 모두 실패할 것입니다. 이제 코드는 다음과 같습니다.

```
fn math(input: &str) -> i32 {
    6
}

#[cfg(test)]
mod tests {
    use super::*;

    #[test]
    fn one_plus_one_is_two() {
```

```
        assert_eq!(math("1 + 1"), 2);
    }
    #[test]
    fn one_minus_two_is_minus_one() {
        assert_eq!(math("1 - 2"), -1);
    }
    #[test]
    fn one_minus_minus_one_is_two() {
        assert_eq!(math("1 - -1"), 2);
    }
}
```

컴파일러는 다음 정보를 제공합니다.

```
running 3 tests
test tests::one_minus_minus_one_is_two ... FAILED
test tests::one_minus_two_is_minus_one ... FAILED
test tests::one_plus_one_is_two ... FAILED
```

출력된 정보 외에도 thread 'tests::one_plus_one_is_two' panicked at 'assertion
failed: (left == right)에 관한 모든 정보를 제공합니다. 여기에 모두 출력할 필요는 없
습니다.

이제 계산기를 어떻게 만들지 생각해 봅시다. 숫자와 기호 +-를 허용할 것입니다. 공백은
허용하지만 다른 문자는 허용하지 않습니다. 우선 허용되는 모든 값을 const로 정의하고,
.chars()로 문자열을 순회하면서 .all()을 사용해 모든 문자가 허용 목록에 있는지 확인하
겠습니다.

그런 다음 패닉에 빠져야 하는 테스트를 추가합니다. #[should_panic] 속성을 추가하면 패
닉이 발생할 때 테스트가 성공합니다.

코드는 다음과 같습니다.

```
const OKAY_CHARACTERS: &str = "1234567890+- "; // 마지막에 있는 공백을 잊지 마세요.

fn math(input: &str) -> i32 {
    if !input.chars().all(|character| OKAY_CHARACTERS.contains(character)) {
        panic!("Please only input numbers, +-, or spaces");
```

```
        }
        6 // 여전히 6을 반환합니다.
    }

#[cfg(test)]
mod tests {
    use super::*;

    #[test]
    fn one_plus_one_is_two() {
        assert_eq!(math("1 + 1"), 2);
    }
    #[test]
    fn one_minus_two_is_minus_one() {
        assert_eq!(math("1 - 2"), -1);
    }
    #[test]
    fn one_minus_minus_one_is_two() {
        assert_eq!(math("1 - -1"), 2);
    }

    #[test]
    #[should_panic]  // 새로운 테스트는 다음과 같으며 패닉이 발생해야 합니다.
    fn panics_when_characters_not_right() {
        math("7 + seven");
    }
}
```

이제 테스트를 실행하면 다음과 같은 결과를 얻을 수 있습니다.

```
running 4 tests
test tests::one_minus_two_is_minus_one ... FAILED
test tests::one_minus_minus_one_is_two ... FAILED
test tests::panics_when_characters_not_right ... ok
test tests::one_plus_one_is_two ... FAILED
```

하나 성공했습니다! 이제 math() 함수는 올바른 입력만 받습니다.

다음 단계는 실제 계산기를 작성하는 것입니다. 테스트 주도 개발의 흥미로운 점은 실제 코드를 훨씬 나중에 개발하기 시작한다는 점입니다. 먼저 계산기의 로직을 정리해 보겠습니다. 우리는 다음의 기능을 원합니다.

- 빈 공백을 모두 제거해야 합니다. 예를 들어 7+7-10은 7+7-10으로 바뀌어야 합니다. `.filter()`를 사용하면 쉽습니다.

- 입력은 모든 입력과 함께 벡터로 바뀌어야 합니다. 입력이 +일 필요는 없지만 프로그램이 +를 볼 때 숫자가 완료되었음을 알 수 있어야 합니다. 예를 들어 11+1 입력은 다음과 같은 작업을 수행해야 합니다.

  ① 1을 보고 빈 문자열에 밀어 넣습니다.

  ② 다른 1을 보고 문자열에 밀어 넣습니다(이제 11이 됨).

  ③ +를 보고 숫자가 끝났음을 알아야 합니다. 문자열을 Vec에 밀어 넣은 다음 문자열을 지웁니다.

- 프로그램은 -의 수를 세야 합니다. 홀수(1, 3, 5...)는 빼기를 의미하고 짝수(2, 4, 6...)는 더하기를 의미합니다. 따라서 두 개의 -가 있는 1--9는 더해야 합니다. 결과는 -8이 아니라 10이 됩니다.

- 프로그램은 마지막 숫자 뒤의 모든 것을 제거해야 합니다. 5+5++++----는 OKAY_CHARACTERS의 모든 문자로 만들어졌지만 5+5로 바뀌어야 합니다. 이 작업은 `.trim_end_matches()`[1]를 사용하면 쉽게 할 수 있는데, &str 끝에서 일치하는 모든 것을 제거합니다.

우선 모든 테스트를 통과하고 싶습니다. 테스트를 통과한 후에는 리팩터링refactoring을 할 수 있습니다. 리팩터링이란 일반적으로 구조체, 열거형, 메서드 등을 사용해 코드를 더 좋게 만드는 것을 의미합니다. 다음은 테스트를 통과하기 위한 코드입니다.

```
const OKAY_CHARACTERS: &str = "1234567890+- ";

fn math(input: &str) -> i32 {
    if !input.chars().all(|character| OKAY_CHARACTERS.contains(character)) ||
        !input.chars().take(2).any(|character| character.is_numeric())
    {
        panic!("Please only input numbers, +-, or spaces.");
    }

    let input = input.trim_end_matches(|x| "+- ".contains(x)).chars().filter(|x| *x
    != ' ').collect::<String>(); // 끝에 +와 -를 제거하고 모든 공백을 제거합니다.
    let mut result_vec = vec![]; // 결과는 여기로 들어갑니다.
    let mut push_string = String::new();
    // 우리가 매번 밀어 넣는 문자열입니다. 루프에서 계속 재사용합니다.

    for character in input.chars() {
```

---

1 옮긴이_ 참고로 .trim_end_matches()와 .trim_start_matches()는 예전에는 trim_right_matches()와 trim_left_matches() 였습니다. 하지만 일부 언어(페르시아어, 히브리어 등)는 오른쪽에서 왼쪽으로 이동하므로 오른쪽과 왼쪽이라는 표현이 잘못되었기에 이름이 바뀌었습니다. 일부 코드에서 여전히 이전 이름을 볼 수 있지만 동일한 이름입니다.

```
        match character {
            '+' => {
                if !push_string.is_empty() {
                    // 문자열이 비었으면 ""를 result_vec에 밀어 넣지 않습니다.
                    // 비어 있지 않다면 숫자가 되므로 이를 vec에 밀어 넣습니다.
                    result_vec.push(push_string.clone());
                    push_string.clear(); // 그런 다음 문자열을 지웁니다.
                }
            },
            '-' => { // -를 받으면,
                if push_string.contains('-') || push_string.is_empty() {
                    // 비었는지 확인하고 비어 있지 않으면 -가 있는지 확인합니다.
                    push_string.push(character) // 그렇다면 밀어 넣습니다.
                } else { // 그렇지 않으면 숫자가 포함됩니다.
                result_vec.push(push_string.clone());
                // 따라서 result_vec에 숫자를 밀어 넣고 지운 다음 -를 밀어 넣습니다.
                push_string.clear();
                push_string.push(character);
                }
            },
            number => {
                // number는 '일치하는 다른 모든 것'을 의미합니다.
                // 여기에서 이름을 선택했습니다.
                if push_string.contains('-') {
                    // 먼저 밀어 넣을 문자가 있을 수 있습니다.
                    result_vec.push(push_string.clone());
                    push_string.clear();
                    push_string.push(number);
                } else {
                    // 하지만 그렇지 않다면 number를 밀어 넣을 수 있다는 뜻입니다.
                    push_string.push(number);
                }
            },
        }
    }
    result_vec.push(push_string); // 루프가 끝난 후 마지막으로 한 번 더 밀어 넣습니다.
    // 더 이상 사용하지 않으니 .clone()이 필요하지 않습니다.

    let mut total = 0; // 이제 수학 연산을 할 시간입니다. total을 0으로 초기화합니다.
    let mut adds = true; // true = 더하기, false = 빼기
    let mut math_iter = result_vec.into_iter();
    while let Some(entry) = math_iter.next() { // 항목을 반복합니다.
        if entry.contains('-') {
            // - 문자가 있으면 짝수인지 홀수인지 확인합니다.
```

```
            if entry.chars().count() % 2 == 1 {
                adds = match adds {
                    true => false,
                    false => true
                };
                continue; // 다음 항목으로 이동합니다.
            } else {
                continue;
            }
        }
        if adds == true {
            total += entry.parse::<i32>().unwrap(); // '-'가 없으면 숫자여야 합니다.
            // 따라서 unwrap을 호출해도 안전합니다.
        } else {
            total -= entry.parse::<i32>().unwrap();
            adds = true;  // 빼고 나면 adds는 true로 설정합니다.
        }
    }
    total // 마지막으로 total을 반환합니다.
}
/// 다음을 확인하기 위해 몇 가지 테스트를 추가하겠습니다.

#[cfg(test)]
mod tests {
    use super::*;

    #[test]
    fn one_plus_one_is_two() {
        assert_eq!(math("1 + 1"), 2);
    }
    #[test]
    fn one_minus_two_is_minus_one() {
        assert_eq!(math("1 - 2"), -1);
    }
    #[test]
    fn one_minus_minus_one_is_two() {
        assert_eq!(math("1 - -1"), 2);
    }
    #[test]
    fn nine_plus_nine_minus_nine_minus_nine_is_zero() {
        assert_eq!(math("9+9-9-9"), 0); // 새로운 테스트입니다.
    }
    #[test]
    fn eight_minus_nine_plus_nine_is_eight_even_with_characters_on_the_end() {
```

```
        assert_eq!(math("8  - 9      +9-----+++++"), 8); // 새로운 테스트입니다.
    }
    #[test]
    #[should_panic]
    fn panics_when_characters_not_right() {
        math("7 + seven");
    }
}
```

이제 테스트를 통과했습니다.

```
running 6 tests
test tests::one_minus_minus_one_is_two ... ok
test tests::nine_plus_nine_minus_nine_minus_nine_is_zero ... ok
test tests::one_minus_two_is_minus_one ... ok
test tests::eight_minus_nine_plus_nine_is_eight_even_with_characters_on_the_end ... ok
test tests::one_plus_one_is_two ... ok
test tests::panics_when_characters_not_right ... ok

test result: ok. 6 passed; 0 failed; 0 ignored; 0 measured; 0 filtered out
```

테스트 주도 개발에는 다음과 같이 앞뒤로 진행되는 절차가 있음을 알 수 있습니다.

1 생각할 수 있는 모든 테스트를 작성합니다.

2 코드 작성을 시작합니다.

3 코드를 작성하면서 다른 테스트에 관한 아이디어를 얻게 됩니다.

4 테스트를 추가하고 진행할수록 테스트가 계속 늘어납니다. 테스트가 많을수록 코드를 검사하는 횟수도 늘어납니다.

물론 테스트가 모든 것을 검사하지는 않으며 '모든 테스트를 통과하면 코드가 완벽하다'라는 생각은 잘못되었습니다. 코드가 수행해야 하는 모든 작업을 확인할 수 있을 정도로 충분히 작성하는 것이 테스트를 먼저 작성하는 요령입니다. 하지만 테스트는 코드를 변경할 때도 유용합니다. 코드를 변경하고 테스트를 실행하면 테스트 중 하나가 작동하지 않을 때 무엇을 수정해야 하는지 알 수 있습니다.

이제 코드를 약간 다시 작성(리팩터링)할 수 있습니다. 클리피Clippy의 도움을 받아 리팩터링을 시작해도 좋습니다. 러스트를 설치했다면 **cargo clippy**를 입력하고, 플레이그라운드를 사용한다면 [TOOLS]를 클릭한 다음 [Clippy]를 선택합니다. 클리피가 코드를 살펴보고 더 간단하게 만들 수 있는 팁을 제공합니다. 우리 코드에는 실수가 없지만 더 개선할 수 있습니다.

클리피는 두 가지를 알려 줍니다.

```
warning: this loop could be written as a `for` loop
  --> src/lib.rs:44:5
   |
44 |     while let Some(entry) = math_iter.next() { // Iter through the items
   |     ^^^^^^^^^^^^^^^^^^^^^^^^^^^^^^^^^^^^^^^^^^ help: try: `for entry in math_
iter`
   |
   = note: `#[warn(clippy::while_let_on_iterator)]` on by default
   = help: for further information visit https://rust-lang.github.io/rust-clippy/
master/index.html#while_let_on_iterator

warning: equality checks against true are unnecessary
  --> src/lib.rs:53:12
   |
53 |         if adds == true {
   |            ^^^^^^^^^^^^ help: try simplifying it as shown: `adds`
   |
   = note: `#[warn(clippy::bool_comparison)]` on by default
   = help: for further information visit https://rust-lang.github.io/rust-clippy/
master/index.html#bool_comparison
```

이는 사실입니다. `for entry in math_iter`는 `while let Some(entry) = math_iter.next()`보다 훨씬 간단합니다. 그리고 for 루프는 실제로 이터레이터이므로 `.iter()`를 작성할 이유가 없습니다. 이처럼 클리피의 팁은 유용합니다. 또한 `math_iter`를 만들 필요도 없습니다. `result_vec`에 `for entry`를 작성하면 됩니다.

이제 실제 리팩터링을 시작하겠습니다. 별도의 변수 대신 Calculator 구조체를 만들겠습니다. 여기에는 우리가 사용한 모든 변수가 있을 것입니다. 두 변수의 이름을 더 명확하게 변경하겠습니다. `result_vec`은 `results`로, `push_string`은 `current_input`으로 변경합니다. 그리고 지금까지는 메서드가 하나뿐입니다.

```
// 🎞
#[derive(Clone)]
struct Calculator {
    results: Vec<String>,
```

```
        current_input: String,
        total: i32,
        adds: bool,
}

impl Calculator {
    fn new() -> Self {
        Self {
            results: vec![],
            current_input: String::new(),
            total: 0,
            adds: true,
        }
    }
}
```

이제 코드가 조금 더 길어졌지만 읽기는 더 쉬워졌습니다. 예를 들어 if adds는 이제 if cal culator.adds가 되어 더 직관적으로 파악됩니다. 코드는 다음과 같습니다.

```
#[derive(Clone)]
struct Calculator {
    results: Vec<String>,
    current_input: String,
    total: i32,
    adds: bool,
}

impl Calculator {
    fn new() -> Self {
        Self {
            results: vec![],
            current_input: String::new(),
            total: 0,
            adds: true,
        }
    }
}

const OKAY_CHARACTERS: &str = "1234567890+- ";

fn math(input: &str) -> i32 {
    if !input.chars().all(|character| OKAY_CHARACTERS.contains(character)) ||
```

```
        !input.chars().take(2).any(|character| character.is_numeric()) {
        panic!("Please only input numbers, +-, or spaces");
    }


    let input = input.trim_end_matches(|x| "+- ".contains(x)).chars().filter(|x| *x
    != ' ').collect::<String>();
    let mut calculator = Calculator::new();

    for character in input.chars() {
        match character {
            '+' => {
                if !calculator.current_input.is_empty() {
                    calculator.results.push(calculator.current_input.clone());
                    calculator.current_input.clear();
                }
            },
            '-' => {
                if calculator.current_input.contains('-') ||
                    calculator.current_input.is_empty() {
                    calculator.current_input.push(character)
                } else {
                calculator.results.push(calculator.current_input.clone());
                calculator.current_input.clear();
                calculator.current_input.push(character);
                }
            },
            number => {
                if calculator.current_input.contains('-') {
                    calculator.results.push(calculator.current_input.clone());
                    calculator.current_input.clear();
                    calculator.current_input.push(number);
                } else {
                    calculator.current_input.push(number);
                }
            },
        }
    }
    calculator.results.push(calculator.current_input);

    for entry in calculator.results {
        if entry.contains('-') {
            if entry.chars().count() % 2 == 1 {
                calculator.adds = match calculator.adds {
                    true => false,
```

```
                    false => true
                };
                continue;
            } else {
                continue;
            }
        }
        if calculator.adds {
            calculator.total += entry.parse::<i32>().unwrap();
        } else {
            calculator.total -= entry.parse::<i32>().unwrap();
            calculator.adds = true;
        }
    }
    calculator.total
}

#[cfg(test)]
mod tests {
    use super::*;

    #[test]
    fn one_plus_one_is_two() {
        assert_eq!(math("1 + 1"), 2);
    }
    #[test]
    fn one_minus_two_is_minus_one() {
        assert_eq!(math("1 - 2"), -1);
    }
    #[test]
    fn one_minus_minus_one_is_two() {
        assert_eq!(math("1 - -1"), 2);
    }
    #[test]
    fn nine_plus_nine_minus_nine_minus_nine_is_zero() {
        assert_eq!(math("9+9-9-9"), 0);
    }
    #[test]
    fn eight_minus_nine_plus_nine_is_eight_even_with_characters_on_the_end() {
        assert_eq!(math("8  - 9     +9-----+++++"), 8);
    }
    #[test]
    #[should_panic]
    fn panics_when_characters_not_right() {
```

```
            math("7 + seven");
        }
    }
}
```

마지막으로 두 개의 새로운 메서드를 추가합니다. 하나는 .clear()이며 current_input의
내용을 지웁니다. 다른 하나는 push_char()이며 입력을 current_input에 밀어 넣습니다.
다음은 리팩터링된 코드입니다.

```
#[derive(Clone)]
struct Calculator {
    results: Vec<String>,
    current_input: String,
    total: i32,
    adds: bool,
}

impl Calculator {
    fn new() -> Self {
        Self {
            results: vec![],
            current_input: String::new(),
            total: 0,
            adds: true,
        }
    }

    fn clear(&mut self) {
        self.current_input.clear();
    }

    fn push_char(&mut self, character: char) {
        self.current_input.push(character);
    }
}

const OKAY_CHARACTERS: &str = "1234567890+- ";

fn math(input: &str) -> i32 {
    if !input.chars().all(|character| OKAY_CHARACTERS.contains(character)) ||
        !input.chars().take(2).any(|character| character.is_numeric()) {
        panic!("Please only input numbers, +-, or spaces");
    }
```

```rust
let input = input.trim_end_matches(|x| "+- ".contains(x)).chars().filter(|x| *x
!= ' ').collect::<String>();
let mut calculator = Calculator::new();

for character in input.chars() {
    match character {
        '+' => {
            if !calculator.current_input.is_empty() {
                calculator.results.push(calculator.current_input.clone());
                calculator.clear();
            }
        },
        '-' => {
            if calculator.current_input.contains('-') || calculator.current_
            input.is_empty() {
                calculator.push_char(character)
            } else {
            calculator.results.push(calculator.current_input.clone());
                calculator.clear();
                calculator.push_char(character);
            }
        },
        number => {
            if calculator.current_input.contains('-') {
                calculator.results.push(calculator.current_input.clone());
                calculator.clear();
                calculator.push_char(number);
            } else {
                calculator.push_char(number);
            }
        },
    }
}
calculator.results.push(calculator.current_input);

for entry in calculator.results {
    if entry.contains('-') {
        if entry.chars().count() % 2 == 1 {
            calculator.adds = match calculator.adds {
                true => false,
                false => true
            };
            continue;
```

```rust
            } else {
                continue;
            }
        }
        if calculator.adds {
            calculator.total += entry.parse::<i32>().unwrap();
        } else {
            calculator.total -= entry.parse::<i32>().unwrap();
            calculator.adds = true;
        }
    }
    calculator.total
}

#[cfg(test)]
mod tests {
    use super::*;

    #[test]
    fn one_plus_one_is_two() {
        assert_eq!(math("1 + 1"), 2);
    }
    #[test]
    fn one_minus_two_is_minus_one() {
        assert_eq!(math("1 - 2"), -1);
    }
    #[test]
    fn one_minus_minus_one_is_two() {
        assert_eq!(math("1 - -1"), 2);
    }
    #[test]
    fn nine_plus_nine_minus_nine_minus_nine_is_zero() {
        assert_eq!(math("9+9-9-9"), 0);
    }
    #[test]
    fn eight_minus_nine_plus_nine_is_eight_even_with_characters_on_the_end() {
        assert_eq!(math("8  - 9     +9-----+++++"), 8);
    }
    #[test]
    #[should_panic]
    fn panics_when_characters_not_right() {
        math("7 + seven");
    }
}
```

짧은 예제에서는 이 정도면 충분할 것입니다. 코드를 직접 리팩터링하거나 곱셈과 나눗셈을 추가하는 방법에 관한 아이디어가 있을 수도 있습니다. 모험심이 생긴다면 한번 시도해 보세요! 그리고 먼저 테스트를 작성하는 것을 잊지 마세요.

CHAPTER 15

상수, 안전하지 않은 러스트, 외부 크레이트

15.1 제네릭 상수

러스트의 제네릭은 기본적으로 세 가지에 관한 것입니다.

- **Types**: 우리에게 가장 익숙한 제네릭입니다.
- **제네릭 T:Debug**: Debug 트레이트를 구현하는 모든 타입을 의미합니다.
- **Lifetimes**: Lifetimes는 사실 또 다른 종류의 제네릭입니다. 함수에 'static인 수명이 있을 때, 이는 'static인 수명을 가진 모든 타입을 의미합니다.

제네릭 상수라는 세 번째 제네릭도 있는데, 이는 제네릭 상수입니다. 많은 사람이 배열의 어려움 때문에 제네릭 상수를 원했고, 마침내 러스트 1.51.0부터 도입되었습니다. 무엇이 문제였는지 살펴봅시다. 배열은 저장된 값의 타입뿐만 아니라 길이도 타입의 일부로 취급되어서, 예를 들어 [i32; 3]과 [i32; 4]는 단 하나의 요소 차이에도 서로 다른 타입으로 간주됩니다.

두 개의 배열이 있는 구조체를 만들고 싶다고 가정해 봅시다. 이 배열은 바이트 버퍼이며 우리 시스템에서 어떻게든 사용할 것입니다. 제네릭 상수가 없으면 정확히 몇 개의 항목이 포함될지 알려 줘야 합니다.

```
struct Buffers {
    array_one: [u8; 640],
    array_two: [u8; 640]
}
```

더 큰 버퍼를 원한다면 어떻게 해야 할까요? 그러면 새로운 구조체가 필요합니다. 하나 만들어 보겠습니다.

```
struct Buffers {
    array_one: [u8; 640],
    array_two: [u8; 640]
}

struct BigBuffers {
    array_one: [u8; 1280],
    array_two: [u8; 1280]
}
```

정확한 크기를 안다면 이런 방식도 가능합니다. 하지만 Display와 같은 트레이트를 구현하려면 어떻게 해야 할까요? 배열 크기마다 각각 구현해야 합니다. 다양한 배열 크기를 원한다면 어떻게 해야 할까요? 배열 크기마다 각각 다른 구조체가 필요하고 각 구조체가 트레이트를 구현해야 합니다.

이것이 바로 제네릭 상수가 등장하기 전에 러스트 사용자들이 이러한 타입의 구조체에 매크로를 많이 사용한 이유입니다. 제네릭 상수가 이 작업을 어떻게 쉽게 만드는지 살펴보겠습니다. Buffers 구조체를 다음처럼 바꿔보겠습니다.

```
struct Buffers<T, const N: usize> {
    array_one: [T; N],
    array_two: [T; N]
}
```

이제 이 구조체는 제네릭 타입 T를 받을 수 있고, 여기에는 u8이나 i32 같은 타입이 들어갈 수 있습니다. 그리고 두 번째 제네릭은 N이라고 하며, usize입니다. 러스트는 배열을 인덱싱할 때 usize를 사용하므로 여기서는 usize만 작동합니다. 따라서 N의 타입은 고정되지만 usize의 어떤 숫자도 될 수 있습니다.

이제 여기에 출력할 수 있도록 정말 작은 배열로 시도해 보겠습니다.

```
#[derive(Debug)] // Debug는 다른 구조체와 마찬가지로 모든 크기의 배열에서 동작합니다!
struct Buffers<T, const N: usize> {
```

```
    array_one: [T; N],
    array_two: [T; N],
}

fn main() {
    let buffer_1 = Buffers {
        array_one: [0u8; 3],
        array_two: [0; 3],
    };

    let buffer_2 = Buffers {
        array_one: [0i32; 4],
        array_two: [10; 4],
    };

    println!("{buffer_1:#?}, {buffer_2:#?}");
}
```

```
Buffers {
    array_one: [
        0,
        0,
        0,
    ],
    array_two: [
        0,
        0,
        0,
    ],
}, Buffers {
    array_one: [
        0,
        0,
        0,
        0,
    ],
    array_two: [
        10,
        10,
        10,
        10,
    ],
}
```

제네릭 상수는 배열 처리 외에도 다양한 용도로 활용할 수 있지만, 가장 큰 의의는 배열 처리의 불편함을 해결했다는 점입니다.

15.2 상수형 함수

러스트에는 fn 외에도 const fn이 있습니다. const fn은 '상수 컨텍스트const context에서 호출할 수 있는' 함수입니다. 이 문구에 주목하세요. 이는 항상 const 컨텍스트(즉, 컴파일 시점)에서 호출된다는 의미가 아닙니다. 단지 함수가 const fn이면 const 컨텍스트에서도 호출할 수 있다는 의미입니다. 따라서 const fn은 const 컨텍스트에서만이 아니라 어디서든 호출할 수 있습니다. 다음은 간단한 예시입니다.

```
const NUMBER: u8 = give_eight();

const fn give_eight() -> u8 {
    8
}

fn main() {
    let mut my_vec = Vec::new();
    my_vec.push(give_eight());
}
```

give_eight 함수는 상수를 만드는 데 사용되며, 이는 당연히 상수 컨텍스트에서 만들어집니다. 하지만 main의 아래쪽은 할당된 벡터에 밀어 넣는 데 사용됩니다(상수 컨텍스트에서는 할당이 허용되지 않습니다).

const fn give_eight를 일반 fn give_eight로 변경하면 작동하지 않습니다. 러스트는 give_eight는 상수형 함수가 아니므로 호출 가능 여부를 보장할 수 없다고 불평합니다.

```
error[E0015]: cannot call non-const fn `give_eight` in constants
 --> src/main.rs:1:20
  |
1 |  const NUMBER: u8 = give_eight();
  |                     ^^^^^^^^^^^^
```

```
  |
  = note: calls in constants are limited to constant functions, tuple structs and
tuple variants
```

그렇기 때문에 모든 함수가 상수형은 아닙니다. 상수 컨텍스트에서 모든 것이 허용되지는 않습니다(예를 들어 할당은 허용되지 않습니다). const fn을 사용해 보고 싶다면 함수에 const를 추가하고 컴파일러가 무엇을 말하는지 확인해 보세요. 동작하는 방법을 찾을 수 있을 것입니다.

이러한 설명이 다소 불명확해 보이는 이유는 러스트에서 const fn의 기능 범위 자체가 아직 명확하게 정의되지 않았기 때문입니다. const fn이 처음 도입되었을 때는 매우 제한된 기능만 제공했지만, 러스트 팀이 지속적으로 개발을 진행하면서 점점 더 많은 기능을 사용할 수 있게 되었습니다. 예를 들어 러스트 1.61에서는 다음이 추가되었습니다(https://blog.rust-lang.org/2022/05/19/Rust-1.61.0.html#more-capabilities-for-const-fn).

> 이번 릴리스에서는 상수형 함수의 기능을 확장하기 위한 여러 개선 사항이 안정화되었습니다.
>
> 함수 포인터 지원: 이제 const fn 내에서 함수 포인터를 생성하고, 전달하고, 형변환할 수 있습니다. 이 기능은 예를 들어 인터프리터용 컴파일 타임 함수 테이블을 구축할 때 유용하게 사용할 수 있습니다. 다만, 함수 포인터의 직접 호출은 아직 지원하지 않습니다.
>
> 트레이트 제약 조건: 이제 const fn의 제네릭 매개변수에 T: Copy와 같은 트레이트 제약 조건을 지정할 수 있습니다. 기존에는 Sized 제약 조건만 허용되었던 것에서 확장되었습니다.
>
> dyn Trait 타입 지원: const fn에서 이제 dyn Trait로 표현되는 트레이트 객체도 다룰 수 있습니다.
>
> impl Trait 타입 허용: const fn에서 매개변수와 반환 타입으로 불투명 타입인 impl Trait를 사용할 수 있습니다.
>
> 주의: 이러한 트레이트 관련 기능이 추가되었지만, const fn 내에서 해당 트레이트의 메서드를 직접 호출하는 것은 아직 지원하지 않습니다.

따라서 여러분이 러스트를 배우기 시작할 무렵에는 이 책이 출판되었을 때보다 const fn에서 허용되는 것이 점점 더 많아질 것입니다.

게다가 각 러스트 버전에는 일반적으로 이제 상수형이 된 함수 목록이 있습니다. 1.61 버전의 문서(https://blog.rust-lang.org/2022/05/19/Rust-1.61.0.html#stabilized-apis)를 보면 이러한 함수가 상수형임을 알 수 있습니다. 따라서 이전에는 상수 컨텍스트에서 동작하지 않았지만 지금은 동작합니다.

```
The following previously stable functions are now const:

<*const T>::offset and <*mut T>::offset
<*const T>::wrapping_offset and <*mut T>::wrapping_offset
<*const T>::add and <*mut T>::add
<*const T>::sub and <*mut T>::sub
<*const T>::wrapping_add and <*mut T>::wrapping_add
<*const T>::wrapping_sub and <*mut T>::wrapping_sub
```

앞서 본 함수들은 다소 난해합니다. 이제 러스트 1.63에서 새롭게 상수형으로 추가된 실용적인 핵심 함수를 살펴보겠습니다. 실제로 매우 유용하게 사용되는 함수들이죠.

15.3 가변 정적 변수

가변 정적 변수는 다른 언어에서는 많이 사용되지만, 러스트에서는 훨씬 더 어렵습니다. 그 이유를 다음과 같이 짐작할 수 있습니다. 첫째, 러스트에는 엄격한 빌림 규칙이 있습니다. 둘째, 정적 변수(const와 static)는 상수 컨텍스트에서만 만들 수 있습니다. 이 작업을 수행할 수 있는 외부 크레이트가 있었지만, 러스트 1.63에서는 멋진 변화가 있었습니다. Mutex::new()와 RwLock::new()가 const fn으로 바뀌었습니다. 이제 상수 컨텍스트에서 생성 가능한 모든 값을 이들 안에 담을 수 있게 되었고, String::new(), Vec::new()와 같이 힙에 할당되는 타입들도 러스트 1.39부터 초기 메모리 할당 없이 const fn으로 생성할 수 있게 되었습니다.

이를 Vec<Log>인 매우 간단한 전역 로거에 사용해 보겠습니다. 여기서 Log는 두 개의 필드가 있는 구조체일 뿐입니다. 이 코드는 러스트 1.63 이전에는 러스트에서 사용할 수 없었으므로 매우 반가운 변경 사항입니다.

```rust
use std::sync::Mutex;

#[derive(Debug)]
struct Log {
    // 타임스탬프는 일반적으로 i64이지만, 여기서는 &str만 사용합니다.
    date: &'static str,
    message: String,
}

// 내부에 아무것도 없으며 할당도 하지 않으므로 static으로도 괜찮습니다.
// 그리고 Mutex이므로 내부의 내용을 변경할 수 있습니다.
static GLOBAL_LOGGER: Mutex<Vec<Log>> = Mutex::new(Vec::new());

fn do_thing(date: &'static str) {
    // 전역이므로 함수에 전달할 필요가 없습니다.
    GLOBAL_LOGGER.lock().unwrap().push(Log {
        date,
        message: "Everything's fine".to_string(),
    });
}

fn main() {
    do_thing("2022-12-12");
    do_thing("2023-05-05");
    println!("{GLOBAL_LOGGER:#?}");
}
```

다음이 출력됩니다.

```
Mutex {
    data: [
        Log {
            date: "2022-12-12",
            message: "Everything's fine",
        },
        Log {
            date: "2023-05-05",
            message: "Everything's fine",
        },
    ],
```

```
    poisoned: false,
    ..
}
```

사실 러스트에는 static mut가 있어 원할 때마다 변경할 수 있지만, 이렇게 하는 것은 안전하지 않은 러스트^{unsafe Rust}입니다.

잠깐만요, 안전하지 않은 러스트는 무엇을 말하는 것일까요?

15.4 안전하지 않은 러스트

그렇다면 안전하지 않은 러스트는 무엇인가요? 러스트는 안전해야 하지 않나요?

그렇긴 하지만 러스트는 시스템 프로그래밍 언어이기도 합니다. 즉, 운영체제 구축과 로봇 공학 등에 사용할 수 있습니다. 일부 소형 장치는 특정 메모리 위치로 신호를 보내면 시작되도록 설정됩니다. 러스트 컴파일러는 이것이 안전한지 알 수 없으므로 unsafe 키워드를 사용합니다. 또한 러스트를 사용해 C나 자바스크립트와 같은 다른 언어에 액세스할 수도 있는데, 러스트 컴파일러는 해당 함수가 안전한지를 알 수 없습니다. 그래서 이럴 때도 unsafe를 사용합니다.

unsafe라는 단어에 관한 많은 논의가 있습니다. unsafe는 컴파일러가 다른 방향으로 볼 수 있음을 사람들이 알 수 있도록 하기 위해 선택되었습니다. 하지만 본질적으로 unsafe 블록은 trust_me_i_know_what_im_doing(내가_뭘_하는지_아니까_날_믿어) 블록과 비슷합니다.

하지만 낮은 수준의 시스템 리소스로 작업하거나 다른 언어로 된 함수에 직접 연결하지 않는다면 unsafe를 사용하지 않을 수도 있습니다.

그렇긴 하지만, 재미 삼아 unsafe를 살펴봅시다. 이 단어는 unsafe 블록과 unsafe fn에서 볼 수 있습니다. 함수가 unsafe 코드를 포함하면 이 키워드가 필요하고, 해당 함수를 호출하려면 unsafe 블록으로 감싸야 합니다. 따라서 다음은 제대로 동작하지 않습니다.

```
unsafe fn uh_oh() {

}
```

```
fn main() {
    uh_oh();
}
```

컴파일러에서 다음과 같이 알려 줍니다.

```
error[E0133]: call to unsafe function is unsafe and requires unsafe function or
block
 --> src/main.rs:6:5
  |
6 |     uh_oh();
  |     ^^^^^^^ call to unsafe function
  |
```

쉽게 고칠 수 있습니다.

```
unsafe fn uh_oh() {}

fn main() {
    unsafe {
        uh_oh();
    }
}
```

고쳤습니다! 이제 러스트의 가장 유명한 안전하지 않은 함수인 transmute를 살펴보겠습니다. 이 함수에 관한 설명은 다음과 같습니다.

한 타입의 값의 비트를 다른 타입으로 재해석합니다.

두 타입 모두 크기가 같아야 합니다.

transmute는 어떤 타입의 비트 패턴을 가져와서 컴파일러에 '이 비트들을 이제 다른 타입으로 가장하라'고 지시하는 함수입니다. 함수의 시그니처는 다음과 같습니다.

```
fn transmute<T, U>(e: T) -> U
```

따라서 어떤 두 가지 타입(T, U)에 대해 동작할지 알려 주고 T를 주면 U를 반환합니다.

transmute를 이해하기 위해 간단한 예를 살펴봅시다. i32를 만들어서 러스트에 이제 u32라고 알려 주겠습니다.

```rust
use std::mem::transmute;

fn main() {
    let x = 19;
    let y: u32 = unsafe { transmute::<i32, u32>(x) };
    println!("{y}");
}
```

이 코드는 19를 출력합니다. 양수 대신 x를 -19로 만들면 어떻게 될까요? u32는 음수가 될 수 없으므로 같은 숫자가 될 수 없습니다. 다시 시도해 봅시다.

```rust
use std::mem::transmute;

fn main() {
    let x = -19;
    let y: u32 = unsafe { transmute::<i32, u32>(x) };
    println!("{y}");
}
```

이제 4294967277이 출력됩니다. 흥미로운 결과입니다. 타입의 바이트 표현을 출력하는 방법을 떠올려보세요. {:b} 형식 지정자를 사용하면 바이트 형태로 출력할 수 있는데, 이 두 숫자는 바이트 단위로 보면 동일한 값을 가져야 합니다.

```rust
fn main() {
    println!("{:b}\n{:b}", -19, 4294967277u32);
}
```

실제로 그렇습니다! 결과는 다음과 같습니다.

```
11111111111111111111111111101101
11111111111111111111111111101101
```

자, 이제 좀 더 복잡한 것을 변환할 수 있는지 살펴봅시다. 약간의 기본 정보가 포함된 User 구조체를 만들고 크기가 어느 정도인지 살펴보겠습니다.

```rust
struct User {
    name: String,
    number: u32,
}

fn main() {
    println!("{}", std::mem::size_of::<User>());
}
```

32바이트입니다. 그럼 러스트에 8개의 i32를 주고 User를 만들라고 하면 어떨까요? 무슨 일이 일어나는지 보겠습니다.

```rust
use std::mem::transmute;

struct User {
    name: String,
    number: u32,
}

fn main() {
    let some_i32s = [1, 2, 3, 4, 5, 6, 7, 8];
    let user = unsafe { transmute::<[i32; 8], User>(some_i32s) };
}
```

이런! 세그먼테이션 오류가 발생했습니다.

```
timeout: the monitored command dumped core
/playground/tools/entrypoint.sh: line 11: 8 Segmentation fault timeout
--signal=KILL ${timeout} "$@"
```

이러한 문제들을 방지하는 것이 바로 러스트의 핵심 설계 목표입니다. 하지만 정말 저수준 시스템 리소스나 컴파일러가 보장할 수 없는 다른 리소스에 액세스해야 하는 경우 unsafe를 사용하면 이를 수행할 수 있습니다.

요약하자면 다음과 같습니다.

- unsafe를 사용하지 않고도 평생을 러스트 프로그래머로 살 수 있습니다. 소프트웨어를 빌드하는 데는 필요하지 않습니다.
- 하지만 저수준 시스템 프로그래밍을 하거나 다른 언어(예: C 라이브러리)에 직접 연결해야 한다면, unsafe를 사용해 필요한 유연성을 얻을 수 있습니다.

러스트 초창기에는 C와 C++ 라이브러리에 연결할 수 있다는 점을 강조했습니다. 그러나 시간이 지남에 따라 점점 더 많은 라이브러리가 순수 러스트로 작성되었고, 러스트 외부 크레이트에서 unsafe 라이브러리를 보는 일은 매우 드물어졌습니다. 심지어 transmute 함수를 안전하게 만들기 위한 작업 그룹도 있습니다!

그렇다면 외부 크레이트란 무엇일까요?

15.5 외부 크레이트

외부 크레이트는 '누군가의 크레이트'를 의미합니다.

이번 절의 내용을 따라 하려면 러스트를 설치하는 것이 좋지만, 플레이그라운드만으로도 충분히 실습할 수 있습니다. 플레이그라운드에는 이미 흔히 사용하는 외부 크레이트가 모두 설치되어 있기 때문입니다. 러스트에서 외부 크레이트를 사용하는 것은 두 가지 이유 때문에 중요합니다.

- 다른 크레이트를 가져오기가 매우 쉽습니다.
- 러스트 표준 라이브러리는 상당히 작습니다.

이것은 러스트에서 기본적인 기능들조차 외부 크레이트를 활용하는 것이 일반적인 관행이라는 의미입니다. 이는 의도적인 설계로, 외부 크레이트 사용을 쉽게 만듦으로써 개발자들이 최적의 구현을 선택할 수 있게 합니다. 예를 들어 누군가가 특정 기능을 위한 크레이트를 만들면, 다른 개발자가 이를 개선한 더 나은 버전을 만들 수 있습니다.

이 책에서는 매우 인기 있는 크레이트와 러스트를 사용하는 모든 사람이 아는 크레이트만 살펴보겠습니다.

아주 간단한 크레이트인 rand부터 시작하겠습니다.

15.5.1 rand

아직 난수를 사용하지 않았음을 눈치채셨나요? 난수는 표준 라이브러리에 없기 때문입니다. 하지만 모든 사람이 사용하므로 '준표준 라이브러리' 크레이트가 많이 있습니다. rand도 그중 하나입니다.

어쨌든 크레이트는 매우 쉽게 가져올 수 있습니다. 컴퓨터에 러스트가 설치되어 있다면 다음 정보를 담고 있는 Cargo.toml이라는 파일을 볼 수 있습니다. Cargo.toml 파일은 처음에 다음과 같이 보입니다.

```
[package]
name = "rust_book"
version = "0.1.0"
authors = ["David MacLeod"]
edition = "2021"

# 더 많은 키와 정의는 정의는 다음 링크에서 확인하세요.
# https://doc.rust-lang.org/cargo/reference/manifest.html

[dependencies]
```

이제 rand 크레이트를 추가해 보겠습니다. 먼저 모든 크레이트가 있는 crates.io(https://crates.io)에서 rand를 검색해서 나온 결과를 클릭합니다. 그러면 https://crates.io/crates/rand로 이동합니다. 그리고 스크롤을 내리면 Cargo.toml rand = "0.8.5"가 보이는데, 이를 다음과 같이 [dependencies] 아래에 추가하기만 하면 됩니다.

```
[package]
name = "rust_book"
version = "0.1.0"
authors = ["David MacLeod"]
edition = "2021"

# 더 많은 키와 정의는 정의는 다음 링크에서 확인하세요.
```

```
# https://doc.rust-lang.org/cargo/reference/manifest.html

[dependencies]
rand = "0.8.5"
```

나머지는 카고^{cargo}가 알아서 처리합니다. 또는 명령줄에서 `cargo add rand` 명령을 사용하면 동일한 작업을 수행할 수 있습니다.

그런 다음 rand 문서의 예제 코드(`https://docs.rs/rand/0.8.5/rand`)와 같은 코드 작성을 시작할 수 있습니다. 문서로 이동하려면 crates.io 문서(`https://crates.io/crates/rand`)에서 [docs] 버튼을 클릭하면 됩니다.

우리는 아직 플레이그라운드만 사용하고 있으니 카고에 관한 설명은 여기까지만 하겠습니다. 다행히도 플레이그라운드에는 이미 상위 100개의 크레이트가 설치되어 있습니다. 따라서 아직 `Cargo.toml`을 작성할 필요가 없습니다. 플레이그라운드에는 이렇게 100개의 크레이트가 있는 긴 목록이 있다고 상상할 수 있습니다.

```
[dependencies]
rand = "0.8.5"
some_other_crate = "0.1.0"
another_nice_crate = "1.7"
```

즉, 플레이그라운드에서 **rand**를 사용하려면 다음과 같이 하면 됩니다.

```
use rand;
// 이는 전체 rand 크레이트를 의미합니다.
// 컴퓨터에서는 이렇게 바로 사용할 수 없으며
// 먼저 Cargo.toml 파일에 작성해야 합니다.

fn main() {
    for _ in 0..5 {
        let random_u16 = rand::random::<u16>();
        print!("{random_u16} ");
    }
}
```

42266 52873 56528 46927 6867과 같이 매번 다른 **u16** 숫자를 출력합니다.

rand의 주요 함수는 random과 thread_rng입니다. rng는 random number generator(난수 생성기)의 약자입니다. 그리고 실제로 random을 보면 '이것은 단순히 thread_rng().gen()의 단축키입니다'라고 적혀 있습니다. 따라서 실제로는 거의 모든 작업을 수행하는 것은 thread_rng입니다.

다음은 1부터 10까지의 숫자에서 난수를 생성하는 간단한 예입니다. 이 수열을 얻기 위해 1과 11 사이의 .gen_range()를 사용합니다.

```
use rand::{thread_rng, Rng}; // 귀찮다면 rand::*;를 사용해도 됩니다.

fn main() {
    let mut number_maker = thread_rng();
    for _ in 0..5 {
        print!("{} ", number_maker.gen_range(1..11));
    }
}
```

그러면 **7 2 4 8 6**과 같은 내용이 출력됩니다.

난수를 사용하면 게임 캐릭터를 만드는 등의 재미있는 일을 할 수 있습니다. 이번에는 rand와 함께 전에 배운 것들을 활용해 캐릭터를 만들 것입니다. 이 게임에서 캐릭터는 6개의 스탯이 있으며, 각 스탯은 d6 주사위로 결정됩니다. d6은 던지면 1, 2, 3, 4, 5, 6이 나오는 정육면체 주사위입니다. 각 캐릭터는 d6를 세 번 굴려서 나온 값을 더해 스탯을 계산하므로 최종 스탯은 3에서 18 사이입니다.

하지만 캐릭터의 스탯이 3이나 4처럼 낮으면 불공평할 수 있습니다. 예를 들어 힘이 3이면 아무것도 운반할 수 없습니다. 그래서 주사위를 네 번 굴려서 가장 낮은 숫자를 버리는 방법도 구현하겠습니다. 예를 들어 3, 3, 1, 6이 나오면 3, 3, 6 = 12를 사용합니다. 이 방법도 게임 소유자가 두 방식 중 선택할 수 있도록 이 방법도 함께 구현하겠습니다.

간단한 캐릭터 생성기를 만들어 보겠습니다. 캐릭터의 스탯을 저장할 Character 구조체를 정의했고, 주사위를 3번이나 4번 굴리는 방법을 선택할 수 있는 열거형(enum)을 매개변수로 받는 주사위 굴리기 함수도 작성했습니다.

```rust
#![allow(dead_code)] // 이를 작성하지 않으면 컴파일러가 경고로 화면을 가득 채웁니다.
use rand::{thread_rng, Rng}; // 귀찮다면 rand::*;를 사용해도 됩니다.

#[derive(Debug)]
struct Character {
    strength: u8,       // 힘
    dexterity: u8,      // 민첩성
    constitution: u8,   // 체력
    intelligence: u8,   // 지능
    wisdom: u8,         // 지혜
    charisma: u8,       // 매력(카리스마)
}

enum Dice {
    Three,
    Four,
}

fn roll_dice(dice_choice: &Dice) -> u8 {
    let mut generator = thread_rng(); // 난수 생성기를 만듭니다.
    let mut total = 0;
    match dice_choice {
        Dice::Three => {
            for _ in 0..3 {
                total += generator.gen_range(1..=6);
            }
        }
        Dice::Four => {
            let mut results = vec![]; // 먼저 숫자를 vec에 넣습니다.

            // 앞의 for 루프와 같은 효과를 내지만 다른 방법도 있습니다!
            (0..4).for_each(|_| results.push(generator.gen_range(1..=6)));
            results.sort();
            results.remove(0);
            total += results.into_iter().sum::<u8>();
        }
    }
    total
}

impl Character {
    fn new(dice_choice: Dice) -> Self {
        // 6개의 스탯으로 Vec을 만듭니다.
```

```
        let stats = (0..6).map(|_| roll_dice(&dice_choice)).collect::<Vec<u8>>();

        // 6개의 인덱스가 모두 있다고 확신하므로 인덱스에 직접 접근하겠습니다.
        Self {
            strength: stats[0],
            dexterity: stats[1],
            constitution: stats[2],
            intelligence: stats[3],
            wisdom: stats[4],
            charisma: stats[5],
        }
    }
}

fn main() {
    let weak_billy = Character::new(Dice::Three);
    let strong_billy = Character::new(Dice::Four);
    println!("{weak_billy:#?}");
    println!("{strong_billy:#?}");
}
```

다음과 같은 내용이 출력됩니다.

```
Character {
    strength: 11,
    dexterity: 9,
    constitution: 9,
    intelligence: 8,
    wisdom: 7,
    charisma: 13,
}
Character {
    strength: 15,
    dexterity: 13,
    constitution: 5,
    intelligence: 13,
    wisdom: 14,
    charisma: 15,
}
```

예상할 수 있듯이 주사위를 4번 사용해서 생성한 캐릭터가 대체로 더 높은 스탯을 갖게 됩니다.

15.5.2 rayon

rayon은 러스트 코드의 속도를 높여 주는 인기 있는 크레이트입니다. thread::spawn 같은 것 없이도 효과적이면서 스레드를 쉽게 작성할 수 있어 인기가 있습니다. 예를 들어 .iter(), .iter_mut(), into_iter()는 rayon에서 .par_iter(), .par_iter_mut(), par_into_iter()와 같이 작성합니다.

따라서 par_만 추가하면 코드가 훨씬 빨라집니다(par은 parallel(병렬)의 약자입니다).

다른 메서드도 병렬을 추가하는 방법은 동일합니다. 예를 들어 .chars()는 .par_chars()이 됩니다.

다음은 컴퓨터가 많은 작업을 수행하도록 하는 간단한 코드입니다.

```rust
fn main() {
    let mut my_vec = vec![0; 200_000];
    my_vec
        .iter_mut()
        .enumerate()
        .for_each(|(index, number)| *number += index + 1);
    println!("{:?}", &my_vec[5000..5005]);
}
```

이 함수는 200,000개의 항목이 있으며 모든 항목이 0인 벡터를 생성합니다. 그런 다음 .enumerate()를 호출해 각 숫자의 인덱스를 가져오고 0을 인덱스 번호로 변경합니다. 모두 출력하기에는 너무 길어서 5,000에서 5,004까지의 항목만 출력합니다. 이 작업은 여전히 러스트에서 매우 빠르지만, 원한다면 rayon을 사용해 더 빠르게 만들 수 있습니다. 코드는 거의 동일합니다.

```rust
use rayon::prelude::*; // rayon 가져오기

fn main() {
    let mut my_vec = vec![0; 200_000];
    my_vec
        .par_iter_mut()  // iter_mut에 par_를 추가합니다.
        .enumerate()
        .for_each(|(index, number)| *number += index + 1);
```

```
    println!("{:?}", &my_vec[5000..5005]);
}
```

매우 간단하죠. rayon에는 원하는 작업을 사용자 정의하는 다른 많은 방법이 있지만, 가장 간단한 방법은 '프로그램을 더 빠르게 만들기 위해 par_를 추가하는 것'입니다.

15.5.3 serde

serde는 널리 사용하는 크레이트로, 데이터를 JSON, YAML 등의 형식으로 직렬화하고 역직렬화할 수 있게 합니다. 주로 구조체 선언부 위에 두 개의 속성을 추가하는 방식으로 사용하며 구체적인 예시는 https://serde.rs에서 확인할 수 있습니다.

```
#[derive(Serialize, Deserialize, Debug)]
struct User {
    name: String,
    id: u32,
}
```

Serialize(직렬화)는 러스트 타입을 JSON과 같은 형식으로 변환하는 것을 의미하며, Deserialize(역직렬화)는 그 반대로 무언가를 러스트 타입으로 변환하는 것을 의미합니다. serde의 이름도 여기서 유래합니다. Serialize의 Ser와 Deserialize의 De가 합쳐져 serde라는 이름이 만들어졌습니다.

JSON을 사용한다면 serde_json 크레이트도 사용할 수 있습니다. 다음은 새 사용자를 만드는 요청을 받는 서버가 있다고 가정하는 아주 간단한 예제입니다. 요청에는 사용자 이름과 사용자 ID가 필요하므로 이러한 필드가 있는 NewUserRequest라는 구조체를 만듭니다. 이러한 필드가 요청에 있으면 올바르게 역직렬화되고 NewUserRequest가 동작합니다. serde_json의 from_str 메서드를 사용합니다.

```
use serde::{Deserialize, Serialize};
use serde_json;

#[derive(Serialize, Deserialize, Debug)]
struct User {
```

```rust
    name: String,
    id: u32,
    is_deleted: bool,
}

#[derive(Serialize, Deserialize)]
struct NewUserRequest {
    name: String,
    id: u32,
}

fn make_user(request: NewUserRequest) -> User {
    User {
        name: request.name,
        id: request.id,
        is_deleted: false,
    }
}

fn handle_request(json_request: &str) {
    match serde_json::from_str(json_request) {
        Ok(good_request) => {
            let new_user = make_user(good_request);
            println!("Made a new user! {new_user:#?}");
        }
        Err(e) => {
            println!("Got an error from {json_request}: {e}");
        }
    }
}

fn main() {
    let good_json_request = r#"
    {
        "name": "BillyTheUser",
        "id": 6876
    }
    "#;

    let bad_json_request = r#"
    {
        "name": "BobbyTheUser",
        "idd": "6877"
    }
    "#;
```

```
    handle_request(good_json_request);
    handle_request(bad_json_request);
}
```

출력은 다음과 같습니다.

```
Made a new user! User {
    name: "BillyTheUser",
    id: 6876,
    is_deleted: false,
}
Got an error from
    {
        "name": "BobbyTheUser",
        "idd": "6877"
    }
    : missing field `id` at line 5 column 5
```

serde는 타입을 직렬화하거나 역직렬화하려는 방식에 따라 다양한 사용자 정의 옵션을 제공합니다. 예를 들어 직렬화할 때 모두 대문자로 표시해야 하는 열거형이 있다면 열거형 위에 #[serde(rename_all = "SCREAMING_SNAKE_CASE")]를 입력하면 나머지는 serde가 알아서 처리합니다.

15.5.4 regex

regex(https://crates.io/crates/regex) 크레이트를 사용하면 정규 표현식(https://ko.wikipedia.org/wiki/정규_표현식)을 사용해 텍스트를 검색할 수 있습니다. regex를 사용하면 예를 들어 colour, color, colours, colors와 일치하는 항목을 한 번의 검색으로 얻을 수 있습니다. 정규 표현식은 별도의 언어이므로 사용하려면 따로 배워야 합니다.

15.5.5 chrono

chrono(https://crates.io/crates/chrono)는 시간 관련 기능이 더 필요한 사람들을 위한

핵심 크레이트입니다. 시간 관련 기능이 있는 표준 라이브러리를 살펴보겠지만, 더 많은 기능이 필요하다면 이 크레이트를 사용해도 좋습니다.

15.5.6 anyhow와 thiserror

anyhow와 thiserror 크레이트는 오류 처리를 도와주는 데 사용됩니다. 실제로 2개의 크레이트 모두 같은 사람이 만들었지만 다소 다릅니다. 대부분의 러스트 코드는 다음과 같이 작성합니다.

- 코드 작성을 시작할 때는 컴파일만 하고 오류는 나중에 생각하기 위해 모든 곳에 .unwrap() 또는 .expect()를 사용합니다.

- 코드가 기본적으로 동작하기 시작하면 오류 처리를 본격적으로 구현하고 싶어집니다. 이때 간단하게 사용할 수 있는 통합된 오류 타입이 있으면 편리할 것입니다. anyhow 크레이트가 바로 이 목적을 위해 만들어졌습니다(앞에서 배운 Box<dyn Error>도 이런 목적으로 흔히 사용합니다).

- 프로젝트가 발전하면서 커스텀 오류 타입이 필요해질 수 있습니다. 하지만 이를 직접 구현하려면 코드를 많이 작성해야 하므로, 더 편리한 방법이 필요합니다. 이때 thiserror를 사용합니다. 다만 anyhow만으로도 충분하다면 굳이 바꾸지 않는 개발자도 많습니다.

여러 종류의 오류를 처리해야 하는 상황의 간단한 예시를 살펴보겠습니다. 아직 컴파일은 되지 않지만, 전체적인 흐름을 이해할 수 있을 것입니다. 바이트 조각을 &str 문자열로 변환하고, 이를 다시 i32 정수로 파싱한 다음, 이 숫자가 100만 미만인지 검사하는 함수를 작성해 보려고 합니다. 이 과정에서 세 가지 유형의 오류가 발생할 수 있습니다.

또한 함수 중 하나에서 반환 타입으로 std::io::Error를 사용한다는 점에 유의하세요. 이 오류는 표준 라이브러리에서 가장 편리한 오류인데, 그 안에 수많은 배리언트가 있는 ErrorKind 열거형이 있기 때문입니다. 우선 물음표 연산자를 연속으로 세 번 사용하는 다른 함수에서 오류를 올바르게 처리하려고 시도하지만, 아직 어떻게 해야 할지 모르는 상태라고 가정해 보겠습니다.

```
use std::io::{Error, ErrorKind};

fn parse_then_send(input: &[u8]) { // 반환 타입은 무엇인가요?
    let some_str = std::str::from_utf8(input)?;
```

```
        let number = some_str.parse::<i32>()?;
        send_number(number)?;
    }

    fn send_number(number: i32) -> Result<(), Error> {
        if number < 1_000_000 {
            println!("Number sent!");
            Ok(())
        } else {
            Err(Error::new(ErrorKind::InvalidData))
        }
    }

    fn main() {}
```

Box<dyn Error>를 사용할 수도 있지만, anyhow가 무엇을 할 수 있는지 살펴봅시다. anyhow 문서에서는 다음과 같이 설명합니다.

> 오류가 발생할 가능성이 있는 함수의 반환 타입으로 Result<T, anyhow::Error>나
> 이와 동일한 의미의 anyhow::Result<T>를 사용하세요.

그런데 이 Result<T>는 어떤 의미일까요? 오류 타입은 어디로 간 걸까요? 사실 오류 타입은 여전히 존재합니다. 단지 타입 별칭type alias으로 숨겨졌을 뿐입니다. 실제 정의를 살펴보면 pub type Result<T, E = Error> = Result<T, E>;와 같습니다.

코드에서 Result<String>, Result<()> 등과 같이 오류 타입이 명시되지 않은 Result를 반환 타입으로 사용했는데도 컴파일이 된다면, 이는 해당 코드가 anyhow를 사용하고 있다는 의미입니다. 이제 문자열이나 오류 타입을 anyhow::Error로 변환해 주는 anyhow! 매크로를 사용해 보겠습니다.

```
use anyhow::{anyhow, Result};

fn parse_then_send(input: &[u8]) -> Result<()> {
    let some_str = std::str::from_utf8(input)?;
    let number = some_str.parse::<i32>()?;
    send_number(number)?;
    Ok(())
}
```

```
fn send_number(number: i32) -> Result<()> {
    if number < 1_000_000 {
        println!("Number sent!");
        Ok(())
    } else {
        println!("Too large!");
        Err(anyhow!("Number is too large"))
    }
}

fn main() {
    println!("{:?}", parse_then_send(b"nine"));
    println!("{:?}", parse_then_send(b"10"));
}
```

이제 Error는 단일 오류 타입입니다. 다음과 같은 출력을 제공합니다.

```
Err(invalid digit found in string)
Number sent!
Ok(())
```

지금도 나쁘지 않지만, 첫 번째 오류 메시지가 다소 모호합니다. Anyhow의 Error 타입은 다양한 메서드를 제공하는데, 그중에서도 특히 .with_context() 메서드가 사용하기 쉽습니다. 이 메서드는 Display 트레이트를 구현하는 타입을 받아서 오류에 추가 정보를 덧붙일 수 있게 합니다. 오류 메시지에 좀 더 자세한 컨텍스트를 추가해 보겠습니다.

```
use anyhow::{anyhow, Context, Result};

fn parse_then_send(input: &[u8]) -> Result<()> {
    let some_str = std::str::from_utf8(input)
        .with_context(|| "Couldn't parse into a str")?;
    let number = some_str
        .parse::<i32>()
        .with_context(
            || format!("Got a weird str to parse into a number: {some_str}"))?;
            send_number(number)?;
    Ok(())
}

fn send_number(number: i32) -> Result<()> {
```

```
        if number < 1_000_000 {
            println!("Number sent!");
            Ok(())
        } else {
            println!("Too large!");
            Err(anyhow!("Number is too large"))
        }
    }

    fn main() {
        println!("{:?}", parse_then_send(b"nine"));
        println!("{:?}", parse_then_send(b"10"));
    }
```

이제 출력이 더 유용해졌습니다.

```
Err(Got a weird str to parse into a number: nine

Caused by:
    invalid digit found in string)
Number sent!
Ok(())
```

지금까지 anyhow에 관해 알아보았습니다. 다만 anyhow는 std::error::Error 트레이트를 구현하는 진정한 의미의 오류 타입을 만드는 데는 적합하지 않습니다. 이런 경우에는 anyhow 에서도 thiserror 크레이트 사용을 권장합니다.

anyhow는 사용자가 직접 정의한 오류 타입을 포함해, std::error::Error 트레이트를 구현한 모든 오류 타입과 호환됩니다. anyhow 자체는 derive(Error) 매크로를 제공하지 않지만, 개발자가 직접 트레이트를 구현하거나 thiserror와 같은 독립적인 매크로 크레이트를 활용할 수 있습니다.

이제 thiserror 크레이트를 알아보겠습니다. 이 오류의 가장 큰 장점은 thiserror::Error 라는 매크로를 사용하면 std::error::Error를 구현하는 오류 타입으로 빠르게 전환할 수 있다는 점입니다. 코드를 라이브러리로 만들고 적절한 오류 타입을 갖고 싶다면, thiserror를 사용해 이를 수행할 수 있습니다. 다음 간단한 예제에서는 세 가지 오류가 발생할 수 있으므로 열거형을 만들어 보겠습니다.

```
enum SystemError {
    StrFromUtf8Error,
    ParseI32Error,
    SendError
}
```

이제 thiserror를 사용해 적절한 오류 타입으로 바꾸겠습니다. 위에 #[derive(Error)]를 작성하고, 메시지를 원한다면 각 배리언트 위에 또 다른 #[error] 속성을 추가합니다. 예를 들면 다음과 같이 작성할 수 있습니다.

```
#[derive(Error, Debug)]
enum SystemError<'a> {
    #[error("Couldn't parse {0:?} into a str")]
    StringFromUtf8Error(&'a [u8]),
    #[error("Couldn't turn {0} into an i32")]
    ParseI32Error(&'a str),
    #[error("Couldn't send {0}; number is too large")]
    SendError(i32),
    #[error("Something happened")]
    OtherError,
}
```

error 속성의 형식이 format! 매크로를 사용할 때와 동일함을 알 수 있습니다. 첫 번째 배리언트(StringFromUtf8Error)는 내부에 Debug만 구현하는 튜플 구조체이므로 {0:?}가 있어야 출력할 수 있습니다. 하지만 다음 구조체는 내부에 str이 있으므로 {0}을 사용해 출력할 수 있습니다. 그리고 마지막은 데이터가 없으므로 그 위에 수동으로 작성한 메시지만 있습니다.

이제 anyhow 대신 thiserror가 있는 동일한 예제를 살펴봅시다. 오류를 우리가 정의한 커스텀 오류 타입으로 변환하기 위해 map_err를 활용합니다.

```
use thiserror::Error;
use SystemError::*;

#[derive(Error, Debug)]
enum SystemError<'a> {
    #[error("Couldn't parse {0:?} into a str")]
```

```
        StringFromUtf8Error(&'a [u8]),
        #[error("Couldn't turn {0} into an i32")]
        ParseI32Error(&'a str),
        #[error("Couldn't send {0}; number is too large")]
        SendError(i32),
        #[error("Something happened")]
        OtherError,
    }

    fn parse_then_send(input: &[u8]) -> Result<(), SystemError> {
        let some_str = std::str::from_utf8(input).map_err(|_| StringFromUtf8Error(input))?;
        let number = some_str
            .parse::<i32>()
            .map_err(|_| ParseI32Error(some_str))?;
        send_number(number)?;
        Ok(())
    }

    fn send_number<'a>(number: i32) -> Result<(), SystemError<'a>> {
        if number < 1_000_000 {
            println!("Number sent!");
            Ok(())
        } else {
            println!("Too large!");
            Err(SystemError::SendError(number))
        }
    }

    fn main() {
        println!("{:?}", parse_then_send(b"nine"));
        println!("{:?}", parse_then_send(b"10"));
    }
```

이제 출력은 다음과 같습니다.

```
Err(ParseI32Error("nine"))
Number sent!
Ok(())
```

이 작업을 수행하는 다른 방법도 많습니다. map_err를 사용해 외부 오류 정보를 가져오고 싶을 수도 있습니다. 이렇게 하면 오류를 매번 String 타입으로 변환하여 처리할 수 있습니다.

```
use thiserror::Error;
use SystemError::*;

#[derive(Error, Debug)]
enum SystemError {
    #[error("Couldn't parse into a str: {0}")]
    StringFromUtf8Error(String),
    #[error("Couldn't turn into an i32: {0}")]
    ParseI32Error(String),
    #[error("Couldn't send: {0}")]
    SendError(i32),
    #[error("Something happened")]
    OtherError,
}

fn parse_then_send(input: &[u8]) -> Result<(), SystemError> {
    let some_str = std::str::from_utf8(input).map_err(
        |e| StringFromUtf8Error(e.to_string()))?;
    let number = some_str
        .parse::<i32>()
        .map_err(|e| ParseI32Error(e.to_string()))?;
    send_number(number).map_err(|e| SendError(e.to_string()))?;
    Ok(())
}

fn send_number(number: i32) -> Result<(), SystemError> {
    if number < 1_000_000 {
        println!("Number sent!");
        Ok(())
    } else {
        println!("Too large!");
        Err(SystemError::SendError(number))
    }
}

fn main() {
    println!("{:?}", parse_then_send(b"nine"));
    println!("{:?}", parse_then_send(b"10"));
}
```

다음이 출력됩니다.

```
Err(ParseI32Error("invalid digit found in string"))
Number sent!
Ok(())
```

따라서 필요한 모든 정보가 포함된 적절한 오류를 얻을 수 있습니다.

15.5.7 Blanket 트레이트 구현하기

잠시 우회해 포괄적 트레이트 구현에 관해 이야기하겠습니다. Blanket 트레이트는 모든 타입에 대해 트레이트를 구현하는 것입니다. 하지만 일반적으로 일정한 다른 트레이트를 구현하는 모든 타입에 사용됩니다.

인사만 하는 트레이트를 만들어 보겠습니다.

```
trait SaysHello {
    fn hello(&self) {
        println!("Hello");
    }
}
```

모든 타입이 이 트레이트를 갖기 원한다고 가정해 봅시다. 이 트레이트는 Hello만 출력할 뿐, 아무것도 필요하지 않으므로 모든 타입에 이 트레이트를 부여할 수 있습니다. T 타입에 부여하기만 하면 됩니다.

```
trait SaysHello {
    fn hello(&self) {
        println!("Hello");
    }
}

impl<T> SaysHello for T {}
```

이제 코드의 모든 타입이 .hello()를 호출할 수 있습니다. 한번 사용해 봅시다!

```rust
trait SaysHello {
    fn hello(&self) {
        println!("Hello");
    }
}

impl<T> SaysHello for T {}

struct Nothing;

fn main() {
    8.hello();
    &'c'.hello();
    &mut String::from("Hello there").hello();
    8.7897.hello();
    Nothing.hello();
    std::collections::HashMap::<i32, i32>::new().hello();
}
```

이 모든 것이 Hello를 출력합니다.

일반적으로 범용 트레이트 구현^{blanket implementation}은 <T: Debug>와 같이 특정 트레이트를 구현한 타입들에 대해 이루어집니다. 이번에는 std::error::Error 트레이트를 구현한 모든 타입에 대해 작동하는 새로운 트레이트를 만들어 봅니다. 이를 통해 .map_err()를 자동으로 사용하는 방식으로 anyhow와 thiserror의 장점을 모두 활용할 수 있습니다. 즉, 커스텀 오류 타입의 장점을 유지하면서도 외부 크레이트의 오류들을 열거형의 한 배리언트에 편리하게 담을 수 있습니다. 구현 예시는 다음과 같습니다

```rust
// thiserror::Error의 이름이 'Error'와 같으므로 별칭을 제공합니다.
use std::error::Error as StdError;
use thiserror::Error;

#[derive(Error, Debug)]
enum SystemError {
    #[error("Couldn't send {0}")]
    SendError(i32),
    #[error("Something happened: {0}")]
    ExternalCrateError(String), // 외부 오류를 여기에 넣으세요.
}
```

```
trait ToSystemError<T> {
    fn to_system_error(self) -> Result<T, SystemError>;
}

impl<T, E: StdError> ToSystemError<T> for Result<T, E> {
    fn to_system_error(self) -> Result<T, SystemError> {
        self.map_err(|e| SystemError::ExternalCrateError(e.to_string()))
    }
}
```

이 코드에서는 오류 타입인 모든 것에 대해 포괄적인 구현을 사용하고, 이를 문자열로 변환한 다음 ExternalCrateError라는 배리언트를 호출하기만 하면 됩니다. 이 트레이트를 사용하면 다른 소스의 코드가 있을 때마다 .to_system_error()?를 입력해 SystemError 열거형에 넣을 수 있습니다. 그러면 다음과 같이 보입니다.

```
use std::error::Error as StdError;
use thiserror::Error;

#[derive(Error, Debug)]
enum SystemError {
    #[error("Couldn't send {0}")]
    SendError(i32),
    #[error("Something happened: {0}")]
    ExternalCrateError(String),
}

trait ToSystemError<T> {
    fn to_system_error(self) -> Result<T, SystemError>;
}

// Result<T, E>는 map_err가 Result<T, E>에서 Result<T, F>로 바뀌었기 때문입니다.
// T는 결과의 Ok 부분이고, E는 std::error::Error입니다.
// 그리고 F는 SystemError 열거형입니다.
impl<T, E: StdError> ToSystemError<T> for Result<T, E> {
    fn to_system_error(self) -> Result<T, SystemError> {
        self.map_err(|e| SystemError::ExternalCrateError(e.to_string()))
    }
}

fn parse_then_send(input: &[u8]) -> Result<(), SystemError> {
    let some_str = std::str::from_utf8(input).to_system_error()?;
```

```
    let number = some_str.parse::<i32>().to_system_error()?;
    send_number(number).to_system_error()?;
    Ok(())
}

fn send_number(number: i32) -> Result<(), SystemError> {
    if number < 1_000_000 {
        println!("Number sent!");
        Ok(())
    } else {
        println!("Too large!");
        Err(SystemError::SendError(number))
    }
}

fn main() {
    println!("{:?}", parse_then_send(b"nine"));
    println!("{:?}", parse_then_send(b"10"));
}
```

다음이 출력됩니다.

```
Err(ExternalCrateError("invalid digit found in string"))
Number sent!
Ok(())
```

보시다시피 오류 처리는 항상 원하는 정보의 양과 정보를 얻으려고 수행하려는 작업의 양 사이
에서 균형을 유지해야 합니다.

15.6 lazy_static과 OnceCell

15.3절에서 살펴본 가변 정적 변수 설명을 기억하나요? 러스트 1.63(2022년 여름) 버전부터
는 이런 함수들이 모두 const fn으로 구현되면서 다음과 같은 작업이 가능해졌습니다.

```
static GLOBAL_LOGGER: Mutex<Vec<Log>> = Mutex::new(Vec::new());
```

러스트 1.63 이전에는 이러한 기능을 구현하려면 lazy_static이나 OnceCell을 사용해야 했습니다. 지금까지도 두 크레이트는 널리 사용됩니다. 이는 const fn으로는 구현할 수 없지만 필요한 여러 종류의 정적 변수들이 존재하기 때문입니다. 이러한 변수들을 지연 초기화lazy initialization 정적 변수라고 부르는데, 컴파일 시점이 아닌 실행 시점에 초기화된다는 특징이 있습니다. 먼저 더 오래되고 단순한 lazy_static 크레이트부터 살펴보겠습니다.

GLOBAL_LOGGER도 HTTP를 통해 다른 곳의 서버로 데이터를 전송하려 한다고 가정해 봅시다. 정보를 담을 Vec<Log>, 요청을 전송할 URL을 담을 String, 데이터를 게시할 Client를 제공하면 좋을 것입니다. 따라서 다음과 같이 시작하면 좋습니다.

```rust
use reqwest::Client;

struct Logger {
    logs: Vec<Log>,
    url: String,
    client: Client,
}

struct Log {
    message: String,
    timestamp: i64,
}
```

첫 줄에 있는 reqwest는 17.1절에서 살펴볼 외부 크레이트입니다. 지금은 reqwest::Client가 POST, GET 등 모든 HTTP 액션에 사용된다는 점만 기억하세요.

하지만 다음과 같이 정적으로 만드는 것은 우리에게 적합하지 않습니다.

```rust
use reqwest::Client;
use std::sync::Mutex;

struct Logger {
    logs: Mutex<Vec<Log>>,
    url: String,
    client: Client,
}
```

```rust
struct Log {
    message: String,
    timestamp: i64,
}

static GLOBAL_LOGGER: Logger = Logger {
    logs: Mutex::new(vec![]),
    url: "https://somethingsomething.com".to_string(),
    client: Client::default()
};

fn main() {

}
```

URL을 빈 문자열로 초기화되는 `Mutex<String>`으로 구현할 수는 있지만, 클라이언트가 `const fn`이 아니기 때문에 여전히 문제가 있습니다. 게다가 `Logger` 구조체에는 더 많은 기능이 필요할 수도 있습니다. 이런 경우에 `lazy_static`이 유용합니다. 사용법도 매우 간단한데, 크레이트 문서에서는 다음과 같이 설명합니다.

> 이 매크로를 사용하면 런타임에 초기화가 필요한 정적 변수들을 만들 수 있습니다. 즉, `Vector`나 `HashMap`처럼 힙 메모리 할당이 필요한 타입들은 물론, 함수 호출을 통한 계산이 필요한 모든 값을 정적 변수로 선언할 수 있습니다.

`lazy_static`는 어떻게 사용할까요? `lazy_static!`이라는 매크로를 사용하고 `static` 대신 `static ref`라고 부르기만 하면 됩니다. 참고로 이 `static ref`는 이 크레이트에 대한 구문일 뿐, 러스트 자체에는 `static ref`라는 것이 없습니다. 하지만 이렇게 부르는 이유는 다음과 같습니다.

> 매크로는 `static ref NAME: TYPE = EXPR;` 형태의 선언에 대해, `Deref<TYPE>`을 구현하는 유니크한 타입을 생성하고 이를 `NAME`이라는 이름의 정적 변수로 저장합니다 (이때 속성들은 이 생성된 타입에 적용됩니다).

하지만 실제로 이런 내부 동작을 이해할 필요는 없습니다. 다음 예시처럼 단순히 `lazy_static!` 블록을 만들고 그 안에 `static ref`로 시작하는 정적 변수들을 선언하기만 하면 됩니다.

```
lazy_static! {
    static ref GLOBAL_LOGGER: Logger = Logger {
        logs: Mutex::new(vec![]),
        url: "https://somethingsomething.com".to_string(),
        client: Client::default()
    };
}
```

그리고 정적이므로 어디서나 호출할 수 있습니다. main에 간단한 메시지를 기록하겠지만 정적이므로 다른 함수에서도 이 작업을 수행할 수 있습니다.

```
use lazy_static::lazy_static;
use reqwest::Client;
use std::sync::Mutex;

struct Logger {
    logs: Mutex<Vec<Log>>,
    url: String,
    client: Client,
}

struct Log {
    message: String,
    timestamp: i64,
}

lazy_static! {
    static ref GLOBAL_LOGGER: Logger = Logger {
        logs: Mutex::new(vec![]),
        url: "https://somethingsomething.com".to_string(),
        client: Client::default()
    };
}

fn main() {
    GLOBAL_LOGGER.logs.lock().unwrap().push(Log {
        message: "Everything's going well".to_string(),
        timestamp: 1658930674
    });
}
```

이것이 바로 lazy_static입니다. 지금부터 살펴볼 OnceCell은 lazy_static보다 사용하기는 조금 더 어렵지만 더 유연합니다. 문서(https://docs.rs/once_cell/latest/once_cell)에서 자세한 내용을 확인할 수 있습니다.

이름에서 알 수 있듯이 OnceCell은 한 번 초기화하는 것입니다. OnceCell::new()로 특정 타입의 OnceCell을 시작(예: OnceCell<String>, OnceCell<Logger>)한 다음 .set()을 호출해 그 안에 있는 내용을 초기화하면 됩니다. Cell 타입에도 .set() 메서드가 있음을 기억하실 것입니다. 그런 다음 접근이 필요할 때 Cell과 마찬가지로 참조를 제공하는 .get() 메서드를 사용하면 됩니다.

그렇다면 OnceCell은 어떤 점에서 더 유연할까요? 다음은 몇 가지 주요 특징입니다.

- OnceCell은 전체 타입(예: 전체 Logger)을 포함할 수도 있고, 내부에 하나의 매개변수만 포함할 수도 있습니다. 또는 단일 타입에 2~3개의 OnceCell이 있을 수도 있습니다. 많은 데이터를 불러와야 하지만 프로그램이 시작될 때까지 불러오고 싶지 않을 때 유용할 수 있습니다.
- 로컬 변수와 함께 OnceCell을 사용할 수 있습니다. 로거의 URL을 아직 몰라서 어딘가에서 가져와야 할 수도 있습니다. main을 시작하고 URL을 가져온 다음 set을 사용해 Logger 안에 넣을 수 있습니다.
- OnceCell에서는 동기화 또는 동기화 해제 버전을 선택할 수 있습니다. 스레드 간에 전송할 필요가 없다면 동기화 해제를 선택하면 됩니다.

자, 한번 사용해 봅시다. 동일한 GLOBAL_LOGGER를 만들겠지만 이번에는 OnceCell<Logger>가 될 것입니다. OnceCell을 시작하려면 다음과 같이 OnceCell::new()를 사용하면 됩니다.

```
static GLOBAL_LOGGER: OnceCell<Logger> = OnceCell::new();
```

이제 set 함수를 사용해 무언가를 넣을 준비가 되었습니다. main 안에 URL을 가져오는 fetch_url 함수를 만들겠습니다. 전체 내용은 다음과 같습니다.

```
use once_cell::sync::OnceCell;
use reqwest::Client;
use std::sync::Mutex;

#[derive(Debug)]
struct Logger {
    logs: Mutex<Vec<Log>>,
```

```rust
    url: String,
    client: Client,
}

#[derive(Debug)]
struct Log {
    message: String,
    timestamp: i64,
}

static GLOBAL_LOGGER: OnceCell<Logger> = OnceCell::new();

fn fetch_url() -> String {
    // 몇 가지 작업을 수행합니다.
    "http://somethingsomething.com".to_string()
}

fn main() {
    let url = fetch_url(); // 그냥 문자열입니다.

    // 이제 설정할 차례입니다. 여기에 Logger 구조체를 밀어 넣습니다.
    GLOBAL_LOGGER
        .set(Logger {
            logs: Mutex::new(vec![]),
            url,
            client: Client::default(),
        })
        .unwrap(); // 설정이 동작하지 않을 수 있으므로(예: 두 번 호출하는 경우)
                   // 결괏값을 반환합니다. 여기서 래핑을 풉니다.

    // 이제 GLOBAL_LOGGER가 초기화되었습니다. 이에 대한 참조를 가져오겠습니다.
    GLOBAL_LOGGER
        .get() // .get()은 Option<&T>를 반환합니다.
        .unwrap() // 래핑을 해제합니다.
        .logs // 로그에 접근합니다.
        .lock() // Mutex이므로 잠급니다.
        .unwrap() // .lock()은 Result를 반환하므로 여기서 다시 래핑을 해제합니다.
        .push(Log {  // 그리고 마지막으로 Vec에 밀어 넣을 수 있습니다.
        message: "Everything's going well".to_string(),
        timestamp: 1658930674,
    });

    // 완료!
```

```
    println!("{GLOBAL_LOGGER:?}");
}
```

이렇게 하면 GLOBAL_LOGGER 내부의 모든 내용이 출력됩니다. 잘 작동합니다! 그 안에 있는 메시지를 볼 수 있습니다.

```
OnceCell(Logger { logs: Mutex { data: [Log { message: "Everything's going well",
timestamp: 1658930674 }], poisoned: false, .. }, url: "http://somethingsomething.
com", client: Client { accepts: Accepts, proxies: [Proxy(System({}), None)],
referer: true, default_headers: {"accept": "*/*"} } })
```

지금까지 OnceCell의 작동 방식을 살펴봤습니다. 이 절을 읽으면서 reqwest 크레이트가 궁금해졌을 것입니다. 하지만 이제부터 다룰 내용은 실제로 컴퓨터에 러스트를 설치한 후 진행해야 합니다. 러스트 플레이그라운드에서는 보안상의 이유로 HTTP 요청 기능을 제공하지 않기 때문입니다(악의적인 용도로 사용될 수 있기 때문입니다). 그래서 잠시 방향을 바꿔서, 러스트 설치 방법과 카고를 이용한 프로젝트 설정 방법을 알아보겠습니다.

컴퓨터에서 러스트
사용하기

PART **2**

16장 러스트 사용하기

17장 더 많은 크레이트와 비동기 러스트

18장 표준 라이브러리 둘러보기

19장 매크로 작성하기

20장 도서 관리 프로그램 만들기

러스트 사용하기

지금까지 플레이그라운드만으로도 러스트의 거의 모든 기능을 학습할 수 있었습니다. 하지만 여기까지 학습하신 분들이라면 이제 본격적으로 로컬 환경에 러스트를 설치하고 싶으실 것 같습니다. 플레이그라운드에는 여러 제약사항이 있습니다. 예를 들어 파일 조작이나 다중 파일을 다루는 프로젝트를 작성할 수 없습니다. 또한 사용자 입력을 받거나 명령줄 플래그를 사용하려면 로컬에 러스트가 설치되어 있어야 합니다. 여기서 잠깐 부록 A '러스트 설치하기'로 넘어가 설명에 따라 러스트를 설치하세요.

가장 중요한 점은 크레이트 사용의 자유도입니다. 플레이그라운드에서는 인기 있는 일부 크레이트만 사용할 수 있습니다. 반면 로컬에 러스트를 설치하면 어떤 외부 크레이트든 자유롭게 사용할 수 있습니다.

16.1 카고

rustc는 러스트 컴파일러를 의미하며, 실제로 컴파일을 수행합니다. 러스트 파일은 .rs로 끝납니다. 하지만 대부분 컴파일 시 rustc main.rs와 같은 것을 작성하지 않습니다. 그 대신 러스트의 메인 패키지 관리자인 카고Cargo를 사용합니다.

카고라는 이름의 유래를 잠깐 설명하겠습니다. 앞에서 러스트의 각 프로젝트 단위를 크레이트라고 부른다고 배웠습니다. 영어에서 crate(크레이트)는 배나 트럭에 실리는 나무 상자를 의미합니다. 이러한 상자를 한데 모으면 cargo(카고, 화물)가 됩니다. 즉, 카고라는 이름에는 여러 크레이트를 하나로 모아 하나의 완성된 프로젝트를 만든다는 의미가 있습니다.

카고를 사용해 프로젝트를 실행하면 이를 알 수 있습니다. 8개의 글자 중에서 무작위로 선택해서 rand로 간단한 작업을 해 보겠습니다.

```
use rand::seq::SliceRandom; // slices에 .choose 메서드를 사용하므로 추가했습니다.

fn main() {
    let my_letters = vec!['a', 'b', 'c', 'd', 'e', 'f', 'g', 'h'];

    let mut rng = rand::thread_rng();
    for _ in 0..6 {
        print!("{} ", my_letters.choose(&mut rng).unwrap());
    }
}
```

이렇게 하면 b c g h e a와 비슷한 내용이 출력됩니다. 하지만 먼저 카고가 무엇을 하는지 보고 싶습니다. 보통 카고를 사용해 프로그램을 실행하려면 cargo run을 입력합니다. 그러면 프로그램이 빌드되고 실행됩니다. 하지만 컴파일이 시작되면 다음과 같은 작업을 수행합니다.

```
    Compiling ppv-lite86 v0.2.16
    Compiling getrandom v0.2.7
    Compiling rand_core v0.6.3
    Compiling rand_chacha v0.3.1
    Compiling rand v0.8.5
    Compiling somethingsomething v0.1.0 (C:\rust\somethingsomething)
     Finished dev [unoptimized + debuginfo] target(s) in 3.05s
      Running `target\debug\somethingsomething.exe`
d e b a g c
g f c f h b
```

그래서 rand만이 아니라 다른 것도 가져온 것처럼 보입니다. 크레이트에는 rand가 필요하지만, rand에는 다른 크레이트가 필요한 코드도 있기 때문입니다. 따라서 카고는 필요한 모든 크레이트를 찾아서 합칩니다. 이 프로젝트에서는 몇 개만 필요했지만, 다른 프로젝트에서는 200개, 600개 또는 그 이상의 크레이트를 가져와야 할 수도 있습니다.

바로 이 부분에서 러스트의 장단점을 확인할 수 있습니다. 러스트는 미리 컴파일하기 때문에 매우 빠릅니다. 코드를 살펴보고 작성한 코드가 실제로 무엇을 하는지 확인해 컴파일을 수행합니다. 예를 들어 다음과 같은 제네릭 코드를 작성할 수 있습니다.

```
use std::fmt::Display;

fn print_and_return_thing<T: Display>(input: T) -> T {
    println!("You gave me {input} and now I will give it back.");
    input
}

fn main() {
    let my_name = print_and_return_thing("Windy");
    let small_number = print_and_return_thing(9.0);
}
```

이 함수는 Display로 무엇이든 받을 수 있으므로 &str이나 f64를 지정해도 문제가 없습니다. 하지만 컴파일러는 런타임에 많은 작업을 하고 싶지 않으므로 각 제네릭 함수를 구체적인 함수로 변경합니다. 따라서 컴파일러는 "Windy"가 있는 첫 번째 부분을 볼 때 fn print_and_return_thing<T: Display>(input: T) -> T만 사용하는 것이 아닙니다. 이 함수는 fn print_and_return_thing(input: &str) -> &str과 같은 식으로 바뀝니다. 그리고 그다음에는 fn print_and_return_thing(input: f64) -> f64가 표시됩니다. 트레이트 등에 대한 모든 검사는 컴파일 시간에 이루어집니다. 이를 파악하고 구체화해야 하므로 제네릭은 컴파일에 시간이 더 오래 걸립니다.

한 가지 더 말하자면, 이 부분이 가장 오래 걸리기 때문에 러스트 개발자들은 컴파일 시간을 줄이려고 열심히 노력합니다. 새로운 버전이 나올 때마다 러스트는 컴파일 속도가 조금씩 빨라졌습니다.

다음은 카고에 관해 알아야 할 몇 가지 기본 사항입니다.

- **cargo build**: 프로그램을 실행할 수 있도록 빌드합니다.
- **cargo run**: 프로그램을 빌드하고 실행합니다.
- **cargo build --release**와 **cargo run –release**: 기존 명령어와 같은 작업을 수행하지만 릴리스 모드로 실행합니다. 릴리스 모드는 코드 개발이 완료된 최종 단계에서 사용됩니다. 이 모드에서는 컴파일 시간이 더 오래 걸리는데, 이는 러스트가 최적의 성능을 위해 모든 최적화 옵션을 적용하기 때문입니다. 실제로 릴리스 모드는 일반 모드(디버그 모드라고 함)보다 실행 속도가 훨씬 빠릅니다. 반면 디버그 모드는 컴파일이 빠르

고 디버깅에 필요한 정보를 더 많이 포함합니다. 참고로 일반 cargo build는 '디버그 빌드'라고 하고, cargo build --release는 '릴리스 빌드'라고 합니다.

- **cargo check**: 코드를 확인하는 방법입니다. 실제로 프로그램이 만들어지지 않는다는 점을 제외하면 컴파일과 비슷합니다. build나 run만큼 시간이 오래 걸리지 않아서 코드를 많이 점검할 때 좋은 방법입니다.
- **cargo clippy**: 클리피를 실행합니다. 카고 실행보다 시간이 덜 걸리고 코드 개선에 관한 클리피의 모든 의견을 얻을 수 있습니다.

참고로 명령어의 --release 부분을 플래그라고 합니다. 이는 명령어에 추가 옵션을 전달하는 역할을 합니다.

그 외에도 알아 두어야 할 것들이 있습니다.

- **cargo new**: 이 명령은 새 러스트 프로젝트를 생성하기 위해 사용합니다. new 뒤에 프로젝트 이름을 쓰면 카고가 폴더와 필요한 모든 파일을 만듭니다.
- **cargo clean**: 카고에 크레이트를 추가하면 컴퓨터가 필요한 모든 파일을 다운로드하고 많은 공간(종종 몇 기가바이트)을 차지할 수 있습니다. 컴퓨터에 더 이상 저장하지 않으려면 cargo clean을 입력하세요.
- **cargo add**: 크레이트 이름과 함께 cargo add를 입력하면 Cargo.toml에 외부 크레이트가 추가됩니다 (Cargo.toml에 직접 추가할 수도 있습니다).

컴파일러와 관련해서 한 가지 더 알아 둘 점이 있습니다. cargo build나 cargo run 명령어는 최초 실행 시에만 시간이 오래 걸립니다. 이후에는 코드를 수정할 때마다 몇 초 정도면 재컴파일이 완료됩니다. 단, 새로운 외부 크레이트를 추가하는 것과 같은 대규모 변경 사항은 예외입니다. 또한 cargo clean 명령어로 빌드 파일을 정리한 후 cargo build를 실행하면 처음처럼 다시 전체 컴파일 과정을 거쳐야 합니다.

16.2 사용자 입력 받기

사용자에게서 입력을 받는 쉬운 방법 중 하나는 std::io::stdin을 사용하는 것입니다. stdin은 standard in(표준 입력)의 약자이며 일반적으로 키보드로부터 입력받습니다. stdin()으로 사용자 입력을 가져올 수 있지만 .read_line()을 사용해 &mut String에 넣어야 합니다. 다음은 간단한 예시이며 동작하지 않는 부분이 있습니다.

```
use std::io;

fn main() {
    println!("Please type something, or x to escape:");
    let mut input_string = String::new();

    while input_string != "x" {
        // 이 부분이 제대로 동작하지 않습니다.

        // 먼저 문자열을 지웁니다. 그렇지 않으면 계속 추가됩니다.
        input_string.clear();

        // 사용자에게서 표준 입력(stdin)을 가져와서 read_string에 넣습니다.
        io::stdin().read_line(&mut input_string).unwrap();

        println!("You wrote {}",input_string);
    }
    println!("See you later!");
}
```

출력된 모습은 다음과 같습니다.

```
Please type something, or x to escape:
something
You wrote something

Something else
You wrote Something else

x
You wrote x

x
You wrote x
```

입력을 받아 다시 돌려주고, 심지어 x를 입력했다는 사실도 알고 있습니다. 하지만 프로그램을 종료하지는 않습니다. 프로그램을 종료하는 유일한 방법은 창을 닫거나 Ctrl + c를 입력하는 것입니다. 더 많은 정보를 얻기 위해 println!에서 {}를 {:?}로 변경해 보겠습니다(매크로를 원한다면 dbg!(&input_string)를 사용할 수도 있습니다). 이제 다음과 같이 표시됩니다.

```
Please type something, or x to escape:
something
You wrote "something\r\n"
Something else
You wrote "Something else\r\n"
x
You wrote "x\r\n"
x
You wrote "x\r\n"
```

이렇게 나오는 이유는 키보드 입력이 실제로는 **something**이 아니라 **something**과 Enter 키 (\r\n)이기 때문입니다. 이 문제를 해결하는 데 모든 공백을 제거하는 .trim()이라고 하는 간단한 메서드를 사용할 수 있습니다. 참고로 공백은 whitespace 문서(https://doc.rust-lang.org/reference/whitespace.html)에 있는 문자를 가리킵니다.

```
U+0009 (horizontal tab, '\t')
U+000A (line feed, '\n')
U+000B (vertical tab)
U+000C (form feed)
U+000D (carriage return, '\r')
U+0020 (space, ' ')
U+0085 (next line)
U+200E (left-to-right mark)
U+200F (right-to-left mark)
U+2028 (line separator)
U+2029 (paragraph separator)
```

다음처럼 .trim()을 추가하면 x\r\n이 x로 바뀝니다. 이제 동작합니다.

```rust
use std::io;

fn main() {
    println!("Please type something, or x to escape:");
    let mut input_string = String::new();

    while input_string.trim() != "x" {
        input_string.clear();
        io::stdin().read_line(&mut input_string).unwrap();
        println!("You wrote {input_string}");
```

```
    }
    println!("See you later!");
}
```

이제 다음과 같은 결과가 출력됩니다.

```
Please type something, or x to escape:
something
You wrote something

Something
You wrote Something

x
You wrote x

See you later!
```

또 다른 종류의 사용자 입력으로는 std::env::args(env는 environment(환경)의 약자)가 있습니다. Args는 프로그램을 시작할 때 사용자가 입력한 내용을 저장합니다. 실제로 프로그램에는 항상 하나 이상의 Arg가 있습니다. std::env::args()를 사용해 출력만 하는 프로그램을 작성해 내용을 확인해 봅시다.

```
fn main() {
    println!("{:?}", std::env::args());
}
```

cargo run을 실행하면 다음과 같이 출력됩니다.

```
Args { inner: ["target\\debug\\rust_book.exe"] }
```

더 많은 내용을 입력해 봅시다. cargo run but with some extra words를 실행하면 다음과 같은 결과가 나옵니다.

```
Args { inner: ["target\\debug\\rust_book.exe", "but", "with", "some", "extra",
"words"] }
```

흥미로운 점은 Args 문서(https://doc.rust-lang.org/std/env/struct.Args.html)를 보면 IntoIterator가 구현되어 있다는 것입니다. 덕분에 이터레이터의 모든 기능을 사용해 Args를 순회하고 조작할 수 있습니다. 한번 해 봅시다.

```rust
use std::env::args;

fn main() {
    let input = args();

    for entry in input {
        println!("You entered: {}", entry);
    }
}
```

바로 전에 사용한 **cargo** 명령어를 다시 실행하면 다음과 같이 표시됩니다.

```
You entered: target\debug\rust_book.exe
You entered: but
You entered: with
You entered: some
You entered: extra
You entered: words
```

첫 번째 인수는 항상 프로그램 이름이므로 보통 다음과 같이 건너뛰고 싶을 때가 많을 것입니다.

```rust
use std::env::args;

fn main() {
    let input = args();

    input.skip(1).for_each(|item| {
        println!("You wrote {}, which in capital letters is {}", item,
            item.to_uppercase());
    })
}
```

다음과 같이 출력됩니다.

```
You wrote but, which in capital letters is BUT
You wrote with, which in capital letters is WITH
You wrote some, which in capital letters is SOME
You wrote extra, which in capital letters is EXTRA
You wrote words, which in capital letters is WORDS
```

Args의 일반적인 용도 중 하나는 사용자 설정입니다. 사용자가 필요한 입력을 작성하는지 확인하고 올바를 때만 프로그램을 실행할 수 있습니다. 다음은 글자를 대문자나 소문자로 만드는 간단한 프로그램입니다.

```rust
use std::env::args;

enum Letters {
    Capitalize,
    Lowercase,
    Nothing,
}

fn main() {
    let mut changes = Letters::Nothing;
    let input = args().collect::<Vec<_>>();

    if input.len() > 2 {
        match input[1].as_str() {
            "capital" => changes = Letters::Capitalize,
            "lowercase" => changes = Letters::Lowercase,
            _ => {}
        }
    }

    for word in input.iter().skip(2) {
      match changes {
        Letters::Capitalize => println!("{}", word.to_uppercase()),
        Letters::Lowercase => println!("{}", word.to_lowercase()),
        _ => println!("{}", word)
      }
    }
}
```

cargo run 명령어에 몇 가지 인수를 넣어 실행해 보겠습니다.

cargo run please make capitals를 입력합니다.

```
make capitals
```

cargo run capital을 입력합니다.

```
// Nothing here...
```

cargo run capital I think I understand now를 입력합니다.

```
I
THINK
I
UNDERSTAND
NOW
```

cargo run lowercase Does this work too?를 입력합니다.

```
does
this
work
too?
```

사용자가 std::env::args()에서 사용할 수 있는 Args 외에도 환경 변수인 Vars도 있습니다. 이는 사용자가 입력하는 부분이 아닌 프로그램의 기본 설정입니다. 여기에는 데이터베이스 URL, 로깅 설정 등이 포함됩니다. 하지만 컴퓨터에도 많은 환경 변수가 있습니다. std::env::vars()를 사용하면 이러한 변수를 모두 (String, String)(키와 값)으로 볼 수 있습니다. 러스트 플레이그라운드에서 무엇이 있는지 살펴봅시다.

```rust
fn main() {
    for (key, value) in std::env::vars() {
        println!("{key}: {value}");
    }
}
```

꽤 많은 것이 있습니다.

```
CARGO: /playground/.rustup/toolchains/stable-x86_64-unknown-linux-gnu/bin/cargo
CARGO_HOME: /playground/.cargo
CARGO_MANIFEST_DIR: /playground
CARGO_PKG_AUTHORS: The Rust Playground
CARGO_PKG_DESCRIPTION:
CARGO_PKG_HOMEPAGE:
CARGO_PKG_LICENSE:
CARGO_PKG_LICENSE_FILE:
CARGO_PKG_NAME: playground
CARGO_PKG_REPOSITORY:
CARGO_PKG_VERSION: 0.0.1
CARGO_PKG_VERSION_MAJOR: 0
CARGO_PKG_VERSION_MINOR: 0
CARGO_PKG_VERSION_PATCH: 1
CARGO_PKG_VERSION_PRE:
DEBIAN_FRONTEND: noninteractive
HOME: /playground
HOSTNAME: 637927f45315
LD_LIBRARY_PATH: /playground/target/debug/build/libsqlite3-sys-7c00a5831fa0c673/
out:/playground/target/debug/build/ring-c92344ea3efaac76/out:/playground/target/
debug/deps:/playground/target/debug:/playground/.rustup/toolchains/stable-x86_64-
unknown-linux-gnu/lib/rustlib/x86_64-unknown-linux-gnu/lib:/playground/.rustup/
toolchains/stable-x86_64-unknown-linux-gnu/lib
PATH: /playground/.cargo/bin:/usr/local/sbin:/usr/local/bin:/usr/sbin:/usr/bin:/
sbin:/bin
PLAYGROUND_EDITION: 2021
PLAYGROUND_TIMEOUT: 10
PWD: /playground
RUSTUP_HOME: /playground/.rustup
RUSTUP_TOOLCHAIN: stable-x86_64-unknown-linux-gnu
RUST_RECURSION_COUNT: 1
SHLVL: 1
SSL_CERT_DIR: /usr/lib/ssl/certs
SSL_CERT_FILE: /usr/lib/ssl/certs/ca-certificates.crt
USER: playground
_: /usr/bin/timeout
```

따라서 이 정보가 필요할 때는 Vars를 사용하면 됩니다.

16.3 파일 사용하기

이제 컴퓨터에서 러스트를 사용하므로 파일 작업을 시작할 수 있습니다. 코드에 점점 더 많은 Result가 표시되기 시작할 것입니다. 파일을 다룰 때는 오류가 발생할 만한 상황이 더 많기 때문입니다. 파일이 없거나 컴퓨터가 파일을 읽지 못할 수도 있습니다. 그래서 ? 연산자가 자주 사용됩니다. 또한 러스트의 main 함수도 결과를 반환할 수 있으므로 여기서도 파일 작업을 할 수 있습니다.

이제 처음으로 파일 작업을 해 보겠습니다. std::fs는 파일 작업을 위한 메서드가 있는 곳이며, std::io::Write는 파일 쓰기에 관한 내용이 담겨 있습니다. 이제 .write_all()을 사용해 파일에 쓸 수 있습니다.

```rust
use std::fs;
use std::io::Write;

fn main() -> std::io::Result<()> {
    // 다음 이름으로 파일을 만듭니다.
    // 조심하세요. 이미 이 이름의 파일이 있으면 내용이 모두 삭제됩니다.
    let mut file = fs::File::create("myfilename.txt")?;

    // " 앞의 b를 잊지 마세요. 파일은 바이트를 사용하기 때문입니다.
    file.write_all(b"Let's put this in the file")?;
    Ok(())
}
```

이 코드를 실행한 다음 새로 만들어진 myfilename.txt 파일을 열어 보면 Let's put this in the file이 보입니다.

하지만 ? 연산자가 있으므로 두 줄로 작성할 필요는 없습니다. 이 연산자는 작업이 성공했을 때 우리가 원하는 결괏값을 자동으로 전달하는데, 이는 이터레이터에서 메서드 체이닝하는 것과 비슷합니다. 이때 ?가 매우 편리해집니다.

```rust
use std::fs;
use std::io::Write;

fn main() -> std::io::Result<()> {
    fs::File::create("myfilename.txt")?.write_all(b"Let's put this in the file")?;
```

```
    Ok(())
  }
```

이는 '파일을 만들고 잘 만들어졌는지 확인하세요. 잘 만들어졌다면 .write_all()을 사용하고 해당 작업이 성공했는지 확인하세요'라는 의미입니다.

사실 이 두 작업을 한 번에 수행하는 함수가 있습니다. 바로 std::fs::write 함수입니다. 이 함수에는 원하는 파일명과 파일에 쓸 내용을 전달하면 됩니다. 단, 주의할 점이 있습니다. 지정한 파일이 이미 존재하면 기존 내용이 모두 삭제됩니다. 그리고 다음과 같은 시그니처 덕분에 문자열 앞에 b를 붙이지 않고도 &str 타입을 직접 쓸 수 있습니다.

```
pub fn write<P: AsRef<Path>, C: AsRef<[u8]>>(path: P, contents: C) -> Result<()>
```

AsRef<[u8]>를 사용하면 어느 쪽이든 지정할 수 있습니다.

std::fs::write을 사용해 코드를 간단히 작성해 보겠습니다.

```
use std::fs;

fn main() -> std::io::Result<()> {
    fs::write("calvin_with_dad.txt",
    "Calvin: Dad, how come old photographs are always black and white? Didn't they
    have color film back then?
    Dad: Sure they did. In fact, those photographs *are* in color. It's just the
    *world* was black and white then.
    Calvin: Really?
    Dad: Yep. The world didn't turn color until sometimes in the 1930s...")?;

    Ok(())
}
```

이를 실행하면 txt 파일이 만들어집니다. 텍스트의 내용은 캘빈Calvin이라는 만화책 캐릭터와 그의 아버지의 대화인데, 캘빈은 자신의 질문에 진지하지 않습니다. 이 코드로 매번 사용할 txt 파일을 만들 수 있습니다.

파일을 여는 일도 파일을 만드는 일만큼이나 쉽습니다. create() 대신 open()을 사용하기만 하면 됩니다. 그 후 (파일을 찾으면) read_to_string()과 같은 작업을 수행할 수 있습니다.

이렇게 하려면 가변 **String**을 생성하고 거기에 파일을 읽어 오면 됩니다. 코드는 다음과 같습니다.

```rust
use std::fs;
use std::fs::File;
use std::io::Read; // .read_to_string() 함수를 사용하기 위해 작성했습니다.

fn main() -> std::io::Result<()> {
    fs::write("calvin_with_dad.txt",
    "Calvin: Dad, how come old photographs are always black and white? Didn't they
    have color film back then?
    Dad: Sure they did. In fact, those photographs *are* in color. It's just the
    *world* was black and white then.
    Calvin: Really?
    Dad: Yep. The world didn't turn color until sometimes in the 1930s...")?;


    let mut calvin_file = File::open("calvin_with_dad.txt")?; // 파일을 엽니다.
    let mut calvin_string = String::new(); // 이 문자열에 보관됩니다.
    calvin_file.read_to_string(&mut calvin_string)?; // 파일을 읽어 들입니다.

    calvin_string.split_whitespace().for_each(¦word¦ print!("{} ",
        word.to_uppercase())); // 지금 문자열로 작업합니다.

    Ok(())
}
```

다음과 같이 출력됩니다.

```
CALVIN: DAD, HOW COME OLD PHOTOGRAPHS ARE ALWAYS BLACK AND WHITE? DIDN'T THEY HAVE
COLOR FILM BACK THEN? DAD: SURE THEY DID. IN
FACT, THOSE PHOTOGRAPHS *ARE* IN COLOR. IT'S JUST THE *WORLD* WAS BLACK AND WHITE
THEN. CALVIN: REALLY? DAD: YEP. THE WORLD DIDN'T TURN COLOR UNTIL SOMETIMES IN THE
1930S...
```

파일을 만들고 싶지만 이미 같은 이름의 내용이 다른 파일이 있다면 어떻게 해야 할까요? 이럴 때 기존 파일을 삭제하고 싶지 않을 수도 있습니다. 이를 위해 OpenOptions라는 구조체가 있습니다. 사실, 우리는 지금까지 OpenOptions를 계속 사용했지만 눈치채지 못했을 것입니다. File::open의 소스를 살펴보세요.

```
pub fn open<P: AsRef<Path>>(path: P) -> io::Result<File> {
    OpenOptions::new().read(true).open(path.as_ref())
}
```

흥미롭게도 우리가 배운 빌더 패턴과 비슷합니다. File::create도 마찬가지입니다.

```
pub fn create<P: AsRef<Path>>(path: P) -> io::Result<File> {
    OpenOptions::new().write(true).create(true).truncate(true).open(path.as_
    ref())
}
```

OpenOptions 문서(https://doc.rust-lang.org/std/fs/struct.OpenOptions.html)에서 사용 가능한 모든 메서드 목록을 확인할 수 있습니다. 이 메서드들은 대부분 bool 타입의 매개변수를 받습니다.

- **append()**: 기존 내용을 삭제하지 않고 끝에 새로운 내용을 추가합니다.
- **create()**: OpenOptions가 파일을 생성하도록 합니다.
- **create_new()**: 파일이 없는 경우에만 파일을 생성합니다.
- **read()**: 파일을 읽을 수 있게 하려면 true로 설정합니다.
- **truncate()**: 파일을 열 때 파일 내용을 모두 삭제하고 싶다면 이 옵션을 true로 설정합니다.
- **write()**: 파일에 쓸 수 있게 하려면 true로 설정합니다.

그런 다음 마지막에 파일 이름과 함께 .open()을 사용하면 Result가 반환됩니다.

러스트 1.58부터는 options라는 메서드를 사용해 File에서 직접 OpenOptions 구조체에 접근할 수 있습니다.

```
// ⚠
use std::fs::{write, File};

fn main() -> std::io::Result<()> {
    write("calvin_with_dad.txt",
    "Calvin: Dad, how come old photographs are always black and white? Didn't they
    have color film back then?
    Dad: Sure they did. In fact, those photographs *are* in color. It's just the
    *world* was black and white then.
```

```
    Calvin: Really?
    Dad: Yep. The world didn't turn color until sometimes in the 1930s...")?;

    let calvin_file = File::options()
        .write(true)
        .create_new(true)
        .open("calvin_with_dad.txt")?;

    Ok(())
}
```

먼저 File::options()로 OpenOptions를 만들었습니다. 그런 다음 write 기능을 부여했습니다. 그리고 create_new()를 true로 설정하고 우리가 만든 파일을 열려고 했습니다. 아직 원하는 대로 동작하지 않습니다.

```
Error: Os { code: 80, kind: AlreadyExists, message: "The file exists." }
```

파일에 쓸 수 있도록 .append()를 사용해 보겠습니다. 파일에 쓰려면 .write_all()을 사용할 수 있는데, 이 메서드는 지정한 모든 내용을 쓰려고 시도하는 메서드입니다.

이번에는 동일한 작업을 write! 매크로로도 수행해 보겠습니다. 이전에 구조체에 impl Display를 구현할 때 사용했던 그 매크로를 기억하나요? 이번에는 버퍼가 아닌 파일에 직접 쓰는 데 사용해 보겠습니다.

```
use std::fs::{read_to_string, write, File};
use std::io::Write;

fn main() -> std::io::Result<()> {
    write("calvin_with_dad.txt",
    "Calvin: Dad, how come old photographs are always black and white? Didn't they
    have color film back then?
    Dad: Sure they did. In fact, those photographs *are* in color. It's just the
    *world* was black and white then.
    Calvin: Really?
    Dad: Yep. The world didn't turn color until sometimes in the 1930s...")?;

    let mut calvin_file = File::options()
        .append(true) // 이제 삭제하지 않고 작성할 수 있습니다.
        .read(true)
```

```
        .open("calvin_with_dad.txt")?;
    calvin_file.write_all(b"And it was a pretty grainy color for a while too.\n")?;
    write!(&mut calvin_file, "That's really weird.\n")?;
    write!(&mut calvin_file, "Well, truth is stranger than fiction.")?;

    println!("{}", read_to_string("calvin_with_dad.txt")?);

    Ok(())
}
```

다음이 출력됩니다.

```
Calvin: Dad, how come old photographs are always black and white? Didn't they have
color film back then?
Dad: Sure they did. In fact, those photographs *are* in color. It's just the
*world* was black and white then.
Calvin: Really?
Dad: Yep. The world didn't turn color until sometimes in the 1930s...And it was a
pretty grainy color for a while too.
That's really weird.
Well, truth is stranger than fiction.
```

16.4 cargo doc

러스트 문서가 항상 거의 동일하게 보인다는 점을 눈치채셨을 것입니다. 왼쪽에는 struct와 trait가 있고, 오른쪽에는 예제 코드 등이 있습니다. cargo doc으로 자동 생성한 문서들이기 때문입니다.

아무것도 없는 프로젝트를 만들어도 러스트의 트레이트를 배우는 데 도움이 될 수 있습니다. 예를 들어 다음은 거의 아무것도 하지 않는 두 개의 구조체와 역시 아무것도 하지 않는 fn main()입니다.

```
struct DoesNothing {}
struct PrintThing {}

impl PrintThing {
```

```
    fn prints_something() {
        println!("I am printing something");
    }
}

fn main() {}
```

하지만 cargo doc --open을 실행하면 예상보다 훨씬 더 많은 정보를 볼 수 있습니다. 먼저 다음과 같은 내용을 볼 수 있습니다.

```
Crate rust_book

Structs
DoesNothing
PrintThing

Functions
main
```

하지만 구조체 중 하나를 클릭하면 생각지도 못했던 많은 트레이트를 확인할 수 있습니다.

```
Struct rust_book::DoesNothing
[+] Show declaration
Auto Trait Implementations
impl RefUnwindSafe for DoesNothing
impl Send for DoesNothing
impl Sync for DoesNothing
impl Unpin for DoesNothing
impl UnwindSafe for DoesNothing
Blanket Implementations
impl<T> Any for T
where
    T: 'static + ?Sized,
[src]
[+]
impl<T> Borrow<T> for T
where
    T: ?Sized,
[src]
[+]
impl<T> BorrowMut<T> for T
```

```
where
    T: ?Sized,
[src]
[+]
impl<T> From<T> for T
[src]
[+]
impl<T, U> Into<U> for T
where
    U: From<T>,
[src]
[+]
impl<T, U> TryFrom<U> for T
where
    U: Into<T>,
[src]
[+]
impl<T, U> TryInto<U> for T
where
    U: TryFrom<T>,
```

이런 현상이 발생하는 이유는 러스트가 각 타입에 대해 자동으로 구현하는 다양한 트레이트들 때문입니다.

그런 다음 `///`로 문서 주석을 추가하면 `cargo doc --open`을 실행할 때 해당 주석을 볼 수 있습니다.

```
/// 이것은 아무것도 하지 않는 구조체입니다.
struct DoesNothing {}
/// 이 구조체에는 메서드가 하나만 있습니다.
struct PrintThing {}
/// 항상 같은 메시지를 출력합니다.
impl PrintThing {
    fn prints_something() {
        println!("I am printing something");
    }
}

fn main() {}
```

이제 프로그램이 실행되어 출력됩니다.

```
Crate rust_book
Structs
DoesNothing This is a struct that does nothing
PrintThing  This struct only has one method.
Functions
main
```

cargo doc은 다른 사람의 크레이트를 많이 사용할 때 매우 유용합니다. 이 크레이트들은 모두 다른 웹사이트에 있어서 모두 검색하는 데 시간이 걸릴 수 있습니다. 하지만 cargo doc을 사용하면 하드 드라이브의 같은 위치에 모두 저장할 수 있습니다.

cargo doc에 --open을 추가하면 문서를 바로 열 수 있습니다. 또 다른 유용한 플래그는 종속성이 없음을 의미하는 --no-deps입니다. 이 플래그를 사용하면 모든 종속성을 제외하고 코드에 관한 문서만 열립니다.

CHAPTER 17

더 많은 크레이트와 비동기 러스트

17.1 reqwest

드디어 **reqwest**를 살펴볼 시간입니다. 왜 아직 배우지 않았는지 곧 알게 될 것입니다. 이전에 구조체 중 하나에 **reqwest Client**가 있었지만 사용하지 않았음을 기억하실 것입니다.

```rust
use reqwest::Client;

struct Logger {
    logs: Vec<Log>,
    url: String,
    client: Client,
}
```

이 과정을 훨씬 더 단순화해 클라이언트를 만들 수 있습니다.

```rust
use reqwest::Client;

fn main() {
    let client = Client::default();
}
```

그렇다면 어떻게 사용할까요? 클라이언트를 사용해 데이터를 post, get, delete하는 등의 작업을 할 수 있습니다. 물론 가장 쉬운 것은 웹사이트에 정보를 제공하도록 요청하거나 웹사이트의 API에 요청하는 get입니다. .get 메서드는 매우 간단합니다.

```
pub fn get<U: IntoUrl>(&self, url: U) -> RequestBuilder
```

IntoUrl 트레이트는 URL로 변환 가능한 모든 타입을 의미하는데, &str과 String 둘 다 이 트레이트를 구현하고 있습니다. 따라서 웹사이트 주소를 직접 문자열로 작성하면 됩니다. 이렇게 하면 RequestBuilder 구조체를 얻게 되는데, 이 구조체는 timeout, body, headers 등 다양한 메서드를 제공합니다. 이 중에서 우리가 필요한 것은 실제 요청을 보내는 send 메서드입니다.

한번 사용해 보겠습니다.

```
// ⚠
use reqwest::Client;

fn main() {
    let client = Client::default();
    client.get("https://www.rust-lang.org").send();
}
```

왜 오류가 발생했을까요?

```
no method named `unwrap` found for opaque type `impl Future<Output =
Result<Response, reqwest::Error>>` in the current scope
 --> src\main.rs:5:52
  |
5 |     client.get("https://www.rust-lang.org").send().unwrap();
  |                                                     ^^^^^^ method not found in
`impl Future<Output = Result<Response, reqwest::Error>>`
  |
help: consider `await`ing on the `Future` and calling the method on its `Output`
  |
5 |     client.get("https://www.rust-lang.org").send().await.unwrap();
  |                                                     ++++++
```

impl Future<Output = Result<Response, reqwest::Error>>라는 타입을 반환하는 것 같습니다! 비동기[async] 러스트는 이번이 처음입니다. 다음 절에서 이에 관해 배우고 Future와

async가 무엇을 의미하는지 살펴보겠습니다. 잠시 reqwest 크레이트의 메인 페이지로 돌아가서 필요한 정보를 찾아보면 다음과 같은 설명이 있습니다.

> reqwest::Client는 비동기 방식으로 동작합니다. 만약 애플리케이션에서 HTTP 요청을 몇 번만 수행해도 된다면, reqwest::blocking API를 사용하는 것이 더 편리할 수 있습니다.

그런데 blocking이 붙은 클라이언트는 비동기식이 아닌 것 같습니다. 그래서 동기식 클라이언트를 사용하겠습니다. blocking 클라이언트는 reqwest::blocking::Client에 있습니다.

참고삼아 이야기하면, 일반적인 러스트는 blocking 방식으로 동작합니다(작업이 끝날 때까지 스레드가 대기 상태가 됩니다). 반면 비동기 러스트는 non-blocking 방식입니다(스레드가 대기 상태가 되지 않습니다). 이에 관한 자세한 내용은 나중에 다루도록 하고, 우선 blocking Client를 사용해 보겠습니다.

```rust
// ⚠
fn main() {
    let client = reqwest::blocking::Client::default();
    client.get("https://www.rust-lang.org").send();
}
```

뭐죠? 오류가 발생했습니다.

```
error[E0433]: failed to resolve: could not find `blocking` in `reqwest`
 --> src\main.rs:2:37
  |
2 |     let client = reqwest::blocking::Client::default();
  |                                     ^^^^^^ not found in `reqwest::blocking`
  |
help: consider importing this struct
  |
1 | use reqwest::Client;
  |
help: if you import `Client`, refer to it directly
  |
2 -     let client = reqwest::blocking::Client::default();
2 +     let client = Client::default();
  |
```

Client 문서(https://docs.rs/reqwest/latest/reqwest/blocking/struct.Client.html#)에 분명히 나와 있는데 왜 컴파일러가 Client를 찾을 수 없을까요?

이를 해결하기 위해 아주 잠깐 우회해 보겠습니다.

17.2 기능 플래그

많은 크레이트는 기능 플래그feature flag라는 기능을 제공합니다. 이를 통해 크레이트의 특정 부분만 선택해서 컴파일할 수 있습니다. 기능 플래그를 사용하는 크레이트들은 보통 몇 가지 기본 기능만 활성화되어 있고, 추가 기능을 사용하려면 Cargo.toml 파일에 명시적으로 선언해야 합니다.

플레이그라운드에서는 모든 크레이트의 모든 기능이 기본적으로 활성화되어 있어서 이런 설정이 필요 없었지만, 실제 프로젝트에서는 불필요한 코드까지 컴파일하는 시간을 절약하고 싶을 것입니다. 러스트는 기능 플래그가 활성화되지 않은 코드는 아예 존재하지 않는다고 간주합니다.

다시 cargo add reqwest를 사용해 봅시다. 크레이트를 추가할 뿐만 아니라 어떤 기능이 활성화되어 있는지 표시해 주니 유용합니다.

```
Adding reqwest v0.11.11 to dependencies.
  Features:
  + __tls
  + default-tls
  + hyper-tls
  + native-tls-crate
  + tokio-native-tls
  - __internal_proxy_sys_no_cache
  - __rustls
  - async-compression
  - blocking
  - brotli
  - cookie_crate
  - cookie_store
  - cookies
```

```
                - deflate
                - gzip
                - hyper-rustls
                - json
                - mime_guess
                - multipart
                - native-tls
                - native-tls-alpn
                - native-tls-vendored
                - proc-macro-hack
                - rustls
                - rustls-native-certs
                - rustls-pemfile
                - rustls-tls
                - rustls-tls-manual-roots
                - rustls-tls-native-roots
                - rustls-tls-webpki-roots
                - serde_json
                - socks
                - stream
                - tokio-rustls
                - tokio-socks
                - tokio-util
                - trust-dns
                - trust-dns-resolver
                - webpki-roots
```

이제 대부분의 항목이 기본적으로 활성화되지 않는 이유를 알 수 있습니다. `cookies`, `gzip`, `cookie_store`, `socks` 등에 관한 코드를 컴파일하고 싶지 않기 때문에 기본적으로 몇 가지만 활성화되어 있습니다. 문서에서 해당 기능을 보려면 상단의 중앙에 있는 [Feature flags] 버튼을 클릭하세요.

```
reqwest
This version has 37 feature flags, 5 of them enabled by default.

default:
default-tls

default-tls:
hyper-tls
```

```
native-tls-crate
__tls
tokio-native-tls
... (and many others)
```

다른 네 가지 플래그를 한 번에 활성화하는 default-tls라는 플래그가 있습니다. 하지만 Client에 blocking 기능만을 추가하려면 어떻게 해야 할까요? cargo add를 사용하면 매우 쉽습니다. cargo add reqwest를 cargo add reqwest --features blocking으로 변경하면 이제 blocking 기능이 추가됩니다.

Cargo.toml 내에서 수동으로 reqwest = "0.11.11"를 reqwest = { version = "0.11.11", features = ["blocking"] }으로 변경할 수 있습니다.

요컨대, 러스트가 무언가를 전혀 찾을 수 없을 때는 해당 기능 플래그가 있는지 확인하세요.

이제 blocking Client로 돌아가겠습니다. 다음 코드를 실행해 봅시다.

```
fn main() {
    let client = reqwest::blocking::Client::default();
    client.get("https://www.rust-lang.org").send();
}
```

컴파일러에서 사용하지 않은 Result가 있다고 경고합니다. 지금은 그냥 언래핑하겠습니다. 그러면 Response라는 구조체가 생깁니다. 이 구조체는 우리가 얻은 응답입니다. 이 Response (https://docs.rs/reqwest/latest/reqwest/struct.Response.html) 구조체에는 status, content_length 등과 같은 자체 메서드도 있지만, 우리는 text에 관심이 있으며 Result<String>을 반환합니다. text를 풀어 출력하겠습니다.

```
fn main() {
    let client = reqwest::blocking::Client::default();
    let response = client.get("https://www.rust-lang.org").send().unwrap();
    println!("{}", response.text().unwrap());
}
```

성공입니다! 다음은 출력의 일부입니다.

```
<!doctype html>
<html lang="en-US">
  <head>
    <meta charset="utf-8">
    <title>


            Rust Programming Language

      </title>
    <meta name="viewport" content="width=device-width,initial-scale=1.0">
    <meta name="description" content="A language empowering everyone to build
reliable and efficient software.">
```

이 외에도 정말 많은 내용이 있습니다. 홈페이지의 전체 텍스트를 성공적으로 가져왔습니다.

reqwest를 사용할 때는 대개 특정 목적이 있을 테니 필요한 기능을 문서에서 찾아보면 됩니다. 예를 들어 JSON 형식으로 데이터를 전송하고 싶다면, 문서에서 설명하는 .json()(https://docs.rs/reqwest/latest/reqwest/struct.RequestBuilder.html#method.json) 메서드를 사용하면 됩니다. 문서에서는 다음과 같이 안내하고 있습니다.

> json 기능을 활성화한 경우에만 사용 가능합니다.

이것이 reqwest입니다. 이제 async를 다시 한번 살펴보겠습니다.

17.3 비동기 러스트

일반 러스트 코드는 대기하는 동안 해당 스레드를 차단한다는 것을 보았습니다. 비동기 러스트는 이와 반대로 스레드를 차단하지 않습니다. 시간이 오래 걸리는 get이나 post를 보내면 어떻게 될까요? 다른 곳의 서버가 응답할 때까지 기다리는 동안 코드가 대기하기를 원하지 않을 것입니다.

비동기 러스트는 Future라는 트레이트로 이를 가능하게 합니다(일부 언어에는 이와 유사한 promise라는 것이 있습니다). Future 트레이트는 일종의 Option과 비슷하게 생겨서 흥미롭습니다. 시그니처는 다음과 같습니다.

```
pub trait Future {
    type Output;

    fn poll(self: Pin<&mut Self>, cx: &mut Context<'_>) -> Poll<Self::Output>;
}
```

Pin은 메모리를 제자리에 고정하는 데 사용되지만, 비동기에서는 대부분 Pin에 관해 생각할 필요가 없습니다. 중요한 것은 Output이라는 연관 타입이 있고, 비동기에서 주요 메서드가 poll이라는 점입니다. poll 함수는 Option처럼 보이는 부분입니다(곧 살펴보겠습니다).

비동기 방식은 다음과 같습니다. 함수를 가져와서 fn 대신 async fn이라고 호출합니다. 이 두 함수를 살펴봅시다.

```
fn give_8() -> u8 {
    8
}

async fn async_give_8() -> u8 {
    8
}
```

둘 다 u8을 반환하지만, 다른 방식으로 반환합니다. fn 함수는 바로 하나를 반환하지만 async fn은 완료되면 u8이 될 무언가를 반환합니다. 바로 완료될 수도 있고 그렇지 않을 수도 있습니다. 그리고 비동기 방식이므로 아직 완료되지 않았어도 코드가 기다리는 동안 다른 작업을 수행할 수 있습니다.

여기서 러스트가 한 가지 사실을 숨기고 있습니다. async_give_8() -> u8 함수는 겉보기와 달리 단순히 u8 타입만 반환하는 것이 아닙니다. 평소처럼 컴파일러 오류를 유도해서 실제 타입이 무엇인지 알아보겠습니다.

```
async fn async_give_8() -> u8 {
    8
}

fn main() {
    let y = async_give_8(); // async_give_8의 결과를 가져옵니다.
```

```
    y.thoethoe(); // 존재하지 않는 메서드를 사용해 오류를 확인합니다.
}
```

오류는 다음과 같습니다.

```
error[E0599]: no method named `thoethoe` found for opaque type `impl Future<Output
= u8>` in the current scope
  --> src/main.rs:12:7
   |
12 |      y.thoethoe();
   |        ^^^^^^^^ method not found in `impl Future<Output = u8>`
```

실제로는 타입이 있습니다. u8이 아니라 impl Future<Output = u8>입니다! 이것이 러스트가 우리에게 숨긴 실제 타입 시그니처입니다. 러스트의 개발자들은 사람들이 항상 impl Future<Output = u8>을 입력하게 하는 것보다 이것이 더 낫다고 결정했습니다.

이제 poll 메서드를 소개합니다. 폴링polling은 준비가 되었는지 묻고, 준비가 되지 않았다면 나중에 다시 돌아와서 다시 확인하라는 의미입니다. Future를 폴링하려면 .await를 추가합니다. 그러면 두 가지 중 하나를 반환합니다.

- Poll::Pending: 준비되지 않은 경우
- Poll::Ready(val): 준비된 경우

이것이 바로 Option처럼 보이는 부분입니다. Option이 값이 없을 때 None을 반환하듯이, poll은 아직 값이 준비되지 않았을 때 Pending을 반환합니다. Option은 무언가가 있으면 Some(val)이 있고, poll은 준비된 경우 Ready(val)이 있습니다.

코드를 작성해 보겠습니다. .await를 추가해 이 impl Future<Output = u8>을 실제 u8로 바꿔보겠습니다.

```
async fn async_give_8() -> u8 {
    8
}

fn main() {
    let some_number = async_give_8().await;
}
```

아직 동작하지 않습니다! 다음과 같은 이유 때문입니다.

```
error[E0728]: `await` is only allowed inside `async` functions and blocks
  --> src/main.rs:6:37
   |
5  | fn main() {
   |    ---- this is not `async`
6  |     let some_number = async_give_8().await;
   |                                     ^^^^^^ only allowed inside `async`
functions and blocks
```

main도 비동기화해야 합니다. 다시 해 봅시다. fn main을 async fn main으로 변경하겠습니다.

```
error[E0752]: `main` function is not allowed to be `async`
  --> src/main.rs:5:1
   |
5  | async fn main() {
   | ^^^^^^^^^^^^^^^^ `main` function is not allowed to be `async`
```

아직도 오류가 발생합니다! 메인 함수는 (), Result, ExistStatus(https://doc.rust-lang.org/std/process/struct.ExitStatus.html#)만 반환할 수 있으므로 이 정도는 이해가 됩니다. 그리고 비동기 함수는 Future를 반환하기 때문에 작동하지 않습니다. 게다가 메인에서 .await를 호출해야 합니다.

그리고 .await가 Future를 폴링한 다음, 나중에 돌아와서 아직 준비되지 않았는지 다시 물어보는 것을 기억하나요? 누가 이것을 결정할까요? 이 두 가지에 대한 답은 이 모든 것을 처리하는 비동기 런타임입니다. 러스트에는 공식적인 비동기 런타임이 없지만, 2025년 현재 거의 모두가 tokio라는 크레이트를 사용합니다.

길게 설명했지만, 다행히도 실제 해결 방법은 매우 간단합니다. main 함수 위에 #[tokio::main]을 추가하기만 하면 tokio를 통해 async main 함수로 변환됩니다.[1] 다음과 같이 작성하면 코드가 정상적으로 동작합니다.

---

1   옮긴이_ #[tokio::main]을 사용하려면 Cargo.toml에 tokio 크레이트가 추가되어야 합니다. 따라서 cargo 명령을 사용해 tokio 크레이트를 추가합니다. 명령어는 다음과 같습니다. cargo add tokio --features full

```
use tokio;

async fn async_give_8() -> u8 {
    8
}

#[tokio::main]
async fn main() {
    let some_number = async_give_8().await;
}
```

이제 some_number는 일반 u8이 되고 프로그램이 잘 실행됩니다.

참고로 tokio는 모든 비동기 작업을 수행하는 메인 내부에 보이지 않게 범위를 만들어서 이 작업을 수행합니다. 이 작업이 끝나면 다시 일반 메인으로 들어가서 프로그램이 종료됩니다. 일종의 가짜 async main이지만, 우리 목적상으로는 진짜입니다.

다음은 비동기화를 시작할 때 알아야 할 중요한 사항입니다.

- 비동기는 async fn(또는 async 블록) 내에서 사용해야 합니다.
- 출력을 다시 구체적인 타입으로 바꾸려면 .await를 입력합니다(poll 메서드를 수동으로 사용할 필요가 없습니다).
- 동작하려면 런타임이 필요하며, 보통 [tokio::main]을 추가해야 합니다.

자, 이번에는 기본 클라이언트가 비동기인 상태에서 reqwest를 다시 시도해 보겠습니다. 꽤 쉽습니다.

```
use reqwest;
use tokio;

#[tokio::main]
async fn main() {
    let client = reqwest::Client::default();
    let response = client
        .get("https://www.rust-lang.org")
        .send()
        .await
        .unwrap();
```

```
    println!("{}", response.text().await.unwrap());
}
```

차이점이 보이나요? 각 비동기 함수 뒤에는 .await가 있습니다. 여기서는 그냥 언래핑을 하지만, 실제 코드에서는 오류를 적절히 처리해야 하므로 보통 ? 연산자를 사용합니다. 따라서 비동기 코드의 모든 곳에서 .await?를 볼 수 있습니다.

한 가지 더 명심해야 할 것이 있습니다.

- 일반 함수는 비동기 함수를 호출할 수 없으므로 비동기 함수를 호출해야 하는 일반 함수가 있으면 그 함수도 비동기화됩니다. 따라서 비동기 함수를 사용하기 시작하면 다른 많은 함수들도 비동기화되는 것을 볼 수 있습니다.
- 비동기 함수는 일반 함수를 호출할 수 있습니다. 보통은 문제가 되지 않지만 일반 함수는 완료될 때까지 스레드를 차단한다는 점을 기억하세요.

우리 코드는 여전히 .await가 완료될 때까지 기다렸다가 계속 진행하므로 아직 비동기 방식으로 비동기 함수를 사용하지 않았습니다. 서버가 요청을 받는다면 기다리는 동안 요청을 처리할 수 있겠지만, 코드는 여전히 직선으로만 움직입니다. 물론 문제없이 여전히 잘 동작합니다. 하지만 동시에 많은 Future를 폴링할 때는 join!이라는 매크로를 사용하고 싶을 것입니다.

먼저 join! 매크로를 사용하지 않는 예제를 살펴봅시다. rand를 사용해 잠시 기다린 다음 u8을 반환하는 함수를 만들어 보겠습니다. tokio 내부에는 시스템을 잠시(여기서는 1초에서 100밀리초 사이) 잠자는 상태로 만드는 sleep이라는 함수가 있습니다(비동기 이후 다음 절에서 sleep과 Duration에 관해 알아보겠습니다). 깨어나면 숫자를 반환합니다. 그런 다음 세개의 숫자를 주면 어떤 순서로 숫자를 얻는지 살펴보겠습니다.

```
use rand::*;

async fn wait_and_give_u8(num: u8) -> u8 {
    let mut rng = rand::thread_rng();
    let wait_time = rng.gen_range(1..100);
    tokio::time::sleep(std::time::Duration::from_millis(wait_time)).await;
    println!("Got a number! {num}");
    num
}
```

```
#[tokio::main]
async fn main() {
    let num1 = wait_and_give_u8(1).await;
    let num2 = wait_and_give_u8(2).await;
    let num3 = wait_and_give_u8(3).await;

    println!("{num1}, {num2}, {num3}");
}
```

컴퓨터에 러스트를 설치하고 이 코드를 실행하면 항상 같은 결과가 나옵니다.

```
Got a number! 1
Got a number! 2
Got a number! 3
1, 2, 3
```

하나의 값을 기다렸다가 가져온 다음 다음 함수를 호출하고 기다리는 식으로 반복합니다. 따라서 항상 1, 2, 3이 될 것입니다.

이제 이들을 결합해 조금 변경해 보겠습니다. 각각에 .await 대신 모두 동시에 폴링하는 join!을 사용하겠습니다. 코드를 다음과 같이 변경합니다.

```
use rand::*;
use tokio;
use tokio::join;

async fn wait_and_give_u8(num: u8) -> u8 {
    let mut rng = rand::thread_rng();
    let wait_time = rng.gen_range(1..100);
    tokio::time::sleep(std::time::Duration::from_millis(wait_time)).await;
    println!("Got a number! {num}");
    num
}

#[tokio::main]
async fn main() {

    let nums = join!(
        wait_and_give_u8(1),
        wait_and_give_u8(2),
```

```
        wait_and_give_u8(3)
    );

    println!("{nums:?}");
}
```

여기에서도 (nums 변수 내부의) 숫자는 항상 (1, 2, 3)이지만, println!은 이제 비동기 방식으로 폴링하고 있음을 보여 줍니다. 때로는 이전과 같은 결과를 출력합니다.

```
Got a number! 1
Got a number! 2
Got a number! 3
(1, 2, 3)
```

하지만 다음과 같은 내용을 출력하기도 합니다.

```
Got a number! 1
Got a number! 3
Got a number! 2
(1, 2, 3)
```

함수가 임의의 시간 동안 기다릴 때마다 한 함수가 다른 함수보다 먼저 완료될 수 있고, 완료되는 즉시 숫자를 출력하고 폴링이 완료되기 때문입니다. 따라서 비동기 코드의 속도를 최대한 끌어올리고 싶다면 join!을 사용해야 합니다.

러스트에서 비동기는 광범위한 주제이지만, 여기까지의 설명으로 조금은 친숙해졌기를 바랍니다. 비동기 코드를 사용하다 보면 .await와 join 외에도 다양한 작업을 수행하고 싶을 것입니다. 예를 들어 두 함수를 동시에 폴링하고 먼저 완료되는 함수의 결과만 가져오고 싶다면 어떻게 해야 할까요? 이런 경우 select! 매크로를 사용하면 됩니다. 이 외에도 try_join처럼 Err가 발생할 때까지 조인을 수행하다가 오류 발생 시 중단하는 등의 다양한 기능을 제공하는 매크로가 있습니다.

러스트의 비동기 생태계는 아직 다소 새롭기 때문에 많은 부분이 외부 크레이트에서 이루어집니다. 예를 들어 futures(https://docs.rs/futures/latest/futures)와 같은 외부 크레이트가 비동기 생태계에서 중요한 역할을 합니다. 외부 크레이트 중 많은 부분이 표준 라이브러리로 천천히 이동하고 있습니다. 예를 들어 AsyncIterator(https://doc.rust-lang.org/std/async_iter/trait.AsyncIterator.html)는 2025년 현재 표준 라이브러리에 실험적으로 도입되었습니다. 이 책을 읽을 즈음에는 비동기 외부 크레이트 안에 있는 매크로나 트레이트 중 일부가 표준 라이브러리에 포함될 수도 있습니다.

CHAPTER 18

표준 라이브러리 둘러보기

이 장에서는 편안히 앉아서 표준 라이브러리를 간단히 둘러보겠습니다. 우리가 이미 아는 많은 타입도 복습할 것입니다. 이제 러스트에 관해 많이 알게 되었으니, 앞으로 살펴볼 코드가 더 이상 두렵지 않을 것입니다.

18.1 배열

과거(러스트 1.53 이전)에는 배열에 `Iterator`가 구현되지 않아서 `for` 루프에서 배열에 `.iter()`와 같은 메서드를 사용해야 했습니다(사람들은 `for` 루프에서 슬라이스를 얻으려고 `&`를 사용하기도 했습니다). 그래서 과거에는 다음 코드가 동작하지 않았습니다.

```
fn main() {
    let my_cities = ["Beirut", "Tel Aviv", "Nicosia"];

    for city in my_cities {
        println!("{}", city);
    }
}
```

예전에는 컴파일러가 다음과 같은 메시지를 출력했습니다.

```
error[E0277]: `[&str; 3]` is not an iterator
 --> src\main.rs:5:17
  |
  |                 ^^^^^^^^^ borrow the array with `&` or call `.iter()` on it to
iterate over it
```

다행히도 이제 더 이상 문제가 되지 않습니다! 다음 세 가지가 모두 작동합니다.

```
fn main() {
    let my_cities = ["Beirut", "Tel Aviv", "Nicosia"];

    for city in my_cities {
        println!("{}", city);
    }
    for city in &my_cities {
        println!("{}", city);
    }
    for city in my_cities.iter() {
        println!("{}", city);
    }
}
```

다음이 출력됩니다.

```
Beirut
Tel Aviv
Nicosia
Beirut
Tel Aviv
Nicosia
Beirut
Tel Aviv
Nicosia
```

배열에서 변수를 가져오려면 [] 안에 이름을 넣어 배열을 해체하면 됩니다. 이는 match 문에
서 튜플을 사용하거나 구조체에서 변수를 가져오는 것과 동일합니다.

```
fn main() {
    let my_cities = ["Beirut", "Tel Aviv", "Nicosia"];
    let [city1, city2, city3] = my_cities;
    println!("{}", city1);
}
```

이 코드는 Beirut를 출력합니다.

18.2 char

.escape_unicode() 메서드를 사용해 char의 유니코드 번호를 가져올 수 있습니다.

```
fn main() {
    let korean_word = "청춘예찬";
    for character in korean_word.chars() {
        print!("{} ", character.escape_unicode());
    }
}
```

이 코드는 \u{ccad} \u{cd98} \u{c608} \u{cc2c}를 출력합니다.

From 트레이트를 사용해 u8에서 문자를 가져올 수 있지만, u32에서는 작동하지 않을 수 있으므로 TryFrom을 사용합니다. 유니코드의 문자보다 u32에 더 많은 숫자가 있습니다. 간단한 예제에서 이를 확인할 수 있습니다.

```
use std::convert::TryFrom; // TryFrom을 사용하려면 이렇게 해야 합니다.
use rand::prelude::*;       // 난수도 사용할 것입니다.

fn main() {
    let some_character = char::from(99); // 간단한 방법이며 TryFrom이 필요 없습니다.
    println!("{}", some_character);

    let mut random_generator = rand::thread_rng();
    // 이 함수는 40,000번 시도해 u32에서 문자를 만듭니다.
    // 범위는 0(std::u32::MIN)에서 u32의 가장 큰 숫자(std::u32::MAX)까지입니다.
    // 실패하면 '-'를 반환합니다.
```

```
        for _ in 0..40_000 {
            let bigger_character = char::try_from(random_generator
                .gen_range(std::u32::MIN..std::u32::MAX)).unwrap_or('-');
            print!("{}", bigger_character)
        }
    }
```

모든 u32 값이 유효한 유니코드 문자로 변환되지 않으므로 거의 매번 -를 생성합니다. 다음은
여러분이 보게 될 출력의 일부입니다.

TryFrom을 사용해야 하는 것이 바로 이런 이유에서입니다.

또한 러스트 1.46부터는 char에서 String을 얻을 수 있습니다(String은 From<char>를 구
현합니다). String::from()의 안에 char를 넣기만 하면 됩니다.

18.3 정수 타입

정수 타입에는 수학적 메서드가 많으며, 그 외의 메서드도 있습니다. 다음은 가장 유용한 몇 가
지 메서드입니다.

타입에 맞지 않는 숫자를 얻을 수 있다고 생각될 때는 .checked_add(), .checked_sub(),
.checked_mul(), .checked_div() 메서드를 사용하면 좋습니다. 이들 함수는 Option을 반

환하므로 프로그램을 패닉에 빠지지 않게 하고 안전하게 계산되는지 확인할 수 있습니다.

```
fn main() {
    let some_number = 200_u8;
    let other_number = 200_u8;

    println!("{:?}", some_number.checked_add(other_number));
    println!("{:?}", some_number.checked_add(1));
}
```

다음이 출력됩니다.

```
None
Some(201)
```

정수 관련 문서를 보면 rhs라는 용어가 자주 등장합니다. 이는 right hand side(우측)의 약자로, 수식에서 오른쪽에 위치한 값을 의미합니다. 예를 들어 5 + 6이라는 수식에서 왼쪽에는 5가, 오른쪽에는 6이 있는데, 여기서 6이 바로 rhs입니다. rhs는 러스트의 키워드는 아니지만, 코드에서 자주 마주치게 될 용어이므로 알아 두면 유용합니다.

덧셈이 나온 김에 Add 트레이트를 구현하는 방법을 배워보겠습니다. Add를 구현한 후에는 생성한 타입에 +를 사용할 수 있습니다. Add의 의미는 다양할 수 있으므로 직접 구현해야 합니다. 다음은 표준 라이브러리 페이지에 있는 예제입니다.

```
use std::ops::Add; // Add를 먼저 추가합니다.

// PartialEq는 아마도 여기서 가장 중요한 부분일 것입니다.
// 우리는 숫자를 비교하고 싶습니다.
#[derive(Debug, Copy, Clone, PartialEq)]

struct Point {
    x: i32,
    y: i32,
}

impl Add for Point {
    // 다음을 '연관 타입', 즉, '함께 사용되는 타입'이라고 합니다.
    // 이 경우에는 다른 Point에 불과합니다.
```

```
        type Output = Self;

        fn add(self, other: Self) -> Self {
            Self {
                x: self.x + other.x,
                y: self.y + other.y,
            }
        }
    }
}
```

이제 자체 타입에 **Add**를 구현해 보겠습니다. 두 국가를 더하면 두 국가의 인구와 GDP 등을 합산하고 싶다고 가정해 봅시다. 코드는 다음과 같습니다.

```
use std::fmt;
use std::ops::Add;

#[derive(Clone)]
struct Country {
    name: String,
    population: u32,
    gdp: u32, // 경제 규모를 나타내는 지표
}

impl Country {
    fn new(name: &str, population: u32, gdp: u32) -> Self {
        Self {
            name: name.to_string(),
            population,
            gdp,
        }
    }
}

impl Add for Country {
    type Output = Self;

    fn add(self, other: Self) -> Self {
        Self {
            name: format!("{} and {}", self.name, other.name), // 이름을 함께 담고,
            population: self.population + other.population, // 인구를 합산하며,
            gdp: self.gdp + other.gdp,     // GDP도 합산합니다.
```

```
        }
    }
}

impl fmt::Display for Country {
    fn fmt(&self, f: &mut fmt::Formatter<'_>) -> fmt::Result {
        write!(
            f,
            // 그러면 {}만 사용해 모두 출력할 수 있습니다.
            "In {} are {} people and a GDP of ${}",
            self.name, self.population, self.gdp
        )
    }
}

fn main() {
    let nauru = Country::new("Nauru", 10_670, 160_000_000);
    let vanuatu = Country::new("Vanuatu", 307_815, 820_000_000);
    let micronesia = Country::new("Micronesia", 104_468, 367_000_000);

    // Country에 이름에 문자열 대신 &str을 지정할 수도 있었습니다.
    // 하지만 모든 곳에 수명을 사용해야 하고
    // 간단한 예제에서는 너무 많은 양이 될 것입니다.
    // println!을 호출할 때 그냥 복제하는 편이 더 낫습니다.
    println!("{}", nauru.clone());
    println!("{}", nauru.clone() + vanuatu.clone());
    println!("{}", nauru + vanuatu + micronesia);
}
```

다음이 출력됩니다.

```
In Nauru are 10670 people and a GDP of $160000000
In Nauru and Vanuatu are 318485 people and a GDP of $980000000
In Nauru and Vanuatu and Micronesia are 422953 people and a GDP of $1347000000
```

이 코드의 뒷부분에서 .fmt()를 변경해 더 읽기 쉬운 숫자를 표시할 수 있습니다.

-, *, /에 해당하는 트레이트는 Sub, Mul, Div이며 기본적으로 구현하는 방법은 Add와 동일합니다. +=, -=, *=, /=의 트레이트는 Assign을 추가한 AddAssign, SubAssign, MulAssign, DivAssign입니다. 더 많은 기능이 있으므로 전체 목록은 관련 문서(https://doc.rust-

lang.org/std/ops/index.html#structs)에서 확인하기 바랍니다. 예를 들어 %는 Rem,
-(단항 부정 연산자)는 Neg 등입니다.

18.4 부동 소수점 타입

f32와 f64에는 계산할 때 사용하는 매우 많은 메서드가 있습니다. 여기서 자세히 다루지
는 않겠지만, 자주 사용하게 될 메서드를 소개합니다. 바로 .floor(), .ceil(), .round(),
.trunc()입니다. 이 모든 함수는 마침표 뒤에 0만 있는 정수와 같은 f32나 f64를 반환합니다.
이들은 다음과 같은 작업을 수행합니다.

- .floor(): 내림. 주어진 숫자보다 작거나 같은 가장 큰 정수를 반환합니다.

- .ceil(): 올림. 주어진 숫자보다 크거나 같은 가장 작은 정수를 반환합니다.

- .round(): 반올림. 소수점 이하 첫 자리가 0.5 이상이면 올림, 0.5 미만이면 내림을 한 정수를 반환합니다.

- .trunc(): 버림. 소수점 아래 자리를 버리고 정수 부분만 남깁니다(trunc는 '잘라내다'는 뜻인 truncate의
  약자입니다).

다음은 이를 출력하는 간단한 함수입니다.

```rust
fn four_operations(input: f64) {
    println!(
"For the number {}:
floor: {}
ceiling: {}
rounded: {}
truncated: {}\n",
        input,
        input.floor(),
        input.ceil(),
        input.round(),
        input.trunc()
    );
}

fn main() {
    four_operations(9.1);
```

```
    four_operations(100.7);
    four_operations(-1.1);
    four_operations(-19.9);
}
```

다음이 출력됩니다.

```
For the number 9.1:
floor: 9
ceiling: 10
rounded: 9 // 9.5 미만이므로
truncated: 9

For the number 100.7:
floor: 100
ceiling: 101
rounded: 101 // 100.5 이상이므로
truncated: 100

For the number -1.1:
floor: -2
ceiling: -1
rounded: -1
truncated: -1

For the number -19.9:
floor: -20
ceiling: -19
rounded: -20
truncated: -19
```

f32와 f64에는 .max()와 .min()이라는 메서드가 있어 두 숫자 중 더 높거나 낮은 값을 반환
합니다(다른 타입에는 std::cmp::max와 std::cmp::min을 사용하면 됩니다). 다음은 이를
.fold()와 함께 사용해 최댓값이나 최솟값을 구하는 방법입니다. .fold()를 단순히 숫자를
더하는 데만 사용하지 않음을 다시 한번 알 수 있습니다.

```
fn main() {
    let my_vec = vec![8.0_f64, 7.6, 9.4, 10.0, 22.0, 77.345, 10.22, 3.2, -7.77,
    -10.0];
```

```rust
    let maximum = my_vec.iter().fold(f64::MIN, |current_number, next_number|
    current_number.max(*next_number));
    // 참고: f64의 가장 낮은 숫자와 비교를 시작합니다.
    let minimum = my_vec.iter().fold(f64::MAX, |current_number, next_number|
    current_number.min(*next_number));
    // 반대로 f64의 가장 높은 숫자와 비교를 시작합니다.
    println!("{}, {}", maximum, minimum);
}
```

18.5 bool

러스트에서는 bool을 정수로 변환하는 것이 안전하므로 원한다면 정수로 변환할 수 있습니다. 하지만 그 반대는 불가능합니다. 보시다시피, **true**는 1로 바뀌고 **false**는 **0**으로 바뀝니다.

```rust
fn main() {
    let true_false = (true, false);
    println!("{} {}", true_false.0 as u8, true_false.1 as i32);
}
```

이 코드는 **1 0**을 출력합니다. 또는 컴파일러에 타입을 알려 주면 `.into()`를 사용할 수 있습니다.

```rust
fn main() {
    let true_false: (i128, u16) = (true.into(), false.into());
    println!("{} {}", true_false.0, true_false.1);
}
```

이 코드도 앞의 코드와 같이 **1 0**을 출력합니다.

러스트 1.50(2021년 2월 릴리스)부터 then()이라는 메서드가 추가되어 bool을 Option으로 변환합니다. then()에는 클로저를 전달하는데, 조건이 true일 때만 이 클로저가 실행됩니다. 그리고 클로저가 반환하는 값은 자동으로 Option 타입으로 감싸집니다. 다음은 작은 예제입니다.

```
fn main() {

    let (tru, fals) = (true.then(|| 8), false.then(|| 8));
    println!("{:?}, {:?}", tru, fals);
}
```

이 코드는 Some(8), None을 출력합니다.

이제 조금 더 큰 예제를 살펴보겠습니다.

```
fn main() {
    let bool_vec = vec![true, false, true, false, false];

    let option_vec = bool_vec
        .iter()
        .map(|item| {
            item.then(|| { // map 안에 넣어 전달할 수 있도록 하세요.
                println!("Got a {}!", item);
                "It's true, you know"
                // true라면 Some에 들어갑니다.
                // 그렇지 않으면 None을 전달합니다.
            })
        })
        .collect::<Vec<_>>();

    println!("Now we have: {:?}", option_vec);

    // None도 출력되었습니다. 새 Vec에서 map을 필터링해 보겠습니다.
    let filtered_vec = option_vec.into_iter().filter_map(|c| c).collect::<Vec<_>>();

    println!("And without the Nones: {:?}", filtered_vec);
}
```

그리고 코드의 실행 결과는 다음과 같습니다.

```
Got a true!
Got a true!
Now we have: [Some("It\'s true, you know"), None, Some("It\'s true, you know"),
None, None]
And without the Nones: ["It\'s true, you know", "It\'s true, you know"]
```

18.6 Vec

Vec에는 아직 살펴보지 않은 메서드가 많습니다. 그중에서 먼저 `.sort()`를 알아봅니다. `.sort()`는 이름에서 알 수 있듯이 아주 직관적인 메서드로 `&mut self`를 사용해 벡터를 정렬합니다.

```
fn main() {
    let mut my_vec = vec![100, 90, 80, 0, 0, 0, 0, 0];
    my_vec.sort();
    println!("{:?}", my_vec);
}
```

이 코드는 `[0, 0, 0, 0, 0, 80, 90, 100]`을 출력합니다. `.sort_unstable()`이라는 흥미로운 정렬 방법이 하나 더 있습니다. 같은 숫자라면 숫자의 순서를 신경 쓰지 않으므로 보통 이 메서드가 더 빠릅니다. 일반적인 `.sort()`에서는 마지막 `0, 0, 0, 0, 0`이 `.sort()` 뒤에도 같은 순서로 유지됩니다. 그러나 `.sort_unstable()`은 마지막 0을 인덱스 0으로 이동하고 끝에서 세 번째 0을 인덱스 2로 이동하는 식으로 순서가 바뀔 수 있습니다.

`.dedup()`은 중복 제거^{de-duplicate}를 뜻합니다. 이 메서드는 벡터 내에서 중복된 항목을 제거하지만 연속으로 위치한 항목만이 대상입니다. 다음 코드의 실행 결과는 `"sun"`, `"moon"`이 아닙니다.

```
fn main() {
    let mut my_vec = vec!["sun", "sun", "moon", "moon", "sun", "moon", "moon"];
    my_vec.dedup();
    println!("{:?}", my_vec);
}
```

이 메서드는 연속으로 위치한 중복 항목만 제거하므로, 붙어 있는 sun끼리, moon끼리만 처리합니다. 따라서 결과는 `["sun", "moon", "sun", "moon"]`이 됩니다.

모든 중복을 제거하려면 `.sort()`로 정렬한 후에 `.dedup()`을 하면 됩니다.

```
fn main() {
    let mut my_vec = vec!["sun", "sun", "moon", "moon", "sun", "moon", "moon"];
    my_vec.sort();
    my_vec.dedup();
    println!("{:?}", my_vec);
}
```

다음이 출력됩니다.

```
["moon", "sun"]
```

18.7 String

String에는 Vec과 유사한 특성이 있음을 기억할 겁니다. 실제로 너무 비슷해서 많은 메서드를 공통으로 사용할 수 있습니다. 예를 들어 String::with_capacity()로 초기화가 가능합니다. .push()로 char를 추가하거나 .push_str()로 &str을 자주 추가할 예정이라면 이 메서드를 사용하는 것이 좋습니다. 다음은 메모리 할당이 불필요하게 많이 발생하는 String 예제입니다.

```
fn main() {
    let mut push_string = String::new();
    let mut capacity_counter = 0; // 용량은 0부터 시작합니다.
    for _ in 0..100_000 { // 이 작업을 100,000번 수행하세요.
        if push_string.capacity() != capacity_counter { // 용량이 다른지 확인하세요.
            println!("{}", push_string.capacity());     // 값이 있으면 출력합니다.
            capacity_counter = push_string.capacity();  // 카운터를 업데이트합니다.
        }
        // 매번 밀어 넣습니다.
        push_string.push_str("I'm getting pushed into the string!");
    }
}
```

다음이 출력됩니다.

```
35
70
140
280
560
1120
2240
4480
8960
17920
35840
71680
143360
286720
573440
1146880
2293760
4587520
```

18번이나 재할당(모든 것을 복사)해야 했습니다. 하지만 이제 최종 용량을 알고 있으니, 처음 부터 필요한 용량을 할당하면 재할당이 필요 없습니다. **String**의 용량을 한 번만 설정하면 충분합니다.

```
fn main() {
    // 정확한 숫자를 알고 있으며 다른 큰 숫자도 사용할 수 있습니다.
    let mut push_string = String::with_capacity(4587520);
    let mut push_string = String::with_capacity(4587520);
    let mut capacity_counter = 0;
    for _ in 0..100_000 {
        if push_string.capacity() != capacity_counter {
            println!("{}", push_string.capacity());
            capacity_counter = push_string.capacity();
        }
        push_string.push_str("I'm getting pushed into the string!");
    }
}
```

그리고 이 코드는 **4587520**을 출력합니다. 완벽합니다! 다시는 할당할 필요가 없습니다.

물론 실제 길이는 이보다 확실히 짧습니다. 100,001회, 101,000회 등을 시도해도 여전히

4587520이라고 표시됩니다. 그 이유는 매번 용량이 이전의 두 배이기 때문입니다. 하지만 `.shrink_to_fit()`으로 축소할 수 있습니다(Vec과 동일함). 현재 우리의 String이 매우 큰 상태이고 더 이상 내용을 추가할 계획이 없다면, 이 메서드를 사용해서 메모리 사용량을 줄일 수 있습니다. 하지만 확실할 때만 이렇게 하세요. 다음 예를 보며 그 이유를 알아보겠습니다.

```rust
fn main() {
    let mut push_string = String::with_capacity(4587520);
    let mut capacity_counter = 0;
    for _ in 0..100_000 {
        if push_string.capacity() != capacity_counter {
            println!("{}", push_string.capacity());
            capacity_counter = push_string.capacity();
        }
        push_string.push_str("I'm getting pushed into the string!");
    }
    push_string.shrink_to_fit();
    println!("{}", push_string.capacity());
    push_string.push('a');
    println!("{}", push_string.capacity());
    push_string.shrink_to_fit();
    println!("{}", push_string.capacity());
}
```

다음이 출력됩니다.

```
4587520
3500000
7000000
3500001
```

처음에는 용량이 4587520이었지만 모두 사용하지는 않았습니다. 그리고 `.shrink_to_fit()`을 사용해 크기를 3500000으로 줄였습니다. 하지만 a를 밀어 넣어야 한다는 사실을 잊어버렸습니다. a를 밀어 넣으면 러스트는 더 많은 공간이 필요함을 알아차리고 용량을 두 배로 늘립니다. 이제 7000000이 되었습니다! 그래서 `.shrink_to_fit()`을 다시 실행했더니 3500001로 다시 줄어들었습니다.

`.pop()`은 Vec과 마찬가지로 String에서도 작동합니다.

```
fn main() {
    let mut my_string = String::from(".daer ot drah tib elttil a si gnirts sihT");
    loop {
        let pop_result = my_string.pop();
        match pop_result {
            Some(character) => print!("{}", character),
            None => break,
        }
    }
}
```

`.pop()`은 문자열의 마지막 문자부터 가져오므로 `This string is a little bit hard to read.`를 출력합니다.

`.retain()`은 클로저를 사용하는 메서드로, `String`에는 드물게 사용합니다. 이터레이터의 `.filter()`와 같습니다.

```
fn main() {
    let mut my_string = String::from("Age: 20 Height: 194 Weight: 80");
    my_string.retain(|character| character.is_alphabetic() || character == ' ');
                                            // 문자나 공백이 있다면 유지합니다.
    dbg!(my_string); // 이번에는 println! 대신 dbg!()를 사용해 봅시다.
}
```

다음이 출력됩니다.

```
[src\main.rs:4] my_string = "Age  Height  Weight "
```

18.8 OsString 및 CString

`std::ffi`는 러스트를 다른 프로그래밍 언어나 운영체제와 함께 사용할 수 있게 하는 `std` 라이브러리의 일부입니다. 여기에는 운영체제용 문자열을 다루는 `OsString`이나 C 언어용 문자열을 다루는 `CString` 같은 타입이 포함됩니다. 각각은 `String`과 `&str`의 관계처럼 자신만의 문자열 참조 타입인 `OsStr`과 `CStr`을 갖고 있습니다. 참고로 `ffi`는 foreign function interface(외부 함수 인터페이스)의 약자입니다.

유니코드가 없는 운영체제에서 작업해야 할 때 OsString을 사용할 수 있습니다. 모든 러스트 문자열은 유니코드이지만 모든 운영체제에 유니코드가 있는 것은 아닙니다. 다음은 표준 라이 브러리의 간단한 설명이며, OsString이 있는 이유를 소개합니다.

- 유닉스(리눅스 등) 시스템에서 문자열은 null 바이트를 포함하지 않는 연속된 바이트들로 구성될 수 있으며, 이를 유니코드 UTF-8 형식으로 해석하기도 합니다.
- 윈도우 시스템에서 문자열은 null 값을 포함하지 않는 16비트 값들의 시퀀스로 구성될 수 있으며, 이를 유니 코드 UTF-16 형식으로 해석하기도 합니다.
- 러스트에서 문자열은 항상 유효한 UTF-8이며 null 바이트를 포함할 수 있습니다.

따라서 OsString은 이들 모두에서 읽을 수 있도록 만들어집니다.

OsString::from("Write something here")와 같이 OsString으로 모든 일반적인 작업을 수행할 수 있습니다. 또한 .into_string()이라는 흥미로운 메서드가 있는데, 이는 OsString 을 일반 String으로 만들려고 시도합니다. 이 메서드는 Result를 반환하지만, 실패 시 Err 부분에는 원래의 OsString을 그대로 반환합니다.

```
// 🚧
pub fn into_string(self) -> Result<String, OsString>
```

따라서 동작하지 않으면 다시 가져올 수는 있지만, 패닉이 발생할 수 있으므로 .unwrap()을 호출할 수는 없습니다. 대신 match를 사용해 OsString을 다시 가져올 수 있습니다. 존재하지 않는 메서드를 호출해 테스트해 봅시다.

```
use std::ffi::OsString;

fn main() {
    // ⚠
    let os_string = OsString::from("This string works for your OS too.");
    match os_string.into_string() {
        Ok(valid) => valid.thth(),            // 컴파일러: ".thth()가 뭐야??"
        Err(not_valid) => not_valid.occg(),  // 컴파일러: ".occg()가 뭐야??"
    }
}
```

그러면 컴파일러가 우리가 알고 싶은 것을 정확하게 알려 줍니다.

```
error[E0599]: no method named `thth` found for struct `std::string::String` in the
current scope
 --> src/main.rs:6:28
  |
6 |         Ok(valid) => valid.thth(),
  |                           ^^^^ method not found in `std::string::String`

error[E0599]: no method named `occg` found for struct `std::ffi::OsString` in the
current scope
 --> src/main.rs:7:37
  |
7 |         Err(not_valid) => not_valid.occg(),
  |                                    ^^^^ method not found in
`std::ffi::OsString`
```

valid 타입은 String이고 not_valid 타입은 OsString임을 알 수 있습니다.

18.9 mem

std::mem에는 꽤 흥미로운 메서드가 있습니다. .size_of(), .size_of_val(), .drop()
과 같은 몇 가지 메서드를 이미 살펴봤습니다.

```
use std::mem;

fn main() {
    println!("{}", mem::size_of::<i32>());
    let my_array = [8; 50];
    println!("{}", mem::size_of_val(&my_array));
    let mut some_string = String::from("You can drop a String because it's on the
    heap");
    mem::drop(some_string);
    // some_string.clear();   이렇게 하면 패닉에 빠질 것입니다.
}
```

다음이 출력됩니다.

```
4
200
```

mem의 몇 가지 다른 메서드를 살펴보겠습니다.

swap()을 사용하면 두 변수 사이의 값을 변경할 수 있습니다. 이를 위해 각각에 변경 가능한 참조를 사용합니다. 이 방법은 바꾸고 싶은 두 가지가 있는데 빌림 규칙 때문에 러스트에서 허용하지 않을 때 유용합니다. 또는 두 가지를 빠르게 전환하고 싶을 때도 유용합니다.

한 가지 예를 들어 보겠습니다.

```rust
use std::{mem, fmt};

struct Ring { // 『반지의 제왕』의 반지를 만듭니다.
    owner: String,          // 현재 소유자
    former_owner: String,   // 기존 소유자
    seeker: String,         // 반지를 원하는 자
}

impl Ring {
    fn new(owner: &str, former_owner: &str, seeker: &str) -> Self {
        Self {
            owner: owner.to_string(),
            former_owner: former_owner.to_string(),
            seeker: seeker.to_string(),
        }
    }
}

impl fmt::Display for Ring { // 누가 가지고 있고 누가 원하는지 표시하는 디스플레이
    fn fmt(&self, f: &mut fmt::Formatter<'_>) -> fmt::Result {
        write!(f, "{} has the ring, {} used to have it, and {} wants it",
            self.owner, self.former_owner, self.seeker)
    }
}

fn main() {
    let mut one_ring = Ring::new("Frodo", "Gollum", "Sauron");
    println!("{}", one_ring);
```

```
        mem::swap(&mut one_ring.owner, &mut one_ring.former_owner);
        // 골룸이 반지를 잠시 되찾았습니다.

        println!("{}", one_ring);
    }
```

다음과 같이 출력됩니다.

```
Frodo has the ring, Gollum used to have it, and Sauron wants it
Gollum has the ring, Frodo used to have it, and Sauron wants it
```

replace()는 swap과 비슷하며, 보시다시피 실제로 내부에서 swap을 사용합니다.

```
pub fn replace<T>(dest: &mut T, mut src: T) -> T {
    swap(dest, &mut src);
    src
}
```

따라서 swap을 수행한 다음 다른 항목을 반환합니다. 이렇게 하면 값을 입력한 다른 값으로 바꿀 수 있습니다. 그리고 이전 값을 반환하므로 let과 함께 사용해야 합니다. 다음은 간단한 예제입니다.

```
use std::mem;

struct City {
    name: String,
}

impl City {
    fn change_name(&mut self, name: &str) {
        let old_name = mem::replace(&mut self.name, name.to_string());
        println!(
            "The city once called {} is now called {}.",
            old_name, self.name
        );
    }
}

fn main() {
```

```
    let mut capital_city = City {
        name: "Constantinople".to_string(),
    };
    capital_city.change_name("Istanbul");
}
```

이 코드는 다음을 출력합니다.

```
The city once called Constantinople is now called Istanbul.
```

.take()라는 함수는 .replace()와 비슷하지만 항목에 기본값을 남깁니다. 기본값은 일반적으로 0, "" 등과 같은 것임을 기억할 것입니다. 다음은 시그니처입니다.

```
// 🚧
pub fn take<T>(dest: &mut T) -> T
where
    T: Default,
```

따라서 다음과 같은 작업을 수행할 수 있습니다.

```
use std::mem;

fn main() {
    let mut number_vec = vec![8, 7, 0, 2, 49, 9999];
    let mut new_vec = vec![];

    number_vec.iter_mut().for_each(|number| {
        let taker = mem::take(number);
        new_vec.push(taker);
    });

    println!("{:?}\n{:?}", number_vec, new_vec);
}
```

인덱스가 삭제되지 않고 모든 숫자가 0으로 대체되었습니다.

```
[0, 0, 0, 0, 0, 0]
[8, 7, 0, 2, 49, 9999]
```

물론 사용자 정의 타입에 대해서는 원하는 방식으로 **Default**를 구현할 수 있습니다. **Bank**(은행)와 **Robber**(강도) 예제를 통해 알아봅시다. 강도가 은행을 털 때마다 창구에 있는 돈을 모두 가져가지만, 그럴 때마다 금고에서 돈을 보충해 항상 $50를 유지합니다. 이러한 동작을 구현하기 위해 항상 50이라는 값을 가지는 커스텀 타입을 만들어 보겠습니다. 구현 방법은 다음과 같습니다.

```rust
use std::mem;
use std::ops::{Deref, DerefMut}; // 우리는 이를 사용해 u32의 힘을 얻을 것입니다.

struct Bank {
    // 스마트 포인터 타입입니다. 자체 기본값이 있지만 u32를 사용합니다.
    money_inside: u32,
    money_at_desk: DeskMoney,
}

struct DeskMoney(u32);

impl Default for DeskMoney {
    fn default() -> Self {
        Self(50) // 기본값이 항상 (0이 아닌) 50입니다.
    }
}

impl Deref for DeskMoney { // 이를 통해 *를 사용해 u32에 액세스할 수 있습니다.
    type Target = u32;

    fn deref(&self) -> &Self::Target {
        &self.0
    }
}

impl DerefMut for DeskMoney { // 이를 통해 더하기, 빼기 등을 할 수 있습니다.
    fn deref_mut(&mut self) -> &mut Self::Target {
        &mut self.0
    }
}

impl Bank {
    fn check_money(&self) {
        println!(
            "There is ${{}} in the back and ${{}} at the desk.\n",
```

```
                self.money_inside, *self.money_at_desk
                // *를 사용하면 u32를 출력할 수 있습니다.
            );
        }
    }

struct Robber {
    money_in_pocket: u32,
}

impl Robber {
    fn check_money(&self) {
        println!("The robber has ${} right now.\n", self.money_in_pocket);
    }

    fn rob_bank(&mut self, bank: &mut Bank) {
        // 여기서는 돈을 가져가고 기본값이므로 50을 남깁니다.
        let new_money = mem::take(&mut bank.money_at_desk);

        // u32만 추가할 수 있으므로 *를 사용합니다.
        // DeskMoney는 여기에 더할 수 없습니다.
        self.money_in_pocket += *new_money;

        // money_in_pocket과 동일합니다.
        bank.money_inside -= *new_money;

        println!("She robbed the bank. She now has ${}!\n", self.money_in_pocket);
    }
}

fn main() {
    let mut bank_of_klezkavania = Bank { // 은행 설정
        money_inside: 5000,
        money_at_desk: DeskMoney(50),
    };
    bank_of_klezkavania.check_money();

    let mut robber = Robber { // 강도 설정
        money_in_pocket: 50,
    };
    robber.check_money();

    robber.rob_bank(&mut bank_of_klezkavania); // 강도가 돈을 확인합니다.
    robber.check_money();
```

```
    bank_of_klezkavania.check_money();

    robber.rob_bank(&mut bank_of_klezkavania); // 다시 돈을 확인합니다.
    robber.check_money();
    bank_of_klezkavania.check_money();

}
```

다음과 같이 출력됩니다.

```
There is $5000 in the back and $50 at the desk.

The robber has $50 right now.

She robbed the bank. She now has $100!

The robber has $100 right now.

There is $4950 in the back and $50 at the desk.

She robbed the bank. She now has $150!

The robber has $150 right now.

There is $4900 in the back and $50 at the desk.
```

책상에는 항상 $50가 있는 것을 볼 수 있습니다.

18.10 prelude

표준 라이브러리에도 prelude가 있으므로 use std::vec::Vec과 같은 코드를 작성해 Vec
을 만들 필요가 없습니다. 관련 문서(https://doc.rust-lang.org/std/prelude/index.
html#prelude-contents)에서 모든 항목을 볼 수 있으며, 이미 거의 모든 항목을 알고 있을
것입니다.

- std::marker::{Copy, Send, Sized, Sync, Unpin}: Unpin 트레이트는 아마 처음 볼 텐데, 이는
  Sized처럼 거의 모든 타입에 구현되어 있는 아주 일반적인 트레이트입니다. 여기서 '핀(pin)'은 값의 메모리

상 이동을 제한한다는 의미입니다. Pin 타입은 해당 값이 메모리 내에서 이동할 수 없도록 만들지만, 대부분의 타입들은 Unpin이 구현되어 있어 자유롭게 이동 가능합니다. 그래서 std::mem::replace와 같은 함수들이 동작할 수 있습니다. 이러한 함수들은 핀되지 않은 값을 다루기 때문입니다.

- std::ops::{Drop, Fn, FnMut, FnOnce}

- std::mem::drop

- std::boxed::Box

- std::borrow::ToOwned: Cow에서 살짝 보았듯이, 빌린 콘텐츠를 가져와 소유로 만들 수 있습니다. 이를 위해 .to_owned()를 사용합니다. 또한 &str에 .to_owned()를 사용해 String을 가져올 수 있으며, 다른 빌림된 값에도 동일하게 사용할 수 있습니다.

- std::clone::Clone

- std::cmp::{PartialEq, PartialOrd, Eq, Ord}

- std::convert::{AsRef, AsMut, Into, From}

- std::default::Default

- std::iter::{ Iterator, Extend, IntoIterator, DoubleEndedIterator, ExactSizeIterator }: 앞서 우리는 이터레이터에 .rev()를 사용했는데, 이것은 실제로 DoubleEnded Iterator를 만듭니다. ExactSizeIterator는 0..10과 같은 것으로, 이미 .len()이 10이라는 것을 알고 있습니다. 다른 이터레이터는 길이를 확실히 알지 못합니다.

- std::option::Option::{self, Some, None}

- std::result::Result::{self, Ok, Err}

- std::string::{String, ToString}

- std::vec::Vec

어떤 이유로 prelude를 원하지 않는다면 어떻게 해야 할까요? 속성에 #![no_implicit_prelude]를 추가하면 됩니다. 한 번 시도해 보고 컴파일러가 무엇을 알려 주는지 살펴봅시다.

```
// ⚠
#![no_implicit_prelude]
fn main() {
    let my_vec = vec![8, 9, 10];
    let my_string = String::from("This won't work");
    println!("{:?}, {}", my_vec, my_string);
}
```

이제 러스트는 사용자가 무엇을 하려는지 전혀 모릅니다.

```
error: cannot find macro `println` in this scope
 --> src/main.rs:5:5
  |
5 |     println!("{:?}, {}", my_vec, my_string);
  |     ^^^^^^^

error: cannot find macro `vec` in this scope
 --> src/main.rs:3:18
  |
3 |     let my_vec = vec![8, 9, 10];
  |                  ^^^

error[E0433]: failed to resolve: use of undeclared type or module `String`
 --> src/main.rs:4:21
  |
4 |     let my_string = String::from("This won't work");
  |                     ^^^^^^ use of undeclared type or module `String`

error: aborting due to 3 previous errors
```

따라서 이 간단한 코드에서는 std라는 extern(외부) 크레이트를 사용하도록 러스트에 지시한 다음 원하는 항목을 지정해야 합니다. 다음은 Vec과 String을 생성하고 출력하는 데 필요한 모든 것입니다.

```
#![no_implicit_prelude]

extern crate std; // std 크레이트 사용을 명시적으로 선언
use std::vec; // vec 매크로 사용을 위한 import
use std::string::String; // String 타입 사용을 위한 import
use std::convert::From; // &str에서 String으로의 변환을 위한 트레이트 import
use std::println; // 출력 매크로 사용을 위한 import

fn main() {
    let my_vec = vec![8, 9, 10];
    let my_string = String::from("This won't work");
    println!("{:?}, {}", my_vec, my_string);
}
```

그리고 이제 마침내 동작해 [8, 9, 10], This won't work를 출력합니다. 이제 러스트가 prelude를 사용하는 이유를 알 수 있습니다. 하지만 원한다면 굳이 사용할 필요는 없습니다. 스택 메모리와 같은 것을 사용할 수 없을 때 #![no_std]를 사용할 수도 있습니다(한 번 본 적이 있습니다). 다만 평소에는 prelude와 std가 자동으로 포함되므로, 이들의 사용을 명시적으로 선언할 필요가 없습니다.

그렇다면 왜 이전에는 extern 키워드를 보지 못했을까요? 이제는 그다지 필요하지 않기 때문입니다. 이전에는 외부 크레이트를 가져올 때 extern을 사용해야 했습니다. 예를 들어 과거에 rand를 사용하려면 다음과 같이 작성해야 했습니다.

```
extern crate rand;
```

그런 다음 사용하려는 모듈, 트레이트 등에 대한 use 문을 사용해야 했습니다. 그러나 이제 러스트 컴파일러는 이 도움이 더 이상 필요하지 않습니다. use를 사용하면 어디에서 찾을 수 있는지 알 수 있습니다. 따라서 이제는 extern crate가 거의 필요하지 않지만 예전에 작성한 러스트 코드에서는 여전히 맨 위에 표시될 수 있습니다.

18.11 time

std::time은 시간 관련 함수를 얻을 수 있는 곳입니다(더 많은 함수를 원한다면 chrono와 같은 크레이트를 사용할 수 있습니다). 가장 간단한 함수는 Instant::now()로, 시스템 시간을 가져옵니다.

```
use std::time::Instant;

fn main() {
    let time = Instant::now();
    println!("{:?}", time);
}
```

출력하면 다음과 같은 내용이 표시됩니다.

```
Instant { tv_sec: 2738771, tv_nsec: 685628140 }.
```

이는 초와 나노초 단위로 표시되지만, 이 값 자체로는 실용적이지 않습니다. 예를 들어 2738771 초는 31.70일에 해당하지만, 이는 실제 달력상의 월이나 일자와는 무관합니다. Instant 문서에서도 설명하듯이, 이 타입은 독립적으로 사용하도록 설계되지 않았습니다. 문서에서는 'Duration과 사용할 때만 유용한 불투명한 타입'이라고 설명합니다. 여기서 '불투명'은 '내부를 직접 해석할 수 없음'이라는 의미이며, Duration은 '경과 시간'을 의미하는 구조체입니다. 따라서 이 타입은 두 시점 간의 시간 차이를 계산하는 등의 작업에만 활용됩니다.

문서 왼쪽에 있는 Trait Implementations에는 Sub<Instant>가 있습니다. 즉, -를 사용해 다른 것에서 하나를 뺄 수 있습니다. 그리고 [source]를 클릭하면 다음과 같이 표시됩니다.

```
impl Sub<Instant> for Instant {
    type Output = Duration;

    fn sub(self, other: Instant) -> Duration {
        self.duration_since(other)
    }
}
```

따라서 Instant를 취하고 .duration_since()를 사용해 Duration을 제공합니다. 이를 출력해 봅시다. 바로 옆에 두 개의 Instant::now()를 만든 다음 프로그램을 잠시 바쁘게 만들겠습니다. 그런 다음 Instant::now()를 하나 더 만들겠습니다. 마지막으로 시간이 얼마나 걸렸는지 살펴봅시다.

```
use std::time::Instant;

fn main() {
    let time1 = Instant::now();
    let time2 = Instant::now(); // 두 변수의 시점은 매우 가깝습니다.

    let mut new_string = String::new();
    loop {
        // 러스트가 이 조지아 문자를 문자열에 밀어 넣도록 합니다.
        new_string.push('ნ');
        if new_string.len() > 100_000 {
            // 문자열의 크기가 100,000 바이트가 될 때까지 반복합니다.
```

```
            break;
        }
    }
    let time3 = Instant::now();
    println!("{:?}", time2 - time1);
    println!("{:?}", time3 - time1);
}
```

이렇게 하면 다음과 같은 결과가 출력됩니다. 출력되는 시간은 컴퓨터 사양에 따라 상이할 수 있습니다.

```
1.025µs
683.378µs
```

따라서 1마이크로초 대 683마이크로초가 조금 넘습니다. 러스트가 이 작업을 수행하는 데 시간이 좀 걸렸음을 알 수 있습니다.

하나의 Instant로 할 수 있는 재미있는 일이 하나 있습니다. format!("{:?}", Instant::now());를 사용해 String으로 바꿀 수 있습니다. 코드는 다음과 같습니다.

```
use std::time::Instant;

fn main() {
    let time1 = format!("{:?}", Instant::now());
    println!("{}", time1);
}
```

이는 Instant { tv_sec: 2740773, tv_nsec: 632821036 }과 같은 형태로 출력됩니다. 이 출력 자체로는 유용하지 않지만, .iter(), .rev(), .skip(2)를 사용하면 마지막의 }와 공백을 제외할 수 있습니다. 이를 활용해 난수 생성기를 구현할 수 있습니다.

```
use std::time::Instant;

fn bad_random_number(digits: usize) {
    if digits > 9 {
        panic!("Random number can only be up to 9 digits");
    }
    let now = Instant::now();
```

```
    let output = format!("{:?}", now);

    output
        .chars()
        .rev()
        .skip(2)
        .take(digits)
        .for_each(|character| print!("{}", character));
    println!();
}

fn main() {
    bad_random_number(1);
    bad_random_number(1);
    bad_random_number(3);
    bad_random_number(3);
}
```

앞의 코드는 다음과 같은 결과를 출력합니다. 난수 생성기이기 때문에 실행할 때마다 결과가 달라집니다.

```
6
4
967
180
```

이 함수는 좋은 난수 생성기가 아니라서 bad_random_number라고 이름 붙였습니다. 러스트에는 fastrand와 같이 rand보다 적은 코드로 난수를 생성하는 더 좋은 함수가 있습니다. 하지만 Instant로 상상력을 발휘해 무언가를 할 수 있음을 보여 주는 좋은 예입니다.

스레드가 있을 때 std::thread::sleep을 사용해 스레드를 잠시 멈추게 할 수 있습니다. 이렇게 할 때는 기간을 지정해야 합니다. 모든 프로그램이 적어도 하나의 스레드에 있기 때문에 이 작업에 둘 이상의 스레드를 만들 필요는 없습니다. 하지만 sleep에는 Duration을 지정해서 멈출 시간을 지정할 수 있습니다. 단위는 Duration::from_millis(), Duration::from_secs 등과 같이 선택할 수 있습니다. 다음은 한 가지 예입니다.

```
use std::time::Duration;
use std::thread::sleep;
```

```
fn main() {
    let three_seconds = Duration::from_secs(3);
    println!("I must sleep now.");
    sleep(three_seconds);
    println!("Did I miss anything?");
}
```

이 코드의 출력은 다음과 같습니다.

```
I must sleep now.
Did I miss anything?
```

이렇게 하면 스레드가 3초 동안 대기 상태가 됩니다. .sleep()은 주로 네트워크 연결처럼 여러 번의 시도가 필요한 다중 스레드 작업에서 사용합니다. 간헐적인 확인만 필요한 경우에 프로세서가 초당 100,000번씩 시도를 하는 것은 비효율적입니다. 이때 Duration으로 대기 시간을 설정하면 스레드가 깨어날 때마다 정해진 작업을 수행합니다.

18.12 기타 매크로

18.12.1 unreachable!

unreachable!() 매크로는 todo!()와 비슷하지만 절대 실행하지 않을 코드에 사용한다는 점이 다릅니다. 열거형에 암 중 절대 하나를 선택하지 않을 것이라고 알고 있는 match가 있어서 코드에 도달하지 못할 수도 있습니다. 이때 unreachable!()을 작성해서 컴파일러가 해당 부분을 무시해도 괜찮다는 것을 알려 줍니다.

예를 들어 금융 도구용 외부 크레이트를 사용하는데, 이 크레이트에는 주요 은행들이 정의된 큰 열거형이 있다고 가정해 봅시다. 이 열거형에 대해 match 연산을 수행하려는데 목록을 검토하다 보니 특이한 점을 발견했습니다.

```
enum Bank {
    KookminBANK,
```

```
    ShinhanBANK,
    IBKKiupBANK,
    ChungbukBANK
    // 기타 등등...
}
```

ChungbukBANK(충북은행)는 이제 없어졌습니다(제1차 금융 구조 조정으로 1999년 퇴출됨). 고객들이 절대 이 은행을 선택하지 않을 것이 확실하기 때문에 이 배리언트를 todo!나 unimplemented!로 남겨둘 필요가 없습니다. 이 기능은 절대 구현하지 않을 것이므로, 이는 명백하게 unreachable! 매크로를 사용해야 하는 경우입니다.

```
enum Bank {
    KookminBANK,
    ShinhanBANK,
    IBKKiupBANK,
    ChungbukBANK
    // 기타 등등...
}

fn get_swift_code(bank: &Bank) -> &'static str {
    use Bank::*;
    match bank {
        KookminBANK => "CZNBKRSE", // 국내 은행의 실제 BIC 코드
        ShinhanBANK => "SHBKKRSE",
        IBKKiupBANK => "IBKOKRSE",
        ChungbukBANK => unreachable!()
    }
}

fn main() {
    // 사용자 입력이 다른 함수에서 이루어진다고 가정합니다.
    // 사용자는 어떤 경우에도 ChungbukBANK를 선택할 수 없습니다.
    let user_input = Bank::IBKKiupBANK;
    println!("{}", get_swift_code(&user_input));
}
```

unreachable!()은 코드의 일부에 도달할 수 없음을 알려 주기 때문에 읽기에도 좋습니다. 하지만 코드가 실제로 도달할 수 없는 상태인지 확인해야 합니다. 컴파일러가 unreachable!()을 호출하면 프로그램은 패닉 상태가 될 것입니다. 또한 컴파일러는 도달할 수 없는 코드라고

판단하면 이를 알려 줍니다. 다음은 간단한 예시입니다.

```
fn main() {
    let true_or_false = true;

    match true_or_false {
        true => println!("It's true"),
        false => println!("It's false"),
        true => println!("It's true"), // 앗, 또 true라고 썼네요.
    }
}
```

다음과 같이 알려 줍니다.

```
warning: unreachable pattern
 --> src/main.rs:7:9
  |
7 |           true => println!("It's true"),
  |           ^^^^
  |
```

반면 unreachable!()은 이전 예시처럼 컴파일러가 특정 코드에 도달할 수 없음을 스스로 판단할 수 없는 경우에 사용합니다.

18.12.2 column!, line!, file!, module_path!

column!, line!, file!, module_path! 매크로는 디버그 정보를 제공하기 위해 단순히 코드에 넣기만 하면 되므로 dbg!()와 비슷합니다. 변수를 사용하지 않고 괄호와 함께 사용하면 됩니다.

- column!()은 작성한 열을 반환합니다.
- file!()은 작성한 파일의 이름을 반환합니다.
- line!()은 작성한 줄을 반환합니다.
- module_path!()는 모듈이 있는 위치를 알려 줍니다.

다음 코드는 이 네 가지를 모두 보여 주는 간단한 예제입니다. 이 매크로를 사용하기 위해 더 많은 코드(모듈 내부의 모듈)가 있다고 가정하겠습니다. 많은 모듈과 파일로 이루어진 큰 러스트 프로그램을 상상해 보세요.

```rust
pub mod something {
    pub mod third_mod {
        pub fn print_a_country(input: &mut Vec<&str>) {
            println!(
                "The last country is {} inside the module {}",
                input.pop().unwrap(),
                module_path!()
            );
        }
    }
}

fn main() {
    use something::third_mod::*;
    let mut country_vec = vec!["Portugal", "Czechia", "Finland"];

    // 몇 가지 작업을 수행합니다.
    println!("Hello from file {}", file!());

    // 몇 가지 작업을 수행합니다.
    println!(
        "On line {} we got the country {}",
        line!(),
        country_vec.pop().unwrap()
    );

    // 더 많은 작업을 수행합니다.

    println!(
        "The next country is {} on line {} and column {}.",
        country_vec.pop().unwrap(),
        line!(),
        column!(),
    );

    // 더 많은 코드가 여기에 있다고 가정합니다.

    print_a_country(&mut country_vec);
}
```

이 코드는 다음을 출력합니다.

```
Hello from file src/main.rs
On line 23 we got the country Finland
The next country is Czechia on line 32 and column 9.
The last country is Portugal inside the module rust_book::something::third_mod
```

18.12.3 cfg!

#[cfg(test)]나 #[cfg(windows)] 같은 속성을 사용하면 특정 상황에서 컴파일러의 동작을 제어할 수 있습니다. test 속성이 있는 코드는 테스트 모드에서만 실행되며(로컬 환경에서는 cargo test 명령어 사용), windows 속성이 있는 코드는 윈도우 환경에서만 실행됩니다. 하지만 운영체제 등에 따라 코드의 아주 일부분만 다르게 처리하고 싶을 때가 있습니다. 이런 경우에 이 매크로가 유용하며, 이는 bool 값을 반환합니다.

```rust
fn main() {
    let helpful_message = if cfg!(target_os = "windows") { "backslash" } else {
        "slash" };

    println!(
        "...then in your hard drive, type the directory name followed by a {}. \
        Then you...",
        helpful_message
    );
}
```

시스템에 따라 다르게 출력됩니다. 러스트 플레이그라운드는 리눅스에서 실행되므로 다음과 같이 출력됩니다.

```
...then in your hard drive, type the directory name followed by a slash. Then
you...
```

cfg!()는 모든 종류의 구성에서 동작합니다. 다음은 테스트 내에서 사용할 때 다르게 실행되는 함수의 예입니다.

```rust
#[cfg(test)] // cfg! 테스트라는 단어를 찾아야 합니다.
mod testing {
```

```rust
    use super::*;
    #[test]
    fn check_if_five() {
        // bring_number() 함수는 5를 반환해야 합니다.
        assert_eq!(bring_number(true), 5);
    }
}

fn bring_number(should_run: bool) -> u32 {
    // 이 함수는 실행 여부를 나타내는 불리언을 받습니다.
    if cfg!(test) && should_run {
        // 실행되어야 하고 구성 테스트가 있으면 5를 반환합니다.
        5
    } else if should_run {
        // 테스트는 아니지만 실행해야 할 때 무언가를 출력합니다.
        // 테스트를 실행하면 println! 문을 무시합니다.
        println!("Returning 5. This is not a test");
        5
    } else {
        println!("This shouldn't run, returning 0."); // 그렇지 않으면 0을 반환합니다.
        0
    }
}

fn main() {
    bring_number(true);
    bring_number(false);
}
```

이제 구성에 따라 다르게 실행됩니다. 프로그램을 실행하면 다음과 같이 표시됩니다.

```
Returning 5. This is not a test
This shouldn't run, returning 0.
```

그러나 테스트 모드(로컬 환경에서는 cargo test)에서 실행하면 실제로 테스트가 실행됩니다. 이때는 항상 5를 반환하므로 테스트를 통과합니다.

```
running 1 test
test testing::check_if_five ... ok

test result: ok. 1 passed; 0 failed; 0 ignored; 0 measured; 0 filtered out
```

CHAPTER 19

매크로 작성하기

매크로 작성은 상당히 복잡한 주제라서 책의 뒷부분에서 다루게 되었습니다. 매크로를 직접 작성해야 하는 경우는 거의 없지만, 매우 유용하므로 때때로 작성하고 싶을 수 있습니다. 매크로는 거의 별도의 프로그래밍 언어처럼 동작하기 때문에 매우 흥미롭습니다. 매크로를 작성하려면 `macro_rules!`라는 또 다른 매크로를 사용해야 하며, 매크로 이름을 정의하고 `{}` 블록을 열어야 합니다. 이 블록 내부의 구조는 `match` 문과 유사한 형태입니다.

다음은 `()`만 받아 6을 반환하는 매크로입니다.

```
macro_rules! give_six {
    () => {
        6
    };
}

fn main() {
    let six = give_six!();
    println!("{}", six);
}
```

하지만 매크로는 실제로 아무것도 컴파일하지 않으므로 `match` 문과 동일하지 않습니다. 매크로는 입력을 받아 출력을 제공하기만 합니다. 그런 다음 컴파일러는 이 말이 맞는지 확인합니다. 그렇기 때문에 매크로는 '코드를 작성하는 코드'와 같습니다. 진정한 `match` 문은 동일한 타입을 제공해야 하므로 다음과 같은 코드는 작동하지 않습니다.

```rust
fn main() {
// ⚠
    let my_number = 10;
    match my_number {
        10 => println!("You got a ten"),
        _ => 10,
    }
}
```

서로 다른 반환 타입(()와 i32)을 반환하려 하므로 컴파일러가 오류를 표시합니다.

```
error[E0308]: `match` arms have incompatible types
 --> src\main.rs:5:14
   |
 3 | /      match my_number {
 4 | |          10 => println!("You got a ten"),
   | |          ------------------------ this is found to be of type `()`
 5 | |          _ => 10,
   | |               ^^ expected `()`, found integer
 6 | |      }
   | |_____- `match` arms have incompatible types
```

하지만 매크로는 단순히 코드를 생성하기만 할 뿐, 컴파일러처럼 검사하지 않습니다. 매크로는
컴파일 전에 처리되는 코드이므로 다음과 같이 작성할 수 있습니다.

```rust
macro_rules! six_or_print {
    (6) => {
        6
    };
    () => {
        println!("You didn't give me 6.");
    };
}

fn main() {
    let my_number = six_or_print!(6);
    six_or_print!();
}
```

이 코드는 정상으로 작동하며 You didn't give me 6.를 출력합니다. 그리고 _ 케이스가 없으므로 일반적인 match 문과는 다르다는 것을 보여 줍니다. 이 매크로는 (6) 또는 ()만 받을 수 있으며, 다른 입력은 모두 오류가 발생합니다. 또한 여기서 사용한 6은 i32 타입이 아닌 단순한 입력 패턴입니다. 매크로는 실제로 어떤 형태의 입력이든 받을 수 있는데, 이는 매크로가 단순히 입력 패턴만을 확인하기 때문입니다. 예를 들어 보겠습니다.

```
macro_rules! might_print {
    (THis is strange input 하하ㅑㅑ哈哈 but it still works) => {
        println!("You guessed the secret message!")
    };
    () => {
        println!("You didn't guess it");
    };
}

fn main() {
    might_print!(THis is strange input 하하ㅑㅑ哈哈 but it still works);
    might_print!();
}
```

이 이상한 매크로는 두 가지에만 반응합니다. ()와 (THis is strange input 하하ㅑㅑ哈哈 but it still works)입니다. 다른 입력은 받지 않습니다. 출력은 다음과 같습니다.

```
You guessed the secret message!
You didn't guess it
```

따라서 매크로는 정확한 러스트 구문은 아닙니다. 하지만 매크로는 사용자가 제공하는 다양한 타입의 입력도 이해할 수 있습니다. 다음 예제를 살펴보겠습니다.

```
macro_rules! might_print {
    ($input:expr) => {
        println!("You gave me: {}", $input);
    }
}

fn main() {
    might_print!(6);
}
```

You gave me: 6이 출력됩니다. $input:expr 부분이 중요합니다. 이는 '표현식에 대해 변수 이름으로 $input을 지정하라'는 의미입니다. 매크로에서 변수는 $로 시작합니다. 이 매크로에서는 하나의 표현식을 지정하면 해당 표현식을 출력합니다. 좀 더 사용해 봅시다.

```rust
macro_rules! might_print {
    ($input:expr) => {
        println!("You gave me: {:?}", $input); // 이제 {:?}를 사용하겠습니다.
        // 왜냐하면 다른 종류의 표현식을 제공하기 때문입니다.
    }
}

fn main() {
    might_print!(()); // ()를 제공합니다.
    might_print!(6); // 6을 제공합니다.
    might_print!(vec![8, 9, 7, 10]); // vec을 제공합니다.
}
```

다음과 같이 출력됩니다.

```
You gave me: ()
You gave me: 6
You gave me: [8, 9, 7, 10]
```

또한 {:?}를 작성했지만 &input이 Debug를 구현하는지 확인하지 않는다는 점에 유의하세요. 그냥 코드를 작성하고 컴파일을 시도한 다음 컴파일되지 않으면 오류를 발생시킵니다.,

그렇다면 매크로는 expr 외에 무엇을 처리할 수 있을까요? 바로 block, expr, ident, item, lifetime, literal, meta, pat, path, stmt, tt, ty, vis입니다. 이것이 복잡한 부분입니다. 관련 문서(https://doc.rust-lang.org/reference/macros-by-example.html)에서 각각의 의미를 확인할 수 있습니다.

```
item: an Item
block: a BlockExpression
stmt: a Statement without the trailing semicolon (except for item statements that
require semicolons)
pat: a Pattern
expr: an Expression
ty: a Type
```

```
ident: an IDENTIFIER_OR_KEYWORD
path: a TypePath style path
tt: a TokenTree (a single token or tokens in matching delimiters (), [], or {})
meta: an Attr, the contents of an attribute
lifetime: a LIFETIME_TOKEN
vis: a possibly empty Visibility qualifier
literal: matches -?LiteralExpression
```

매크로를 설명하고 각각에 대한 예제를 제공하는 cheats.rs라는 좋은 사이트가 있습니다 (https://cheats.rs/#macros-attributes).

그러나 대부분의 매크로에서는 expr, ident, tt를 사용합니다. ident는 identifier(식별자)의 약자이며 변수나 함수의 이름을 나타냅니다. tt는 token tree(토큰 트리)의 약자이며 거의 모든 종류의 입력을 처리할 수 있습니다. 두 가지를 모두 사용한 간단한 매크로를 만들어 보겠습니다.

```
macro_rules! check {
    ($input1:ident, $input2:expr) => {
        println!(
            "Is {:?} equal to {:?}? {:?}",
            $input1,
            $input2,
            $input1 == $input2
        );
    };
}

fn main() {
    let x = 6;
    let my_vec = vec![7, 8, 9];
    check!(x, 6);
    check!(my_vec, vec![7, 8, 9]);
    check!(x, 10);
}
```

이 코드는 (변수 이름과 같은) 하나의 ident와 표현식을 가져와서 동일한지 확인합니다. 다음이 출력됩니다.

```
Is 6 equal to 6? true
Is [7, 8, 9] equal to [7, 8, 9]? true
Is 6 equal to 10? false
```

다음은 tt를 받는 매크로입니다. 이 매크로로는 **stringify!**라는 매크로를 사용해 문자열을 만든 다음 출력합니다.

```
macro_rules! print_anything {
    ($input:tt) => {
        let output = stringify!($input);
        println!("{}", output);
    };
}

fn main() {
    print_anything!(ththdoetd);
    print_anything!(87575oehq75onth);
}
```

다음이 출력됩니다.

```
ththdoetd
87575oehq75onth
```

하지만 공백, 쉼표 등이 있는 내용을 입력하면 출력되지 않습니다. 두 개 이상의 항목이나 추가 정보를 제공한다고 생각해 혼동할 수 있습니다. 바로 이 지점에서 매크로가 어려워지기 시작합니다.

매크로에 여러 항목을 한 번에 전달하려면 다른 구문을 사용해야 합니다. $input 대신 $($input1),* 형태를 사용하는데, 여기서 *는 쉼표로 구분된 0개 이상의 항목을 의미합니다. 최소 1개 이상의 항목이 필요한 경우에는 * 대신 +를 사용합니다.[1]

이를 적용해서 코드를 수정해 보겠습니다.

---

1 옮긴이_ 정규 표현식과 유사합니다.

```
macro_rules! print_anything {
    ($($input1:tt),*) => {
        let output = stringify!($($input1),*);
        println!("{}", output);
    };
}

fn main() {
    print_anything!(ththdoetd, rcofe);
    print_anything!();
    print_anything!(87575oehq75onth, ntohe, 987987o, 097);
}
```

이 매크로는 쉼표로 구분된 토큰 트리를 가져와서 **stringify!**를 사용해 문자열로 만든 다음 출력합니다.

```
ththdoetd, rcofe

87575oehq75onth, ntohe, 987987o, 097
```

** 대신 +를 사용하면 입력이 없을 때 오류가 발생합니다. 따라서 *가 좀 더 안전한 옵션입니다.

이제 매크로의 힘을 이해하기 시작하셨을 것입니다. 다음 예제에서는 실제로 우리만의 함수를 만들어 보겠습니다.

```
macro_rules! make_a_function {
    ($name:ident, $($input:tt),*) => {
        // 먼저 함수에 하나의 이름을 지정한 다음 다른 모든 것을 확인합니다.
        fn $name() {
            let output = stringify!($($input),*); // 다른 모든 것을 문자열로 만듭니다.
            println!("{}", output);
        }
    };
}


fn main() {
    // 우리가 지정한 모든 것을 출력하는 print_it()이라는 함수가 필요합니다.
    make_a_function!(print_it, 5, 5, 6, I);
```

```
    // 여기에서도 동일하지만 함수 이름을 변경합니다.
    make_a_function!(say_its_nice, this, is, really, nice);

    say_its_nice();
}
```

다음이 출력됩니다.

```
this, is, really, nice
```

이제 다른 매크로도 이해할 수 있을 것입니다. 이미 사용해 본 매크로 중 일부는 매우 간단합니다. 예를 들어 다음은 파일에 쓰기에 사용했던 write! 매크로입니다.

```
macro_rules! write {
    ($dst:expr, $($arg:tt)*) => ($dst.write_fmt($crate::format_args!($($arg)*)))
}
```

따라서 이를 사용하려면 다음을 입력합니다.

- 먼저 변수 이름 $dst를 가져오는 표현식(expr)을 입력합니다.
- 그 밖의 모든 것을 입력합니다. $arg:tt 패턴은 정확히 하나의 인자만 매칭하지만, $($arg:tt)*는 인자의 개수에 제한이 없어 0개 이상의 모든 입력을 처리할 수 있습니다.

그다음에는 $dst에 대해 write_fmt 메서드를 호출하는데, 이 메서드는 내부적으로 format_args! 매크로를 사용합니다. 이 매크로는 우리가 전달한 모든 인자들($($arg)*)을 받아서 처리합니다.

이제 todo! 매크로를 살펴봅시다. 이 매크로는 프로그램이 컴파일되기를 원하지만 아직 코드를 작성하지 않았을 때 사용하는 매크로입니다. 다음과 같이 생겼습니다.

```
macro_rules! todo {
    () => (panic!("not yet implemented"));
    ($($arg:tt)+) => (panic!("not yet implemented: {}", $crate::format_
    args!($($arg)+)));
}
```

여기에는 두 가지 옵션이 있습니다. () 또는 여러 토큰 트리(tt)를 입력할 수 있습니다.

- ()를 입력하면 메시지와 함께 panic!을 사용합니다. 따라서 실제로 todo! 대신 panic!("not yet implemented")을 입력해도 동일한 결과를 얻을 수 있습니다.

- 몇 가지 인수를 입력하면 인수를 출력하려고 시도합니다. 내부에 println!처럼 동작하는 동일한 format_args! 매크로를 볼 수 있습니다.

따라서 다음과 같이 작성하면 동작합니다.

```
fn not_done() {
    let time = 8;
    let reason = "lack of time";
    todo!("Not done yet because of {}. Check back in {} hours", reason, time);
}

fn main() {
    not_done();
}
```

다음을 출력합니다.

```
thread 'main' panicked at 'not yet implemented: Not done yet because of lack of
time. Check back in 8 hours', src/main.rs:4:5
```

매크로 내에서 동일한 매크로를 호출할 수도 있습니다. 한 가지 예를 살펴보겠습니다.

```
macro_rules! my_macro {
    () => {
        println!("Let's print this.");
    };
    ($input:expr) => {
        my_macro!();
    };
    ($($input:expr),*) => {
        my_macro!();
    }
}

fn main() {
```

```
    my_macro!(vec![8, 9, 0]);
    my_macro!(toheteh);
    my_macro!(8, 7, 0, 10);
    my_macro!();
}
```

이 매크로는 빈 입력(()), 단일 표현식, 또는 여러 표현식을 받을 수 있습니다. 하지만 입력된 표현식의 내용과 관계없이 모두 무시하고, my_macro!를 ()와 함께 호출합니다. 따라서 Let's print this가 네 번 출력됩니다.

이러한 자기 참조 호출 패턴은 dbg! 매크로에서도 확인할 수 있습니다.

```
macro_rules! dbg {
    () => {
        eprintln!("[{}:{}]", file!(), line!());
    };
    ($val:expr) => {
        // 임시 변수의 수명을 제어하여 값이 안전하게 사용되도록 match를 사용합니다.
        // 참고: https://stackoverflow.com/a/48732525/1063961
        match $val {
            tmp => {
                eprintln!("[{}:{}] {} = {:#?}",
                    file!(), line!(), stringify!($val), &tmp);
                tmp
            }
        }
    };
    // 단일 인수가 있는 후행 쉼표는 무시됩니다.
    ($val:expr,) => { dbg!($val) };
    ($($val:expr),+ $(,)?) => {
        ($(dbg!($val)),+,)
    };
}
```

참고로 eprintln!은 println!과 같지만 io::stdout 대신 io::stderr로 출력합니다. 새 줄을 추가하지 않는 eprint!도 있습니다.

이제 직접 사용해 보겠습니다.

```rust
fn main() {
    dbg!();
}
```

이는 첫 번째 암과 일치하므로 `file!`과 `line!` 매크로를 사용해 파일 이름과 줄 이름을 출력합니다. 출력 결과는 `[src/main.rs:2]`를 출력합니다.

`dbg!` 매크로를 다음과 같이 호출해 봅시다.

```rust
fn main() {
    dbg!(vec![8, 9, 10]);
}
```

이는 하나의 표현식이므로 다음 암과 일치하게 됩니다. 그런 다음 입력값을 `tmp`로 받아서 다음 코드를 실행합니다.

```rust
eprintln!("[{}:{}] {} = {:#?}", file!(), line!(), stringify!($val), &tmp);
```

이 코드는 `file!`과 `line!`을 출력하고 `$val`을 `String`으로 변환한 다음, `tmp`를 `{:#?}`를 사용해 예쁘게 출력합니다. 따라서 다음과 같이 출력됩니다.

```
[src/main.rs:2] vec![8, 9, 10] = [
    8,
    9,
    10,
]
```

그리고 나머지 부분은 쉼표를 추가해도 `dbg!`를 호출합니다.

보시다시피 매크로는 매우 복잡합니다! 보통 매크로는 간단한 함수로 잘할 수 없는 작업을 자동으로 수행하기 위해서만 사용합니다. 매크로를 배우는 가장 좋은 방법은 다른 매크로 예제를 살펴보는 것입니다. 매크로를 문제없이 빠르게 작성할 수 있는 사람은 많지 않습니다. 따라서 매크로에 관한 모든 것을 알아야만 작성할 수 있다고 생각하지 마세요. 다른 매크로를 읽고 조금만 변경해서 그 힘을 쉽게 빌릴 수도 있습니다. 그러면 자신만의 매크로를 작성하는 데 익숙해지기 시작할 것입니다.

CHAPTER 20

도서 관리 프로그램 만들기

번역서에서는 원서의 내용에 더해 직접 프로그램을 작성하고 실습할 수 있는 예제를 추가했습니다. 실습을 통해 러스트의 주요 개념을 더욱 깊이 이해하고, 실전에서 바로 적용할 수 있도록 내용을 구성했습니다. 도서 관리 프로그램을 만드는 과정을 차근차근 따라 하며 실제 개발 환경에 필요한 러스트의 활용법을 직접 체험해 보세요. 실습을 진행하다가 궁금한 점이 있다면 역자 이메일(search5@gmail.com)로 문의해 주세요.

러스트로 데스크톱에서 동작하는 프로그램을 만들 때는 다양한 GUI 프레임워크를 활용할 수 있습니다. GUI 프레임워크는 운영체제에서 동작하는 GUI 툴킷과 웹 기반 기술을 사용해 UI를 구현하는 방식으로 나눠집니다.

최근에는 웹 기반 기술로 GUI를 구현한 프로그램이 많습니다. 이미 우리에게 익숙한 업무용 메신저 프로그램인 슬랙Slack, 개인 데이터 정리에 사용하는 노션Notion, 프로그램을 개발할 때 사용하는 비주얼 스튜디오 코드Visual Studio Code 등이 여기에 해당합니다. 웹 기반 기술을 사용하면 유려한 UI를 구현하면서 백엔드 언어의 강력한 기능을 함께 사용할 수 있기 때문입니다.

웹 기반 기술은 접근하기 쉽고 개발하기 쉽습니다. 이러한 웹 기반 기술의 장점과 함께 러스트를 사용하면 앞서 살펴본 것처럼 안정적으로 동작하는 프로그램을 만들 수 있습니다. 러스트에서 웹 기반 기술을 사용해 프로그램을 만드는 GUI 프레임워크는 다양하지만, 여기에서는 타우리Tauri를 사용합니다.

타우리는 실제 제품 개발에도 사용할 정도로 안정화되었으므로 여러분도 타우리를 사용해

GUI 프로그램을 구현하기를 추천합니다.

이 장에서는 타우리를 사용해 도서 관리 프로그램을 만듭니다.

20.1 준비하기

도서 관리 프로그램의 UI를 만드는 데 다음과 같은 기술을 사용합니다.

- **Vue.js**: 웹 애플리케이션의 화면을 만들고 관리하는 자바스크립트 UI 프레임워크
- **Node.js**: 자바스크립트를 웹 브라우저가 아닌 곳에서 실행할 수 있게 해 주는 런타임
- **Tailwind CSS**: 빠르고 쉽게 웹 페이지의 스타일을 지정하게 해 주는 CSS 프레임워크
- **PostgreSQL**: 안정성과 확장성을 제공하는 데이터베이스

도서 정보를 저장하기 위해 데이터베이스로 PostgreSQL을 사용합니다. 혼자 사용하는 프로그램에도 데이터베이스를 사용하는 것이 좋습니다. 데이터베이스를 사용하면 도서 정보 데이터를 효율적으로 저장하고 불러올 수 있습니다. 러스트와 타우리는 여러 운영체제에서 사용 가능하지만 이 책에서는 윈도우 11에서 프로그램 개발을 진행합니다.

먼저 윈도우에 러스트와 Node.js, PostgreSQL을 설치해 봅시다.

러스트는 rustup(`https://rustup.rs`)을 사용해 설치합니다(부록 A '러스트 설치하기' 참조). rustup을 사용해 러스트를 설치할 때는 Quick Install을 선택하면 편합니다. Quick Install 모드는 러스트 개발에 필요한 비주얼 스튜디오를 자동으로 설치해 줍니다. 다른 모드를 사용하면 직접 비주얼 스튜디오 커뮤니티 버전을 설치해야 합니다.

Node.js는 22.13.0(LTS) 버전을 사용해 설치합니다(부록 B 'Node.js 설치하기' 참조).

PostgreSQL은 `https://www.postgresql.org/download/windows`에서 설치 프로그램을 다운로드합니다(부록 C 'PostgreSQL 설치하기' 참조). 설치할 컴포넌트를 선택할 때는 Command Line Tools만 선택해야 합니다.

이 장에서 사용하는 PostgreSQL 데이터베이스는 구글이나 AWS, 마이크로소프트 애저에서 제공하는 데이터베이스를 만들어 사용하거나 PostgreSQL 컨테이너 이미지를 사용하

면 편하게 구축할 수 있습니다. 컨테이너 이미지를 사용해 PostgreSQL를 구축할 때는 포드 맨Podman(`https://podman.io`)을 사용하기 바랍니다(부록 E '포드맨 설치하기' 참조).

20.1.1 Vue 프로젝트 생성하기

러스트와 타우리를 사용해 프로그램을 만들려면 가장 먼저 프로젝트를 생성해야 합니다. 프로젝트를 생성할 때는 타우리가 제공하는 프로젝트 생성 도구를 사용해도 되지만 이 장에서는 Vue.js와 Vue-router, Pinia 등을 사용하므로 프런트엔드 프로젝트를 만들고 그 안에 타우리 프로젝트를 설정하겠습니다.

윈도우 파워셸Powershell을 열고 다음 명령을 입력합니다. 다음 명령을 입력하기 전에 Node.js가 설치되어 있어야 합니다.

```
npm create vite@latest
```

`create-vite` 패키지가 설치되어 있지 않으면 다음 내용이 출력됩니다. 여기에 y를 입력해 `create-vite` 패키지를 설치하세요.

```
Need to install the following packages:
create-vite@6.1.1
Ok to proceed? (y)
```

그럼 화면에 바로 다음과 같은 내용이 출력되고 `Project name`(프로젝트 이름)을 물어봅니다.

```
> npx
> create-vite
✔ Project name: ... bookshelf
```

기본으로 표시되는 값은 `vite-project`이지만 이 자리에 `bookshelf`를 입력합니다. 프로젝트 이름은 소문자로 입력합니다.

그러면 다음과 같이 프런트엔드 프레임워크로 무엇을 쓸 것인지 물어봅니다. 기본값은 `Vanilla`지만 아래 방향키를 눌러 `Vue`를 선택하고 엔터 키를 누릅니다.

```
? Select a framework: › - Use arrow-keys. Return to submit.
     Vanilla
  ›  Vue
     React
     Preact
     Lit
     Svelte
     Solid
     Qwik
     Others
```

이 장에서 만드는 도서 관리 프로그램은 Vue의 여러 기능을 사용하기에 다음 배리언트 항목에서 아래 방향키를 눌러 Customize with create-vue ↗를 선택합니다.

```
? Select a variant: › - Use arrow-keys. Return to submit.
     TypeScript
     JavaScript
  ›  Customize with create-vue ↗
     Nuxt ↗
```

create-vue가 설치되어 있지 않으면 다음 내용이 출력됩니다. 다시 한번 y를 눌러 create-vue 패키지를 설치합니다.

```
Need to install the following packages:
create-vue@3.10.4
Ok to proceed? (y)
```

그럼 다음과 같이 출력됩니다.

```
> npx
> create-vue bookshelf
```

바로 이어 프런트엔드 앱에 타입스크립트 지원을 추가할지를 물어봅니다.

```
Vue.js - The Progressive JavaScript Framework
? Add TypeScript? › No / Yes
```

이 항목의 기본값은 No입니다. 설정 변경 없이 엔터 키를 눌러 다음으로 이동합니다. 다음으로 물어보는 항목은 JSX 지원 여부입니다. JSX 지원 여부는 기본값이 No이며 엔터 키를 눌러 다음으로 질문으로 이동합니다.

```
? Add JSX Support? › No / Yes
```

다음으로 프런트엔드 프로그램 내에서 라우팅 기능을 사용할지를 물어봅니다. 우리가 만드는 프로그램은 도서 목록, 도서 조회, 도서 등록/수정 화면을 별도로 사용하기 때문에 이 선택 항목을 Yes로 선택해야 합니다. 우측 방향키를 눌러 Yes를 선택하고 엔터 키를 누릅니다.

```
? Add Vue Router for Single Page Application development? › No / Yes
```

다음으로 프런트엔드 애플리케이션의 상태를 저장하는 Pinia를 사용할 것인지 물어봅니다. 이 항목의 기본값은 No이지만 도서 관리 프로그램에서는 Pinia를 사용하므로 우측 방향키를 눌러 Yes를 선택하고 엔터 키를 누릅니다.

```
? Add Pinia for state management? › No / Yes
```

다음으로 프런트엔드 프로그램의 유닛 테스트를 할 것인지 물어봅니다. 이 항목은 기본값 No로 두고 엔터 키를 누릅니다.

```
? Add Vitest for Unit Testing? › No / Yes
```

다음으로 엔드 투 엔드 테스팅 솔루션을 물어봅니다. 간단한 실습이 목적이므로 엔드 투 엔드 솔루션의 값을 기본값인 No로 두고 엔터 키를 누릅니다.

```
? Add an End-to-End Testing Solution? › - Use arrow-keys. Return to submit.
›   No
    Cypress
    Nightwatch
    Playwright
```

다음으로 프런트엔드의 문법 오류, 코드 스타일 개선 등에 도움을 주는 ESLint를 추가할지를 물어봅니다. 여기서는 기본값인 No로 두고 엔터 키를 누릅니다. 실제 제품을 개발할 경우에는 코드 퀄리티를 높이기 위해 Yes를 선택하는 것이 좋습니다.

```
? Add ESLint for code quality? » - Use arrow-keys. Return to submit.
>   No
    Yes
    Yes, and speed up with Oxlint (experimental)
```

이것으로 프런트엔드 애플리케이션을 만들기 위한 Vue.js 프로그램의 기본 파일들이 만들어졌습니다. 이렇게 생성된 파일은 앞에서 입력한 프로젝트 이름으로 된 디렉터리에 있습니다. 생성된 디렉터리 구조는 다음과 같습니다.

```
bookshelf
├── README.md
├── index.html
├── jsconfig.json
├── package.json
├── public
│   └── favicon.ico
├── src
│   ├── App.vue
│   ├── assets
│   │   ├── base.css
│   │   ├── logo.svg
│   │   └── main.css
│   ├── components
│   │   ├── HelloWorld.vue
│   │   ├── TheWelcome.vue
│   │   ├── WelcomeItem.vue
│   │   └── icons
│   │       ├── IconCommunity.vue
│   │       ├── IconDocumentation.vue
│   │       ├── IconEcosystem.vue
│   │       ├── IconSupport.vue
│   │       └── IconTooling.vue
│   ├── main.js
│   ├── router
│   │   └── index.js
│   ├── stores
│   │   └── counter.js
│   └── views
```

```
|         ├── AboutView.vue
|         └── HomeView.vue
└── vite.config.js
```

다음으로 프런트엔드 프로젝트를 설정합니다.

20.1.2 프런트엔드 프로젝트 설정하기

프런트엔드 프로젝트를 만들었으므로 이제 프로젝트 디렉터리로 이동해서 프런트엔드 프로젝트를 설정합니다.

먼저 윈도우 파워셸에 `cd <프로젝트 디렉터리 경로>`를 입력합니다. 그리고 `npm install` 명령을 실행합니다.

```
npm install
```

이 명령이 실행되면 프런트엔드 프로그램 개발 과정에서 사용할 Node.js 패키지를 설치합니다. 여기서 설치하는 패키지는 `package.json`에 명시되어 있습니다. 우리가 만드는 도서 관리 프로그램은 Vue.js 프로그램 개발에 필요한 패키지 외에 6개의 추가 패키지를 설치해야 합니다.

다음으로 설치할 패키지는 프런트엔드 프로그램에서 타우리 프레임워크에 바로 접근할 수 있도록 도와주는 `@tauri-apps/api` 패키지와 다이얼로그와 파일 시스템에 접근하게 하는 플러그인입니다.

```
npm install @tauri-apps/api @tauri-apps/plugin-dialog @tauri-apps/plugin-fs
```

도서 관리 프로그램을 개발할 때 파일 시스템에 접근하려면 `@tauri-apps/plugin-fs` 패키지를 반드시 설치해야 하고, 파일을 찾는 다이얼로그를 열 수 있도록 `@tauri-apps/plugin-dialog` 패키지도 반드시 설치해야 합니다.

다음으로 프런트엔드 화면에 스타일을 쉽게 적용할 수 있는 Tailwind CSS 프레임워크 및 관련 패키지를 설치합니다. 이들 패키지는 Node.js 프로젝트에 개발 의존성을 가집니다. 다음 명령을 입력해 설치합니다.

```
npm install -D tailwindcss@latest postcss@latest autoprefixer@latest
```

Tailwind CSS 패키지 설치가 끝나면 Tailwind CSS 초기 설정을 진행합니다. 다음 명령을 입력합니다.

```
npx tailwindcss init -p
```

이 명령이 실행되면 프로젝트 디렉터리에 **tailwind.config.js**, **postcss.config.js** 파일이 생성됩니다.

프런트엔드 코드를 번들링할 때 여러 파일에 작성한 **tailwindcss** 코드도 번들링 대상으로 추가하기 위해 **tailwind.config.js** 파일을 비주얼 스튜디오로 실행해 **content** 키를 다음과 같이 고칩니다(부록 D '비주얼 스튜디오 코드 설치하기' 참조).

```
content: [
    "./index.html",
    "./src/**/*.{vue,js,ts,jsx,tsx}",
],
```

다음으로 프로젝트 디렉터리에 타우리 프로젝트를 생성해 보겠습니다.

20.1.3 타우리 프로젝트 생성하기

프로젝트 디렉터리는 기본적으로 Node.js 프로젝트라서 타우리 앱으로 발전시키려면 타우리 프로젝트 생성 명령을 추가해야 합니다.

타우리 프로젝트 생성 명령을 추가하려면 먼저 **cargo install** 명령으로 **tauri-cli** 패키지를 설치해야 합니다.[1]

```
cargo install tauri-cli
```

---

1 옮긴이_ 2024년 10월 타우리 2.0이 발표되어 버전을 명시하지 않으면 2.0 버전의 tauri-cli가 설치됩니다.

`tauri-cli` 명령은 타우리 프로젝트를 생성할 때뿐만 아니라 개발 모드로 앱을 시작하거나 개발된 프로그램을 빌드하고 배포하는 데도 사용하므로 반드시 설치해야 합니다. 이 명령은 처음한 번만 실행하며 다음에는 다시 설치하지 않아도 됩니다.

다음으로 타우리 프로젝트를 생성합니다. `npm create` 명령의 실행 결과로 만들어진 프로젝트 디렉터리에서 다음 명령을 입력합니다.

```
cargo tauri init
```

그리고 타우리 앱의 이름을 입력합니다. `bookshelf`가 기본값으로 입력되었다면 바로 엔터 키를 누르고, 그렇지 않다면 `bookshelf`를 직접 입력합니다.

```
? What is your app name? · bookshelf
```

다음으로 타우리 앱을 시작했을 때 윈도우 제목으로 사용할 문자열을 입력합니다. 앱 이름과 같이 `bookshelf`가 기본값이라면 바로 엔터 키를 누르고, 그렇지 않다면 직접 입력합니다. 또는 원하는 다른 이름으로 변경해도 됩니다.

```
? What should the window title be? · bookshelf
```

다음으로 타우리 앱이 HTML/CSS/JS가 어디에 있는지 물어봅니다. 이 항목의 기본값은 `../dist`이며 그대로 엔터 키를 누릅니다. 만약 기본값이 없다면 `../dist`를 입력해 주세요.

```
? Where are your web assets (HTML/CSS/JS) located, relative to the "<current dir>/
src-tauri/tauri.conf.json" file that will be created? · ../dist
```

이 값을 기본값으로 두는 이유는 Vue.js 프론트엔드는 번들링된 HTML/CSS/JS가 `dist` 디렉터리에 생성되는데, 타우리 앱이 프로젝트 디렉터리 아래에 별도 디렉터리로 구성되어 있기 때문입니다. 이 값은 타우리 앱을 배포할 때 사용됩니다.

다음으로 타우리 앱 개발 모드에서 찾을 프론트엔드 개발 서버의 URL을 지정합니다. 기본값은 `http://localhost:8080`입니다. 여기서 기본값은 지우고 `http://localhost:5173`을 입력합니다. 기본값이 없다면 `http://localhost:5173`를 입력해 주세요. 5173이라고 입력하는 이유는 Vue.js가 기본적으로 5173 포트를 사용해 시작되기 때문입니다.

```
? What is the url of your dev server? · http://localhost:5173
```

다음으로 프런트엔드 개발 서버를 시작할 때 사용하는 명령을 입력합니다. 기본값으로 npm run dev가 입력되어 있으므로 엔터 키를 누릅니다.

```
? What is your frontend dev command? · npm run dev
```

다음으로 프런트엔드 프로젝트를 빌드할 때 사용할 명령을 입력합니다. 기본값으로 npm run build가 입력되어 있으므로 엔터 키를 누릅니다.

```
? What is your frontend build command? · npm run build
```

그럼 다음과 같이 src-tauri 디렉터리가 프로젝트 디렉터리 아래에 만들어집니다.

```
bookshelf
├── src
├── src-tauri
│   ├── Cargo.toml
│   ├── build.rs
│   ├── capabilities
│   │   └── default.json
│   ├── icons
│   │   ├── 128x128.png
│   │   ├── 128x128@2x.png
│   │   ├── 32x32.png
│   │   ├── Square107x107Logo.png
│   │   ├── Square142x142Logo.png
│   │   ├── Square150x150Logo.png
│   │   ├── Square284x284Logo.png
│   │   ├── Square30x30Logo.png
│   │   ├── Square310x310Logo.png
│   │   ├── Square44x44Logo.png
│   │   ├── Square71x71Logo.png
│   │   ├── Square89x89Logo.png
│   │   ├── StoreLogo.png
│   │   ├── icon.icns
```

```
|   |   ├── icon.ico
|   |   └── icon.png
|   ├── src
|   |   ├── lib.rs
|   |   └── main.rs
|   └── tauri.conf.json
├── tailwind.config.js
└── vite.config.js
```

다음으로 러스트 앱 의존성을 설정하고 타우리 앱 개발 환경을 구성해 보겠습니다.

20.1.4 러스트 앱 의존성과 타우리 앱 개발 환경 설정하기

타우리 앱을 추가하고 나면 Vue.js 프로그램 개발에 관여하는 Vite.js 설정 파일에 타우리 앱 설정을 추가합니다.

프로젝트 루트 디렉터리의 **vite.config.js**는 다음과 같이 수정합니다. 추가할 항목은 env Prefix, build 키입니다.[2]

```
import { fileURLToPath, URL } from 'node:url'

import { defineConfig } from 'vite'
import vue from '@vitejs/plugin-vue'

// https://vitejs.dev/config/
export default defineConfig({

    envPrefix: ['VITE_', 'TAURI_PLATFORM', 'TAURI_ARCH', 'TAURI_FAMILY',
    'TAURI_ PLATFORM_VERSION', 'TAURI_PLATFORM_TYPE', 'TAURI_DEBUG'],
    build: {
      target: process.env.TAURI_PLATFORM == 'windows' ? 'chrome105' : 'safari13',
      minify: !process.env.TAURI_DEBUG ? 'esbuild' : false,
      sourcemap: !!process.env.TAURI_DEBUG,
    },
    plugins: [
      vue(),
    ],
```

---

2 옮긴이_ 코드는 깃허브(https://github.com/search5/easyrust_book)에서 다운로드할 수 있습니다.

```
    resolve: {
      alias: {
        '@': fileURLToPath(new URL('./src', import.meta.url))
      }
    }
  })
```

다음으로 러스트 프로그램이 데이터베이스 관련 작업을 할 수 있도록 하는 사전 작업으로 `diesel_cli` 패키지를 설치합니다.

이를 설치하려면 운영체제에 PostgreSQL 프로그램이 설치되어 있어야 합니다. 윈도우에서는 앞서 설명한 것처럼 PostgreSQL 윈도우 설치 마법사에서 **Command Line Tools**만 설치하고 뒤에서 설명할 `build.rs`에 관련 설정을 하면 됩니다(부록 C 'PostgreSQL 설치하기' 참조).

```
cargo install diesel_cli --no-default-features --features postgres
```

이 명령도 처음 한 번만 실행하면 됩니다. 다음으로 도서 정보를 담을 테이블을 생성합니다.

20.1.5 테이블 생성하기

디젤Diesel (`https://diesel.rs`)에는 SQL 명령문을 우리가 직접 만들지 않아도 객체 관계 매핑Object-Relational Mapping (ORM) 명령 구조에 맞게 자동으로 데이터 조작 언어data manipulation language (DML) 문을 만들어서 데이터베이스에 실행하는 기능이 있습니다. 그러나 데이터베이스 테이블을 자동으로 생성해 주지는 않기 때문에 직접 테이블 생성 구문을 추가해야 합니다.

제일 먼저 데이터베이스 접속 정보가 담긴 파일을 생성해야 합니다. 프로젝트 디렉터리에 `.env`라는 파일 이름으로 다음과 같은 데이터 베이스 접속 정보가 담긴 형태로 파일을 만듭니다.

```
DATABASE_URL=postgres://유저명:비밀번호@데이터베이스 호스트:5432/데이터베이스명
```

예를 들어 다음과 같이 작성할 수 있습니다.

```
DATABASE_URL=postgres://postgres:mysecretpassword@localhost:5432/mydatabase
```

나중에 프로그램을 배포할 때는 접속할 데이터베이스 URL을 운영체제 환경 변수가 아닌 소스코드 내에 포함하거나 배포 받은 사용자가 직접 설정할 수 있는 방법을 제공해야 합니다.

이제 디젤 초기화 설정을 진행합니다. 파워셸을 열고 cd 명령어로 프로젝트 디렉터리의 src-tauri 디렉터리 안으로 이동해 다음 명령을 실행합니다.

```
diesel setup
```

다음으로 테이블 생성 작업을 해야 하는데 이와 같은 DDL 작업을 디젤에서 하려면 마이그레이션 작업이 필요합니다. 첫 번째 마이그레이션 작업을 생성하기 위해 다음 명령을 실행합니다. 해당 작업이 어떤 작업인지 영문자와 언더스코어(_) 문자 등을 사용해 적절한 이름을 제공하세요. 여기서는 create_books로 명명했습니다.

```
diesel migration generate create_books
```

명령이 실행되고 나면 다음과 같은 형식의 내용이 출력됩니다.

```
Creating migrations/{timestamp}_{migration 작업명}/up.sql
Creating migrations/{timestamp}_{migration 작업명}/down.sql
```

마이그레이션 작업당 2개의 파일이 생성되는데, up.sql과 down.sql입니다. up.sql은 diesel migration run 명령이 되었을 때 실행될 DDL 문이 들어가고 down.sql은 diesel migration revert 명령이 실행되었을 때 실행될 DDL 문이 포함됩니다.

먼저 up.sql 파일에 다음과 같은 내용을 추가합니다.

파일 이름: src-tauri/migrations/{timestamp}_{migration 작업명}/up.sql

```
CREATE TABLE IF NOT EXISTS books (
    id BIGINT GENERATED ALWAYS AS IDENTITY PRIMARY KEY,
    uuid UUID DEFAULT gen_random_uuid() UNIQUE NOT NULL,
    title VARCHAR NOT NULL,
    author VARCHAR NOT NULL,
    translator VARCHAR,
    publisher VARCHAR,
    coverimage VARCHAR,
```

```
    purchasedate DATE,
    purchaselocation VARCHAR,
    isbn VARCHAR(13),
    createdat TIMESTAMP WITH TIME ZONE DEFAULT CURRENT_TIMESTAMP
)
```

다음으로 down.sql 파일을 작성합니다.

파일 이름: src-tauri/migrations/{timestamp}_{migration 작업명}/down.sql

```
DROP TABLE books
```

DDL 파일 작성이 끝나면 **src-tauri** 디렉터리에서 다음 명령으로 마이그레이션을 실행합니다.

```
diesel migration run
```

이 명령이 정상적으로 실행되면 Running migration {timestamp}_{migration 작업명}
과 같은 결과가 화면에 출력됩니다.

이것으로 기본 준비 작업이 완료됐습니다. 다음 작업부터는 프런트엔드 코드를 만들고 프런트엔드에서 실행하는 러스트 백엔드 코드를 만듭니다.

20.2 개발하기

이제부터 본격적으로 도서 관리 프로그램의 프런트엔드와 백엔드를 구축하고, 전체 프로그램을 테스트하는 과정을 다룹니다. 타우리와 러스트를 활용해 사용자 인터페이스와 데이터 관리로직을 설계하고 프로그램의 핵심 기능을 구현합니다.

20.2.1 프런트엔드 만들기

프런트엔드 개발 단계에서는 기능별로 이동하는 라우팅 설정 파일, 데이터 저장소 파일, 기능별 컴포넌트 화면을 생성합니다. 먼저 만들 파일은 화면을 유려하게 만들기 위한 CSS 파일입니다.

프로젝트 디렉터리의 src/assets/main.css 파일을 열어 기존 코드를 지우고 다음 코드로 변경합니다.

파일 이름: src/assets/main.css

```css
@tailwind base;
@tailwind components;
@tailwind utilities;
```

이렇게 만든 CSS 파일은 Vite.js에 의해 실제 CSS 설정을 담은 파일로 변경되기 때문에 여러분이 추가로 작성할 CSS 코드는 없습니다.

CSS 파일을 작성했으면 다음으로 라우팅 설정 파일을 만듭니다. 라우팅 설정 파일은 도서 관리 프로그램이 가지고 있는 4개의 URL을 선언합니다.

프로젝트 디렉터리의 src/router/index.js 파일을 다음과 같이 만듭니다.

파일 이름: src/router/index.js

```js
import { createRouter, createWebHistory } from 'vue-router'

const router = createRouter({
  history: createWebHistory(import.meta.env.BASE_URL),
  routes: [
    {
      path: '/',
      name: 'books',
      component: () => import('../views/BookList.vue')
    },
    {
      path: '/add',
      name: 'add-book',
      component: () => import('../views/AddBook.vue')
    },
    {
      path: '/edit/:id',
      name: 'edit-book',
      component: () => import('../views/EditBook.vue')
```

```
    },
    {
      path: '/book/:id',
      name: 'book-detail',
      component: () => import('../views/BookDetail.vue')
    }
  ]
})

export default router
```

라우팅 설정 파일에 있는 URL은 도서 목록, 도서 추가, 도서 편집, 도서 상세 정보입니다. 도서 관리 프로그램을 구현하고 나서 여러분이 직접 신규 기능을 추가해 보기 바랍니다. 이 파일에서 중요하게 봐야 할 부분은 개별 JSON 객체의 component 키입니다. 이 키의 값으로 클로저 함수를 전달했는데 이 코드와 같이 Vue 컴포넌트를 import 문으로 가져오게 하면 번들링되는 파일이 여러 개로 나눠지기 때문에 복잡한 UI를 가진 화면이 많아질수록 빠르게 화면이 표시된다는 장점이 있습니다.

다음으로 데이터 저장소 설정 파일을 만듭니다. 프로젝트 디렉터리의 src/stores/bookStore.js 파일을 다음 내용으로 추가합니다.

파일 이름: src/stores/bookStore.js

```
import { defineStore } from 'pinia'
import { invoke } from '@tauri-apps/api/core'

export const useBookStore = defineStore('book', {
  state: () => ({
    books: []
  }),
  actions: {
    async fetchBooks() {
      try {
        this.books = await invoke('get_books')
      } catch (error) {
        console.error('Failed to fetch books:', error)
      }
    },
    async addBook(book) {
      try {
```

```
        await invoke('add_book', book);
        await this.fetchBooks()
      } catch (error) {
        console.error('Failed to add book:', error)
      }
    },
    async getBook(id) {
      try {
        const book = await invoke('get_book', { bookid: id })
        return book
      } catch (error) {
        console.error('Failed to get book:', error)
        throw error
      }
    },
    async updateBook(book) {
      try {
        await invoke('update_book', book)
        await this.fetchBooks()
      } catch (error) {
          console.error('Failed to update book:', error)
      }
    },
    async deleteBook(id) {
      try {
        await invoke('delete_book', { id })
        this.books = this.books.filter(book => book.id !== id)
      } catch (error) {
        console.error('Failed to delete book:', error)
        throw error
      }
    }
  }
})
```

이 파일에서 중요하게 봐야 할 부분은 await invoke(…) 부분입니다. invoke 함수는 백엔드에 선언된 러스트 함수를 호출하기 위해 사용합니다. 이 함수는 앞서 설치했던 @tauri-apps/api 패키지에서 불러옵니다.

invoke 함수는 실행하려는 러스트 함수 외에도 추가 인자를 전달할 수 있는데 여기에 전달한 매개변숫값은 러스트 함수의 인자에 일대일로 전달됩니다.

가장 먼저 만들 Vue 파일은 `src/App.vue` 파일입니다. 이 파일에는 메뉴 바를 포함해 도서 관리 프로그램이 사용할 메뉴 정보와 변경된 라우팅 화면 정보가 있습니다. Vue 파일은 다음과 같이 작성하는데, 지면상의 이유로 Vue 파일의 `<template>` 태그에서 생략한 부분은 다음 깃허브에서 별도로 제공합니다.

- https://github.com/search5/easyrust_book/wiki/Template-Code

```
<script setup>
</script>

<template>
   ... 생략
</template>
```

깃허브에서 복사한 코드로 `src/App.vue`를 작성한 다음, `src/views` 디렉터리에 `BookList.vue`, `AddBook.vue`, `EditBook.vue`, `BookDetail.vue`도 마찬가지로 작성할 것입니다.

아직 실제 내용을 채우지 않았음에도 파일 내용을 작성하는 이유는 Vue 컴포넌트 기본 구조를 담아 Vue 파일을 작성해야 개발 모드 실행 단계에서 오류가 발생하지 않기 때문입니다.

이제 하나씩 파일 내용을 채우겠습니다.

먼저 살펴볼 파일은 `App.vue` 파일입니다. 이는 앱이 실행되었을 때 가장 먼저 보여지는 파일이며 도서 목록, 도서 추가, 편집 등의 화면이 어디에 보여질지 지정하는 파일입니다. 일반적인 용어로 설명하면 메뉴 바와 콘텐츠가 표시되는 위치를 정의한 레이아웃 파일이라고 할 수 있습니다.

파일 이름: `src/App.vue`

```
<script setup>
import { RouterLink, RouterView } from 'vue-router'
</script>

<template>...</template>
```

`App.vue`는 개별 메뉴 및 콘텐츠를 표시하는 위치를 가리키는 `RouterLink`, `RouterView` 컴포

넌트를 사용합니다. 이 컴포넌트들은 vue-router에서 제공합니다.

<template>...</template> 태그 부분은 https://github.com/search5/easyrust_book/wiki/App.vue의 내용으로 대체하면 됩니다.

다음으로 살펴볼 파일은 도서 목록을 반환하는 BookList.vue 파일입니다. 도서 목록은 데이터베이스에 저장된 도서 목록을 가져와서 화면에 출력합니다. Vue 컴포넌트가 화면에 출력될 때 도서 목록을 가져오도록 하기 위해 Vue 컴포넌트에 mounted 이벤트가 발생하면 가져오도록 했습니다. 도서 목록을 가져오는 코드는 프런트엔드 데이터 저장소 파일에 있는 fetchBooks() 메서드를 호출합니다.

파일 이름: src/views/BookList.vue

```
<template>
  ... 생략
</template>

<script>
import { onMounted } from 'vue'
import { useBookStore } from '../stores/bookStore'
import { RouterLink } from 'vue-router'

export default {
  components: {
    RouterLink
  },
  setup() {
    const bookStore = useBookStore()

    onMounted(() => {
      bookStore.fetchBooks()
    })

    return {
      bookStore
    }
  }
}
</script>
```

도서 목록을 가져오는 기능을 데이터 저장소 설정 파일에 분리함으로써 도서 목록이 필요할 때마다 쉽게 불러 사용할 수 있습니다.

<template>...</template> 태그 부분은 https://github.com/search5/easyrust_book/wiki/BookList.vue의 내용으로 대체하면 됩니다.

다음으로 만들 파일은 도서를 추가하는 데 사용하는 AddBook.vue 파일입니다. 이 파일은 도서 정보와 책 표지 이미지를 데이터베이스에 저장합니다.

다음 코드의 <template>...</template> 태그 부분은 https://github.com/search5/easyrust_book/wiki/AddBook.vue의 내용으로 대체하면 됩니다.

파일 이름: src/views/AddBook.vue

```
<template>
  ... 생략
</template>

<script>
import { reactive } from 'vue'
import { useBookStore } from '../stores/bookStore'
import { useRouter } from 'vue-router'

import { open } from '@tauri-apps/plugin-dialog'
import { readFile, writeFile, mkdir } from '@tauri-apps/plugin-fs'
import { appDataDir, join, basename } from '@tauri-apps/api/path'
import { ref } from 'vue'

export default {
  setup() {
    const bookStore = useBookStore()
    const router = useRouter()

    const book = reactive({
      title: '',
      author: '',
      translator: '',
      publisher: '',
      coverimage: '',
      purchasedate: '',
      purchaselocation: '',
```

```
    isbn: ''
})
const selectedFileName = ref('')
const imagePreview = ref('')
const selectedFileContents = ref(null)

const openFileDialog = async () => {
  try {
    const selected = await open({
      multiple: false,
      filters: [{
        name: 'Image',
        extensions: ['jpg', 'jpeg', 'png', 'gif', 'avif', 'webp']
      }]
    })
    if (selected) {
      selectedFileName.value = await basename(selected)

      const contents = await readFile(selected)
      selectedFileContents.value = contents
      const blob = new Blob([contents], { type: 'image/jpeg' })
      imagePreview.value = URL.createObjectURL(blob)
    }
  } catch (err) {
    console.error('Failed to open file dialog:', err)
  }
}

const addBook = async () => {
  try {
    if (selectedFileContents.value) {
      const appDataDirPath = await appDataDir();
      const bookCoversDir = await join(appDataDirPath, 'book_covers');
      await mkdir(bookCoversDir, { recursive: true });
      const fileName = `${Date.now()}_${selectedFileName.value}`;
      const relativeFilePath = await join('book_covers', fileName);
      const fullFilePath = await join(bookCoversDir, fileName);

      await writeFile(fullFilePath, selectedFileContents.value);

      book.coverimage = relativeFilePath;
    }

    await bookStore.addBook(book)
```

```
        router.push('/')
      } catch (error) {
        console.error('Failed to add book:', error)
      }
    }

    return {
      book,
      addBook,
      openFileDialog,
      selectedFileName,
      imagePreview
    }
  }
}
</script>
```

AddBook.vue에서 주목해야 할 부분은 @tauri-apps 패키지에서 여러 함수를 가져오는 부분입니다. @tauri-apps에서 가져온 함수는 타우리 앱 내에서만 사용 가능한 코드이며 운영체제의 파일 시스템에 접근할 수 있도록 도와줍니다.

open 함수는 파일 시스템에서 선택해야 하는 다이얼로그를 보여 주기 위해 사용합니다. open 함수는 동작에 필요한 여러 제한 조건을 설정할 때는 JSON 객체를 사용합니다. 도서 관리 프로그램에서는 multiple 키와 filters 키를 사용합니다. multiple 키는 한 번에 파일을 여러 개를 선택하는 것을 가능하게 할지 지정하는 옵션이고 filters 키는 선택할 수 있는 파일 확장자를 제한하는 데 사용합니다.

```
const selected = await open({
  multiple: false,
  filters: [{
    name: 'Image',
    extensions: ['jpg', 'jpeg', 'png', 'gif', 'avif', 'webp']
  }]
})
```

filters 키는 다이얼로그가 제한할 조건을 여러 개 설정할 수 있기 때문에 배열 형태로 지정했습니다. 이 프로그램에서는 이미지를 저장하는 데 쓰이는 확장자 포맷을 한 번에 모두 지정했지만 (.gif), (.png), (.jpg, .jpeg)와 같이 따로 지정할 수도 있습니다. 이런 방식으로 필터 조건을 기술하는 것은 프로그램의 요구 사항에 따라 결정해야 합니다.

파일 시스템에서 책 표지가 될 이미지를 선택하면 화면에서 미리 볼 수 있도록 했습니다. 이 기능을 구현하려면 파일 시스템에 직접 접근해야 합니다. 따라서 파일 열기 다이얼로그에서 선택한 파일을 readFile 함수의 호출 인자로 제공해 파일을 읽어 오도록 했습니다. 물론 파일을 읽어 오기만 하는 건 표준 웹 기술을 사용해도 되지만, 코드에서 보는 것과 같이 정밀하게 지정하려면 러스트에 의존하도록 만들어야 합니다.

도서 정보를 추가할 때 표지 이미지를 저장하는 경로는 동적으로 생성하도록 했습니다. 실제 프로그램 배포 과정에서는 프로그램 사용자가 경로를 선택하게 하거나 프로그램의 환경 설정 기능을 따로 만들어 지정하게 하면 좋습니다. 하지만 이번에는 운영체제에서 프로그램 데이터를 저장하는 디렉터리를 찾아서 표지 이미지 디렉터리를 만들고 그 안에 저장하도록 했습니다. 표지 이미지 디렉터리를 찾기 위해 타우리에서 다음 코드를 입력했습니다.

```
const appDataDirPath = await appDataDir();
const bookCoversDir = await join(appDataDirPath, 'book_covers');
```

appDataDir 함수를 사용하면 윈도우의 경우 앱 전용 디렉터리("%APPDATA%\Tauri 앱 패키지명")의 경로를 찾아주기 때문에 여러분이 고정된 경로를 찾지 않아도 됩니다. 그런 다음 표지 이미지가 담길 디렉터리 문자열을 생성하기 위해 join 함수를 사용합니다.

일반적으로 표지 이미지 디렉터리와 앱 전용 디렉터리는 생성되어 있지 않으므로 수동으로 만들어야 합니다. 앞선 코드에서는 mkdir 함수를 사용해 이런 디렉터리를 한 번에 생성합니다.

```
await mkdir(bookCoversDir, { recursive: true });
```

mkdir 함수는 첫 번째 매개변수로 생성할 디렉터리 경로를, 두 번째 매개변수로 생성 옵션을 받는데 여기서는 { recursive: true }를 전달했습니다. 이 값은 전달된 디렉터리를 생성하는데, 상위 디렉터리가 없으면 상위 디렉터리도 한 번에 만든다는 뜻입니다.

마지막으로 파일 시스템에 접근해야 합니다. 웹 표준 기술은 파일 시스템에 직접 접근할 수 없기 때문에 타우리가 제공하는 API를 사용합니다. 앞선 코드에서 다음 부분이 여기에 해당합니다.

```
await writeFile(fullFilePath, selectedFileContents.value);
```

writeFile 함수는 내용이 저장될 파일 경로와 저장할 콘텐츠를 전달합니다.

데이터 저장소의 AddBook 함수에 도서 정보를 전달하면 리스트의 add_book 함수에 전달되어
도서 정보가 저장됩니다.

다음으로 작성할 파일은 도서 정보를 편집하는 EditBook.vue 파일입니다. 이 파일의 기본적
인 모습은 AddBook.vue와 유사하지만 한 가지 다른 부분이 있습니다. 도서 편집을 선택했을
때 표지 이미지가 있다면 해당 이미지를 미리 보기로 보여줘야 합니다. 이를 위해 타우리가 파
일에 접근하는 데 사용하는 Asset URL을 만들어 주는 convertFileSrc 함수를 사용합니다.

다음 코드의 <template>...</template> 태그 부분은 https://github.com/search5/eas
yrust_book/wiki/EditBook.vue의 내용으로 대체하면 됩니다.

파일 위치: src/views/EditBook.vue

```
<template>
  ... 생략
</template>

<script>
import { ref, onMounted } from 'vue'
import { useRoute, useRouter } from 'vue-router'
import { useBookStore } from '../stores/bookStore'

import { open } from '@tauri-apps/plugin-dialog'
import { readFile, writeFile, mkdir } from '@tauri-apps/plugin-fs'
import { appDataDir, join, basename } from '@tauri-apps/api/path'
import { convertFileSrc } from '@tauri-apps/api/core'

export default {
  setup() {
    const route = useRoute()
    const router = useRouter()
    const bookStore = useBookStore()
    const book = ref({})

    const selectedFileName = ref('')
    const imagePreview = ref('')
    const selectedFileContents = ref(null)

    const openFileDialog = async () => {
```

```
  try {
    const selected = await open({
      multiple: false,
      filters: [{
        name: 'Image',
        extensions: ['jpg', 'jpeg', 'png', 'gif', 'avif']
      }]
    })
    if (selected) {
      selectedFileName.value = await basename(selected)

      const contents = await readFile(selected)
      selectedFileContents.value = contents
      const blob = new Blob([contents], { type: 'image/jpeg' })
      imagePreview.value = URL.createObjectURL(blob)
    }
  } catch (err) {
    console.error('Failed to open file dialog:', err)
  }
}

onMounted(async () => {
  const id = route.params.id
  if (id) {
    const fetchedBook = await bookStore.getBook(parseInt(id))
    fetchedBook.id = parseInt(id)
    book.value = fetchedBook || {}
    if (book.value.coverimage != "") {
      const appDataDirPath = await appDataDir()
      const imagePath = await join(appDataDirPath, book.value.coverimage)
      imagePreview.value = convertFileSrc(imagePath)
      selectedFileName.value = await basename(book.value.coverimage)
    }
  }
})

const updateBook = async () => {
  try {
    if (selectedFileContents.value) {
      const appDataDirPath = await appDataDir();
      const bookCoversDir = await join(appDataDirPath, 'book_covers');
      await mkdir(bookCoversDir, { recursive: true });
      const fileName = `${Date.now()}_${selectedFileName.value}`;
      const relativeFilePath = await join('book_covers', fileName);
```

```
            const fullFilePath = await join(bookCoversDir, fileName);

            await writeFile(fullFilePath, selectedFileContents.value);

            book.value.coverimage = relativeFilePath;
          }

          await bookStore.updateBook(book.value)
          router.push('/')
        } catch (error) {
          console.error('Failed to add book:', error)
        }
      }

      return {
        book,
        updateBook,
        openFileDialog,
        selectedFileName,
        imagePreview
      }
    }
  }
}
</script>
```

EditBook.vue는 도서 정보를 편집한 다음, 변경된 도서 정보를 저장해야 하므로 데이터베이스 레코드의 고유 키를 데이터 저장소의 updateBook 메서드에 함께 전달합니다. 이를 위해 mounted 이벤트를 처리하는 onMounted 이벤트 핸들러 함수에서 도서 정보를 가져온 객체에 id 키를 강제로 넣었습니다.

convertFileSrc 함수를 사용하면 C:\Users\User\AppData\Roaming\앱 패키지명\book_covers\isbn_9788912356789.png와 같은 파일 경로를 타우리가 이해하는 Asset URL(자산 경로)로 자동으로 변환하므로 파일 시스템에 보안 문제없이 바로 접근할 수 있습니다. Asset URL은 asset:으로 시작하는 URL을 만듭니다.

이 경로는 타우리 앱 내에서 img 태그나 video 태그의 src 속성값으로 바로 넣을 수 있기 때문에 알아 두는 것이 좋습니다.

다음으로 저장된 도서 정보를 보여 주는 BookDetail.vue 파일을 작성합니다. 이 파일은 데이터베이스에서 가져온 도서 정보를 화면에 출력하는 일을 합니다. BookDetail.vue에서 눈여겨봐야 할 부분은 도서 삭제 부분입니다. 일반적인 웹 프로그램에서는 사용자에게 '예', '아니오'를 물어보는 데 자바스크립트의 confirm 함수를 사용하지만, 타우리에서는 보안상의 이유로 confirm 함수가 동작하지 않기 때문에 Tailwind CSS를 사용해 도서 정보를 삭제할지를 물어보는 대화 상자를 보여 주도록 했습니다.

다음 코드의 <template>...</template> 태그 부분은 https://github.com/search5/easyrust_book/wiki/BookDetail.vue의 내용으로 대체하면 됩니다.

파일 이름: src/views/BookDetail.vue

```
<template>
  ... 생략
</template>

<script>
import { ref, onMounted } from 'vue'
import { useRoute, useRouter } from 'vue-router'
import { useBookStore } from '../stores/bookStore'
import { convertFileSrc } from '@tauri-apps/api/core'
import { appDataDir, join } from '@tauri-apps/api/path'
import { remove } from '@tauri-apps/plugin-fs';

export default {
  setup() {
    const route = useRoute()
    const router = useRouter()
    const bookStore = useBookStore()
    const book = ref(null)
    const showDeleteConfirm = ref(false)
    const coverImageUrl = ref('')

    onMounted(async () => {
      const id = parseInt(route.params.id)
      book.value = await bookStore.getBook(id)
      if (book.value && book.value.coverimage) {
        const appDataDirPath = await appDataDir()
        const imagePath = await join(appDataDirPath, book.value.coverimage)
        coverImageUrl.value = convertFileSrc(imagePath)
      }
    })
```

```
    const deleteBook = async () => {
      try {
        if (book.value && book.value.coverimage) {
          const appDataDirPath = await appDataDir()
          const imagePath = await join(appDataDirPath, book.value.coverimage)
          await remove (imagePath);
        }

        await bookStore.deleteBook(book.value.id)
        router.push('/')
      } catch (error) {
        console.error('Failed to delete book:', error)
        alert('책 삭제에 실패했습니다. 다시 시도해 주세요.')
      } finally {
        showDeleteConfirm.value = false
      }
    }

    return {
      book,
      showDeleteConfirm,
      deleteBook,
      coverImageUrl
    }
  }
}
</script>
```

도서를 삭제할 것인지 물어보는 대화 상자는 다음과 같이 선언했습니다.

```
<div v-if="showDeleteConfirm" class="fixed inset-0 bg-gray-600 bg-opacity-50
overflow-y-auto h-full w-full flex items-center justify-center">
  <div class="bg-white p-5 rounded-lg shadow-xl max-w-sm mx-auto">
    <h3 class="text-lg font-bold mb-4">삭제 확인</h3>
    <p class="mb-4">정말로 이 책을 삭제하시겠습니까?</p>
    <div class="flex justify-end space-x-3">
      <button
        @click="showDeleteConfirm = false"
        class="px-4 py-2 bg-gray-300 text-gray-800 rounded hover:bg-gray-400
transition duration-300">
        취소
      </button>
```

```
        <button
          @click="deleteBook"
          class="px-4 py-2 bg-red-500 text-white rounded hover:bg-red-600 transition
duration-300">
          삭제
        </button>
      </div>
    </div>
  </div>
```

도서 목록에서 특정 도서를 클릭해 정보를 조회하고, 화면 속 [삭제] 버튼을 누르면 도서 정보를 정말로 삭제할지 물어봅니다. 이 대화 상자에서 [삭제] 버튼을 클릭하면 파일 시스템에 저장된 표지 이미지를 삭제하고 데이터베이스 정보가 삭제됩니다.

파일 시스템에 저장된 표지 이미지는 타우리에서 가져온 fs 모듈의 remove 메서드를 사용해 삭제합니다. 이것으로 프런트엔드 페이지는 모두 만들었습니다.

다음으로 러스트 백엔드를 만듭니다.

20.2.2 백엔드 만들기

타우리 앱을 만들 때 화면 처리는 HTML/CSS/JS에서 모두하기 때문에 백엔드에서는 데이터베이스에 데이터를 저장하거나 가져오는 등의 기능만 수행하면 됩니다. 이번 절에서 백엔드 기능을 구현합니다.

백엔드는 프런트엔드가 호출하는 기능을 담고 있습니다. 따라서 백엔드는 프런트엔드가 호출하는 함수, 데이터베이스 연결을 반환하는 함수, 디젤이 데이터베이스에 쿼리하거나 새 항목을 추가할 때 사용하는 코드로 나누어집니다. 백엔드에서 프런트엔드 자바스크립트가 호출하는 함수는 다음 5개입니다.

- get_books
- add_book
- get_book
- update_book
- delete_book

도서 관리 프로그램은 데이터베이스를 사용하므로 실제 코딩을 시작하기 전에 러스트 프로그램의 의존성을 관리하는 Cargo.toml 파일에 관련 의존성을 추가해야 합니다. 추가할 의존성 항목은 다음과 같습니다.

- diesel
- dotenvy
- uuid
- chrono

러스트는 빌드 작업을 할 때 Cargo.toml 파일을 읽어 패키지를 자동으로 설치하므로 여러분이 직접 설치하지 않아도 됩니다.

의존성 항목은 src-tauri/Cargo.toml 파일의 [dependencies] 섹션에 다음과 같이 입력합니다. 생략한 부분은 입력하지 않아도 됩니다.

파일 이름: src-tauri/Cargo.toml

```
[dependencies]
생략...
diesel = { version = "2.0", features = ["postgres", "chrono", "uuid"] }
dotenvy = "0.15"
uuid = { version = "1.3.0", features = ["serde", "v4"] }
chrono = { version = "0.4", features = ["serde"] }
```

의존성에 추가된 패키지는 diesel, dotenvy, uuid, chrono입니다. diesel은 러스트에서 데이터베이스를 ORM 방식으로 사용하기 위해 설치하며 dotenvy는 운영체제에 환경 변수를 설정하지 않아도 .env 파일에 **키=값** 형태로 선언만 해 두면 러스트 프로그램에서 마치 운영체제에 환경 변수가 설정되어 있는 것처럼 사용할 수 있습니다.

uuid는 일반적으로 범용 고유 식별자^{universally unique identifier}(UUID)를 의미합니다. UUID는 생성된 값이 다시 생성되지 않음을 보장하며 러스트에서 uuid 패키지를 사용해 생성합니다. 이렇게 생성된 UUID는 데이터베이스의 레코드를 식별할 수 있는 키를 만드는 데 사용합니다.

마지막으로 chrono는 러스트에서 날짜와 시간을 다룰 때 사용하는 패키지입니다(15.5.5절 'chrono' 참조). chrono는 그레고리력 기반의 날짜와 시간을 다루는 기능을 제공하므로 다른 프로젝트에서도 유용하게 사용할 수 있습니다.

먼저 프로그램에서 사용할 모듈이나 구조체를 가져오는 코드를 작성해야 합니다. 여기서 가져온 항목은 타우리에서 전달받은 값을 파싱하거나 데이터베이스에 접근할 때 사용합니다.

타우리 앱의 빌드가 성공하도록 build.rs 파일 설정하기

일반적으로 타우리 프로젝트를 생성하고 나면 곧바로 rs 파일 코딩에 나설 수 있습니다. 그런데 여러분의 운영체제가 윈도우라면 build.rs 파일을 수정해야 합니다. build.rs 파일의 기본 설정은 다음과 같습니다.

파일 이름: src-tauri/build.rs

```
fn main() {
  tauri_build::build()
}
```

build.rs 파일을 수정하기 전에 PostgreSQL 16 버전이 운영체제에 설치되었는지 확인하세요. 파일 내용은 다음과 같이 수정하면 됩니다.

```
use std::env;
use std::fs;
use std::path::Path;

fn main() {
  println!(r"cargo:rustc-link-search=C:\Program Files\PostgreSQL\16\lib");
  let project_root = env::current_dir().expect("Failed to get current directory");

  let source_files = vec!["libpq.dll", "libcrypto-3-x64.dll", "libiconv-2.dll",
"libintl-9.dll", "libpq.dll", "libwinpthread-1.dll", "libssl-3-x64.dll"];

  let pg_path = Path::new(r"C:\Program Files\PostgreSQL\16\bin");

  for dll_file in source_files {
      let dll_path = pg_path.join(dll_file);

      if dll_path.is_file() {
          let src_tauri_dest = project_root.join(dll_path.file_name().unwrap());
          fs::copy(&dll_path, &src_tauri_dest).unwrap();
```

```
            println!("Copied DLL to src-tauri: {:?}", src_tauri_dest);
        }
    }

    tauri_build::build()
}
```

이 설정은 PostgreSQL 동작에 필요한 DLL 파일을 **src-tauri** 디렉터리 안에 복사하는 기능과 함께, 개발 모드로 타우리를 실행할 때 `libpq.lib` 파일을 찾지 못하는 메시지를 해결하기 위한 설정입니다.

프로그램 코딩하기

src-tauri/src/lib.rs 파일의 내용을 모두 지우고 다음 내용으로 채웁니다.

파일 이름: src-tauri/src/lib.rs

```
use std::env;
use diesel::prelude::*;
use diesel::pg::PgConnection;
use dotenvy::dotenv;
use serde::{Deserialize, Serialize};
use chrono::{NaiveDate, DateTime, Utc};
use uuid::Uuid;
mod schema;

use self::schema::books;
```

이제 이 코드를 줄 단위로 자세히 살펴보겠습니다. 이 코드는 크게 **use**와 **mod**로 나눠집니다. **use**는 패키지에 담긴 것을 사용하고자 할 때 쓰는 명령이고 **mod**는 코드를 모듈로 구성하기 위해 사용하는 명령입니다

첫 번째 줄은 **std** 패키지의 **env** 모듈을 가져옵니다. **env** 모듈은 러스트에서 운영체제의 환경 변수에 접근할 때 사용합니다. 도서 관리 프로그램에서는 이를 사용해 데이터베이스 접근 URL을 가져옵니다.

두 번째 줄은 디젤 ORM을 사용할 때 자주 사용하는 트레이트, 매크로, 데이터 타입 등을 가져

오는 구문입니다.

세 번째 줄은 PostgreSQL에 연결하기 위해 `PgConnection` 구조체를 가져옵니다.

네 번째 줄은 `dotenv` 함수를 가져옵니다.

다섯 번째 줄은 `serde`에서 직렬화와 역직렬화를 수행하는 트레이트를 가져옵니다. `serde`는 러스트의 데이터 구조를 효율적으로 직렬화, 역직렬화하기 위해 사용하는 프레임워크입니다.

여섯 번째 줄은 `chrono` 패키지에서 `NaiveDate`(시간대 정보가 없는 날짜), `DateTime`(날짜와 시간), `Utc`(UTC 시간대) 구조체를 가져옵니다.

일곱 번째 줄은 `uuid` 패키지에서 `Uuid` 구조체를 가져옵니다.

여덟 번째 줄은 디젤에서 만든 `schema` 모듈을 현재 파일 안에서 사용하겠다고 정의하는 부분입니다. 이 줄이 없으면 열 번째 줄에서 오류가 발생합니다. 참고로 `schema.rs` 파일은 앞에서 디젤 CLI가 이미 만들어 놓았으니 걱정하지 않아도 됩니다.

마지막 줄은 디젤을 사용해 테이블과 매핑할 구조체와 함수 등에서 `books` 테이블을 사용하겠다는 의미입니다.

이처럼 패키지나 `rs` 파일에서 다양한 정보를 가져온 이유는 프로그램이 우리가 만든 코드로만 동작하는 경우는 거의 없기 때문입니다. 따라서 다양한 패키지에서 트레이트나 구조체 등을 가져와 사용해야 합니다.

다음으로 도서 정보를 표현하는 `Book` 구조체를 선언합니다. `Book` 구조체는 `derive`, 디젤 매크로를 적용해야 합니다.

파일 이름: `src-tauri/src/lib.rs`

```
    ... 생략

#[derive(Queryable, Selectable, Serialize, Deserialize, Debug)]
#[diesel(table_name = crate::schema::books)]
#[diesel(check_for_backend(diesel::pg::Pg))]
pub struct Book {
    pub id: i64,
    pub uuid: Uuid,
    pub title: String,
    pub author: String,
```

```
        pub translator: Option<String>,
        pub publisher: Option<String>,
        pub coverimage: Option<String>,
        pub purchasedate: Option<NaiveDate>,
        pub purchaselocation: Option<String>,
        pub isbn: Option<String>,
        pub createdat: Option<DateTime<Utc>>,
    }
```

derive 매크로에는 Queryable, Selectable, Serialize, Deserialize, Debug를 전달합니다. Queryable과 Selectable은 Diesel의 prelude에서 가져온 트레이트입니다. 이를 사용하면 Book 구조체를 데이터베이스 쿼리 결과로 사용할 수 있으며, 구조체의 필드를 SQL SELECT 문의 열로 사용할 수 있습니다. Serialize, Deserialize은 데이터베이스와 통신하는 과정에서 직렬화/역직렬화를 위해 사용하는 트레이트입니다. 마지막으로 Debug 트레이트는 프로그램 동작 과정 중에 println! 매크로를 사용해 Book 구조체의 값을 쉽게 보여 주도록 돕는 트레이트입니다.

그리고 코드에서 두 개의 디젤 매크로를 사용했습니다. 처음 사용한 디젤 매크로는 Book 구조체가 crate::schema::books 테이블과 연관되어 있음을 알립니다. 이렇게 함으로써 Book 구조체에 쿼리 결과가 담깁니다. 다음으로 작성한 디젤 매크로는 Book 구조체가 PostgreSQL 연결을 사용하고 있음을 알립니다. 이렇게 하는 이유는 데이터베이스마다 고유한 데이터 타입을 프로그램에서 사용할 수 있기 때문입니다. 따라서 데이터베이스 변경은 프로그램 운영에 영향을 미칠 수 있으므로 권장하지 않습니다.

Book 구조체에서 purchasedate와 createdate 필드를 볼 수 있는데, 이들 필드의 타입이 NaiveDate와 DateTime 구조체로 정의되어 있습니다. 이렇게 정의하면 디젤이 러스트와 데이터베이스 간 데이터 타입을 자동으로 변환해 줍니다. 이 장에서는 PostgreSQL을 사용했지만 MySQL이나 오라클 같은 데이터베이스를 사용해도 디젤이 후속 처리를 자동으로 해줍니다.

다음으로 NewBook 구조체를 선언합니다. NewBook 구조체는 테이블에 데이터 입력을 위해서만 사용하는 구조체입니다.

파일 이름: src-tauri/src/lib.rs

```
    ... 생략
```

```
#[derive(Insertable)]
#[diesel(table_name = crate::schema::books)]
pub struct NewBook<'a> {
    pub title: &'a str,
    pub author: &'a str,
    pub translator: Option<&'a str>,
    pub publisher: Option<&'a str>,
    pub coverimage: Option<&'a str>,
    pub purchasedate: Option<NaiveDate>,
    pub purchaselocation: Option<&'a str>,
    pub isbn: Option<&'a str>,
}
```

먼저 derive 매크로에는 Insertable 트레이트만을 전달함으로써 NewBook 구조체가 테이블에 데이터 입력 시 사용된다고 알립니다. 이 구조체는 커스텀 수명lifetime을 가지는데, 데이터베이스 테이블에 직접 입력하기까지 구조체에 입력한 값이 유효해야 하기 때문입니다. 기본적으로 수명은 러스트가 관리해 주기 때문에 메모리 해제를 신경 쓰지 않아도 됩니다.

다음으로 디젤 매크로는 NewBook 구조체와 연관된 테이블 이름이 crate::schema::books라고 알려 줍니다.

이렇게 2개의 구조체를 선언하고 나면 프로그램에서 이들 구조체를 사용해 데이터베이스에 질의를 할 수 있게 됩니다.

다음으로 데이터베이스 연결 객체를 가져오는 establish_connection 함수를 선언합니다.

파일 이름: src-tauri/src/lib.rs

```
... 생략

pub fn establish_connection() -> PgConnection {
    dotenv().ok();

    let database_url = env::var("DATABASE_URL")
        .expect("DATABASE_URL must be set");
    PgConnection::establish(&database_url)
        .unwrap_or_else(|_| panic!("Error connecting to {}", database_url))
}
```

establish_connection 함수의 첫 번째 줄에서는 dotenv 함수를 사용해 .env 파일의 내용을 운영체제 환경 변수로 인식시킵니다. 그다음은 운영체제 환경 변수에서 데이터베이스 접속 URL을 가져옵니다. 이렇게 dotenv를 사용해 환경 변수를 사용하면 .env 파일이 없어도 운영체제에 환경 변수가 정의되어 있다면 프로그램이 정상 작동합니다.

다음으로 PgConnection::establish 트레이트를 사용해 데이터베이스에 연결을 시도합니다. unwrap_or_else 메서드는 호출 결과가 정상이면 연결 객체를 반환하고 연결 과정에서 문제가 발생하면 사용자에게 데이터베이스 연결이 실패했음을 알립니다. establish_connection 함수는 데이터베이스 작업이 필요한 함수들에서 필요로 할 때마다 반환하게 됩니다.

이 장에서는 데이터베이스 연결이 필요할 때마다 새로운 데이터베이스 연결을 만들지만, 대규모로 사용하는 프로그램은 연결 풀connection pool을 사용해 만드는 것이 일반적입니다.

여기까지 따라 했다면 드디어 프런트엔드에서 호출하는 함수를 만들 차례입니다. 먼저 만들 함수는 get_books 함수입니다.

파일 이름: src-tauri/src/lib.rs

```
... 생략

#[tauri::command]
fn get_books() -> Result<Vec<Book>, String> {
    use self::schema::books::dsl::*;

    let connection = &mut establish_connection();
    books
        .order(createdat.desc())
        .load::<Book>(connection)
        .map_err(|e| e.to_string())
}
```

get_books 함수는 books 테이블의 모든 레코드를 가져와서 반환합니다. get_books 함수를 조금 더 자세히 살펴보며 도서 목록을 어떻게 가져오는지 확인해 봅시다.

처음 줄은 books 테이블에 쿼리를 쉽게 하기 위해 use self::schema::books::dsl::*;를 사용합니다. 이 문은 디젤에서 제공하는 쿼리 DSL 대상으로 books 스키마를 사용하겠다는 의미입니다. 이렇게 하면 books 테이블명과 컬럼명을 러스트의 변수처럼 사용할 수 있습니다.

다음으로 데이터베이스 연결 객체를 가져옵니다. 이제 데이터를 가져오기 위해 books 스키마 변수에 쿼리를 던집니다. 여기서는 단순히 테이블에 있는 모든 도서 목록을 받으며 정렬 조건을 지정하기 위해 order 메서드를 사용합니다. 이어서 호출한 load 메서드는 실제 데이터베이스에서 데이터를 가지고 올 때 사용합니다. 이때 데이터베이스 연결 객체를 인자로 제공해야 합니다. 데이터베이스 연결 객체 앞에 데이터베이스 테이블과 1:1 관계를 가지는 구조체인 Book을 명시하면 디젤이 Book 구조체의 필드에 자동으로 값을 넣습니다.

map_err 메서드는 쿼리 실행 시 오류가 발생하면 화면에 오류를 출력합니다.

get_books는 타우리 앱에 노출해야 하므로 함수에 #[tauri::command] 속성을 적용합니다. 프런트엔드의 JS에 노출되어야 할 경우에 반드시 이를 적용해야 합니다.

이제 도서 정보를 추가하는 add_book 함수를 만들 차례입니다. add_book 함수는 프런트엔드에서 사용자가 입력한 도서 정보를 함수 호출 인자로 받습니다.

파일 이름: src-tauri/src/lib.rs

```
... 생략

#[tauri::command]
fn add_book(
    title: String,
    author: String,
    translator: Option<String>,
    publisher: Option<String>,
    coverimage: Option<String>,
    purchasedate: Option<String>,
    purchaselocation: Option<String>,
    isbn: Option<String>,
) -> Result<(), String> {
    let purchase_date = purchasedate
        .and_then(|date| NaiveDate::parse_from_str(&date, "%Y-%m-%d").ok());

    let new_book = NewBook {
        title: &title,
        author: &author,
        translator: translator.as_deref(),
        publisher: publisher.as_deref(),
        coverimage: coverimage.as_deref(),
        purchasedate: purchase_date,
```

```
            purchaselocation: purchaselocation.as_deref(),
            isbn: isbn.as_deref(),
        };

        let connection = &mut establish_connection();
        diesel::insert_into(books::table)
            .values(&new_book)
            .execute(connection)
            .map_err(|e| e.to_string())?;

        Ok(())
    }
```

여기서 추가한 add_book 함수는 프런트엔드의 JS에서 JSON 오브젝트를 invoke 함수에 전달하면 오브젝트의 키가 타우리 함수의 호출 인자에 자동으로 매핑하여 호출합니다. 실제 이 함수에서 어떤 일을 하는지 자세히 살펴보겠습니다.

먼저 프런트엔드가 보낸 **"연-월-일"** 형식의 문자열을 NaiveDate 타입으로 바꿉니다. books 테이블의 purchasedate 컬럼의 타입이 DATE 타입이기 때문에 이처럼 작성했습니다.

다음으로는 NewBook 구조체를 사용해 테이블에 입력할 변수를 만듭니다. 이때 구조체의 필드에 값을 넣을 때 as_deref 메서드를 사용했습니다. 이는 Option<String> 타입에서 Option <&str> 타입을 가져올 때 효과적인 방식입니다.

마지막으로 NewBook 구조체에 데이터를 담은 new_book 변수를 디젤의 insert_into 메서드를 사용해 데이터를 전달하기만 하면 됩니다.

insert_into 메서드는 호출할 때 books::table을 전달해서 어떤 테이블에 추가 작업을 할지 알려 주고 values 메서드에 추가할 작업이 있는 구조체 변수의 참조를 전달합니다. 그리고 execute 메서드에 데이터베이스 연결 객체를 전달해 실제 추가 작업이 수행되도록 합니다.

이 과정에서 map_err를 전달해 오류가 발생할 경우에는 표준 오류에 바로 문자열을 출력하도록 합니다. 마지막으로 도서 정보를 잘 추가했으니 Ok 함수를 호출함으로써 작업이 성공적으로 이루어졌음을 알립니다.

다음으로 도서 정보를 가져오는 get_book 메서드를 살펴보겠습니다.

파일 이름: src-tauri/src/lib.rs

```
... 생략

#[tauri::command]
fn get_book(bookid: i64) -> Result<Book, String> {
    use self::schema::books::dsl::*;

    let connection = &mut establish_connection();
    books.find(bookid)
        .first::<Book>(connection)
        .map_err(|e| e.to_string())
}
```

get_book 메서드는 도서 정보를 테이블에서 검색해서 가져오기만 하면 되므로 다른 로직에 비해 쉽습니다. 앞에서 살펴본 코드와 동일한 부분은 설명을 제외하고 나머지 부분만 살펴보겠습니다.

books 테이블에 있는 레코드를 가져올 때 디젤은 find 메서드를 사용합니다. find 메서드의 인자로 레코드의 고유 키를 전달합니다. find 메서드는 테이블의 **PK** 값을 인자로 받기 때문입니다.

그런 다음 first 메서드를 호출합니다. first 메서드는 검색 조건으로 찾은 레코드 중 첫 번째 레코드를 가져옵니다. 인자로 데이터베이스 연결 객체를 받는데, 이를 **Book** 구조체로 받기 위해 **Book** 구조체를 명시했습니다.

여기까지 따라 했다면 도서 목록 페이지에서 도서 이름을 클릭해 도서 정보를 확인할 수 있습니다.

다음으로 만들 함수는 도서 정보를 업데이트하는 **update_book** 함수입니다. 이 함수는 수정된 도서 정보를 인자로 전달받아 테이블에 업데이트합니다.

파일 이름: src-tauri/src/lib.rs

```
... 생략

#[tauri::command]
fn update_book(
  id: i64,
```

```rust
        title: String,
        author: String,
        translator: Option<String>,
        publisher: Option<String>,
        coverimage: Option<String>,
        purchasedate: Option<String>,
        purchaselocation: Option<String>,
        isbn: Option<String>,
    ) -> Result<(), String> {
        let connection = &mut establish_connection();

        let purchase_date = purchasedate
            .and_then(|date| NaiveDate::parse_from_str(&date, "%Y-%m-%d").ok());

        diesel::update(books::table.find(id))
            .set((
                books::title.eq(&title),
                books::author.eq(&author),
                books::translator.eq(translator.as_deref()),
                books::publisher.eq(publisher.as_deref()),
                books::coverimage.eq(coverimage.as_deref()),
                books::purchasedate.eq(purchase_date),
                books::purchaselocation.eq(purchaselocation.as_deref()),
                books::isbn.eq(isbn.as_deref()),
            ))
            .execute(connection)
            .map_err(|e| e.to_string())?;
        Ok(())
    }
```

update_book 함수에서는 테이블에 업데이트하는 부분이 중요합니다. `diesel:update` 메서드는 호출 인자로 데이터를 업데이트할 레코드 검색 조건을 받습니다.

일반적으로 테이블 업데이트는 하나의 레코드만 업데이트하기 때문에 업데이트할 레코드를 찾는 조건은 PK로 하는 것이 성능 면에서 유리합니다.

`set` 메서드의 소괄호 안에 업데이트할 컬럼과 값을 콤마로 구분하는 방식으로 업데이트할 컬럼을 전달합니다. 이때 업데이트할 컬럼에 새로운 값을 지정하려면 **스키마명::컬럼명.eq(값)**과 같이 사용해야 합니다. 이 구문이 디젤 프레임워크 안에서 SQL로 변환되면 **컬럼명 = 값**을 의미합니다. 러스트에서 eq는 몇몇 라이브러리(`std::ptr` 등)에서 동등 비교를

위해 사용하지만 테이블의 컬럼에 업데이트하는 목적으로 사용될 때는 대입 연산자(=)로만 사용됩니다.

이렇게 만들어진 업데이트 구문은 데이터베이스 연결 객체를 execute 메서드에 전달하고 오류 처리를 추가함으로써 데이터베이스에 update 구문을 실행합니다.

마지막으로 살펴볼 함수는 도서 정보를 삭제하는 delete_book 함수입니다.

파일 이름: src-tauri/src/lib.rs

```
... 생략

#[tauri::command]
fn delete_book(id: i64) -> Result<(), String> {
  let connection = &mut establish_connection();
  diesel::delete(books::table.find(id))
    .execute(connection)
    .map_err(|e| e.to_string())?;

  Ok(())
}
```

delete_book 함수는 diesel::delete 메서드를 사용하며 삭제할 레코드를 찾는 조건은 업데이트할 때와 동일합니다. 테이블에서 레코드를 삭제하는 SQL은 DELETE FROM 테이블 where 조건의 형식이므로, 디젤에서도 비교적 간단하게 레코드를 삭제할 수 있습니다.

일반적으로 데이터베이스에서 정보를 삭제할 때는 정말 삭제할지를 확인하는 절차를 넣고 삭제에 따른 로그를 남기는 작업이 필요합니다. 하지만 이 장에서는 이를 프런트엔드 코드에서 확인했기 때문에 백엔드 코드인 러스트에는 삭제를 확인하는 코드를 생략했습니다.

lib.rs를 마무리할 차례입니다. 마지막으로 러스트 프로그램이 실행되면 호출될 run 함수를 작성합니다.

파일 이름: src-tauri/src/lib.rs

```
... 생략

#[cfg_attr(mobile, tauri::mobile_entry_point)]
```

```
pub fn run() {
  tauri::Builder::default()
    .setup(|app| {
      if cfg!(debug_assertions) {
        app.handle().plugin(
          tauri_plugin_log::Builder::default()
            .level(log::LevelFilter::Info)
            .build(),
        )?;
      }
      Ok(())
    })
    .plugin(tauri_plugin_fs::init())
    .plugin(tauri_plugin_dialog::init())
    .invoke_handler(tauri::generate_handler![
      get_books,
      get_book,
      add_book,
      update_book,
      delete_book
    ])
    .run(tauri::generate_context!())
    .expect("Error while running tauri application");
}
```

main 함수에서는 타우리 앱을 구성하고 프로그램을 시작합니다. 타우리 앱은 기본 설정을 제공하는 tauri::Builder::default() 메서드를 사용해 시작합니다. 이어서 setup 메서드를 호출해 앱이 시작될 때의 기본 설정을 추가합니다. 이 코드는 러스트 프로젝트를 만든 다음의 초기 코드에 포함되어 있습니다. 그리고 두 개의 플러그인을 사용하도록 지정했습니다. 타우리 2.0부터는 파일 시스템이나 다이얼로그 등의 기능이 플러그인으로 독립되었기에 플러그인 초기화 작업을 진행했습니다. 프런트엔드의 자바스크립트에 노출할 핸들러를 지정하기 위해 invoke_handler 메서드를 호출합니다. invoke_handler 메서드의 호출 인자로 tauri::generate_handler! 매크로를 사용해 러스트 함수를 노출합니다. 이 매크로에는 앞에서 만든 #[tauri::command] 속성이 붙은 러스트 함수의 이름만 전달합니다. 이것으로 기본 설정은 완료됩니다.

이제 타우리 앱을 시작하기만 하면 됩니다. run 메서드의 인자로 tauri::generate_context!() 매크로를 호출한 결과를 전달하며 프로그램이 시작됩니다. tauri::generate_con text!()는 프로그램 컴파일 시점에 tauri.conf.json 파일을 읽어 타우리 앱이 실행 중에 참조할 Context를 만듭니다.

마지막으로 타우리 앱에 문제가 있을 때 오류 메시지를 출력하도록 expect 메서드를 호출합니다.

여기까지 했으니 프로그램을 실행해 보고 싶겠지만 아직 해야 할 일이 두 개 더 있습니다. 바로 타우리 앱의 보안 설정과 프로그램이 사용할 권한 등에 대한 접근을 설정해야 합니다. 이 설정은 src-tauri/tauri.conf.json과 src-tauri/capabilities/default.json에서 정의합니다.

tauri.conf.json 설정에는 다음 섹션을 수정합니다.

- tauri.app.security
- tauri.app.windows

tauri.app의 기본값은 다음과 같습니다.

파일 이름: src-tauri/tauri.conf.json

```json
"app": {
  "windows": [
    {
      "title": "bookshelf",
      "width": 800,
      "height": 600,
      "resizable": true,
      "fullscreen": false
    }
  ],
  "security": {
    "csp": ""
  }
},
```

첫 번째로 수정하는 섹션은 tauri.app.security입니다.

security 섹션은 웹 페이지의 콘텐츠 보안 설정을 하는 데 사용합니다. 타우리에서 파일 시스템의 파일을 참조하려면 file 프로토콜 대신 자산 프로토콜(asset 프로토콜)을 사용해야 하는데 어떤 종류의 프로토콜을 사용하든 보안을 고려해야 합니다.

security 섹션의 기본 설정은 다음과 같습니다.

```
"security": {
  "csp": null
}
```

도서 관리 프로그램에서는 웹 페이지에서 자산 프로토콜을 사용하면 반드시 csp 키의 값을 default-src 'self'; img-src 'self' asset: https://asset.localhost로 변경해야 하며 security 섹션에 assetProtocol 설정도 추가합니다. 따라서 코드는 다음과 같이 수정해야 합니다.

```
"security": {
  "assetProtocol": {
    "scope": [
      "$APPDATA/book_covers/*"
    ],
    "enable": true
  },
  "csp": "default-src 'self'; img-src 'self' asset: https://asset.localhost;
connect-src ipc: http://ipc.localhost"
},
```

security 섹션에 자산 프로토콜이 접근할 디렉터리의 범위도 함께 지정했음을 주의 깊게 봐주세요.

CSP(콘텐츠 보안 정책)과 관련해서는 MDN 웹 문서(https://developer.mozilla.org/ko/docs/Web/HTTP/CSP)를 참고해 주세요.

두 번째로 수정하는 섹션은 tauri.app.windows입니다.

이 섹션에서는 타우리 앱이 실행되는 창의 크기나 제목을 설정합니다. 기본값은 다음과 같습니다.

```
"windows": [
  {
    "title": "bookshelf",
```

```
    "width": 800,
    "height": 600,
    "resizable": true,
     "fullscreen": false
    }
  ]
```

도서 관리 프로그램에서는 windows 섹션에서 height와 width 키의 값만 다음과 같이 설정합니다.

```
"windows": [
  {
    "width": 1200
    "height": 900,
  }
]
```

이것으로 tauri.conf.json 파일 수정을 마무리합니다.

다음으로 프로그램이 사용할 권한을 설정하기 위해 capabilities/default.json 파일을 편집합니다. 타우리 1.x에서는 권한 설정을 tauri.conf.json에서 했지만 타우리 2.0부터 capabilities 디렉터리의 json 파일에서 하도록 바뀌었습니다.

파일 이름: src-tauri/capablities/default.json

```
{
  "$schema": "../gen/schemas/desktop-schema.json",
  "identifier": "default",
  "description": "enables the default permissions",
  "windows": [
    "main"
  ],
  "permissions": [
    "core:default"
  ]
}
```

도서 관리 프로그램은 파일 시스템에 접근하는 기능과 다이얼로그 기능을 사용합니다.

permissions 키는 프로그램에 허용할 타우리의 API 권한을 지정하는 데 사용합니다. 이 섹션을 수정하지 않으면 프로그램에서 파일 시스템에 접근하거나 파일을 여는 등의 기능을 사용할 수 없습니다. 도서 관리 프로그램은 다음과 같은 다수의 API를 사용합니다.

- path
- assetProtocol
- fs
- dialog

path API는 운영체제에서 파일 경로를 다룰 때 사용하는 API입니다. 타우리에서는 파일 경로를 다루기 위해 path API의 여러 함수를 사용합니다. 도서 관리 프로그램에서는 appDataDir, join, basename API를 사용합니다. 함수별로 살펴보면 appDataDir는 개별 프로그램에서 사용하는 설정 파일, 프로그램에서 사용하는 이미지 파일 같은 리소스 파일을 등을 저장하기 위해 사용합니다. 두 번째로 join은 함수에 전달된 매개변수를 경로 구분 문자를 사용해 하나의 경로 문자열로 만들어 줍니다. 운영체제마다 경로 구분 문자가 다른데, join 함수가 운영체제에 맞는 경로 구분 문자를 선택해 만들어 주므로 매우 유용합니다. 마지막 basename 함수는 경로 문자열에서 파일 이름만 가져옵니다. 예를 들어 "/path/to/abc.conf"에서는 "abc.conf"만 사용됩니다.

타우리 2.0부터는 tauri.conf.json의 app.withGlobalTauri로 path API 사용 여부를 설정합니다. 이 값을 true로 지정하면 사용할 수 있으며, 지정하지 않아도 기본적으로 활성화됩니다.

다음으로 살펴볼 권한은 assetProtocol입니다. assetProtocol은 프로그램에서 http나 https가 아닌 프로그램 개발자가 만든 커스텀 프로토콜을 허용할지를 지정합니다. 도서 관리 프로그램에서는 디스크에 저장된 이미지를 가져올 때 자산 프로토콜(asset://) 하나만 사용합니다.

이때 자산 프로토콜이 접근할 디렉터리의 범위도 함께 지정합니다. 이는 tauri.conf.json 파일에서 설정합니다.

다음으로 살펴볼 권한은 fs입니다. fs는 파일 시스템에 직접 접근하는 함수가 있는 API로서 도서 관리 프로그램에서는 표지 이미지를 저장할 디렉터리 생성, 이미지 파일 읽기, 파일 생성과 삭제 등에 사용합니다.

API 권한을 설정할 때는 실제로 사용하는 권한만 허용합니다. 다음과 같이 `permissions` 배열에 값을 추가합니다.

```
"permissions": [
  "core:default",
  "fs:allow-read-file",
  "fs:allow-write-file",
  "fs:allow-mkdir",
  "fs:allow-remove",
  {
    "identifier": "fs:scope",
    "allow": [
      "$APPDATA/**",
      "$APPDATA/*",
      "$APPDATA/",
      "$APPDATA"
    ]
  },
  "fs:default",
]
```

허용할 파일 시스템 권한은 "`fs:allow-read-file`", "`fs:allow-write-file`", "`fs:allow-mkdir`", "`fs:allow-remove`", "`fs:default`"를 지정했습니다. 여기에 별도 JSON 객체를 하나 더 추가했는데 fs API가 접근할 수 있는 디렉터리 경로를 제한하기 위함입니다. 이 객체에는 `identitifier` 키와 `allow` 키가 있습니다. `identitifier` 키의 값으로 `fs:scope`를 지정하지 않으면 파일 시스템의 모든 디렉터리에서 파일을 읽고 쓸 수 있기 때문에 보안상 권장하지 않습니다.

마지막으로 `dialog` 권한입니다. `dialog` 권한은 운영체제를 통해 어떤 대화 상자를 허용할지를 지정합니다. 도서 관리 프로그램에서는 디스크에 저장된 표지 이미지 파일을 선택할 때만 대화 상자를 사용합니다. 따라서 파일 열기 대화 상자 권한만을 허용하고자 `dialog:allow-open`와 `dialog:default`만 사용합니다. `permissions` 배열에 다음 코드도 추가합니다.

```
"dialog:allow-open",
"dialog:default",
```

사용하는 플러그인에 따라 permissions 배열에 더 많은 권한을 추가할 수 있지만 제품화 단계에서는 실제 사용하는 기능 위주로 API를 허용하는 것이 보안면에서 안전합니다.

permissions 배열에서 추가한 기능을 Cargo.toml의 dependencies에 추가해야 합니다.

파일 이름: src-tauri/Cargo.toml

```toml
[dependencies]
…생략
tauri-plugin-dialog = "2"
tauri-plugin-fs = "2"
```

다음은 변경한 내용이 모두 담긴 tauri.conf.json 파일입니다.

파일 이름: src-tauri/tauri.conf.json

```json
{
  "$schema": "https://schema.tauri.app/config/2.0.0-rc",
  "productName": "bookshelf",
  "version": "0.1.0",
  "identifier": "com.tauri.dev",
  "build": {
    "frontendDist": "../dist",
    "devUrl": "http://localhost:5173",
    "beforeDevCommand": "npm run dev",
    "beforeBuildCommand": "npm run build"
  },
  "app": {
    "windows": [
      {
        "title": "bookshelf",
        "width": 1200,
        "height": 900,
        "resizable": true,
        "fullscreen": false
      }
    ],
    "security": {
      "assetProtocol": {
        "scope": [
          "$APPDATA/book_covers/*"
        ],
```

```
        "enable": true
      },
      "csp": "default-src 'self'; img-src 'self' asset: https://asset.localhost;
connect-src ipc: http://ipc.localhost"
    }
  },
  "bundle": {
    "active": true,
    "targets": "all",
    "icon": [
      "icons/32x32.png",
      "icons/128x128.png",
      "icons/128x128@2x.png",
      "icons/icon.icns",
      "icons/icon.ico"
    ]
  }
}
```

다음은 타우리 앱에 허용할 권한이 담긴 `default.json` 파일의 내용입니다.

파일 이름: src-tauri/capabilities/default.json

```
{
  "$schema": "../gen/schemas/desktop-schema.json",
  "identifier": "default",
  "description": "enables the default permissions",
  "windows": [
    "main"
  ],
  "permissions": [
    "core:default",
    "fs:allow-read-file",
    "fs:allow-write-file",
    "fs:allow-mkdir",
    "fs:allow-remove",
    {
      "identifier": "fs:scope",
      "allow": [
        "$APPDATA/**",
        "$APPDATA/*",
        "$APPDATA/",
        "$APPDATA"
```

```
        ]
      },
      "dialog:allow-open",
      "dialog:default",
      "fs:default"
    ]
  }
```

지금까지 프로그램을 만드느라 고생하셨습니다. 이제 잘 만들었는지 테스트할 차례입니다.

20.2.3 프로그램 테스트하기

프로그램을 만들고 있어도 개발 과정에서 작동 여부를 모르면 잘 만들고 있는지 파악하기가 어렵습니다. 또한 사람들에게 사용하라고 배포할 수 없기도 합니다. 따라서 프로그램과 함께 테스트를 만드는 방법이 각광받고 있습니다.

타우리를 사용한 앱을 테스트하려면 프런트엔드와 백엔드 영역에 나누어 테스트를 만드는 것이 프로그램의 안정적인 동작을 보장합니다. 이 장에서는 테스트 방법을 자세히 설명하지 않지만, 많은 자료가 있으니 여러분이 직접 찾아보길 추천합니다.

이러한 테스트와 별개로 만들고 있는 프로그램을 개발 모드로 실행하려면 프로젝트 디렉터리 (cd C:\Windows\System32\bookshelf\)에서 다음 명령을 실행합니다.

```
cargo tauri dev
```

이 명령을 실행하면 도서 관리 프로그램이 예쁘게 나온 것을 볼 수 있습니다. 일반적으로 개발 모드에서는 .vue 파일이나 .rs 파일이 수정되면 핫 리로드hot reload 기능으로 새로운 내용이 반영되지만 핫 리로드 기능이 종종 정상적으로 동작하지 않을 수도 있습니다.

이럴 때는 실행 중인 프로그램을 강제 종료하고 src-tauri 디렉터리에서 다음 명령을 실행하고 다시 프로젝트 디렉터리에서 cargo tauri dev를 실행하면 정상적으로 타우리 앱이 실행됩니다.

```
cargo clean
```

프로그램을 잘 만든다는 것은 사용자가 프로그램을 사용할 때 원하는 기능이 잘 동작하고 가능한 한 문제가 적게 발생해야 한다는 의미입니다. 따라서 테스트를 만드는 작업이 꼭 필요합니다. 하지만 이 장에서는 지면상의 이유로 테스트를 자세히 다루지 않았습니다.

20.3 배포하기

개발을 마쳤다면 프로그램을 배포해야 합니다. 윈도우에서는 NSIS^{Nullsoft Scriptable Install System}나 Wix Toolset 같은 프로그램을 사용해 설치 프로그램으로 만들어 배포합니다. 배포하는 환경이 맥이라면 dmg 파일이나 pkg 파일을, 리눅스라면 배포본에 따라 RPM 파일이나 DEB 파일을 만들어 배포합니다.

배포 환경에 상관없이 쉽게 배포하려면 실행 파일과 실행에 필요한 DLL이나 SO 파일을 함께 압축해서 배포할 수 있습니다.

타우리에서는 프로그램을 배포하기 위해 build 명령을 제공하는데 이 명령을 사용하면 운영체제에 맞는 패키지 파일을 자동으로 만들어 줍니다. 타우리에서 빌드를 하려면 반드시 tauri. conf.json 파일을 편집해야 합니다. 편집해야 하는 대상은 identifier 키와 bundle 섹션입니다.

bundle 섹션에는 프로그램을 배포하는 데 사용하는 구성이 들어 있습니다. 일반적으로 여러 개의 파일을 하나로 합치는 과정을 번들링^{bundling}이라고 합니다. 타우리로 개발한 앱도 여러 rs 파일과 프런트엔드에서 만든 파일 여러 개를 하나로 합치는 데 bundle 섹션을 사용합니다. 여기에서는 기본으로 설정된 항목은 제외하고 수정할 부분만 살펴보겠습니다.

수정해야 할 부분은 identifier입니다. 개발 모드에서 프로그램을 테스트할 때는 이 값을 수정하지 않아도 되지만 실제 배포를 진행할 때는 변경해야 합니다. 기본값은 "com.tauri.dev" 지만 "kr.easyrust.bookshelf" 같은 형태로 변경해야 합니다. 이 값은 도메인을 역순으로 나열하고 맨 마지막에 프로그램의 이름을 배치하는 방식으로 구성합니다.[3] 소유한 도메인이 없다면 도메인의 형태를 취해 임의로 구성해도 좋습니다.

---

3 옮긴이_ 이런 형태의 구성은 자바 패키지 이름 규칙에서도 사용됩니다.

윈도우에서 배포하려면 `bundle.resources` 키를 추가해야 합니다. 이 장에서 다루는 도서 관리 프로그램은 PostgreSQL을 사용하기 때문에 다음의 설정 파일을 `bundle.resources` 키에 명시합니다.

- `libcrypto-3-x64.dll`

- `libiconv-2.dll`

- `libintl-9.dll`

- `libpq.dll`

- `libwinpthread-1.dll`

- `libssl-3-x64.dll`

데이터베이스로 PostgreSQL을 사용하면서 윈도우에 배포하려면 이 파일을 포함해야 합니다. 수정한 코드는 다음과 같습니다.

파일 이름: src-tauri/tauri.conf.json

```
{
이전 내용 생략…

  "identifier": "kr.easyrust.bookshelf",
  "bundle": {

    "resources": [
      "libcrypto-3-x64.dll",
      "libiconv-2.dll",
      "libintl-9.dll",
      "libpq.dll",
      "libwinpthread-1.dll",
      "libssl-3-x64.dll"
    ]
  }
}
```

`resources` 값은 프로그램을 번들링할 때 포함할 파일의 이름을 명시합니다. 도서 관리 프로그램에서는 DLL 파일을 포함해야 하므로 이 값을 채웠습니다. 프런트엔드와 관련이 없지만 번들링 시 포함해야 하는 다른 파일이 있다면, 여기에 반드시 추가해야 합니다.

이제 타우리 앱을 빌드할 때 DLL 파일을 포함하도록 하는 준비 작업을 마쳤습니다.

20.3.1 데이터베이스 접속 정보 설정하기

데이터베이스를 사용하는 프로그램은 프로그램이 사용할 데이터베이스 접속 정보가 필요합니다. 프로그램 설치 이후 처음 실행할 때 데이터베이스 접속 정보를 받도록 해도 되지만 다수의 사용자가 하나의 데이터베이스만 사용하면 프로그램을 빌드할 때 접속 정보를 설정해 두는 것이 좋습니다.

프로그램에 데이터베이스 접속 정보를 설정하는 방법은 크게 세 가지입니다.

- 소스 코드에 직접 데이터베이스 접속 정보를 넣는 방법
- 데이터베이스 접속 정보를 별도의 파일에 넣고 프로그램 실행 중 참고하게 하는 방법
- 프로그램 첫 실행 시 접속 정보를 입력받는 방법

첫 번째 방법은 일반적으로 소스 코드에 그대로 데이터베이스 접속 정보가 노출되므로 소스 코드 버전 관리 시 보안에 위배됩니다. 두 번째 방법은 다수의 사용자가 하나의 데이터베이스만 사용하는 상황에 권장하는 방법입니다. 세 번째 방법은 개별 사용자가 데이터베이스를 직접 설정하는 상황에 권장합니다.

이 장의 도서 관리 프로그램은 도서 정보를 PostgreSQL에 저장하지만 SQLite와 같은 파일 기반 데이터베이스에 저장할 수도 있습니다. 이렇게 파일 기반 데이터베이스를 사용할 때는 세 번째 설정 방식을 사용하는 것이 좋습니다.

여기에서는 (보안상 권장하는 방법은 아니지만) 첫 번째 방법으로 데이터베이스 접속 정보를 설정합니다. 데이터베이스 접속 정보 설정을 위해 다음과 같이 lib.rs 파일의 establish_connection 함수를 편집합니다.

파일 이름: src-tauri/src/lib.rs

```
pub fn establish_connection() -> PgConnection {
    dotenv().ok();

    use std::env;
```

```
    let database_url = env::var("DATABASE_URL")
        .unwrap_or(String::from("postgres://[username][:password]@[host] [:port]/
[database]"));
    PgConnection::establish(&database_url)
        .unwrap_or_else(|_| panic!("Error connecting to {}", database_url))
}
```

코드에서 [username], [password], [host], [port], [database] 정보는 여러분의 정보로 변경해야 합니다. 필자가 임의로 구성한 접속 정보는 다음과 같습니다.

- postgres://easyrust:secret@localhost:5432/easyrust

여러분이 설정한 데이터베이스도 이와 유사한 결과가 나오도록 설정하길 바랍니다. 여기까지 설정한 후에는 배포 패키지를 생성하면 됩니다.

20.3.2 배포 패키지 만들기

타우리로 만든 앱을 배포하기 위한 가장 마지막 작업은 빌드 패키지 생성 명령을 실행하는 것입니다. 다음 명령을 파워셸에서 실행합니다.

```
cargo tauri build
```

이 명령을 실행하면 명령을 실행하는 운영체제에 따라 적합한 설치 패키지가 생성됩니다. 운영체제에 따라 설치되는 설치 파일 형식은 다음과 같습니다.

- **윈도우**: exe, msi
- **리눅스**: deb, rpm, AppImage
- **맥**: dmg, app

윈도우는 강화된 보안 설정으로 설치 패키지를 만들 때 반드시 설치 패키지 파일에 신뢰할 수 있는 인증서로 사인sign하는 것이 좋습니다. 이 절차는 이 책에서 자세하게 다루지 않습니다.

빌드 출력은 다음과 같습니다.

```
C:\Users\searc\easyrust-db>cargo tauri build
    Running beforeBuildCommand `npm run build`

> bookshelf@0.0.0 build
> vite build

vite v5.4.7 building for production...
✓ 54 modules transformed.
dist/index.html                                     1.01 kB │ gzip:  0.49 kB
dist/assets/index-KKEa1j87.css                     13.30 kB │ gzip:  3.14 kB
dist/assets/dialog-CfYp-MTV.js                      0.19 kB │ gzip:  0.17 kB
dist/assets/BookList-CVd6KXxM.js                    1.10 kB │ gzip:  0.67 kB
dist/assets/_plugin-vue_export-helper-D_UG2mSi.js   1.38 kB │ gzip:  0.64 kB
dist/assets/path-D-mWhbpW.js                        1.88 kB │ gzip:  0.80 kB
dist/assets/AddBook-CMiFRjnV.js                     5.89 kB │ gzip:  1.94 kB
dist/assets/EditBook-B4HAgxJt.js                    6.07 kB │ gzip:  2.00 kB
dist/assets/BookDetail-C9I2v-lA.js                 16.03 kB │ gzip:  4.08 kB
dist/assets/index-D2A0Vlgb.js                      93.01 kB │ gzip: 37.02 kB
✓ built in 1.50s
    Compiling app v0.1.0 (C:\Users\searc\easyrust-db\src-tauri)
    Finished `release` profile [optimized] target(s) in 24.72s
        Info Target: x64
    Running candle for "main.wxs"
    Running light to produce C:\Users\searc\easyrust-db\src-tauri\target\release\
bundle\msi\BookShelf_0.1.0_x64_en-US.msi
        Info Target: x64
    Running makensis.exe to produce C:\Users\searc\easyrust-db\src-tauri\target\
release\bundle\nsis\BookShelf_0.1.0_x64-setup.exe
    Finished 2 bundles at:
        C:\Users\searc\easyrust-db\src-tauri\target\release\bundle\msi\
BookShelf_0.1.0_x64_en-US.msi
        C:\Users\searc\easyrust-db\src-tauri\target\release\bundle\nsis\
BookShelf_0.1.0_x64-setup.exe
```

빌드가 성공적으로 이루어지면 마지막 부분에 패키징된 파일 위치가 출력됩니다. 여러분은 배포하려는 패키지 파일을 인터넷 사이트나 신뢰할 수 있는 곳에 업로드해 배포할 수 있습니다.

20.4 마치며

지금까지 긴 시간에 걸쳐 러스트와 타우리를 사용해 웹 기반 UI를 사용하는 러스트 프로그램을 만들어 봤습니다. 타우리는 운영체제에서 기본으로 제공하는 렌더링 엔진을 사용하므로 운영체제에 크롬이나 파이어폭스 같은 특정 브라우저가 설치되어 있지 않아도 됩니다. 이 장을 마치기 전에 여러분이 추가로 실습해 보면 좋을 과제를 드리겠습니다.

- 도서 관리 프로그램이 사용하는 데이터베이스를 PostgreSQL에서 SQLite로 변경하기
- 프로그램이 시작할 때 도서 정보를 저장할 데이터베이스 경로를 프런트엔드 UI로 만들어 사용자가 입력하게 하기

이 과제를 성공적으로 마칠 수 있다면 어디 가서 '저는 러스트로 데스크톱 프로그램을 만들 수 있어요!'라고 해도 됩니다. 그동안 고생 많으셨습니다.

부록

PART 3

* 번역서에서는 책의 내용을 더욱 쉽게 따라 할 수 있도록 러스트, Node.js, PostgreSQL, 비주얼 스튜디오 코드 등의 설치 방법을 부록으로 추가했습니다. 각 도구의 설치 과정을 단계별로 설명하므로 초보자도 쉽게 환경을 설정할 수 있습니다.

부록 A 러스트 설치하기

부록 B Node.js 설치하기

부록 C PostgreSQL 설치하기

부록 D 비주얼 스튜디오 코드 설치하기

부록 E 포드맨 설치하기

부록 F 포드맨으로 PostgreSQL 서버 설치 및 구동하기

러스트 설치하기

러스트를 설치하는 쉬운 방법은 rustup 프로그램을 사용하는 것입니다. 부록에서는 윈도우에 설치하는 방법만 다룹니다. 웹 브라우저를 실행해 https://rustup.rs에 접속합니다.

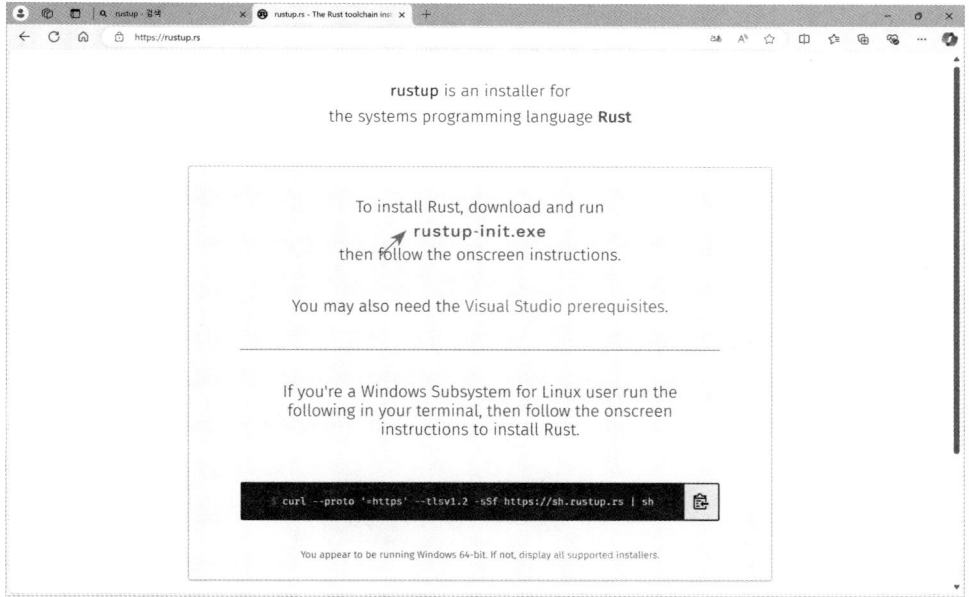

화면에 있는 rustup-init.exe를 클릭해서 설치 프로그램을 다운로드합니다. 그리고 rustup -init.exe 파일을 실행합니다. 그러면 다음과 같은 명령 프롬프트 창을 만나게 됩니다.

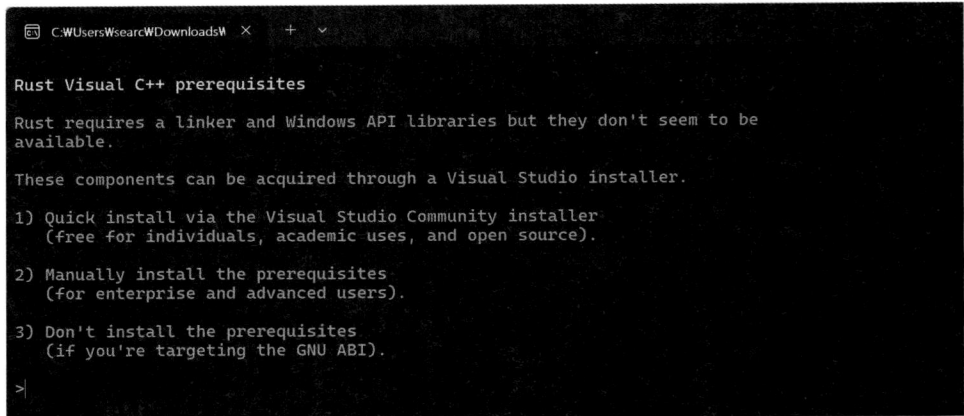

이 화면에서 여러분은 반드시 1) `Quick install via the Visual Studio Community in staller`를 선택해야 합니다. 이 옵션을 선택하면 자동으로 비주얼 스튜디오 커뮤니티 버전을 다운로드하고 설치까지 해 줍니다.

키보드로 1을 입력한 다음 엔터 키를 누릅니다. 그럼 잠시 뒤에 'Visual Studio Installer(비주얼 스튜디오 설치 관리자)' 설치를 할 것인지 물어보는 화면이 나옵니다. [계속(O)]을 클릭합니다.

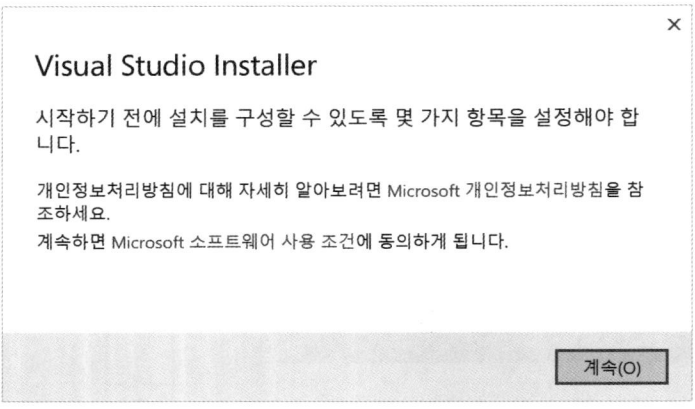

버튼을 누른 뒤 잠시 기다리면 비주얼 스튜디오 설치 관리자를 가져옵니다. 설치 관리자를 가져오는 데 시간이 많이 걸리지는 않습니다.

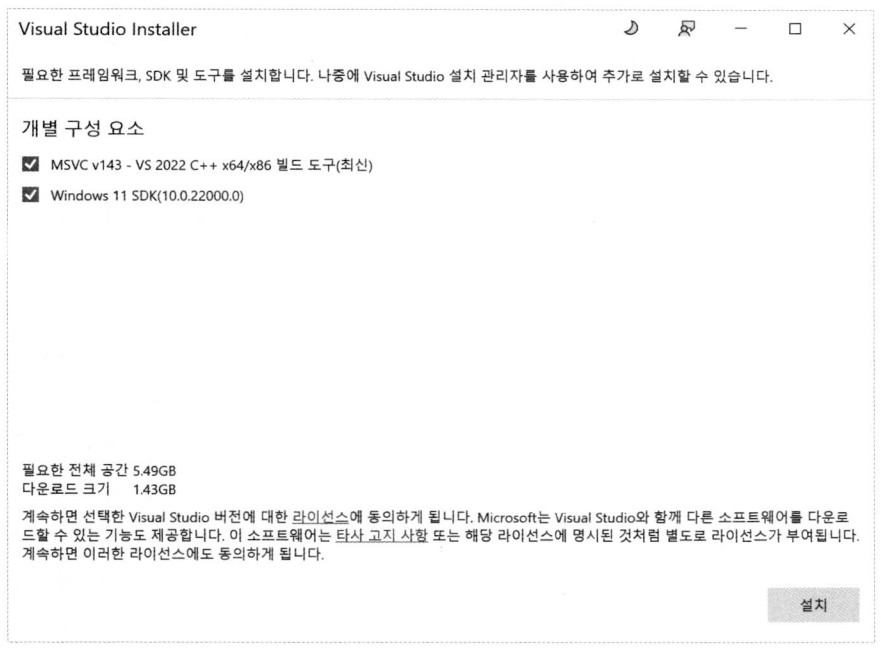

설치 관리자를 가지고 오면 러스트 컴파일에 필요한 구성 요소만 선택된 화면이 나옵니다. 화면에서 [설치]를 클릭합니다.

비주얼 스튜디오 설치가 완료될 때까지 기다리는 동안 '설치 후 시작' 체크박스를 해제합니다.

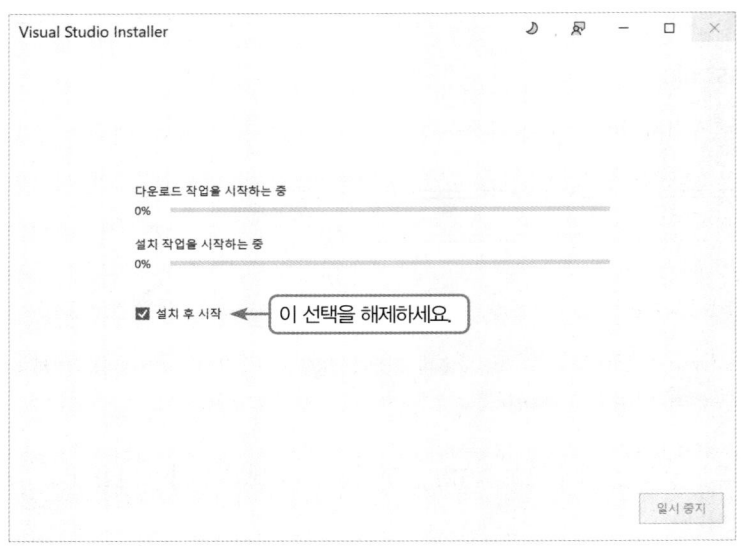

설치가 완료되었다는 화면이 나오면 [닫기(C)]를 클릭합니다. 그런 다음 앞에서 실행되었던 명령 프롬프트 창으로 돌아갑니다.

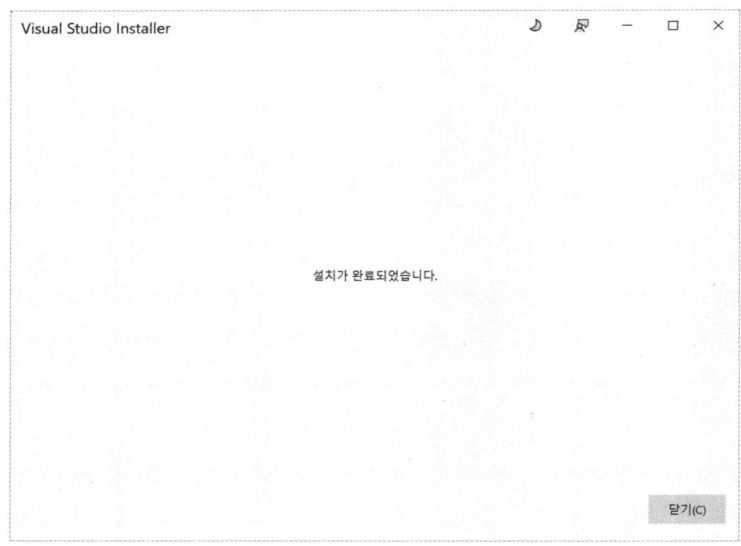

명령 프롬프트 창에서는 다음과 같이 리스트 설치 프로그램이 실행 중일 것입니다. 만약 화면이 다르다면 명령 프롬프트 창에 커서를 위치시키고 엔터 키를 한 번 누릅니다.

```
The Cargo home directory is located at:

 C:\Users\searc\.cargo

This can be modified with the CARGO_HOME environment variable.

The cargo, rustc, rustup and other commands will be added to
Cargo's bin directory, located at:

 C:\Users\searc\.cargo\bin

This path will then be added to your PATH environment variable by
modifying the HKEY_CURRENT_USER/Environment/PATH registry key.

You can uninstall at any time with rustup self uninstall and
these changes will be reverted.

Current installation options:


  default host triple: x86_64-pc-windows-msvc
    default toolchain: stable (default)
              profile: default
 modify PATH variable: yes

1) Proceed with standard installation (default - just press enter)
2) Customize installation
3) Cancel installation
>
```

그런 다음 1을 입력하고 엔터 키를 누르거나 숫자를 입력하지 않고 엔터 키를 누릅니다.

```
 C:\Users\searc\.cargo\bin

This path will then be added to your PATH environment variable by
modifying the HKEY_CURRENT_USER/Environment/PATH registry key.

You can uninstall at any time with rustup self uninstall and
these changes will be reverted.

Current installation options:


  default host triple: x86_64-pc-windows-msvc
    default toolchain: stable (default)
              profile: default
 modify PATH variable: yes

1) Proceed with standard installation (default - just press enter)
2) Customize installation
3) Cancel installation
>1

info: profile set to 'default'
info: default host triple is x86_64-pc-windows-msvc
info: syncing channel updates for 'stable-x86_64-pc-windows-msvc'
info: latest update on 2024-09-05, rust version 1.81.0 (eeb90cda1 2024-09-04)
info: downloading component 'cargo'
info: downloading component 'clippy'
info: downloading component 'rust-docs'
```

잠시 기다리면 rustup 프로그램이 러스트 컴파일러를 다운로드하고 컴퓨터에 러스트를 설치합니다.

```
 C:\Users\Wsearc\Downloads\   X   +   ∨

info: latest update on 2024-09-05, rust version 1.81.0 (eeb90cda1 2024-09-04)
info: downloading component 'cargo'
info: downloading component 'clippy'
info: downloading component 'rust-docs'
info: downloading component 'rust-std'
info: downloading component 'rustc'
 58.9 MiB /  58.9 MiB (100 %)  23.8 MiB/s in  3s ETA:  0s
info: downloading component 'rustfmt'
info: installing component 'cargo'
info: installing component 'clippy'
info: installing component 'rust-docs'
 16.0 MiB /  16.0 MiB (100 %)   2.6 MiB/s in  5s ETA:  0s
info: installing component 'rust-std'
 20.5 MiB /  20.5 MiB (100 %)  13.1 MiB/s in  1s ETA:  0s
info: installing component 'rustc'
 58.9 MiB /  58.9 MiB (100 %)  13.4 MiB/s in  4s ETA:  0s
info: installing component 'rustfmt'
info: default toolchain set to 'stable-x86_64-pc-windows-msvc'

  stable-x86_64-pc-windows-msvc installed - rustc 1.81.0 (eeb90cda1 2024-09-04)


Rust is installed now. Great!

To get started you may need to restart your current shell.
This would reload its PATH environment variable to include
Cargo's bin directory (%USERPROFILE%\.cargo\bin).

Press the Enter key to continue.
```

러스트 설치가 완료되면 'Rust is installed now. Great!'라는 메시지가 나옵니다. 이것으로 러스트 설치가 완료되었습니다.

Node.js 설치하기

여기에서는 Node.js를 설치하는 방법을 다룹니다. Node.js는 프런트엔드 코드를 번들링하기 위해 사용합니다. 웹 브라우저를 열고 `https://nodejs.org`에 접속합니다.

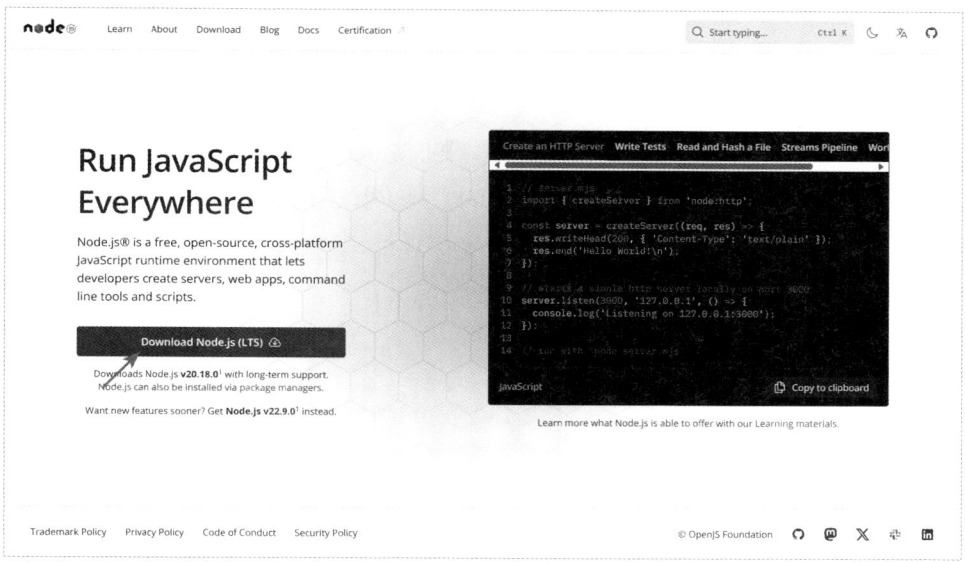

웹사이트 중간에 있는 [Download Node.js (LTS)] 버튼을 클릭합니다. 그런 다음 다운로드된 `msi` 설치 파일을 실행합니다.[1] Node.js 설치 파일을 실행하면 다음과 같은 화면을 볼 수 있습니다. [Next]를 클릭해 다음으로 이동합니다.

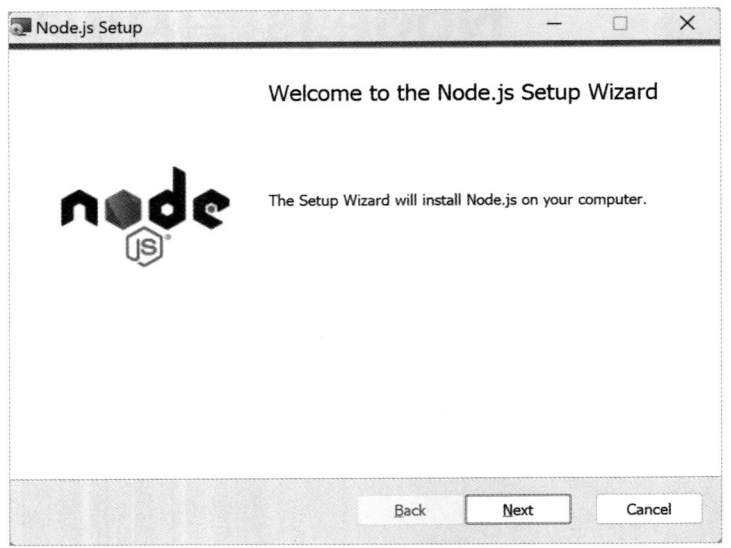

다음 화면에서는 사용 약관 동의 여부를 물어봅니다. 'I accept the terms in the License Agreement(라이선스 계약의 조건에 동의합니다)' 체크박스를 선택하고 [Next]를 버튼을 클릭합니다.

다음은 Node.js가 설치될 디렉터리를 지정하는 화면입니다. 기본값으로 두고 [Next]를 클릭합니다.

---

1 옮긴이_ 2025년 1월 기준으로 `node-v22.13.0-x64.msi` 파일이 다운로드됩니다.

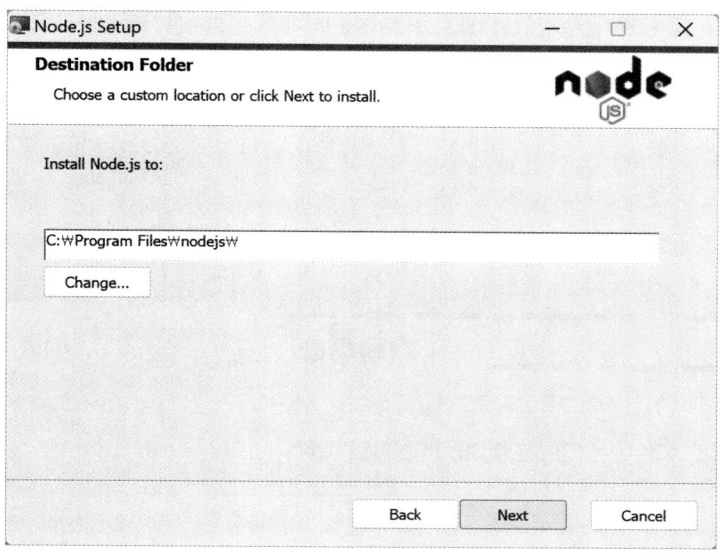

다음으로 Node.js 설치 프로그램에서 제공하는 구성 요소 중 어떤 것을 설치할 것인지 물어봅니다. 기본값으로 모두 선택되어 있으므로 [Next]를 클릭합니다.

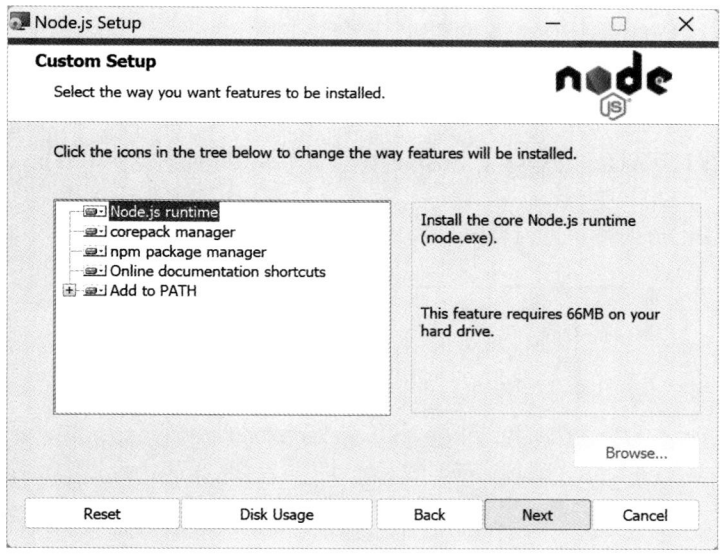

다음으로 네이티브 Node.js 패키지(컴파일이 필요한 Node.js 패키지)를 설치할 때 도움이 되는 패키지를 Chocolatey 프로그램으로 설치할 것인지 물어봅니다. 체크박스가 해제된 상태를 그대로 두고 [Next]를 클릭합니다. 이 체크박스를 선택한 상태로 진행하면 러스트 코드가 컴파일이 되지 않는 현상을 마주할 수 있기 때문에 반드시 체크가 해제된 채로 진행하시길 바랍니다.

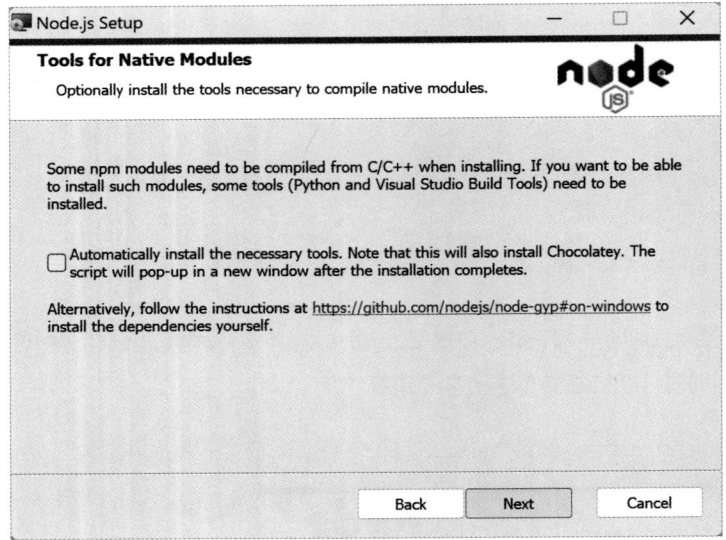

Node.js를 설치할 준비가 모두 완료되었습니다. [Install]을 클릭해 Node.js를 설치합니다.

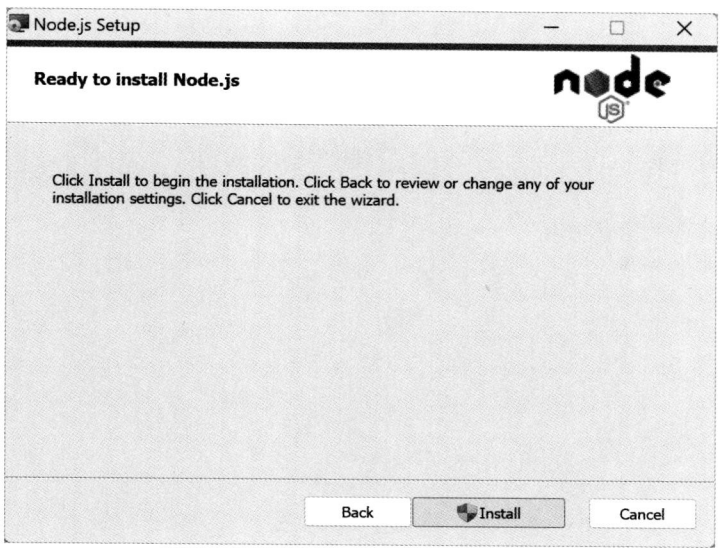

설치가 완료된 화면은 다음과 같습니다. [Finish]를 클릭해 Node.js 설치 프로그램을 종료합니다.

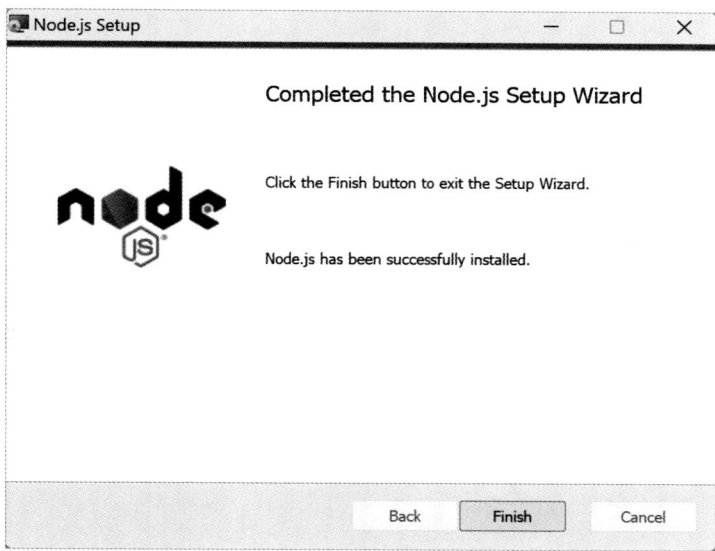

PostgreSQL 설치하기

러스트에서 PostgreSQL을 사용하려면 DLL 파일과 lib 파일이 필요합니다. 이 파일은 러스트나 타우리 설치 시에 같이 설치되지 않기 때문에 별도로 설치해야 합니다.

웹 브라우저를 열고 `https://www.postgresql.org`에 접속합니다. PostgreSQL 사이트에 있는 [Download →]를 클릭합니다.

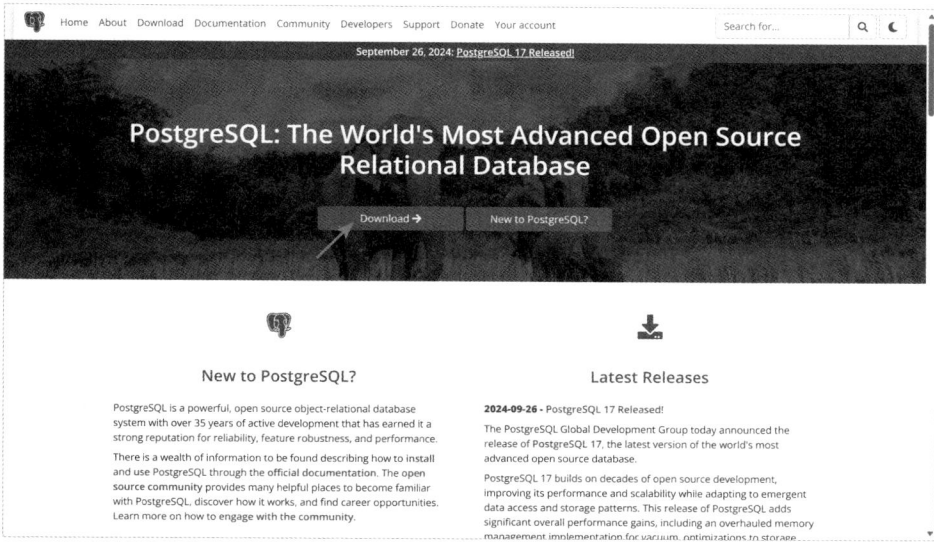

다운로드 화면에서 중간에 있는 [Windows] 아이콘을 클릭합니다.

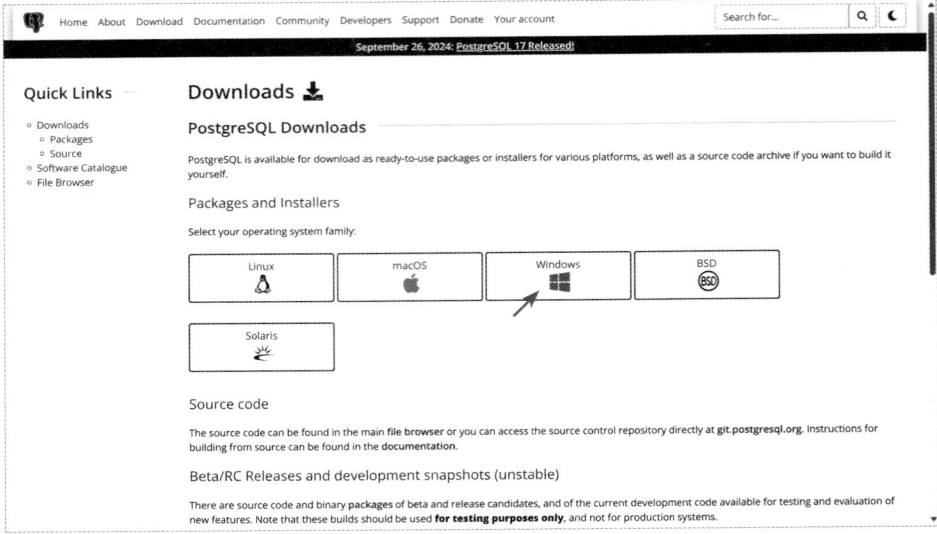

PostgreSQL 윈도우 버전은 EDB(Enterprise DB)사에서 제공하므로 'Download the installer(설치 관리자 다운로드)' 링크를 클릭해 EDB 사의 웹 페이지로 이동합니다.

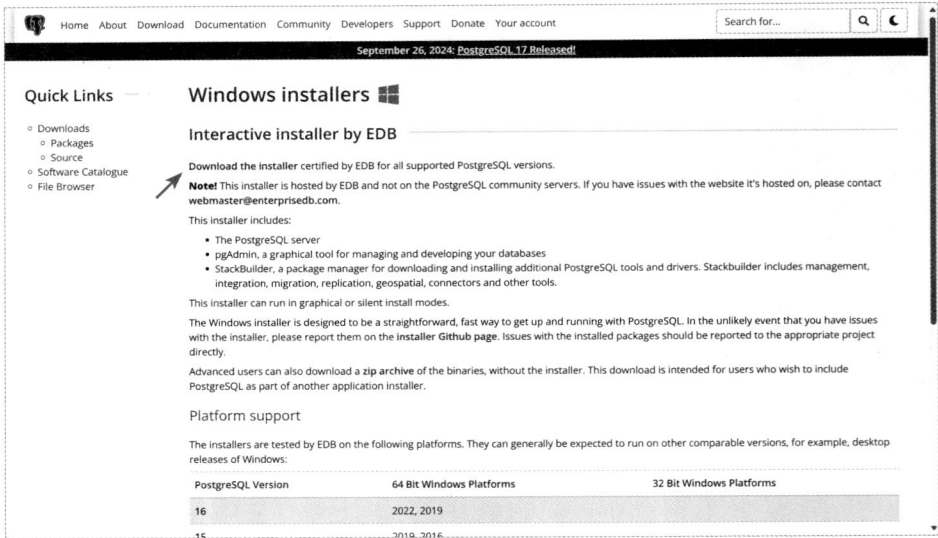

다음으로는 다운로드할 버전을 선택합니다. PostgreSQL 버전이 16.6이고 'Windows x86-64'에 있는 아이콘을 클릭합니다. 잠시 기다리면 설치 파일이 다운로드됩니다.[1]

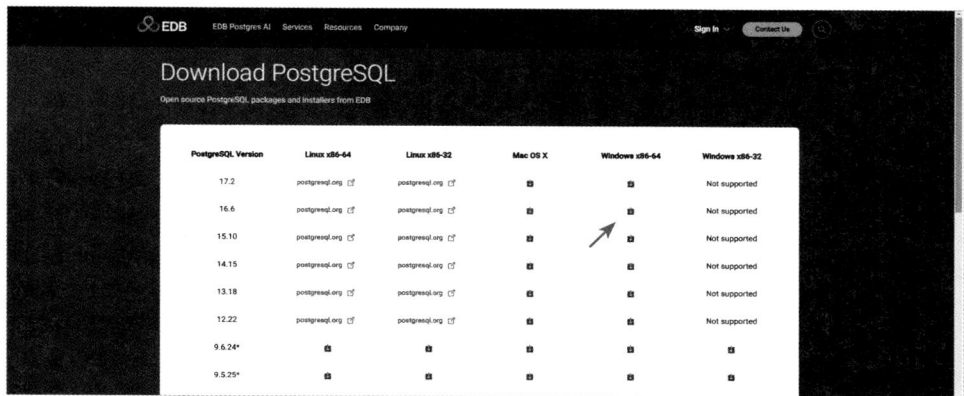

다운로드한 PostgreSQL 설치 프로그램을 실행하면 다음과 같은 환영 메시지가 나옵니다. [Next >]를 클릭해 다음으로 이동합니다.

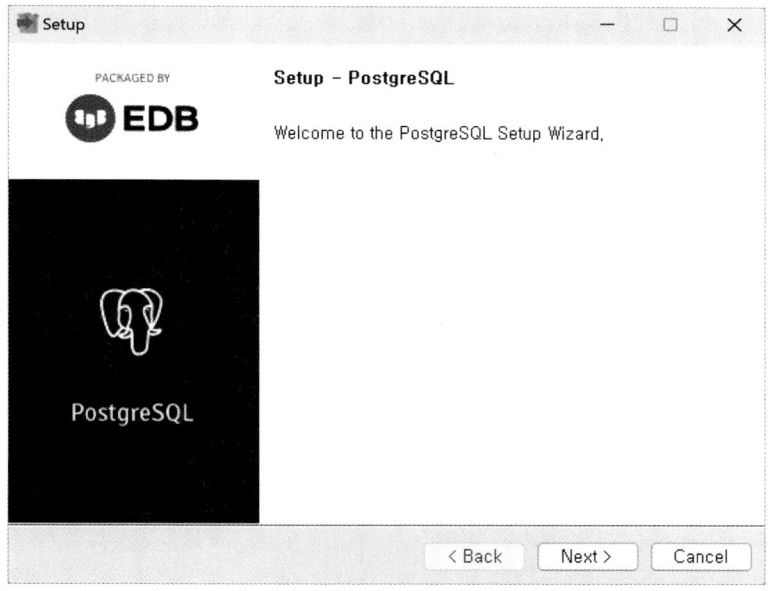

---

1 옮긴이_ 2025년 1월 기준으로 postgresql-16.6-3-windows-x64.exe 파일이 다운로드됩니다.

다음으로 PostgreSQL의 설치 위치를 지정합니다. 기본값으로 두고 [Next >]를 클릭합니다.

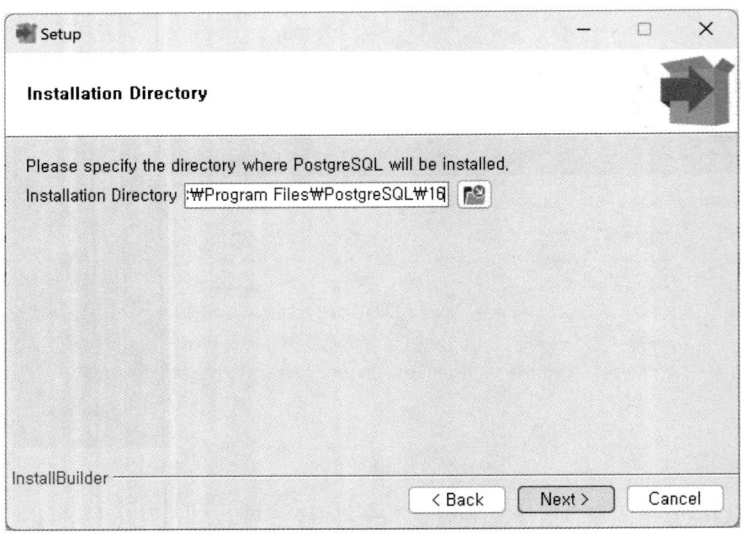

다음 화면에서 PostgreSQL 설치 프로그램에서 함께 설치할 컴포넌트를 선택합니다. 기본값으로 모든 항목이 선택되어 있지만, 'Command Line Tools'를 제외한 모든 항목의 선택을 해제해야 합니다. 반드시 다음과 같이 설정한 뒤 [Next >]를 클릭하세요.

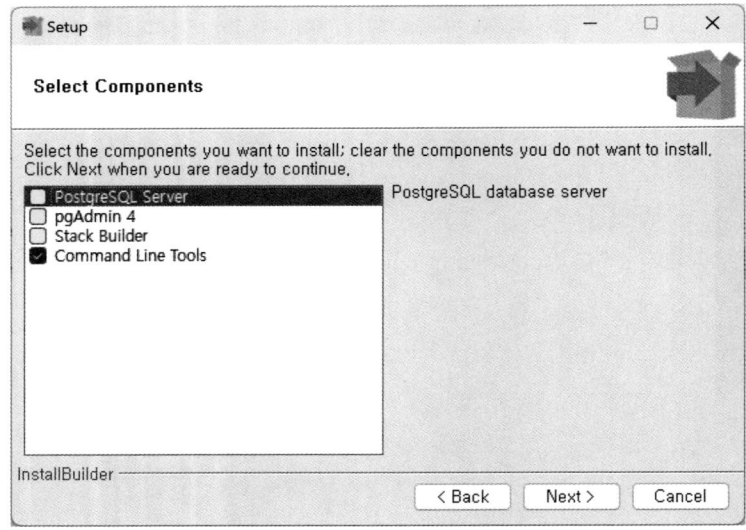

다음은 앞서 선택했던 설치 위치, 설치할 컴포넌트, 설치 로그가 남는 위치를 알려 주는 화면입니다. [Next >]를 클릭해 다음 단계로 이동합니다.

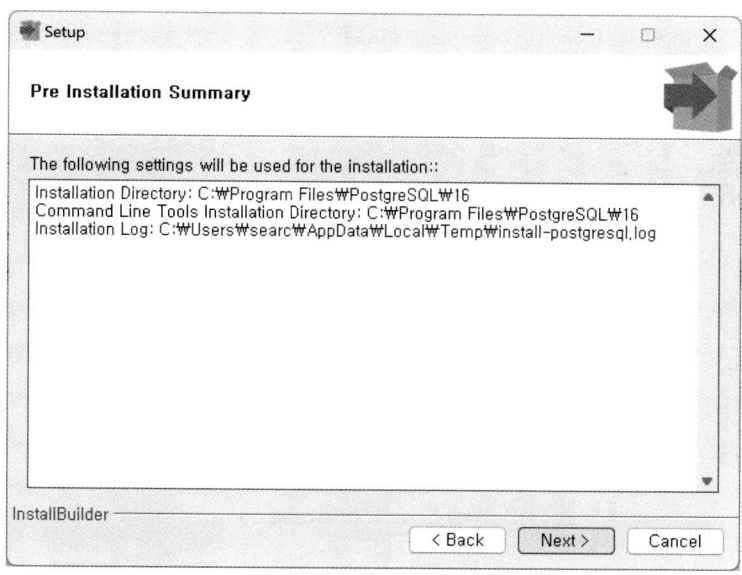

PostgreSQL을 설치할 준비가 모두 완료되었습니다. [Next >]를 클릭해 설치를 진행합니다.

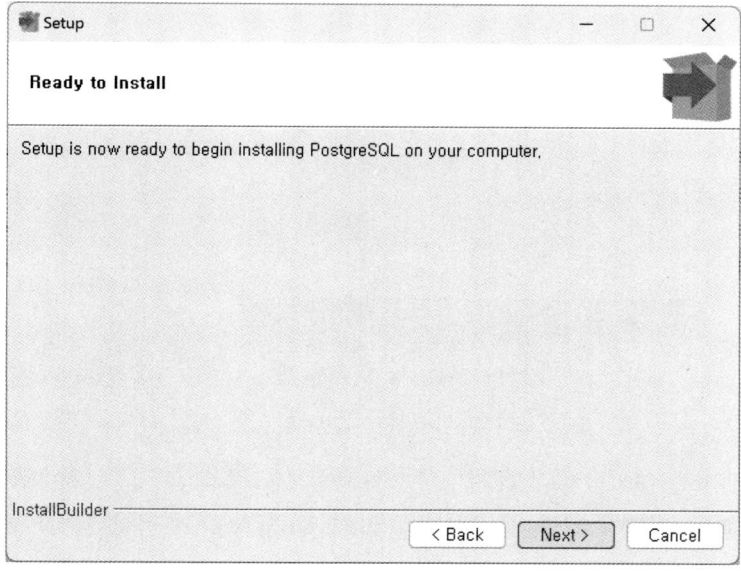

잠시 기다리면 다음과 같이 PostgreSQL 설치가 완료됩니다.

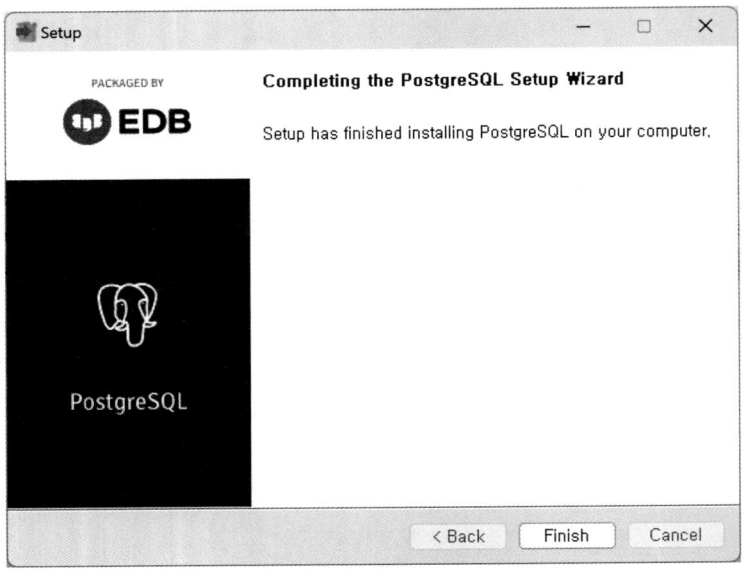

비주얼 스튜디오 코드 설치하기

프로그램을 개발하려면 적합한 소스 코드 편집 프로그램을 사용하는 것이 좋습니다. 여기서는 마이크로소프트가 만든 비주얼 스튜디오 코드^{Visual Studio Code}(이하 VScode) 설치 방법을 소개합니다.

먼저 VScode를 다운로드하기 위해 `https://code.visualstudio.com`에 접속하고 [Download for Windows] 버튼을 클릭합니다.

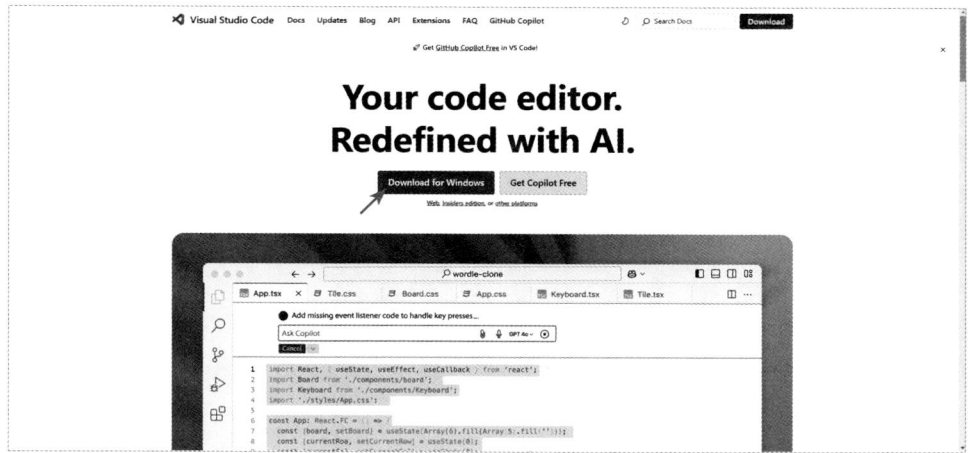

잠시 기다리면 다음 화면으로 전환되면서 설치 파일이 다운로드됩니다.[1] 이제 다운로드한 파일을 실행합니다.

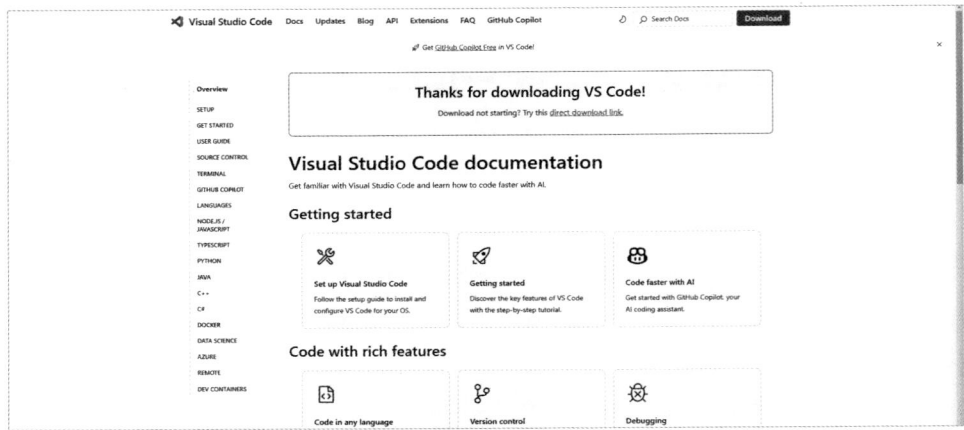

VScode를 설치하려면 프로그램 사용권 계약에 동의해야 합니다. '동의합니다' 라디오 버튼을 클릭하고 [다음(N) 〉]을 클릭합니다.

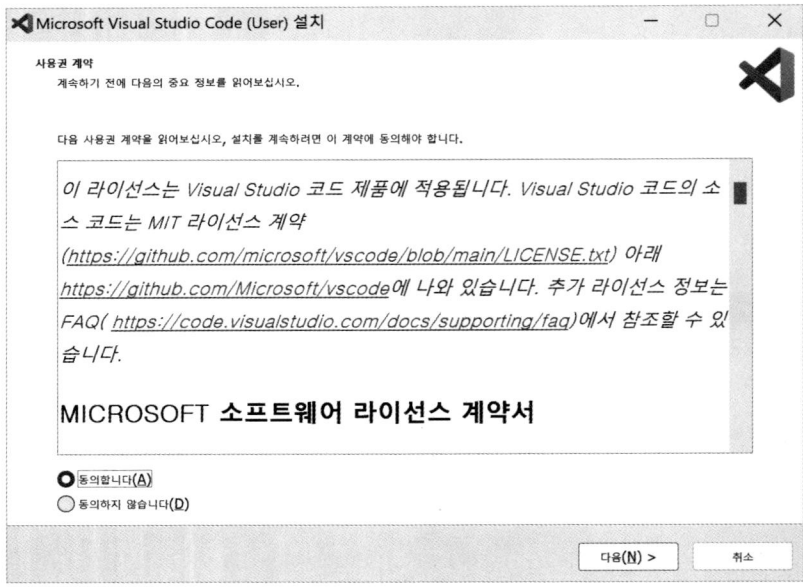

1　옮긴이_ 2025년 1월 기준으로 VSCodeUserSetup-x64-1.96.2.exe 파일이 다운로드됩니다.

다음으로 프로그램 설치 위치를 지정합니다. 여기에서는 기본값으로 두고 [다음(N) >]을 클릭합니다.

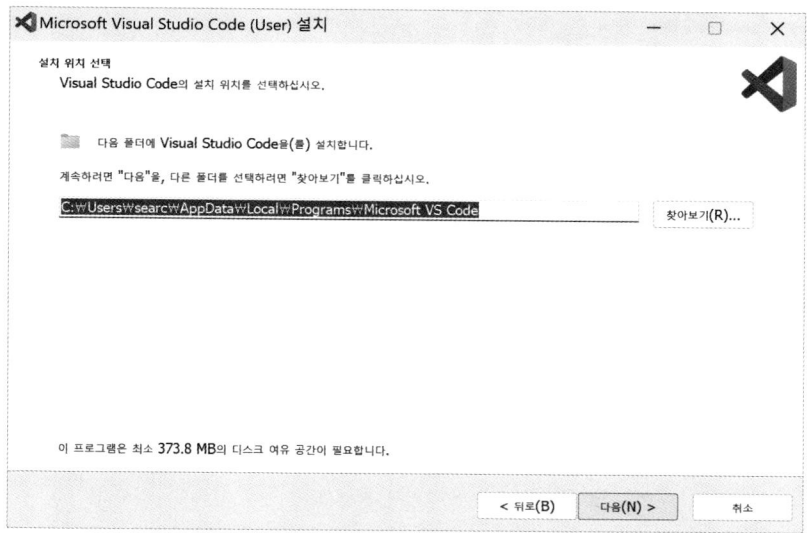

다음으로 VScode 실행 아이콘이 담길 시작 메뉴 폴더를 지정합니다. 기본값으로 두고 [다음(N) >]을 클릭합니다.

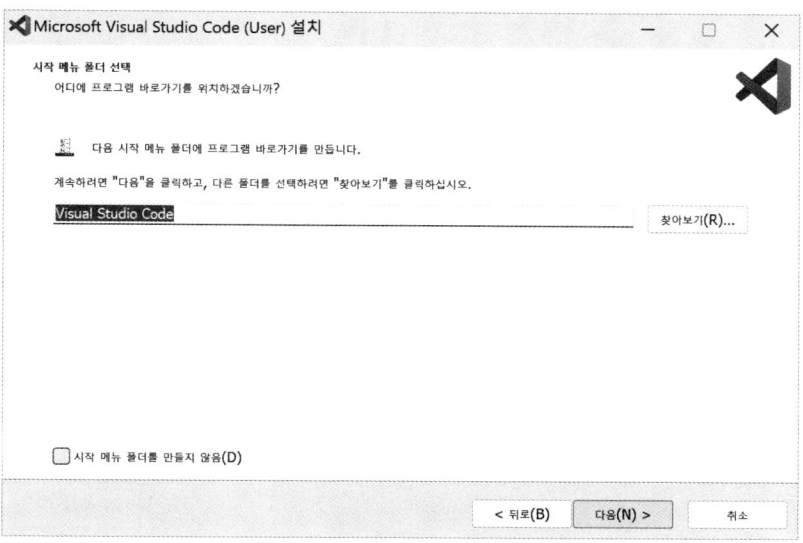

VScode를 설치하면서 추가 작업을 선택할 수 있는데, 기본 설정 그대로 둔 채로 [다음(N) 〉]을 클릭합니다.

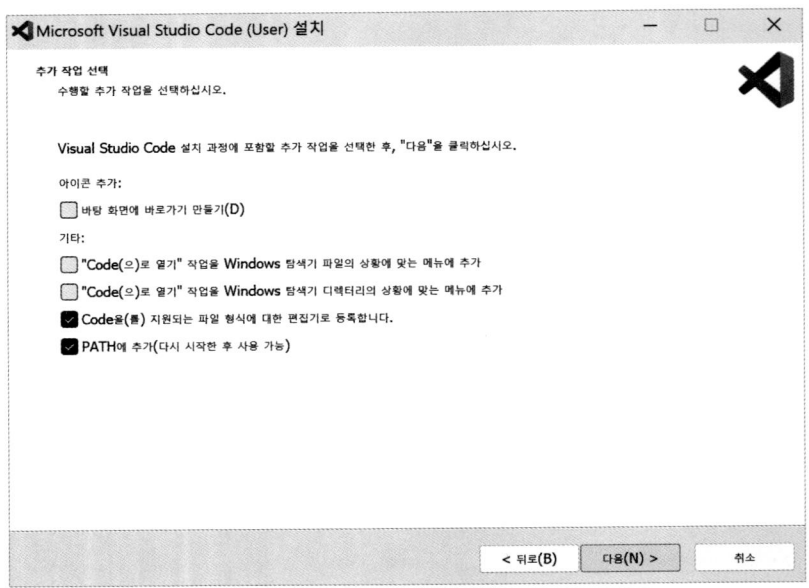

설치를 진행하기 전에 앞서 선택한 옵션이 맞는지 확인합니다. 별다른 설정이 필요하지 않으면 기본값으로 두고 [설치(I)]를 클릭해 실제 설치 화면으로 이동합니다.

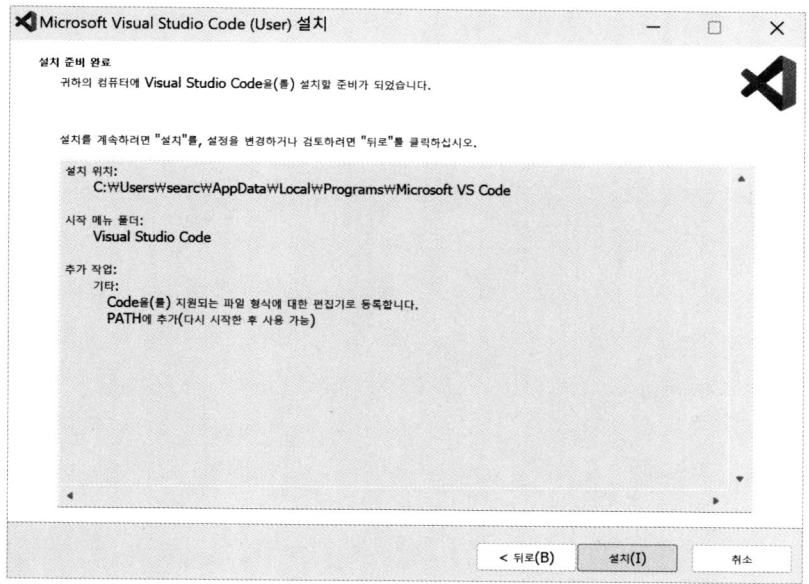

잠시 기다리면 다음과 같이 VScode 설치가 완료됩니다. 'Visual Studio Code 실행' 체크박스의 선택을 해제하고 [종료(F)]를 클릭합니다.

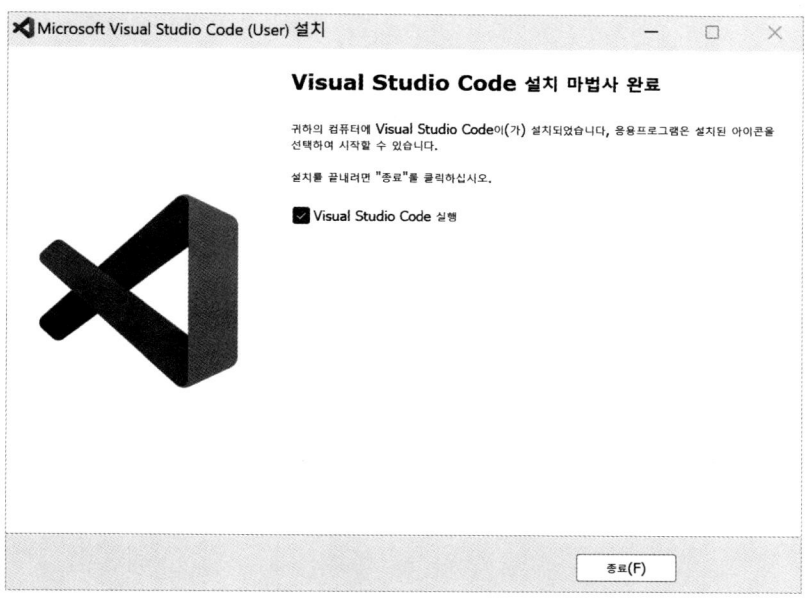

포드맨 설치하기

여기에서는 PostgreSQL 서버를 컨테이너로 쉽게 구동할 수 있게 하는 컨테이너 프로그램인 포드맨Podman의 설치 방법을 다룹니다. 포드맨 이전에는 도커 데스크톱Docker Desktop을 주로 사용했지만 라이선스 문제가 있으므로 이 책에서는 포드맨을 대신 다룹니다.

20장에서 개발하는 도서 관리 프로그램은 PostgreSQL 서버가 필요합니다. 이때 컨테이너를 사용하면 PostgreSQL을 쉽게 구동할 수 있습니다.

E.1 포드맨 설치하기

먼저 윈도우의 리눅스용 윈도우 하위 시스템Windows Subsystem Linux (WSL) 기능을 활성화합니다. 포드맨은 윈도우에서 WSL 기반으로 동작하기 때문에 윈도우에서 WSL 기능을 켜 주어야 합니다. 윈도우의 시작 메뉴를 클릭하고 'Windows 기능 켜기/끄기'를 입력해 표시된 메뉴를 클릭합니다.

다음 화면에서 'Linux용 Windows 하위 시스템'의 체크박스를 선택하고 [확인] 버튼을 누릅니다. 이 작업이 끝나면 포드맨을 설치할 사전 준비가 완료됩니다.

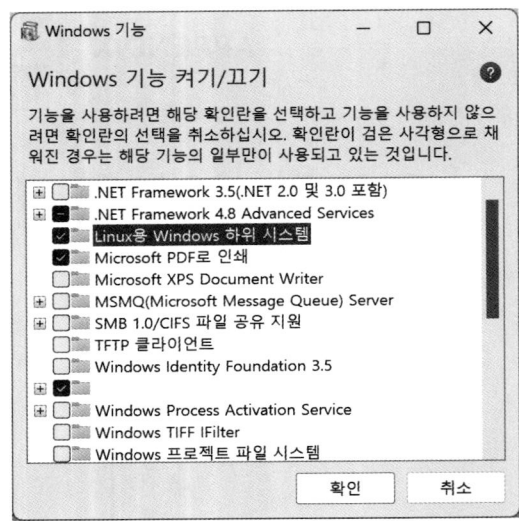

이제 포드맨을 다운로드하기 위해 웹 브라우저를 열고 `https://podman.io`에 접속합니다. 화면 속 [Download] 버튼을 클릭합니다.

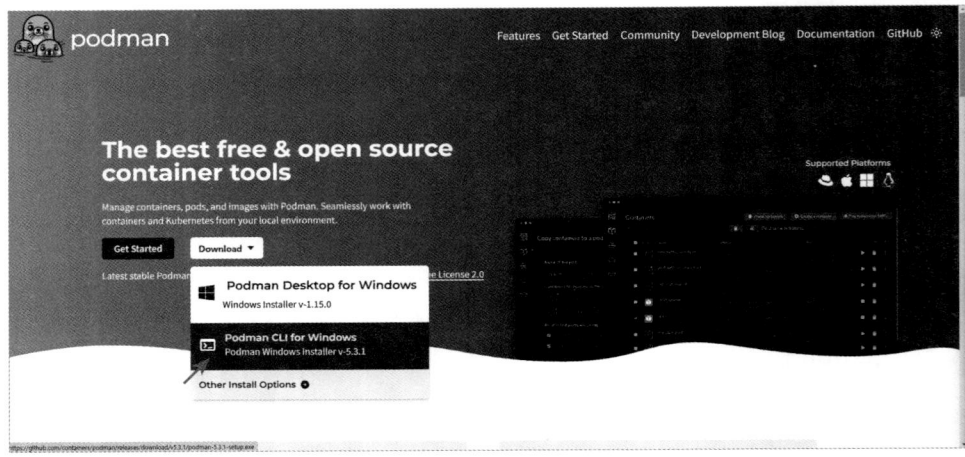

여기에서 다운로드할 파일은 'Podman CLI for Windows'입니다. 이 메뉴를 클릭해 설치 파일을 다운로드합니다.[1]

---

1 옮긴이_ 2025년 1월 기준으로 포드맨은 5.3.1 버전이며, `podman-5.3.1-setup.exe` 파일이 다운로드됩니다.

다운로드 받은 파일을 실행해 설치 프로그램을 시작합니다.

다음 화면에서 'Windows Linux Subsystem (WSLv2)'을 선택하고 하단에 'Install WSLv2 if not present' 체크박스를 선택하고 [Install] 버튼을 클릭합니다.

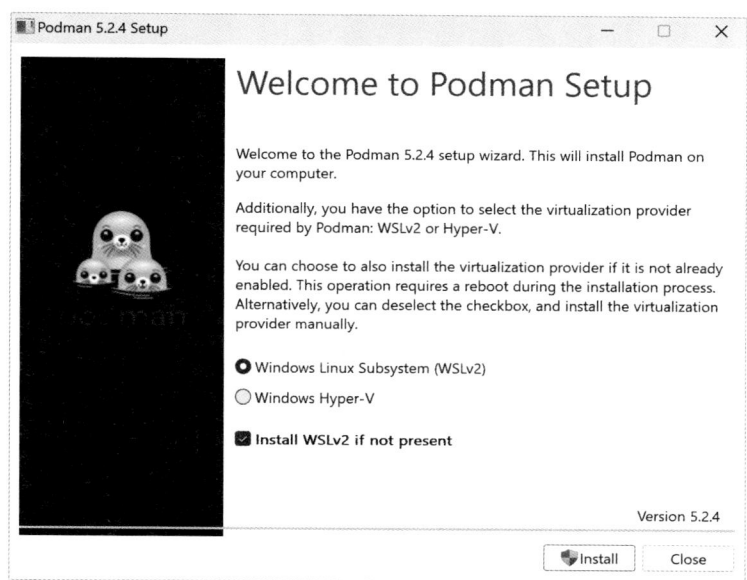

포드맨을 설치하려면 윈도우 시스템 관리자 권한이 필요하므로 설치를 계속할지를 물어보는 화면이 나오면 동의해야 합니다. 잠시 기다리면 포드맨 설치가 완료됩니다.

E.2 포드맨 사용 준비

포드맨 설치가 끝나면 포드맨을 사용할 수 있도록 초기화해야 합니다. 초기화 작업을 위해 파워셸을 시작하고 다음 두 명령을 실행하세요. 한 줄씩 순차적으로 실행해야 합니다. `podman machine init` 실행 전, 데스크톱에는 우분투가 먼저 설치되어 있어야 합니다. 데스크톱에 설치되어 있지 않다면 파워셸에 `wsl --install -d Ubuntu`를 입력해 우분투를 먼저 설치하세요.

```
podman machine init
podman machine start
```

이것으로 포드맨 설치 및 사용 준비가 끝났습니다.

포드맨으로 PostgreSQL 서버 설치 및 구동하기

20장에서 소개하는 도서 관리 프로그램을 사용하려면 PostgreSQL 서버를 설치해야 합니다. PostgreSQL 서버는 리눅스, 맥, 윈도우 등에서도 사용할 수 있지만, 많은 사람이 PostgreSQL 서버 설치에 어려움을 겪습니다.

여기에서는 부록 E의 내용을 바탕으로 PostgreSQL 서버를 설치하고 접속할 수 있도록 구성하는 방법을 소개합니다.

F.1 PostgreSQL 이미지 다운로드 및 서버 실행

포드맨에서 PostgreSQL 서버를 다운로드하는 방법은 다음과 같습니다.

```
podman pull docker.io/postgres
```

PostgreSQL 서버를 다운로드했다면 다음 명령으로 PostgreSQL 서버를 시작합니다.

```
podman run --name book-server -e POSTGRES_PASSWORD=mysecretpassword -p 5432:5432 -d
postgres
```

이 명령을 실행할 때 mysecretpassword 대신 여러분이 원하는 비밀번호를 입력해도 됩니다.

영어와 숫자를 섞어 8글자 이상인 비밀번호를 사용하거나 그대로 사용해도 됩니다. 단, 이렇게 만들어진 서버는 로컬 컴퓨터 전용이므로 다른 컴퓨터에 접속하게 하려면 여러 설정이 필요합니다. 이 책에서는 이러한 내용을 다루지 않습니다.

이것으로 PostgreSQL 이미지 다운로드 및 서버 실행이 완료되었습니다.

F.2 PostgreSQL 데이터베이스 생성

앞서 PostgreSQL 서버 실행이 완료되었다면 이제 20장에서 사용할 데이터베이스를 생성해야 합니다. 이를 위해 다음 명령을 실행합니다.

```
podman exec -u postgres -it book-server psql
```

명령이 실행되면 다음과 같이 PostgreSQL 셸이 시작됩니다.

```
psql (17.0 (Debian 17.0-1.pgdg120+1))
Type "help" for help.

postgres=#
```

PostgreSQL 셸이 시작되면 다음 명령을 입력해 데이터베이스를 생성합니다.

```
create database easyrust_book;
```

실행 결과로 **CREATE DATABASE**가 출력되면 정상적으로 데이터베이스가 생성된 것입니다.

F.3 PostgreSQL 서버 접속 URL 만들기

여기까지 따라 했다면 20장에서 사용하는 DATABASE_URL은 다음과 같이 구성해 사용하면 됩니다.

```
postgres://postgres:mysecretpassword@localhost:5432/easyrust_book
```

이 URL은 사용자가 postgres이고 비밀번호가 mysecretpassword라고 가정해 작성했습니다. 참고로 PostgreSQL은 사용자를 추가하지 않아도 기본 사용자로 postgres가 만들어집니다.

이것으로 PostgreSQL 서버 설치 및 준비 작업이 모두 완료되었습니다.

ㄱ

가변 정적 변수   376, 402
가비지 컬렉션   264
강한 포인터   268
객체   85
객체 관계 매핑(ORM)   506
고아 규칙   180
구성   93, 308
구조 분해   86
구조체   93
그린 스레드   268
기능 플래그   434

ㄴ

내부 가변성   241
노션   495

ㄷ

다중 스레드   255, 268
단일 소비자   295
도트 연산자   117
동시성   289
동적 디스패치   313
디버그   257
디버그 빌드   413
디젤   506

ㄹ

람다   195
루프   104, 187
리팩터링   359, 362

링 버퍼   151

ㅁ

매크로   35
매크로 크레이트   395
메서드   110
메서드 체이닝   422
명령형 스타일   185
무비용 추상화   200
문서화 주석   26
문자열 리터럴   229
물음표 연산자   153
뮤텍스   246

ㅂ

바이트   53
바이트 문자열   53
바이트 버퍼   371
바인딩   195
배리언트   103, 334
배열   77
번들링   545
범용 트레이트   400
범위   107
벡터   80
변경 가능한 참조   64
병렬   388
복사 타입   70
불변 참조   64
비동기 러스트   437
비주얼 스튜디오 코드   495
빌더 패턴   324

ㅅ

삼중 슬래시   26

상수 컨텍스트   374, 376

상수형 함수   374

섀도잉   44

소멸   66

소유 타입   238

소유권   264, 309

속성   111

수명   229

스택   47

슬랙   495

식별자   487

실수   33

ㅇ

안전하지 않은 러스트   378

암   89

약한 참조   268

약한 포인터   268

엔드 투 엔드 테스팅   499

여러 생산자   295

역직렬화   389

역참조   63

연결 풀   530

연관 함수   110

열거형   97

외부 크레이트   382, 473

원시 타입   26

원자적 참조 카운터   286

유니코드   449

유닛 구조체   94

유닛 타입   36, 94

유닛 테스트   499

이스케이프   50

이중 슬래시   25

이터레이터   187

익명 수명   235

익명 함수   196

일반 모드(디버그 모드)   413

ㅈ

저수준   382

정규 표현식   391

정적 문자열 리터   231

제네릭   119, 182, 371

제네릭 상수   371

제외   80

중복 제거   458

지연 초기화   403

직렬화   389

ㅊ

차단   66

빌림 문자열   229

참조   48

참조 순환   268

참조 카운트   268

채널   295

체이닝 메서드   186

추론   241

ㅋ

카고   411

캡처   38

커스텀 오류 타입   392, 400

컬렉션   77

코드 블록   35

코드 테스트   351

크레이트   345

클로저   187

클리피   363, 414

Ⅱ

타우리   495

타입 변환   27

타입 별칭   255

타입 선언   34

타입 추론   31

테스트   308

테스트 주도 개발(TDD)   356

토큰 트리   487

튜플   84

튜플 구조체   396

트레이트   111, 163

트레이트 객체   316

트레이트 바운드   175

틱   105

Ⅱ

파생   304

파워셸   497

패닉   156, 221

포괄적 트레이트   399

포인터 주소   53

포함   80

표준 라이브러리   308, 392

플레이그라운드   23

필터링   205

ㅎ

할당   87

함수형 스타일   185

해체   113

힙   47

A

AddAssign   453

AddBook.vue   512

all   213, 277

allow   304

and_then   211

anonymous function   196

anonymous lifetime   235

any   213

anyhow   392

App.vue   512

appDataDir   517

append   425

Arc   286

arm   89

AsRef   182

assert_eq!   158, 189, 301

assert_ne!   158

assert!   158

assetProtocol   538

associated   110

async fn   438

atomic reference counter   286

await   439

B

BinaryHeap   148
Blanket   399
blocking   433
BookDetail.vue   512
BookList.vue   512
borrow   244
borrow_mut   244
Borrowed   251
Box   308
break   104
BTreeMap   137
BTreeSet   147
build   326
bundling   545
by_ref   219, 219

C

capacity   82
Cargo   411
Cargo.toml   383
ceil   454
Cell   242
Cell::new   243
chaining method   186
channel   295
char   70
char_indices   202
chars   357, 388
checked_add   450
checked_div   450
checked_mul   450
checked_sub   338, 450

chrono   391
chunks   220
clear   367
clone   71
cloned   218
closure   187
collect   186
Collection   345
column!   479
connection pool   530
const   61
const context   374, 376
const fn   374
contains   330
convertFileSrc   518
Cow   251
crate   345, 350
create   425
create_new   425
create-vite   497
current_input   367
cycle   216

D

dbg!   225
de-duplicate   458
dead_code   304
Debug   40
dedup   458
Default   321
Deref   258, 335
DerefMut   339
derive   111, 163

Deserialize   389, 528

Diesel   506

diesel:update   534

Display   40

DivAssign   453

done   151

DoubleEndedIterator   471

downgrade   268

drop   247

dyn   313

dynamic dispatch   313

E

EditBook.vue   512

else   88

entry   141

enum   97

Enumerate   200, 388

eprint!   492

eprintln!   492

ErrorKind   392

escape_unicode   449

establish_connection   529

ExactSizeIterator   471

expect   160, 392

extend   298

extern   472

ExternalCrateError   401

F

feature flag   434

file!   479

filter   205

filter_map   206

find   215

floor   454

Fn   271

fn main   24

FnMut   271

FnOnce   271

fold   217

for   106

for_each   188

format_args!   490

format!   59

From   177

from_str   389

FromUtf8Error   133

Future   437

G

garbage collection   264

gen   385

gen_range   385

generic   119, 182, 371

get   140, 243

glob   349

green thread   268

H I

handle_option   129

HashMap   137

HashSet   145

impl   163

impl Trait   281

index.js   509

insert   137, 141

Insertable   529

inspect   224

Instant::now   473

interior mutability   241

into   84, 252

into_borrowed   253

into_iter   219, 388

into_owned   253

into_string   463

IntoIterator   418

invoke_handler   536

is_alphabetic   213

is_err   132

is_none   132

is_ok   132

is_positive   103

is_some   129

iter   213, 388

iter_mut   188, 388

iterator   187

join   271

lambda   195

lazy_static   402

len   30

let   43

lifetime   229

Lifetimes   371

line!   479

lock   246

loop   104

macro_rules!   483

map   188

map_err   396, 531

map_while   218

match   88

match_indices   221

math_iter   363

MAX   42

MIN   42

mkdir   517

mod   345

module_path!   479

move   274

mpsc   295

MulAssign   453

multiple   516

multiple producer   295

mut   43

mutex   246

MutexGuard   247

new   327

newtype   257

next   189

no_implicit_prelude   471

no_std   308, 473

Node.js   496

non−blocking   433

None   125, 161

Notion   495

O

OnceCell   402, 406

OpenOptions   424

Option   125, 128, 153, 189

or_insert   142, 144

OS 스레드   268

Owned   251

P

package.json   501

panic!   156

par_chars   388

par_into_iter   388

par_iter   388

par_iter_mut   388

parse   207

ParseIntError   154

PartialOrd   123, 281

peek   221

peekable   221

Pin   438

Pinia   497

poll   438

Poll::Pending   439

Poll::Ready(val)   439

pop   150

position   215

postcss.config.js   502

PostgreSQL   496

Powershell   497

prelude   259, 470

println!   108, 169

promise   437

pub   258

push   81, 343

push_char   367

push_front   151

R

rand   383

rayon   388

Rc   264

read   249, 425

read_line   414

readFile   517

Receiver   295

recv   298

refactoring   359, 362

RefCell   243

reference cycle   268

regex   391

remove   150, 523

rename_all   391

reqwest   403, 431

reqwest::blocking::Client   433

Result   125, 153

retain   462

return   37

round   454

RUST_BACKTRACE   352

rustc   411

rustup   24

RwLock   249

S

scope   292

SCREAMING_SNAKE_CASE   391

self   110, 173

Self::Item   278

Sender   295

serde   389

Serialize   389, 528

set   243

should_panic   357

shrink_to_fit   461

single consumer   295

size_of   58

size_of_val   58

Sized   252

skip_while   218

Slack   495

Some   125, 161

sort   458

spawn   268

static   61, 229, 270

static ref   404

std   345

std::cell::Cell   242

std::cmp::max   455

std::cmp::min   455

std::env::set_var   353

std::env::var   352, 420

std::error::Error   314

std::ffi   462

std::fmt::Debug   304

std::fs   422

std::io::stdin   414

std::io::Write   422

std::mem   30

std::ops::Add   163

std::sync::mpsc   295

std::thread::spawn   269

String   57

String::from   59

stringify!   488

strong_count   267

struct   93

SubAssign   453

sum   218

super::   350

SystemError   401

Tailwind CSS   496

tailwind.config.js   502

take   194

take_while   218

target_os   308

Tauri   495

tauri::Builder::default   536

tauri::command   531

tauri::generate_handler!   536

then   456

thiserror   392

thread_rng   385

thread::scope   293

to_lowercase   330

to_string   59

todo!   261, 262

tokio   440

ToOwned   252

ToString   170

trait object   316

transmute   379

trim   416

trunc   454

truncate   425

try_lock   248

try_read   250

try_recv   298

try_write   250

Types   371

U

unimplemented!   264

unit   36, 94

unit struct   94

Unpin   470

unsafe   378

unsafe fn   378

unsafe Rust   378

unused_variables   304

unwrap   127, 160

unwrap_or   162

unwrap_or_else   197

use   258

V

Vec   80

Vec::from   178

VecDeque   150

vite.config.js   505

Vue-router   497

Vue.js   496

W

warn   306

weak_count   268

where   184

windows   220

with_capacity   303

with_context   394

write   425

write_all   422

write_fmt   490

write!   169

writeFile   518

Z

zero cost abstraction   200

zip   200

기 타

@tauri-apps/api   501

@tauri-apps/plugin-dialog   501

@tauri-apps/plugin-fs   501

&'static   229

&&   212

&str   57

#[error]   396

#[test]   351

$input:expr   486